主要国家的公私合作创新

郭铁成　张志娟　程如烟　等　著

·北京·

图书在版编目（CIP）数据

主要国家的公私合作创新 / 郭铁成等著. —北京：科学技术文献出版社，2021.5（2022.3重印）

ISBN 978-7-5189-7898-4

Ⅰ.①主… Ⅱ.①郭… Ⅲ.①政府投资—合作—社会—资本—研究—中国 Ⅳ.① F832.48 ② F124.7

中国版本图书馆 CIP 数据核字（2021）第 086632 号

主要国家的公私合作创新

策划编辑：周国臻　责任编辑：崔灵菲　宋红梅　责任校对：王瑞瑞　责任出版：张志平

出 版 者	科学技术文献出版社
地　　址	北京市复兴路15号　邮编 100038
编 务 部	（010）58882938，58882087（传真）
发 行 部	（010）58882868，58882870（传真）
邮 购 部	（010）58882873
官方网址	www.stdp.com.cn
发 行 者	科学技术文献出版社发行　全国各地新华书店经销
印 刷 者	北京虎彩文化传播有限公司
版　　次	2021年5月第1版　2022年3月第2次印刷
开　　本	787×1092　1/16
字　　数	370千
印　　张	20.25
书　　号	ISBN 978-7-5189-7898-4
定　　价	88.00元

版权所有　违法必究

购买本社图书，凡字迹不清、缺页、倒页、脱页者，本社发行部负责调换

《主要国家的公私合作创新》课题组

组　长　　郭铁成

副组长　　张志娟　程如烟

成　员　　（按姓氏笔画排序）

　　　　　　王开阳　付学博　刘润生　杜丽雅　李　波

　　　　　　杨　扬　张志娟　张丽娟　张翼燕　陆飞澎

　　　　　　陈雪迎　郄海拓　郭铁成　程如烟

序

很长时间以来，我都为一件事苦恼，就是有的科技计划项目产生许多论文、专利，但却没有形成现实的生产力和竞争力。为了形成现实生产力，还需要对科技成果加以转化。有一次，我听人讲，要发挥科技对发展的作用，赶快建立庞大的科技成果库，然后再建立大规模的转化基金。这种想法令人错愕，搞出来那么多需要转化的成果，转化还要另配资金，到底是加强了还是削弱了科技的作用呢？

从2015年开始，我的工作转为研究世界各国的创新战略和创新政策，有机会了解发达国家科技计划项目的情况。我发现，发达国家不存在科技成果转化的问题，也没有科技成果转化的概念。发达国家有技术转移的问题，这是指基础研究项目。基础研究项目一般由科学基金委员会、研究理事会等资助，目的是生产新知识，因此只有卓越性的要求，没有经济方面的要求；但是基础研究产生的成果，可能会有很好的市场价值，这就需要有专门的机构和队伍去发掘、评估、确权、转让、创业，这个过程就叫作技术转移或者技术商业化。而政府资助的国家需求导向的技术创新项目，绝大多数直接形成了生产力和竞争力；也有少数失败的，但绝不会形成束之高阁的所谓科研成果。大约10年前，我曾听一位科技管理者说，他问美国同行如何搞好科技成果转化工作，美国同行不明白什么是科技成果转化，他解释说不转化就无法使用，美国同行还是搞不明白，反问道，既然研发了，就要能在生产中使用；如果不能在生产中使用，为什么要研发呢？问得多好，直击痛点。

发达国家技术创新的项目直接就能用于生产和生活，而不需要转化，这是怎么做到的呢？一言以蔽之，就是公私合作创新，企业有需求就立项，企业没有需求就不立项。这里的企业需求是指竞争前技术需求，而不是竞争性技术需求。

在我开始研究国外公私合作创新的时候，我国学术界和科技政策研究领域关于这方面的研究不多，至少我当时还没看到。研究公共产品和公共服务领域的公私合作，如修马路、修机场、修停车场等相对较多，也出版了不少书，我看了一些。北京市科委的同志非常敏锐，注意到我在研究公私合作的科技创新政策，他们就找到我，希望立一个软科学项目，为北京市科技计划体制改革出点主意，要我牵头当课题组组长。我就找中国科学技术信息研究所政策与战略研究中心（简称"战略中心"）主任程如烟研究员商量，我说我的杂事较多，干这个项目需要人，不知战略中心有没有感兴趣的同志，如果有，就一起干，是件有意义的事；如果没有，就推掉，不耽误北京市科委。程如烟同志说，干，人的问题她回去安排。我就答复北京市科委，同意。所以，首先要感谢北京市科委的同志，如果不是他们思想新、想干事，也敢于大胆地试、大胆地闯，这个小众的研究项目就不会进展这么快。

过了一两天，程如烟主任带着战略中心的张志娟同志来找我。如烟说，志娟是东南大学毕业的博士，有水平，对这件事有兴趣，主要由志娟带几名同志参加这个项目，如烟她本人也参加。

从那天起，我就把项目的管理工作交给了志娟同志。从项目的总体设计、具体实施，到结题报告的撰写，都是我和志娟同志一起商定的。她除了承担项目的管理工作，协调推动各分课题，自己也承担了分课题。志娟同志是个老实人，工作主动卖力，麻烦事都悄悄做了，面对名利就退到后面。这是值得学习的。她的科研水平不错，政策敏感性强，写东西快，有执行力。前几年，志娟同志已经成长为一名副研究员了。如烟同志是战略中心的主任，支持有力，否则这个项目是做不成的；如烟同志还承担了分课题，她是该领域有成绩的专家，分课题成果的水平很高。

在项目进行期间和结题以后，《中国科技论坛》发表了本项目的阶段性成果，《科技日报》用一个版面发表了本项目的部分成果。因此，对《中国科技论坛》副总编辑张九庆同志、编辑部主任迟凤玲同志，《科技日报》原总编辑刘亚东同志、国际部主任王晓鸣同志的热情支持，课题组深表感谢。

在做这个项目的时候，党中央以深刻的洞察力和战略远见多次指出，要加大科技体制改革力度，建立以企业为主体的项目机制，把论文写在祖国大地上。我就和志娟同志商量：课题组这项研究对于建立以企业为主体的项目机制、深化新时代科技体制改革有参考价值，因此课题结束后不要停步，继续研究那些需要研究而没来得及研究的问题，尽快形成一本书。这样，在新时代科技体制改革启动的时候，有志于改革的同志就能够用得上了。为了更好地发挥这本书的作用，我要求这本书要兼具研究性和实用性，既可为政策研究者提供参考；同时还可作为实务手册，供科技管理者在工作中使用，使他们能够比较方便地找到操作程序、评价方法等具体内容。也是出于这个考虑，课题组在书后做了两个相关附录，一个附录把各国公私合作创新的治理架构图都汇集到一起；另一个附录是把公私合作创新计划做了一个国别索引。

这就是本书的由来。书的总体思路、篇章设计、最后统稿是由郭铁成和张志娟共同完成的。参加研讨和撰写的人员是：郭铁成、张志娟、程如烟、王开阳、杨扬、鄢海拓、张翼燕、刘润生、张丽娟、付学博、陆飞澎、杜丽雅、陈雪迎、李波。

关于政府创新采购政策的一章，大部分内容曾经发表过，按学术规范不应该再收入本书了。但考虑到政府创新采购是公私合作创新的重要内容，如果不收，研究者、科技管理工作者查找起来很不方便，于是就再次收入了。其中第十三章第二节英国远期约定采购的内容，王文涛、邸晓燕同志参与了写作；第十三章第三节新加坡创新券项目的内容，骆庆生同志参与了写作。

还有一点需要说明，本课题组成员都是从事国际科技政策研究的，参阅了大量外文网站的材料，网址都在参考文献里了。但没曾想有的材料公布时间较早，网站更新了，原文已经打不开。这使得文献参考价值打了折扣，只能作为进一步研究的索引，再去搜寻其他相关材料。

应该说，本书的研究内容是政策前沿，但正由于是前沿，所以是探索性研究，不是通识、定论，一些看法也会有不妥之处；加之除了公私合作采购创新服务以外，研究的对象都是外国的实践，难免会有一些材料不准确，希望广大读者批评指正。

中国科学技术信息研究所　郭铁成

2021 年 1 月

目 录

第一章 公私合作创新的基本原理 1
第一节 公私合作创新的内涵 1
一、概念和定义 1
二、主要特征 2
第二节 公私合作创新的政策原理 2
一、工程目标 2
二、企业主导 3
三、多元投入 3
四、共同受益 4
第三节 公私合作创新的政策基础 4
一、国家科技计划项目属于公共产品 4
二、公共部门微观效果判断能力较弱 4
三、企业等私营部门能够实现创新效率最大化 5
第四节 公私合作创新的治理类型 5
一、单一伙伴型 5
二、复合伙伴型 6
三、转移伙伴型 6
四、用户伙伴型 6
第五节 公私合作创新的应用领域 7
一、重大科技创新专项 7
二、科技研发计划项目 8
三、技术转移计划项目 9
四、科技创业 9
五、中小企业创新 10
六、区域创新 10

七、科技创新机构 11
　　八、人力资源 11
　　九、创新采购 12
第六节　公私合作创新项目流程 12
　　一、项目形成 12
　　二、项目实施 13
　　三、项目完成 13

第二章　公私合作创新的发展趋势 14
第一节　主要国家公私合作最新进展 14
　　一、美英法等国最新进展与趋势 14
　　二、日韩俄等国最新进展与趋势 15
第二节　欧盟公私合作最新进展 16
　　一、FP7 中的 5 个 JTI 16
　　二、"地平线 2020"计划的公私合作 17
　　三、"欧洲创新伙伴关系"行动计划的公私合作 20
第三节　欧盟公私合作的评估 21
　　一、FP7 下 JTI 运行过程中存在的问题分析 22
　　二、FP7 下 JTI 改进建议 24
　　三、"地平线 2020"计划下 JTI 的改进措施 26
第四节　中国科技创新领域运用公私合作的初步探索 27
　　一、中国总体应用现状 27
　　二、北京市大数据研究平台项目 28
　　三、北京市协同创新研究院 29
　　四、广东新型研发机构 29
　　五、国家集成电路产业投资基金 30
　　六、创新券 30

第三章　公私合作创新效果及其对中国的启示 32
第一节　公私合作创新的效果 32
　　一、显著提高公共资金使用效率 32

二、有效化解和分散创新风险 34

　　三、增加社会对创新的投资 34

第二节　国外主要国家公私合作的实践经验 35

　　一、完善公私合作管理治理规则 35

　　二、明确公私合作利益分配规则 36

　　三、保证公私合作项目监督评估公开有效 37

第三节　对中国公私合作创新的政策建议 37

　　一、建立以企业为主体的公私合作项目机制 37

　　二、出台需求侧公私合作创新政策 37

　　三、出台供给侧公私合作创新政策 38

　　四、出台供给侧、需求侧相结合的公私合作政策 38

　　五、出台公私合作的人才政策 38

第四章　重大科技项目的公私合作 39

第一节　欧盟联合技术计划：保持欧盟创新的世界领先地位 39

　　一、背景定位 39

　　二、治理架构 39

　　三、项目流程 42

　　四、资金构成 44

　　五、政策评价 45

第二节　日本超大规模集成电路项目：全国范围推进半导体制造产业发展 46

　　一、背景定位 46

　　二、治理架构 46

　　三、资金使用 48

　　四、收益与成果分配 49

　　五、政策评价 49

第三节　韩国 CDMA 技术开发项目：主导研发新一代通信技术 51

　　一、背景定位 51

　　二、治理架构 51

　　三、项目流程 51

　　四、资金构成与使用 54

  五、收益与成效 ... 55
  六、政策评价 ... 57
 第四节 美国"信息高速公路"计划：国家信息基础设施建设 ... 57
  一、背景定位 ... 57
  二、治理架构 ... 58
  三、资金投入 ... 59
  四、收益与知识产权 ... 59
  五、政策评价 ... 60

第五章 未来技术研发项目的公私合作 ... 61
 第一节 欧盟契约型公私合作专项：支持关键领域竞争前技术研发创新 ... 61
  一、背景定位 ... 61
  二、治理架构 ... 64
  三、项目流程 ... 64
  四、资金构成与使用 ... 66
  五、收益与知识产权 ... 68
  六、政策评价 ... 68
 第二节 日本基础创新和创业计划：应对未来社会挑战重大任务 ... 69
  一、背景定位 ... 69
  二、治理架构 ... 70
  三、项目流程 ... 71
  四、评审标准 ... 72
  五、资金构成与使用 ... 73
  六、收益与知识产权 ... 73
  七、政策评价 ... 74
 第三节 新千年印度技术领先计划：高风险高收益的技术研发 ... 74
  一、背景定位 ... 74
  二、治理架构 ... 75
  三、运作过程 ... 76
  四、资金投入 ... 78
  五、收益与知识产权 ... 79

  六、政策评价 ... 79

 第四节 爱尔兰颠覆性技术创新基金：加速颠覆性技术研发和转化 ... 80

  一、背景定位 ... 80

  二、治理架构 ... 81

  三、项目流程 ... 81

  四、资金构成与使用 ... 85

  五、收益与成效 ... 87

  六、政策评价 ... 87

第六章 赋能技术研发的公私合作 ... 89

 第一节 法国科技研究与创新网络计划：探索关键领域的研发网络构建 ... 89

  一、背景定位 ... 89

  二、治理架构 ... 89

  三、运作流程 ... 90

  四、资金构成与使用 ... 92

  五、具体案例 ... 94

  六、政策评价 ... 95

 第二节 俄罗斯国家技术计划：未来公私合作领域的长期计划 ... 96

  一、背景定位 ... 96

  二、治理架构 ... 96

  三、项目流程 ... 97

  四、评审标准 ... 98

  五、资金构成与使用 ... 99

  六、政策评价 ... 100

 第三节 美国先进技术计划：加速通用性竞争前技术的研发应用 ... 100

  一、背景定位 ... 100

  二、治理架构 ... 102

  三、项目流程 ... 103

  四、评审标准 ... 105

  五、资金构成与使用 ... 106

  六、知识产权 ... 107

　　　　七、政策评价 107

　第四节　以色列研究与开发支持基金：普惠型科技创新基金 108

　　　　一、背景定位 108

　　　　二、治理架构 108

　　　　三、项目流程 109

　　　　四、资金构成 110

　　　　五、政策评价 111

　第五节　巴西工业创新研究院："小中心、大外围"的组织方式 112

　　　　一、背景定位 112

　　　　二、治理架构 112

　　　　三、资金构成与使用 113

　　　　四、收益与成效 113

　　　　五、政策评价 114

第七章　技术转移项目的公私合作 115

　第一节　加拿大商业化和研究卓越中心计划：推进科研与产业力量有效匹配 115

　　　　一、背景定位 115

　　　　二、治理架构 115

　　　　三、项目流程 117

　　　　四、资金构成与使用 118

　　　　五、收益与成效 118

　　　　六、政策评价 119

　第二节　加拿大商业导向卓越中心网络计划：构建大规模协同创新网络 119

　　　　一、背景定位 119

　　　　二、治理架构 120

　　　　三、资金构成与使用 121

　　　　四、评审标准 121

　　　　五、收益与成效 121

　　　　六、政策评价 122

　第三节　日本研究成果最佳支援计划：分阶段精准扶植技术转移 122

　　　　一、背景定位 122

二、治理架构 123

三、项目流程 123

四、资金利用 128

五、实施成效 129

六、政策评价 129

第四节　澳大利亚合作中心：促进高校与产业界紧密合作 130

一、背景定位 130

二、治理架构 131

三、资金构成与使用 132

四、收益与成效 133

五、政策评价 134

第五节　以色列-美国双边产业研发基金：以国际合作助力产业创新发展 135

一、背景定位 135

二、治理架构 137

三、项目流程 137

四、评审标准 138

五、资金构成与使用 138

六、收益与知识产权 140

七、政策评价 141

第八章　公私合作科技创业 142

第一节　以色列技术孵化器计划：支持高风险科技项目创业 142

一、背景定位 142

二、治理架构 143

三、项目运作 144

四、资金构成与使用 145

五、具体案例 146

六、政策评价 147

第二节　以色列 YOZMA 计划：重点为创业初期企业提供支持 148

一、背景定位 148

二、治理架构 149

  三、运作过程 149
  四、收益与成效 151
  五、政策评价 152

第九章　中小企业创新项目的公私合作 153
第一节　以色列科技创新计划：面向中小企业的共性技术研发 153
  一、背景定位 153
  二、治理架构 154
  三、项目流程 154
  四、评审标准 154
  五、资金构成与使用 155
  六、收益与知识产权 155
  七、计划分支——"小磁石"计划 155
  八、政策评价 156
第二节　美国技术创新计划：更加关注中小企业参与创新 157
  一、背景定位 157
  二、治理架构 159
  三、项目流程 160
  四、评审标准 161
  五、资金构成与使用 162
  六、收益与知识产权 162
  七、政策评价 163

第十章　区域创新中的公私合作 164
第一节　日本产业集群计划：区域内运用公私合作吸引大批企业投资 164
  一、背景定位 164
  二、治理架构 164
  三、项目流程 165
  四、资金构成与使用 166
  五、政策评价 166

第二节　印度创新集群计划：构建区域创新生态系统 167
　一、背景定位 167
　二、治理架构 167
　三、运作方式 169
　四、评审标准 169
　五、计划成效 169
　六、政策评价 170

第三节　韩国地区合作研究中心：构建以高校为中心的区域研发网络 170
　一、背景定位 170
　二、治理架构 171
　三、项目流程 172
　四、具体案例：以 SERC 为例 173
　五、政策评价 175

第四节　芬兰奥卢创新联盟：打造包含用户在内的全新创新范式 176
　一、背景定位 176
　二、治理架构 178
　三、生态系统发展情况 180
　四、具体案例 181
　五、政策评价 182

第十一章　公私合作建设研发机构和平台 183
第一节　美国国家制造业创新研究所：跨越技术商业化的"死亡之谷" 183
　一、背景定位 183
　二、治理架构 185
　三、运行模式 185
　四、评审标准 187
　五、资金构成与使用 187
　六、收益与知识产权 188
　七、政策评价 189

第二节　英国弹射中心：为研发到商业化加速 190
　一、背景定位 190

二、治理架构 ... 192
　　三、评审标准 ... 193
　　四、资金构成与使用 ... 193
　　五、收益与知识产权 ... 194
　　六、政策评价 ... 197
第三节　法国卡诺研究所网络：以品牌认证构建创新网络 ... 197
　　一、背景定位 ... 197
　　二、治理架构 ... 198
　　三、合作类型 ... 199
　　四、评审标准 ... 200
　　五、资金构成与使用 ... 201
　　六、收益与知识产权 ... 202
　　七、政策评价 ... 203
第四节　爱尔兰科学基金会研究中心计划：确保未来研发方向的精准性 ... 204
　　一、背景定位 ... 204
　　二、治理架构 ... 204
　　三、资金构成 ... 206
　　四、收益与成效 ... 207
　　五、政策评价 ... 207
第五节　欧洲未来互联网计划：建设共享平台推动未来社会网络化 ... 208
　　一、背景定位 ... 208
　　二、治理架构 ... 208
　　三、运作过程 ... 210
　　四、资金构成与使用 ... 211
　　五、收益与成效 ... 211
　　六、政策评价 ... 212

第十二章　公私合作开发科技人力资源 ... 213
第一节　加拿大伙伴关系与创新战略项目：加强人才培育推动企业创新 ... 213
　　一、背景定位 ... 213
　　二、治理架构 ... 213

三、项目流程 214
　　　四、资金构成与使用 215
　　　五、收益与知识产权 215
　　　六、政策评价 216
　第二节　南非产业技术与人力资源开发计划：助力弱势群体获得机会 216
　　　一、背景定位 216
　　　二、治理架构 217
　　　三、项目流程 217
　　　四、评审标准 218
　　　五、资金构成与使用 218
　　　六、收益与成效 219
　　　七、政策评价 219

第十三章　公私合作的政府采购 221
　第一节　公私合作创新采购概述 221
　　　一、创新采购特点 221
　　　二、创新采购类型 222
　　　三、创新采购伙伴 225
　　　四、创新采购周期 225
　　　五、创新采购评价 226
　第二节　英国远期约定采购：从研发开始采购创新产品 227
　　　一、背景定位 227
　　　二、政策理念 229
　　　三、治理架构 230
　　　四、基本流程 230
　　　五、示范项目 232
　　　六、政策评价 233
　第三节　新加坡创新券项目：为中小企业采购创新服务 234
　　　一、背景定位 234
　　　二、使用领域 235
　　　三、项目流程 237

　　　　四、资金配置 239
　　　　五、政策评价 240
　　第四节　中国浙江省创新券项目：以用户需求为基础立项 242
　　　　一、背景定位 242
　　　　二、治理架构 242
　　　　三、项目流程 243
　　　　四、资金配置 250
　　　　五、资源共享 250
　　　　六、政策评价 251
　　第五节　中国上海市创新券项目：创新资源向全国辐射 252
　　　　一、背景定位 252
　　　　二、治理架构 252
　　　　三、基本流程 254
　　　　四、资金配置 254
　　　　五、政策评价 254

第十四章　不成功的公私合作案例：欧洲伽利略全球卫星导航系统计划 ... 256
　　第一节　背景定位 256
　　第二节　治理架构 257
　　第三节　资金构成与使用 258
　　第四节　政策评价 259

附录A　治理架构图集 261

附录B　案例国别索引 262

附录C　美国先进制造业国家计划办公室对国家制造业创新网络的知识
　　　　产权指导意见 265

附录D　法国卡诺研究所网络知识产权相关政策 270

附录E　创新四/五螺旋模式及智能专业化策略 274

参考文献 292

第一章 公私合作创新的基本原理

公私合作或公私合作伙伴关系(Public-Private Partnership，PPP)，最早起源于英美资本主义国家，尤以美国最为典型。这种模式在20世纪被许多国家（或地区）采用，传入中国大约是在80年代，较多采用是90年代。北京机场高速公路项目、北京奥运会场馆项目，以及其他一些省市的基础设施和公共服务项目都采用过这种模式。

在20世纪90年代公私合作传入中国的时候，发达国家和地区开始把这种模式大量引入科技创新领域。2008年国际金融危机以后，高创新度国家纷纷推出"创新新政"，着力把私人投资吸引到创新领域，提高公共资金的使用效率，在科技创新领域形成又一轮公私合作热潮。

第一节 公私合作创新的内涵

研判公私合作如何推动科技创新，需要深入把握其内涵和主要特征，由此建立对公私合作活动的科学认识，为进一步理解各国科技创新领域的公私合作模式打下基础。

一、概念和定义

经济合作与发展组织（Organization for Economic Cooperation and Development，OECD）把科技创新领域的公私合作伙伴关系或公私合作创新模式，定义为"公共参与方和私营参与方之间建立的、有固定期限或无固定期限的任何正式关系或协议；根据协议，双方在决策过程中互动，共同投入资源，如金钱、人员、设备和信息，以实现科学、技术、创新领域的特定目标"。

公私合作创新就是公共部门为了实现公共目标，与企业等私人部门建立的正式的合同关系或协议关系，双方共同决策、共同投资、共担风险、共享收益、共同完成科技创新项目。公共部门通过企业实现国家（或区域）目标，企业通过公共项目实现企业目标。这里的所谓"公"不是指所有制，而是指政府等公共部门和公共领域；这里的"私"也不是指所有制，而是指企业等市场主体，企业既包括公有制企业，也包括非公有制企业。在中国，公私合作模式称为"政府-社会合作模式"更准确。但已经约定俗成，没必要改变。

在公私合作模式下，科技创新项目必须是公共项目，而不是市场竞争性项目；项目必须市场化运作，由企业组织的项目组或项目公司完成，而不是由政府直接完成；必须由政府确定项目的规格、质量和标准，提供全部或部分资金或特许权利，企业和其他投资者按合同约定提供产品或服务。

二、主要特征

公私合作创新模式不同于基础设施建设领域、公共服务领域的公私合作模式，与其最大的区别在于面对的风险程度不同。基础设施建设领域、公共服务领域的公私合作项目，风险较小，结果可以预计，投资收益率是基本确定的。而公私合作创新项目的风险程度相对较高，在决定创新的时候，无法确定创新的成败和收益的多少；如果项目失败了，投资完全沉没，但如果项目成功了，投资便可获得收益，有的可达到普通投资的数十倍、上百倍，甚至更多。从结果上看，基础设施建设领域、公共服务领域的公私合作项目，产出的是物质产品或依托物质产品的服务；而公私合作创新项目除了产出新的物质产品和服务以外，更重要的是智力资产，如科学发现、发明专利、基础软件、核心数据、人才团队等。

公私合作创新模式也不同于传统的产学研结合模式。一般说来，公私合作创新都采取产学研结合的形式，但产学研结合创新并不一定是公私合作。换句话说，产学研结合的项目有少量是政府计划项目；但大量的不是政府的计划项目，而是企业竞争性项目，提供的是私人物品。而公私合作创新则必须是公共项目，而不包括企业竞争性项目；公私合作创新项目虽然通过企业等市场主体完成，但它的任务是提供公共物品，实现国家目标或区域创新目标，当然在实现公共目标的同时也会提供衍生私人物品。

第二节 公私合作创新的政策原理

在总结国内外公私合作创新的实践经验、对比传统公共创新项目基础上，将公私合作创新的政策原理概括为以下4点。

一、工程目标

传统技术创新类的计划项目以解决技术问题为目标，而不是以解决经济社会问题为目标，就技术研究技术，也难以形成新的技术路线和重大创新。而公私合作创新项目则不仅有技术目标,还有经济社会目标,而且技术目标以经济社会目标为基础,为了解决经济社会问题才确定技术研发路线。解决经济社会问题的目标是一种复合性的工程目标,涵盖研发、生产、经营整个创新过程,既包括技术目标,也包括产品性能、市场份额和行业能力等经济目标,甚至是综合目标和总体解决方案。

工程目标的优点是,能够综合考虑从基础研究到生产应用的整个价值创造过程,并确定时间节点和工程进度。这就避免了孤立地关注单项技术和研究领域,而不能解决经济、社会问题的缺陷。如美国的"信息高速公路计划",目标是要建设一个遍布全美的高速光纤通信网络,终端进入每个单位和家庭。为了完成这个任务,成立项目专业机构,以企业用户为主体开展公私合作创新,计划完成的时候,既突破了关键技术,同时也建成了四通八达、无孔不入的通信"交通网"。

二、企业主导

传统的科技计划项目是高校和科研机构专家编指南、出题目,即政府去进行立项,但缺乏对成果利用的企业用户。虽然要求产学研共同申报,但"产"并不一定是技术的用户,或者不是最佳用户。因此项目完成时会产生不少专利和论文,但往往不能应用,或者应用时没有经济性。

而公私合作项目则来源于企业用户的具体需求,一开始就在需求中研发,研发完成之日就是技术应用之时。因此可以说,公私合作创新模式最根本的特征,就是项目来源于企业用户需求、国家(或区域)目标通过企业用户需求来实现。

举例来说,北京城市轨道交通项目的总业主是北京市政府,具体业主是技术的使用单位、工程的建设单位、城铁的运营单位,以及社会投资和金融资本。北京市轨道交通建设管理有限公司、北京地铁运营有限公司等企业,都是技术或产品的用户。这些用户始终参与技术研发、装备中试和工程示范,没有它们的参与、购买和使用,"最后一公里"就是永远的"一公里",创新只能是半截子工程。

三、多元投入

传统科技计划项目投入单一,主要是政府单方面资金,虽然有的也要求企业出资,但仍然是以政府为主体,企业配套。至于社会资金,更是很少进入,基本谈不到资源的配置问题。所谓资源的合理配置,前提是必须有多种资源,单纯一种资源不存在配置不配置的问题。

而公私合作项目,其治理机制是公私共同投入,企业按合同投入,政府同时配套投入,还有大量社会资金进入。其中包括项目融资,投资公司、商业银行和各种基金都是重要的融资渠道，甚至可以发行债券。一般而言，公私合作的创新项目投入，政府资金不超过 50%，企业和社会资金在 50% 以上。越偏创新前端政府投入越多，越偏创新末端政府投入越少。

四、共同受益

传统科技计划项目重立项、轻结果，项目完成后专利、论文等技术性成果可以统计，但究竟有没有经济效果，经济效果究竟有多大，难以评估，没有可以检验的标准，更根本的是项目在设计上没有使用和创造价值的机制。

而公私合作项目，完成以后企业就可获得创新利润，政府也获得了公共项目的社会效益和经济效益，各投资方共同受益。当然，如果项目不成功，则必须共担风险，企业、政府等投资方要为此负责，这是硬的约束机制，没有行政监管成本，但比单纯的行政监管有效。

第三节 公私合作创新的政策基础

任何一项科技创新政策能够推行，都必须建立在公平、正义、效率、福利等法理基础之上。公私合作创新的政策基础，就是公共产品社会效益最大化。

一、国家科技计划项目属于公共产品

国家科技计划包括科学研究计划和技术创新计划等，支持具有基础性、公益性、战略性特点的创新活动，是重要的公共产品。以中国为例，科学研究计划主要是自然科学基金等，支持基础研究；技术创新计划主要是国家重大专项、国家重点研发计划、技术创新引导专项（基金）、基地和人才专项等计划，支持公益性、战略性技术创新，覆盖经济、社会发展领域。无论是科学研究计划项目还是技术创新计划项目，所提供的都是社会公共产品。

公共部门关注社会公共利益，投资追求社会溢出效应最大化；上述科技计划项目就是重要的公共投资，也必须追求最大化的溢出效应。

二、公共部门微观效果判断能力较弱

政府的运行机制是非市场化的，无法识别创新风险，无法在微观上预测每个项目的技术性和经济性。即使能够预测，也因项目众多、过程复杂、成本巨大而无法操作。因此，

如果技术创新计划项目完全由政府直接实施，或者主要由政府实施，可能迅速产生大量论文和专利，却难以保证存在商业价值，迅速转化为现实生产力。除科学研究计划没有经济目标以外，国家重大专项、国家重点研发计划、技术创新引导专项（基金）等技术创新计划，都是直接支撑和引领发展的，不仅应该有明确的技术目标，还应有明确的经济目标。

三、企业等私营部门能够实现创新效率最大化

企业是市场主体，以利润最大化为目标，无须外部的评审监督就能主动平衡成本与收益、创新与风险，优化配置创新资源。如果由企业承担公益性、战略性的创新项目，引进其他社会资本，理论上效率会大大高于政府直接操作的效率。公益性和战略性的创新项目社会效益大，对企业来说却无利可图，企业不会自动承担。如果采用公私合作模式，企业借助政府投资或特许经营权，能够在公益性和战略性项目中获益，从而激励企业为技术创新项目投资。

第四节　公私合作创新的治理类型

公私合作模式的治理类型很多，但在科技创新领域主要有4种类型：单一伙伴型、复合伙伴型、转移伙伴型和用户伙伴型。4种类型的划分也是相对的，现实中公私合作创新往往是以某一种类型为主，同时又兼具其他类型的特征。

一、单一伙伴型

单一伙伴型公私合作，是指政府与单一企业结成伙伴关系的合作。政府根据国家需求征集技术创新项目，在此基础上通过招标、邀标等方式，与单个大型企业签订创新项目合同，专门成立法人项目组，或专门成立项目公司。法人项目组或项目公司实行法人治理结构，成员包括研发人员、项目经营者，以及政府管理人员等。企业和政府必须向项目组或项目公司注入合同约定的资金。风险和收益都按合同约定执行。

这里公方是政府，可以是中央政府部门，也可以是地方政府部门；这里的私方是有创新需求的企业，以及其他社会投资机构。

这种类型的公私合作一般在重大项目中采用，适用于竞争前技术，也适用于科研机构建设、人才培训等。

二、复合伙伴型

复合伙伴型公私合作,是指政府与多个企业结成伙伴关系的合作。与单一伙伴关系不同,复合伙伴型公私合作包含双重伙伴关系,一个是企业之间的伙伴关系;一个是政府与企业之间的伙伴关系。本书中提到的契约型公私合作(Contractual PPP,CPPP)就属于复合伙伴型公私合作。合作企业之间的伙伴关系是指企业之间的联合体,这个联合体可能是专门为了一个创新项目而成立的,也可能是在项目之前就已经存在的创新联盟等法人组织。为项目而成立的联合体与创新联盟等联合体的区别在于,前者合作协议存续时间较短,项目结束以后联合体即告终结,如果再承担项目则需要重新结成伙伴联合体;而创新联盟等联合体存续时间较长,项目结束以后一般还存在。

这种类型的公私合作,政府根据国家(或区域)需求向企业联合体征集项目,在此基础上通过招标、邀标等方式与这些企业联合体签订项目合同。投资、风险、收益等其他事项,与单一伙伴类型相同。

由于企业联合体都是大中小企业结合的,甚至涵盖全产业链,这种类型的公私合作模式比较适用于关键共性技术研发。

三、转移伙伴型

转移伙伴型公私合作,是指政府与中小微企业合作时引入高校或公共科研机构的合作,合作的目的是技术转移。这里的私方不是大企业,而是中小微企业;而作为技术源的高校和科研机构,有的是准公方,有的是准私方。

这种类型的公私合作,先由中小微企业与高校或科研机构签订研发、设计、许可等技术转移合同,结成伙伴关系;然后政府向转移伙伴征集技术创新项目,遴选转移伙伴并签订项目合同。投资、风险、收益等其他事项,与前述两种类型的公私合作相同。这种类型的项目在一些国家称为联结项目;在另一些国家则称为合同研发项目。这里有两个合同:一个是高校和科研机构与中小微企业用户之间的伙伴合同;一个是它们与政府之间的伙伴合同。这种类型的PPP模式适用于中小微企业的技术转移,应用领域一般都是改进性创新和创新能力培育等"软创新"。中小企业缺少研发资源,但又创造大量就业和产值,是公共投入应当重视的领域之一。很多国家(或区域)和中国一些地方发放的创新券,实际也是转移伙伴型公私合作。

四、用户伙伴型

用户伙伴型公私合作涉及的公私合作各方,除了政府、企业等部门,还包括了民间用户。这是一种政府、企业、科研机构、民间社会"四螺旋"的合作关系（Public Private and People Partnership，PPPP）。

PPPP模式在芬兰奥卢市的实践取得了成功（图1-1）。奥卢城市创新联盟以开放创新为基础，在公私创新合作中，广泛调动民众参与，利用那些敢于在早期采纳创新成果的用户群体，帮助企业、公共实体或研究人员获取创新产品应用的实时反馈，将公私合作覆盖新产品研发、应用、服务的全创新过程，极大提升了创新与应用成功的可能性。这种类型的公私合作创新，一般运用于创新迭代较快的新兴技术和未来技术领域，对于培育领先市场和新兴市场作用较大。

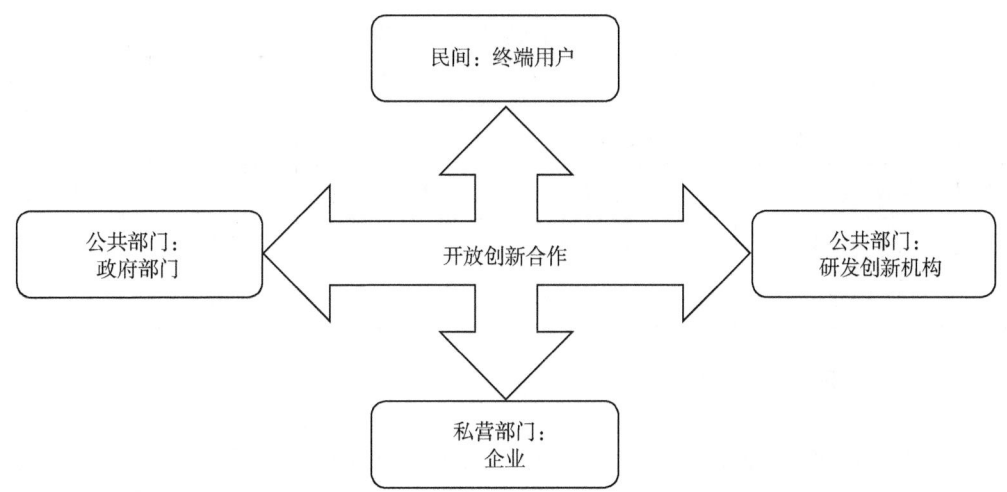

图1-1　奥卢创新联盟开放创新结构——公共、私营、民间三方合作

（来源：European Commission. Open innovation yearbook 2014[EB/OL].[2020-10-21]. https://ec.europa.eu/information_society/newsroom/cf/dae/document.cfm?doc_id=6853）

第五节　公私合作创新的应用领域

公私合作的创新模式应用广泛，包括重大科技创新专项、科技研发计划项目（未来技术项目和赋能技术项目）、技术转移计划项目、科技创新、中小企业创新、区域创新、科技创新机构、人力资源及创新采购等。

一、重大科技创新专项

为了整合全社会力量实现重大科技突破，形成国家或区域总体科技创新优势，在实施国家层级甚至跨国家层级的重大科技创新专项中已经普遍采取PPP模式。如美国的曼哈顿计划、信息高速公路计划，国际热核聚变实验堆计划，欧盟联合技术促进计划等。欧洲联合技术促进计划是欧盟范围内第一个 PPP 专项，定位是提升欧洲在关键领域的产业竞争力，目标是保证欧盟技术全球领先。企业根据产业发展需求结成利益伙伴，提出项目申请，设立法人实体。公私双方共同投资，私方投入超过 50% 并进行项目融资，制定技术路线图，实施技术商业化方案。

韩国官民合作旗舰计划也是重大科技创新专项计划。在韩国，PPP 被称为"官民合作"。韩国专门设立官民合作旗舰计划，在 13 个未来增长动力方向上挖掘、支持成功的可能性大且民间关注度高的项目。为此成立官民合作创新推进机构，负责计划实施。本书涉及重大科技专项 PPP 如表 1-1 所示。

表 1-1　重大科技专项 PPP

名称	类型（组织方式）	治理方式	时间	公私投入比例
欧洲联合技术计划	复合伙伴	单独治理	10 年	小于 1：1
日本超大规模集成电路项目	复合伙伴	联合委员会	15 年	约 1：1
韩国 CDMA 技术开发项目	转移伙伴	单独治理	7 年	约 1：1
美国"信息高速公路"计划	单一伙伴、复合伙伴	单独治理	约 20 年	超过 1：20

二、科技研发计划项目

该类型主要包括面向前沿领域的未来技术项目和加速形成经济社会效益的赋能技术项目。为了刺激民间研发投入，促进科技创新应用，很多国家（或区域）在类似的政府研发计划中都采用了 PPP 模式。如美国先进制造业伙伴计划，通过政府联合私营企业、高校和科研机构，共同投资包括增材制造、轻量化材料、下一代电力电子、数字化设计和制造等技术。又如欧盟"地平线 2020"科研计划，在未来工厂、第五代通信和光子技术、超级计算机、大数据、机器人等领域，采取公私合作模式，吸纳研究人员、学术机构、投资者和私人公司参加。本书涉及科技研发计划项目 PPP 如表 1-2 所示。

表 1-2　科技研发计划项目 PPP

名称	类型(组织方式)	治理方式	应用领域	时间	公私投入比例
欧洲契约型公私合作专项	复合伙伴	联合委员会	未来技术	5 年以上	小于 1：1
日本基础创新和创业计划	复合伙伴	单独治理	未来技术	9 年	约 2：1
新千年印度技术领先计划	复合伙伴	联合委员会	未来技术	5 年以下	约 1：1

续表

名称	类型（组织方式）	治理方式	应用领域	时间	公私投入比例
爱尔兰颠覆性技术创新基金	单一伙伴	单独治理	未来技术	3年	（1∶3）~（1∶1）
法国科技研究与创新网络计划	单一伙伴	联合委员会	赋能技术	5年	约1∶1
俄罗斯国家技术计划	复合伙伴	单独治理	赋能技术	5年以上	约3∶1
美国先进技术计划	复合伙伴	单独治理	赋能技术	5年以上	约1∶1
以色列研究与开发支持基金	单一伙伴	单独治理	赋能技术	5年以下	约1∶1
巴西工业创新研究院	复合伙伴	单独治理	赋能技术	长期	约1∶3

三、技术转移计划项目

技术转移是公私合作创新的重要领域。例如，企业用户根据自身的需求，与高校、科研机构共同建立合作研究中心；合作研究中心向政府申请立项，立项后政府予以配套资助。本书涉及技术转移计划项目PPP如表1-3所示。

表1-3 技术转移计划项目PPP

名称	类型（组织方式）	治理方式	时间	公私投入比例
加拿大商业化和研究卓越中心计划	复合伙伴	单独治理	长期	约1∶1
加拿大商业导向卓越中心网络计划	复合伙伴	单独治理	5年以下	约1∶1
日本研究成果最佳支援计划	单一伙伴	单独治理	5~10年	（1∶3）~（1∶1）
澳大利亚合作中心	复合伙伴	联合委员会	15年	约1∶1
以色列-美国双边产业研发基金	单一伙伴	联合委员会	1~1.5年	约1∶1

四、科技创业

公私合作推动科技创业是一直以来的热门领域。以色列YOZMA基金是公私合作运营风险投资的典型案例，已经孵化了大批成功的科技型企业，该基金是由以色列政府发起，基金构成中既有政府资金，也有私人资金，还有国外的资金。该基金对科技公司的投资，也采取公私合作的方式，公方出资占40%，私方出资占60%。本书涉及科技创业PPP如表1-4所示。

表 1-4　科技创业 PPP

名称	类型（组织方式）	治理方式	时间	公私投入比例
以色列技术孵化器计划	单一伙伴	单独治理	5 年以下	约 1：1
以色列 YOZMA 计划	单一伙伴	单独治理	5 年	约 1：2

五、中小企业创新

中小企业是经济活动的中坚力量，是重要的创新主体。通过公私合作方式能够有效引入外部资源，激励中小企业开展技术创新，开发新产品、新服务，探索新的商业模式。以色列"磁石"计划和"小磁石"计划是面向中小企业共性技术的研发计划，通过推动中小企业与其他机构合作，一定程度上解决了以色列创新碎片化的问题等。美国技术创新计划高度重视中小企业创新，引导中小企业研发"高风险、高回报"类型技术，取得了良好的效果。本书涉及中小企业创新 PPP 如表 1-5 所示。

表 1-5　中小企业创新 PPP

名称	类型（组织方式）	治理方式	时间	公私投入比例
以色列科技创新计划	转移伙伴	联合委员会	5 年以下	约 1：1
美国技术创新计划	复合伙伴	单独治理	5 年以下	约 1：1

六、区域创新

区域是创新的重要着力点。通过公私合作推动一定地理范围内的创新活动，已经出现了一些典型项目。日本产业集群计划跨度长达 20 年，充分调动各地区企业的积极性，解决日本国内发展问题。印度创新集群计划，依托集群创新中心强化公私合作。韩国地区合作研究中心以地方高校为核心，有效推进多主体合作。本书涉及区域创新 PPP 如表 1-6 所示。

表 1-6　区域创新 PPP

名称	类型（组织方式）	治理方式	时间	公私投入比例
日本产业集群计划	单一伙伴	单独治理	20 年	比例随项目进行变大
印度创新集群计划	复合伙伴	地区领导	长期	约 1：1
韩国地区合作研究中心	复合伙伴	单独治理	长期	约 1：1

七、科技创新机构

PPP模式在建设科技创新机构与一般基础设施的利用方式上存在很大差异。基础设施建设的主要内容是设施实体,而科技创新机构建设虽然也包括"硬"的物理空间和建筑实体,但主要内容却是"软"的制度安排,即机构的体制和机制。机构建设可以是建立一个全新机构,也可以是依托已存在机构组建;机构既可以是独立的法人实体,也可以是非实体的合作网络。公共投资分期到位,前期较多,后期减少,一般不超过总投资的1/2;企业和社会资金则前期较少,越往后越多,直到创新机构独立运营。科技创新机构建立以后,由企业和社会投资运营,同时可以得到政府项目支持。英国弹射中心、法国卡诺研究所网络、爱尔兰科学基金会研究中心、美国国家制造业创新研究所、韩国地区合作研究中心、巴西工业创新研究院,这些机构的建立和运行采取的都是公私合作模式,典型项目如表1-7所示。

表1-7 科技创新机构PPP

名称	类型(组织方式)	治理方式	时间	公私投入比例
英国弹射中心	复合伙伴	联合委员会	长期	约1:2
法国卡诺研究所网络	单一伙伴	单独治理	5年	随中心效益变动而变动
爱尔兰科学基金会研究中心计划	单一伙伴	联合委员会	长期	约2:1
美国国家制造业创新研究所	单一伙伴	单独治理	长期	约1:1
欧洲未来互联网计划	单一伙伴	联合委员会	5年	约3:1

八、人力资源

人力资源的规模和素质对于一个国家或区域的经济发展至关重要,一些国家为了增加技术人员的数量、有效提升技术人员质量,运用PPP模式加强人才培训,从而提升企业创新能力。如南非的THRIP计划(南非产业技术与人力资源开发计划),该计划为参与其中的研究人员及高校生按照不同学历层次提供奖学金,条件是这些人员需要到工业实验室工作3年。加拿大伙伴关系与创新战略项目聚焦高校与企业之间的合作,尤其是与中小企业的合作,帮助学生获得企业所需的专业技能,典型项目如表1-8所示。

表 1-8　人力资源 PPP

名称	类型（组织方式）	治理方式	时间	公私资金投入比例
加拿大伙伴关系与创新战略项目	单一伙伴	单独治理	长期	1∶1
南非产业技术与人力资源开发计划	单一伙伴	联合委员会	3年	比例复杂[a]

[a] 南非产业技术与人力资源开发计划比例设置复杂，详见表12-1。

九、创新采购

PPP模式推广到科技创新领域，不仅涵盖上述研发、机构、设施投资和风险投资、人力资本投资等供给侧，还延伸到公共采购等需求侧。需求侧的PPP模式主要是新型的政府采购，即创新采购。公方是政府及其附属机构，私方是企业。在政府创新采购中，有一类是创新服务采购，即政府根据中小企业的创新需求，以创新券的形式资助中小企业购买科技机构的创新服务。

第六节　公私合作创新项目流程

公私合作创新项目的流程，简单地说，分为项目形成、项目实施和项目完成3个主要的阶段，每个阶段又分为3个步骤，总体上是3个阶段9个步骤。

一、项目形成

项目形成基本上包含3个步骤。第一步是项目征集。政府所属专业机构根据国家（或者区域）确定的重点领域和优先主题，向企业等创新主体直接征集研发等创新项目。需要注意的是，项目征集不是面向相关政府部门或委托相关政府部门组织申报，而是直接面向企业等创新主体。

第二步是资格审查。政府所属专业机构对所征集的项目进行资格审查，报政府备案。资格审查主要看创新主体是否具备准入条件，如申报材料是否真实，是否有不良信用记录，等等，而不是审查项目内容。

第三步是招标立项。成立专门的招标小组公开招标，中标项目签订合同，予以立项。招标小组并不是完全由技术专家组成，而是由经济专家、管理专家和技术专家共同组成。立项有两个前提，一是申请项目的法人必须出资，否则一票否决。二是项目必须有经济指标，否则一票否决。所谓项目必须有经济指标，是指评分标准不仅包括技术指标，还包括技术商业化、生产、销售等指标，只有技术性和经济性同时达到标准才能择优立项。

二、项目实施

项目实施也基本包含 3 个步骤。第一步是成立项目组，中小项目的项目组采取课题组的组织形式，重大项目的项目组采取公司法人的组织形式，由项目组实施创新项目。

第二步是项目融资，除了政府和项目申请者的投资外，项目组还可以向银行和其他社会资本融资，包括利用国际资金，实现多元投入。

第三步是财务监管，项目资金收支均由指定银行执行，政府所属专业机构依托指定银行对项目财务实施监管，决定项目的更改、终止等事项。

三、项目完成

项目完成阶段又可以分为 3 个步骤。第一步是项目评估，按照项目合同要求，对技术和经济等指标实现情况进行评估。

第二步是损益交割，按照项目合同要求，对利润、知识产权等收益或损失在公私各方之间完成交割。

第三步是征信记录，根据项目完成的情况，建立承担项目的企业、高校、科研机构和人才的征信记录，与科技报告一起向社会公开，同时作为政府再立项时的参考。项目操作流程如图 1-2 所示。

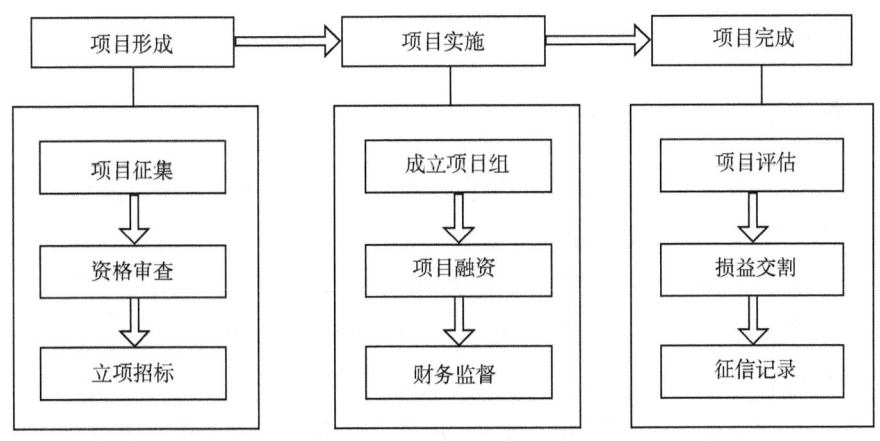

图 1-2　公私合作项目操作流程

第二章 公私合作创新的发展趋势

公私合作作为一种有效的政策工具在世界主要创新国家均有使用。美国、英国、法国等主要创新国家和欧盟都在创新战略中明确提出运用公私合作,强调在前沿技术领域布局相关项目,并将该工具应用到科研机构平台建设上。本章结合主要国家和欧盟公私合作的最新进展与趋势,对其经验进行总结,并简要介绍了我国对科技创新领域运用公私合作的初步探索。

第一节 主要国家公私合作最新进展

OECD 在 2014 年发布的《OECD 科学、技术与工业展望 2014》中提到,相对于类似补贴或税收减免等政策工具,PPP 是相当实用的需求侧创新政策工具,能够加速创新目标的实现,以及应对各类挑战。现有超过 70% 的 OECD 国家采用 PPP 模式支持科技创新,政策决策者越来越依赖 PPP 作为创新政策工具吸引私人投资。从资助特定的研究方向到促进产业链中企业的创新活动,这种工具的应用范围持续扩大。面对政府预算限制、公共管理新思潮及创新研究合作越来越紧密等现状,在科技领域利用 PPP 是必然趋势。

一、美英法等国最新进展与趋势

美国、英国和法国等主要创新型国家在重大的创新战略中强调了对公私合作的利用,并且已经在多个领域部署了相关计划或项目。

美国于 2015 年 10 月发布升级版《美国创新战略》,指出私营部门研发投资对于长期经济增长、就业创造和生产率提高至关重要,并提出要解决阻碍创新的市场失灵问题,确保有利于研究和创新的框架条件,以此激发私营部门创新的动力。2020 年 6 月美国总统科技顾问委员会发布的《关于加强美国未来产业领导地位的建议》中也提到,要加强多部门参与未来产业联合体的研发创新,将加大投入以重建产业界、学术界和政府等的研发合作伙伴关系。

美国关键太空技术研发运用 PPP 实现国家航空航天局(National Aeronautics and

Space Administration，NASA）的战略目标，通过PPP模式，与22个美国企业建立合作伙伴关系，计划通过管理关键太空技术研发，实现NASA机器人与载人深空探测目标等。美国先进技术计划和美国创新技术计划作为公私合作的典型项目发挥了重要作用，美国先进技术计划注重通用性竞争前技术的研发和应用，而美国创新技术计划则进一步意识到中小企业在科技创新领域公私合作的重要作用。另外，PPP已经在国防技术创新中开始使用。美国各军种加大了对私营企业参与研发项目的吸收力度，如空军的"成本缩减倡议"、陆军的"快速装备力量"计划及海军的"快速创新单元"计划等。

2020年7月，英国政府发布的《研发路线图》中强调要积极推动科学研究的创新及生产力转化。未来需要充分利用研究基础，提高英国各地企业的生产力并确保科学研究转化为商业应用，提高现有行业的生产力并为英国创造新的增长机会。具体措施包括：为转化和应用研究提供资金，支持企业扩大规模并投资于创新；结合激励措施和政策扩大创新需求，加强政府作为公共采购创新客户的作用。

另外，法国科研署公布的2016年行动计划中，PPP是特别项目的可用融资工具之一，主要应用于"研究成果经济效益和竞争力"部分。

从总体来看，公私合作模式在主要创新型国家呈现如下趋势：从民用领域逐渐扩展至军事领域；实现形式更加多样，从计划项目等传统形式拓展到机构、平台和网络建设等新形式；更加注重中小企业作为私方参与主体的重要作用；组织主体趋向于柔性化和多样化，从中央政府扩大到各个地方政府，以及人为划定的特定区域；政策目标开始从以研发为导向转变为以市场为导向。

二、日韩俄等国最新进展与趋势

日本产业集群计划通过公私合作方式改善了经济疲软趋势，以区域为单位吸引企业投资，带动地方经济发展。日本超大规模集成电路项目以当时日本国家重大需求为导向，联合日本国内主要企业、科研机构等创新力量进行攻关，在短期内突破关键共性产业技术，打破了国外技术垄断。

韩国于2015年5月13日发布的《政府研发创新方案实施计划》中提出，要创新政府资助科研机构的预算结构，减少"项目制"资助比重，活跃民间委托研究，同时增加民间委托对接资金。韩国科学技术信息通信部发布的《"5G+"战略》中提到5个战略领域，前两个就涉及增加公共领域投资，以及鼓励民间投资、利用政策引导和项目示范促进5G技术及相关设备的应用，加快企业智能化进程。

俄罗斯于2015年10月16日正式公布"国家技术计划"，目的在于发展未来15~20年将决定世界经济和俄罗斯经济的新兴高技术市场。俄罗斯视此为未来公私合作领域的一项长期计划，旨在保证企业界、研究与教育界及政府管理机构等各方的利益。

日韩俄等国以公私合作方式积极应对未来经济社会发展的重大需求，扶持相应重点领域及产业，并取得了较好的政策效果。在区域方面的公私合作利用中，出现了以产业为中心的更加灵活的范围划分方式，能够在一定程度上打破行政区划带来的创新桎梏。

第二节 欧盟公私合作最新进展

2007年以来，欧盟十分重视在地区范围内通过加强公私合作实施产业重大科技专项，维持和提升欧盟在一些战略性、全球竞争性技术产业的领先地位。基于此，对欧盟重大战略中广泛采用PPP的科技专项或计划的进展进行了系统分析，具体情况如下。

一、FP7中的5个JTI

2010年，欧盟在"里斯本战略"落幕的同时，迎来了"欧洲2020发展战略"的发布。"第七框架计划"（FP7）在2013年年底结束，新的研究与创新框架计划——"地平线2020"于2013年12月正式启动，为期7年(2014—2020年)。

在FP7下，首次引入欧盟层面的公私合作机制来实施产业重大科技专项，其中最突出的就是设立了联合技术计划（Joint Technology Initiatives，JTI），并为此与产业界共同建立专门的联盟法人——"联合执行体"（Joint Undertaking，JU），5个专项计划分别为创新药物计划（Innovative Medicines Initiative，IMI）、航空学及航空运输["洁净天空"计划（Clean Sky，CS）]、嵌入式计算系统（Advanced Research & Technology for EMbedded Intelligent Systems，ARTEMIS）、纳米电子（ENIAC nano electronics）、燃料电池与氢能技术（Fuel Cells and Hydrogen，FCH）。另外，作为对JTI的补充，欧盟委员会还与私营部门开展了其他形式的合作——契约型公私合作（契约型PPP），支持欧盟研发框架计划和欧盟工业政策等目标。

2007年以来，欧盟启动了5个JTI计划，重点研究特定战略性技术，支撑相关全球竞争性产业的增长与就业，每个专项运行周期为10年，投入经费为10亿~30亿欧元，其中FP7提供15%~50%的资助。

2011年左右，欧盟对5个JTI计划展开中期独立评估并做出正面评价。部分评估意见包括：认为借助JU，欧洲成功在公共部门和私营部门之间建立了一种新的商业模式，这种"开放式创新"的新模式在欧洲达到了前所未见的规模；欧盟所有关键工业主体，包括大量中小企业在内都广泛、高水平参与其中，由此打造了新型合作关系，巩固了欧洲一体化；促进了相关技术领域研究格局的巨大改进。以 IMI 计划所取得的具体成效为例，该计划促进了各部门、不同病种研究团队之间的合作，建立了有效的药物开发模型，开发了用于临床治疗的生物标志物和其他预测工具，发现了新的药物靶点，改进了临床试验的设计与过程，建立基于大数据的知识管理方式，培训和教育研究人员与公众。截至 2011 年，5 个 JTI 中有 3 个已经实现了自主经营。

二、"地平线 2020"计划的公私合作

"欧洲 2020 战略"提出七大配套旗舰计划，其中把建设"创新型联盟"作为七大配套旗舰计划之首。在"创新型联盟"旗舰计划之下，欧盟推出新的"欧洲创新伙伴关系"行动计划，以克服研发中存在的问题、促进经济增长和创造更多就业机会。2012 年欧盟委员会已经启动了 5 个行动计划，包括"欧洲云计算伙伴行动""智能城市和社区创新伙伴行动""有活力和健康的老龄化欧洲创新伙伴行动""原材料欧洲创新伙伴行动""可持续农业欧洲创新伙伴行动"。另外，欧盟在"欧洲数字化议程"旗舰计划之下，又推出了"未来互联网公私合作"计划。图 2-1 是欧盟科技创新领域运用 PPP 的科技计划示意。

"地平线 2020"计划是"欧洲 2020 战略"七大配套旗舰计划之首的"构建创新型社会"的政策工具。在"地平线 2020"计划下，欧盟围绕产业需求和欧盟重大政策目标，又提出了一批调动公私合作的重大科技专项，其中最具代表性的仍是与私营部门专门设立的 JU、促进重大专项实施的 JTI 及契约型 PPP 专项。本次所设立的 5 个 JTI 包括创新药物计划（二期）、燃料电池与氢能技术（二期）、"洁净天空"计划（二期）、生物基产业、电子元器件及系统。与此同时，2014 年在"地平线 2020"统一框架之下，欧盟针对不同领域，通过 PPP 模式陆续推出多个较大规模的战略行动计划。例如，在工业领先方面，先后推出"火花"计划和"大数据"计划；在应对社会挑战方面启动"蓝色经济"计划；为促进产学研用的无缝衔接启动"创新快车道"试点行动等。

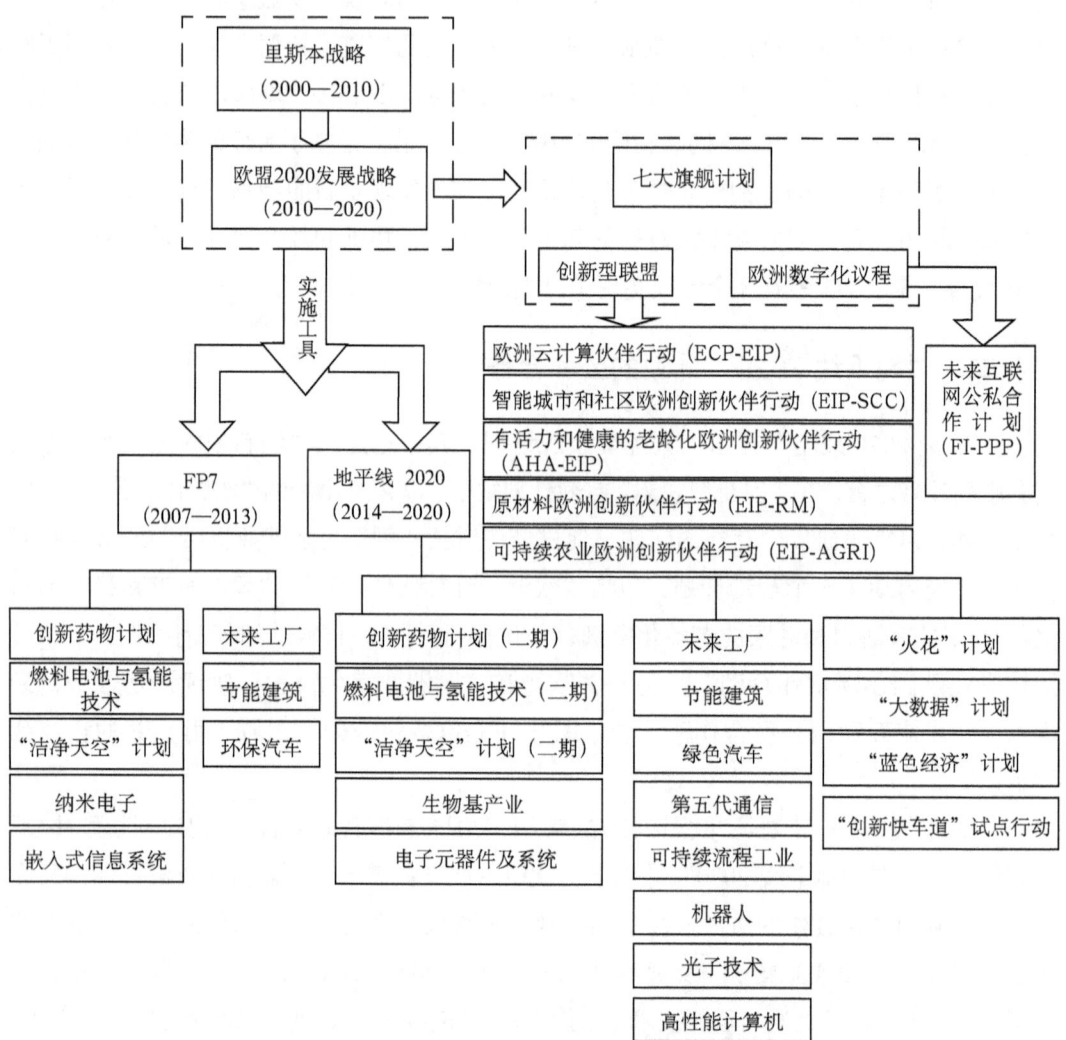

图 2-1 欧盟科技创新领域运用 PPP 的科技计划示意

[来源：张志娟，郭铁成，程如烟，等. 欧盟科技创新中公私合作模式研究 [J]. 中国科技资源导刊，2016，48（3）：6-13]

（一）基于已有经验的 JTI 计划与契约型公私合作

2013 年 7 月随着"工业投资方案"的达成，欧盟委员会、欧盟成员国和欧洲工业界同意在接下来的 7 年中投资 220 亿欧元以上，包括拟议中"地平线 2020"计划的 80 亿欧元投资、来自工业界的 100 亿欧元投资和来自欧盟成员国的 40 亿欧元投资。大部分投资用于 5 个 JTI 计划，希望在创新药物计划、燃料电池与氢能技术、"洁净天空"计划、生物基产业、纳米电子等战略性产业领域取得重大突破。其中，创新药物专项、燃料电池与氢能技术专项、"洁净天空"专项是以往专项的延续，电子元器件及系统专项是将原有的嵌入式信息系统专项和纳米电子专项进行整合，而生物基产业专项是根据 2012 年出台的《欧洲生物经济战略》新设立的专项。

此外，未来工厂、节能建筑、环保汽车领域的 3 项契约型 PPP 于 2008 年启动。欧盟委员会在已有经验基础上，通过"地平线 2020"计划继续支持此类合作，又在第五代通信技术、可持续流程工业、机器人、光子技术和高性能计算等领域建立了更多契约型 PPP 专项。

欧盟借助"地平线 2020"计划运用 PPP，为长期、高风险的重大科研创新专项提供了大笔资金，支持了多个重要领域的创新研发，巩固了其在战略性、全球竞争性技术行业的领先地位。这些行业对于欧盟经济社会发展十分重要，它们即将成为欧洲知识型经济的关键。"地平线 2020"计划已为欧盟提供了超过 400 万个优质就业岗位，取得了非常显著的效果。"地平线 2020"计划的 PPP 合作充分体现了欧洲创新型联盟政策、欧洲工业政策和欧洲关键使能技术战略的战略意图，为气候、能源、数字议程、交通、健康及其他欧盟政策的实施做出了贡献。

（二）运用公私合作模式陆续推出的发展计划

欧盟在"地平线 2020"计划下又陆续推出了几个具体的发展计划。

一是"火花"计划。随着人工智能技术、数字化制造技术与移动互联网之间创新融合步伐的不断加快，发达国家纷纷做出战略部署，抢占机器人产业的制高点。2014 年 6 月，欧盟宣布投资 28 亿欧元启动全球最大的民用机器人研发计划"火花"（SPARC）计划，寓意像火花一样点燃欧洲经济。SPARC 计划采用 PPP 模式，由欧盟与欧洲机器人协会合作完成。根据合作协议，欧盟和欧洲机器人协会为 SPARC 计划分别出资 7 亿欧元和 21 亿欧元，将有 200 多家公司、1.2 万名研发人员参与该计划。

二是"大数据"计划。大数据已成为继云计算、物联网之后 IT 行业又一类颠覆性的技术。2014 年 10 月，欧盟宣布与欧洲大数据价值会建立合作关系，投资 25 亿欧元促进数据行业发展。这项公私合作于 2015 年 1 月 1 日正式启动，并于 2016 年起启动一期项目。2016—2020 年，欧盟将通过"地平线 2020"计划向这项合作进行超过 5 亿欧元的投资，私营部门合作伙伴的投资则将超过 20 亿欧元。

三是"蓝色经济"计划。2014 年 5 月，欧盟正式推出"蓝色经济"创新行动计划，旨在通过科技创新充分利用海洋资源解决人类面临的气候变化、能源安全和粮食安全等诸多挑战。欧盟将重点从 3 个方面推进该计划：首先，致力于海洋数据的整合，力争在 2020 年之前绘制一张欧洲海底地图；其次，要促进成员国之间更好地合作，共享研究成果；最后，努力提高从业人员的技术水平。欧盟"蓝色经济"主要由五大行业组成：海洋渔业与养殖、海洋运输、海洋生物技术、海洋能源和沿海休闲娱乐等，直接就业人数超过500万。2014—2015年,欧盟"地平线2020"科研规划用于发展"蓝色经济"的预算达1.45亿欧元。据统计,2007—2013年,FP7平均每年投入3.5亿欧元,资助有关海洋技术研发创新项目。同时,成员国的国家科技计划也进行了大量投入,如法国和德国每年海洋技术研发投入均超过3亿欧元。

四是"创新快车道"试点行动。2014年7月,欧盟发布"地平线2020"计划"创新快车道"(Fast Track to Innovation,FTI)试点行动的实施细节。FTI是欧盟加快创新产品或服务走向市场化的一种全新尝试,旨在通过加大投入,缩短创新产品或服务的市场化进程,从而实现从创意到新产品或新服务完全进入市场的产学研用全过程的无缝衔接,促进欧洲在全球竞争力的全面提升。FTI采用试点项目的形式组织实施,总经费1亿欧元,2015财政年度正式启动并公开招标。

三、"欧洲创新伙伴关系"行动计划的公私合作

"欧洲创新伙伴关系"(European Innovation Partnership,EIP)行动计划是欧洲2020战略"创新型联盟"旗舰计划推出的重要举措(图2-1),主要是为公共和私人创新伙伴提供研发创新合作、建立长期可持续的创新资源共享互动交流机制。2012年,欧盟委员会已经启动了5个EIP,相关运行与发展情况如下。

"欧洲云计算伙伴行动"(European Cloud Partnership EIP,ECP-EIP)重在解决政府采购云计算的市场分割问题,发挥示范引领作用,促进云计算单一市场发展。行动初期欧盟投资1000万欧元。2012年9月,欧盟委员会进一步发布"欧洲云计算战略",并将ECP作为该战略的重点行动之一,以推动欧盟成员国和产业界建立云计算伙伴关系。该行动分3个阶段推动:①研究云计算采购的基本规则,包括云计算采购标准、云计算安全和激励竞争的措施等;②提出云计算采购实施方案;③在欧盟范围内实施云计算。

2012年7月,欧盟委员会启动了"智能城市和社区欧洲创新伙伴行动"(The European Innovation Partnership on Smart Cities and Communities,EIP-SCC),目的是促进智能城市建设的相关产业间建立战略伙伴关系,并促进欧洲各城市更好地开展未来城市体系和基础设施建设。在EIP-SCC的影响下,"智能城市和社区"计划在2013年的预算投入猛增至3.65亿欧元,涉及领域扩展至能源、交通和信息通信技术。EIP-SCC的每个示范项目都必须整合上述3个领域,要求高水平合作与协同。

为应对老龄化带来的严峻挑战,欧盟于2011年率先试点启动"有活力和健康的老龄化欧洲创新伙伴行动"(Active and Healthy Ageing EIP,AHA-EIP)战略实施计划。2012年2月29日,欧盟发布了"加快落实AHA-EIP战略实施计划"的政策文件,标志着AHA-EIP进入实施阶段。AHA-EIP的目标是到2020年使欧洲人口增加2个健康生命年,

并达到"三赢":改善老龄人口的健康状况和生活质量;提升医疗保健系统的可持续性和效率;开发潜在的医疗市场,促进经济发展。AHA-EIP 将与欧盟"地平线 2020"计划七大旗舰计划相关行动相结合,根据欧盟健康战略目标成立综合性跨领域的协调协作平台。

原材料是 EIP 行动的重要优先发展领域之一,确保稀有金属等工业原材料的可持续供应对于确保欧洲工业竞争力至关重要。2012 年 11 月,"原材料欧洲创新伙伴行动"(The European Innovation Partnership on Raw Materials,EIP-RM)正式启动,并于 2013 年年底之前制订战略实施计划。EIP-RM 的目标包括:①在原材料开采、提炼、加工及回收和再利用领域启动 10 个创新试点项目(如建立示范工厂);②提高原材料利用效率,促进其回收和再利用;③建立原材料可持续开采和管理研究,以及教育与培训中心的联络网;④开发欧洲通用的资源储量和库存统计的标准工具和 3D 地图;⑤建立原材料供需预测的动态模型;⑥制定原材料国际合作战略,加强多边与双边合作。

欧盟于 2012 年 2 月提出了关于实施"可持续农业欧洲创新伙伴行动"(The European Innovation Partnership for Agricultural Productivity and Sustainability,EIP-AGRI)的建议,并于 11 月召开"可持续农业创新伙伴行动"大会,正式宣布启动。EIP-AGRI 旨在全面推进公私农业部门的研发创新,提高农业生产力水平、促进农业可持续发展,建设生态环境和谐的农业系统,保障食品安全和供给,改善公民的生活质量。EIP-AGRI 强调食品供应链各环节的研发创新,鼓励不同机构、不同地区、不同产业领域创新主体建立密切的伙伴关系,联合开展研发创新,集中社会创新资源,解决农业创新的瓶颈问题。

EIP 行动计划致力于加快科研成果转化和创新,解决和消除欧洲科研与创新体系中的瓶颈和障碍,包括投资不足、制度过时、标准不一和市场分割等。EIP 在运行中,虽然也会有经费投入,但它们并不建立新的资助机制,而强调通过制定共同的战略议程引导创新资源配置,研究和解决研发与创新体系中存在的障碍和问题,推动公共部门和私营部门合作开展行动,促进技术开发和市场培育,提高欧盟在相应领域的创新能力和竞争力。

第三节 欧盟公私合作的评估

欧盟在战略性科技创新领域采用 PPP 模式实施多个重大科技专项,取得了显著的成效,主要体现在下述几个方面:PPP 助力欧盟科技领域整合全社会资源,加快整体创新步伐,应对重大社会挑战;撬动社会资本配套投入远超欧盟投入,多数 PPP 公私配比大于 1 : 1；创造就业岗位和增加就业；不仅利用 PPP 模式加速了技术创新，还通过伙伴合作关系加强了研发创新协作、建立了可持续的创新资源共享互动交流机制；工业界，尤其是中小企业广泛参与其中，形成公私合作的开放式创新模式与合作网络；所涉及的技术领域随着国家战略需求的变化不断增多，包括药物、燃料电池、航空航天、纳米电子、通信、机器人、大数据等。

依据欧盟经验，科技领域运用 PPP 的重要优势体现在：促进了公私双方充分发挥自身能力，利益共同体研发创新的主动性强，对市场的反应迅速；PPP 模式有利于统筹优化资源配置，提高科技创新的研发效率，最大化科技成果的价值，加速新技术新产品商业化的步伐；PPP 能够充分调动私营企业参与研发创新的积极性，加大企业和全社会的研发投入。

欧盟运用 PPP 模式促进科技领域创新，取得了显著成效，这得益于欧盟针对此类计划项目的阶段性评估，并将评估得到的经验应用到随后的计划中。本节以 FP7 下首批启动的 5 个 JTI 的评估活动为依据，深入分析了 5 个 JTI 运行过程中存在的问题与改进方向，以期吸取经验教训，更好地推进科技创新领域运用 PPP 模式。

一、FP7 下 JTI 运行过程中存在的问题分析

在评估首批 5 个 JTI 时，主要切入角度包括法律架构、管理、操作模式、资金问题等，具体如下。

（一）法律架构和制度安排方面存在的问题

5 个 JTI 具有较相似的组织结构。例如，与产业界共同建立专门的联盟法人 JU。每个 JU 都设有负责运营的理事会、负责日常管理的执行董事等。成员国以国家身份作为参与成员角色的两个 JTI（ARTEMIS 和 ENIAC）还成立了相关公共机构委员会，其他 JTI 中的成员国均通过国家代表小组以顾问角色参与。然而，在这样的组织结构下，伙伴关系中的私方（大多数 JTI 中的私方为协会）认为自身并未在合作中充分发挥作用，主要原因是"联合体"管理架构加重参与者行政负担、相关财政制度管控过度。具体如下：私方参与者如果需要获取相关资源或信息，必须要经过"联合体"框架特殊的法律架构，但这严重增加了参与者的行政负担，导致私方合作伙伴失去参与动力，危及 JTI 达成既定目标。另外，对资金的审计和管理存在管控过度的问题，这严重阻碍了研发活动（这类投资相关的技术产品从产出到应用的时间长度比传统合作研究要短得多）。此外，过多的规则和审计程序也代表了公方风险规避的态度，这阻碍了与私方参与者的有效合作。

相关法律框架的设计侧重公方,并不适用于建立基于互信的伙伴关系,不能保证伙伴关系各方之间的平等权利。此外,不同的 JTI 涵盖了不同的工业领域的科学技术难题,因此不能用"一刀切"的办法来处理所有 JTI 的问题。

(二)操作模式方面存在的问题

第一,JTI 的管理架构和行政运营远不能满足快速、高效的要求。各合作伙伴之间必须协商,进行明确的权责分配,但这一步骤也没有完全实现。第二,私方合作伙伴认为,员工条例实施细则限制了其在招募程序中发挥作用的范围,将其职责仅限定在顾问工作上。这也提出了人力资源的配置能否保证公私双方的利益及需求的问题。第三,除烦琐的审计及相关程序外,行政效率低下问题也需要解决。例如,产业伙伴实物出资的报告程序复杂,同时还存在实物出资难以客观量化等问题。第四,部分 JTI 的一些程序中将私方合作伙伴完全排除在外。例如,产业伙伴不会被告知项目方案的详细情况,或者无法充分参与到项目选择程序之中。从产业视角来看,他们更关注方案选择机制能否保证均衡考虑科技卓越性与产业关联性。第五,虽然 JU 是作为"联合体"成立的,但其无法立即使用相关委员会所掌握的信息技术、服务、工具和基础设施等,需要提前签订"服务水平协议",而这又构成了另一项行政负担。此外,JTI 中,中小企业(small and medium enterprises,SMEs)的参与是非常关键的。但 SMEs 可能会因为 JTI 在项目支持的申请、审批和授予方面的冗繁程序,而对 JTI 望而却步。同时,包括初创公司等的 SMEs 因为资金有限,无法提供诸如银行保函在内的实力证明,从而很难在 JTI 中受益。

(三)资金方面存在的问题

充足的资金对 JTI 而言至关重要。研发活动可使用的总体预算及 JTI 的运营成本取决于三大主要资金来源,即欧盟委员会、私营部门及欧盟成员国(成员国以国家身份参与 JTI,如 ARTEMIS 和 ENIAC),JTI 条例中规定了各阶段的出资额及拨付程序。然而,部分情况下的累计出资存在低于预期的问题,其主要原因是部分成员国的出资并未达到最初设想的水平。

项目融资利率是吸引参与者的重要因素。JTI 在这方面的问题是为项目合作伙伴提供的融资利率不高,甚至低于 FP7 合作专项计划之下所提供的利率。这不利于吸引潜在的项目申请人。此外,欧洲跨国公司还必须考虑欧洲以外地区的项目融资利率。

(四)成员国参与方面存在的问题

截至 2010 年,有超过 20 个成员国和相关国家以正式会员的身份参与了 5 个 JTI 中的 2 个(ARTEMIS 和 ENIAC)。原则上,成员国的参与可带来额外的资源,有助于解决分歧,以及协调各个领域的欧洲和国家不同层面的研究活动。但实际操作中,成员国的参与反而带来几大问题:部分情况下成员国会违背最初向 JTI 做出的出资承诺,原因主要是部分成员国认为该程序或项目遴选的结果未能反映本国利益;另外,还存在项目资金不能按时到位的情况,因为部分成员国资金不足,无法资助国家机构,导致相关跨国合作项目无法继续开展,或需要进行大幅调整。

原则上,参与的成员国应尽可能根据 JTI 的程序及相关条款和条件相应调整本国的程序及相关条款,并及时按约提供财政资助。但实际情况是各参与成员国之间均存在签约时间或拨款时间的差异,由此阻碍选定项目的顺利启动并降低潜在参与者的积极性。

二、FP7 下 JTI 改进建议

(一)法律架构和制度安排方面的建议

科技创新领域 PPP 应采取的法律形式没有理想方案。所以,识别各种可能的方案,并且指出这些方案对于 JTI 高效运行的各种需求所存在的优缺点十分重要。欧盟提出了 4 种不同类型的法律架构,分别为:私法实体;契约性合作关系;按照现行金融和员工法规组建的社会团体;修订金融法规,承认 PPP 是一种"特殊的团体"。每个方案都存在一定的优势和限制因素,如表 2-1 所示。

其中的"特殊的团体"方案更具灵活性,可根据 PPP 的特殊需求制定相关规定,从而提高管理模式的抗风险性和合作伙伴间互信程度,帮助更高效地启动新的 PPP,同时尽可能增大公私合作伙伴的投入。

表 2-1 科技创新领域 PPP 的法律架构方案

序号	法律架构类型	优点	缺点
1	私法实体	能够提高运作灵活性 能够提供私营部门熟悉的运作环境 能够建立更加均衡和谐的合伙关系 能够采用接受过检验的规则且知道结果	不能够享受任何欧共体的优惠政策和豁免权 需要遵循国家的法律和税收法规 需要对不同地点的 JTI 运用不同的规则 会在建立过程中出现延误情况
2	契约性合作关系	能够签订灵活的协议 能够加快启动步伐	会充分运用(有时是繁重的)FP 规则和程序 合伙人之间无任何长期承诺 稳定性和清晰度更低 无任何制度化的合伙关系

续表

序号	法律架构类型	优点	缺点
3	按照现行金融和员工法规组建的社会团体	欧盟会对计划做出明确的承诺 能够为所有 JTI 提供独立于其所在地点的和谐状态 能够享受欧共体的优惠政策和豁免权	需要面对累赘、缓慢且代价高昂的行政管理程序 法规未对 PPP（包括 JTI）做出任何明确的认可
4	修订金融法规，承认 PPP 是一种"特殊的团体"	欧盟会对计划做出明确的承诺 能够为所有的 JTI 提供独立于其所在地点的和谐状态 能够享受欧共体的优惠政策和豁免权 能够为 PPP（包括 JTI）量身定制条款	建立新的体制会耗费太多的工作量和时间

来源：JTI Sherpas' Group. Designing together the "ideal house" for the public-private partnerships in European research[R/OL]. [2020-11-16]. http://ec.europa.eu/research/jti/pdf/jti-sherpas-report-2010_en.pdf.

（二）操作模式方面的建议

对于操作模式，首先建议相关合伙人明确任务：私方合伙人应负责运作管理，并且应遵循公开、透明且健全的财务管理原则；公方合伙人应负责过程监管，确保公共利益不受损害和计划长期稳定；目标和战略的制定工作则需要公私双方共同参与。其次，确保员工招聘过程透明并具备灵活性。私方合伙人应负责挑选员工，公方合伙人应遵循公开、透明的竞争原则，以便能够尽可能招聘到最优秀的员工，而足够的灵活性可以使 JTI 对不断变化的需求做出快速响应。然后，制定明确且简化的报告制度，包括适当的审计及相关程序。再次，基于科学技术卓越性和产业关联度，制定并实施健全且透明的项目申请评估制度。最后，JTI 应采取措施，使 SMEs 群体能够更积极主动地参与进来。

（三）资金方面的建议

合作要仅在所有参与者做出有力出资承诺的情况下进行；制定必要的合作框架，以便更好地利用私人投资和国家公共资金；确保公私双方的资金比率与欧盟研究框架计划中提出的资金比率相当。

（四）成员国参与方面的建议

由于成员国能够促进 JTI 与国家计划的协同增效作用，因此成员国的参与也十分重要。但应当邀请能够带来附加价值的国家参与，并且这些国家能够保证立即兑现最初承诺。另外，如果发生实际情况与最初承诺不符，有必要提前制定挽救措施，避免其他合作方遭受损失；各成员国应协调包括签约和资助等项目相关工作安排，以避免延误或危及项目启动及实施工作。

三、"地平线 2020"计划下 JTI 的改进措施

与 FP7 期间的 JTI 相比,之后的"地平线 2020"计划期间的 JTI,在以往经验基础上进行了有效改进,主要方向如下。

(一)目标将更清晰远大

JTI 将为欧盟竞争力及欧盟政策目标做出明确贡献,每个 JTI 都有可测度的具体目标和关键绩效指标,便于监测和评估。目标将更加强调创新及影响,以期跨越科研与商业化应用之间的"死亡之谷"。

(二)计划对新参与者开放

计划在任何情况下都向新伙伴开放,并将与成员国建立更加紧密的联系。例如,创新药物计划(二期)预留了一部分资金给新参与者;"洁净天空"计划(二期)将通过公开竞争过程为其示范平台选择新的核心伙伴;几个新计划将更加注重展示活动,希望借此在更大范围内增加相关组织机构的联系,促进创新主体的广泛参与。

(三)公私投入配比至少为 1∶1

产业界资金投入至少要与欧盟的预算投入相当,投入依据是 JTI 要求的花费或欧盟未完全支付的部分。产业伙伴将承诺在不接受"地平线 2020"资助的情况下吸引参与主体,其投入往往超过最初计划的投资额。例如,燃料电池与氢能技术(二期)计划中产业界资助预算外的投入将至少达到 3 亿欧元。如果产业界的投入未达到要求,欧盟委员会有权利减少或扣留来自欧盟的资金,甚至结束合作。

(四)简化执行体系与参与规则

在架构、规则、程序和控制策略上均进行了简化,减少行政负担和参与者的相关费用,加快提案的各个流程,降低财务错误率,以吸引更多创新型企业参与其中。

(五)完善知识产权规则

欧盟将注重法律保障与灵活性之间的平衡,最大限度促进 PPP 项目知识产权的共享;对合作前各自知识的所属权,以及合作后产出科研成果的所有权有清晰界定。对产出知识成果的保护、利用与传播、转让与许可、成果访问权等做出详细规定,避免纠纷产生。

第四节　中国科技创新领域运用公私合作的初步探索

20世纪八九十年代中国就已经开始采用PPP模式，主要应用在基础设施和公共服务领域中。尽管PPP模式在国内已有几十年的应用，近些年又迎来了前所未有的发展机遇，但多聚焦于能源、交通运输、水利、环境保护、市政工程等公共服务领域，在科技创新领域仍处于探索阶段。

一、中国总体应用现状

2014年以来，政府和社会资本合作的PPP模式受到广泛关注。截至2019年，国务院及财政部、发展改革委等相关部委先后推出50项有关PPP的法规文件，地方出台了307项规范PPP的法规。政府鼓励采用PPP模式，吸引社会资本参与。2015—2019年出台的相关法规具体数量如表2-2所示。截至2019年年底，国家层面未出现直接针对科技创新领域PPP运行的有关政策文件，相关PPP政策文件中也鲜少出现直接针对科技创新领域PPP运行的内容。

表2-2　中国中央和地方PPP法规数量

单位：项

年份	中央	地方	总计
2015	9	95	104
2016	13	91	104
2017	15	79	94
2018	8	29	37
2019	5	13	18
总计	50	307	357

根据财政部PPP中心数据显示，截至2020年4月，全国公布推荐的PPP项目有9455个，计划投资额14.4万亿元，覆盖能源、交通、水利、环保、市政、农业、旅游、医疗卫生、教育、文化、科技、体育等主要经济社会领域。其中最多的是市政工程领域（项目数为3808个），其次是交通运输领域（项目数为1314个）和生态建设与环境保护领域（项目数为926个）。相对而言，科技领域PPP的项目数量相对较少，仅有136个科技类PPP项目入库，在整个PPP项目数据库中不是主流项目类型，占比很小。

二、北京市大数据研究平台项目

2016 年 8 月 15 日,北京市中关村科技园区管理委员会(简称"中关村管委会")和北京大数据研究院为了开展大数据基础研究和技术开发并进行成果转化,以及为政府和专业机构提供数据服务,搭建产业孵化平台进行北京市大数据研究平台的构建。项目建设的总体目标是通过 3~5 年时间有机整合"产学研"创新链,进行基础研究、技术开发和成果转化,在深度学习、自然语言处理等领域取得重大研究成果、培养人才和搭建研究平台。

该项目投资期内总成本为 10 700 万元,其中,建设投资约 600 万元,运营成本约 10 100 万元。社会投资人在项目第一年投入 200 万元,其余不足部分由政府以可行性缺口补助的形式给予支持,政府于 2017—2019 年连续投资 3 年,每年投资 2500 万元,总计 7500 万元。中关村管委会和海淀区政府各按 50% 比例出资,海淀区政府支持资金通过市区两级体制结算上缴市财政局,由中关村管委会统一执行。

经过一段时间的运营,成立(或联合成立)了一批国家工程实验室、基础研究实验室和应用研究实验室,建成了 1 个应用型大数据研究中心,并孵化出多家极具成长潜力的初创科技企业。北京市大数据研究平台 PPP 项目模式如图 2-2 所示。

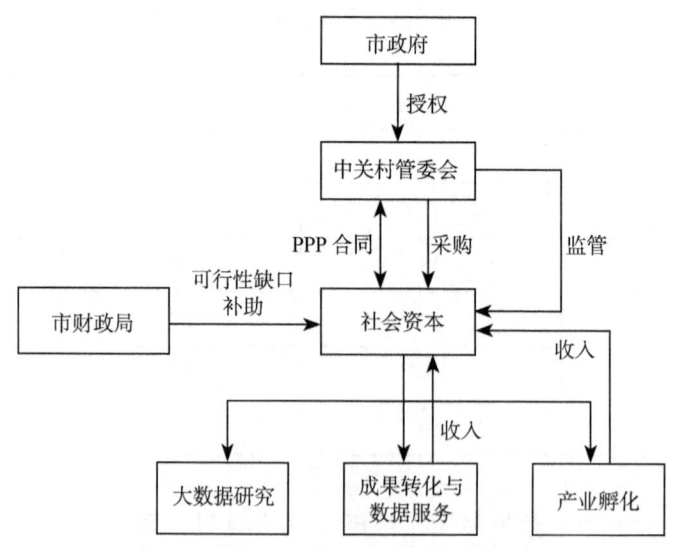

图 2-2 北京市大数据研究平台 PPP 项目模式

(来源:https://www.cpppc.org:8082/inforpublic/homepage.html#/projectDetail/a514e81bf8b74792abf41fcbad08cb91)

三、北京市协同创新研究院

北京市协同创新研究院（简称"协同院"）成立于2014年8月，目标是进一步释放北京的科技创新优势，打通产学研结合和区域协作的壁垒，推动科技成果转化。协同院实行理事会领导下的院长负责制，计划下设18个专业领域中心。

协同院设立了由政府、高校等多方出资，按照市场化方式运作，总规模12亿元的协同创新母基金。同时，引导和鼓励其他高校院所、社会资本参与，围绕特定领域拟成立18只协同创新子基金。

协同院通过组织行业技术专家、产业界专家、投资界专家形成论证小组，从市场前景、技术先进性、实际生产可行性、投资回报率等角度进行内部论证，初步筛选形成拟支持项目，报院内计划决策委员会讨论，通过后形成由其创新基金正式参与支持的项目。

此外，协同院通过机制创新，采取与具备科研优势的高校、院所签订知识产权协议，聘请外部科研负责人并提供配套科研条件与团队，进行产品研发，成果由下游优势企业参与转化，最终市场转化效益共享。

四、广东新型研发机构

2015年，广东省政府颁发一号文（粤府〔2015〕1号），提出新型研发机构在政府项目承担、职称评审、人才引进、建设用地、投融资等方面可享受国有科研机构待遇的扶持发展政策。同年10月，经省政府同意，批准了124家广东新型研发机构，为全省建立和完善技术创新体系注入了新活力。

所谓新型研发机构是指以多主体的方式投资，采取高校与政府、企业共建，或者企业自建等多样化的方式组建，企业化的机制运作，以市场需求为导向，主要从事研发相关活动，投管分离、独立核算、自主经营、自负盈亏的新型法人组织。这些新型研发机构强化创新价值链的无缝连接，政府以代理委托形式参与，管理上实行"适距关系型"，研究项目采用契约制度，与美国、欧盟地区先后组建的制造业创新研究所、能源创新中心、创新与技术研究学院等本质上一致，都属于科技创新PPP机构的范畴。

截至2019年，广东省经科技厅认定的广东新型研发机构180家，数量超过全省科研机构的1/3，珠三角地区约占总数的89%，其中广州市44家，佛山市、深圳市各30家，东莞市23家。通过新型研发机构建设，集聚了一批高层次创新人才。据2016年年底统计，全省新型研发机构拥有研发人员近4.7万人，引进世界一流水平的创新科研团队91个，领军人才69人，科研仪器设备值达83.4亿元，有效发明专利7000多件，发表国际论文3500余篇。同时，新型研发机构成果推动了传统产业转型升级，通过企业孵化、成果转化、合作研发、技术改造、创业投资等方式,服务3万多家企业转型升级,成功孵化1000多家高新技术企业,近三年成果转化收入达1538亿元。

五、国家集成电路产业投资基金

为了发展中国集成电路制造业,在工业和信息化部、财政部等的指导下,2014年9月,财政部、国开金融、中国烟草、亦庄国投、中国移动等作为发起人,吸引大型企业、金融机构及社会资金,共同投资设立国家集成电路产业投资基金股份有限公司(简称"集成电路产业基金一期"),基金募资规模达到人民币1387.2亿元。集成电路产业基金一期(2014年9月—2018年5月)已经投资完毕,共募得普通股987.2亿元,同时发行优先股400亿元,总投资额为1387亿元(相比于原先计划的1200亿元超募15.6%),公开投资公司为23家,累计有效投资项目达到70个左右,投资范围涵盖集成电路产业上、中、下游各个环节。另外,一期结束之后,立刻开始了二期资金募集。2019年10月22日,国家集成电路产业投资基金二期股份有限公司注册成立,注册资本2041.5亿元,超过了此前市场预期的2000亿元。

集成电路产业基金一期的执行原则如下:国家战略与市场机制有机结合,把国家战略放在突出的位置上;强调市场机制,发挥财政资金的引导和杠杆作用;以股权投资为主,不做大股东,不干预企业的具体经营活动;不做风险投资、天使投资,以帮助较有竞争力的企业做大做强为主;重点投资集成电路制造业,使集成电路制造业的投资额不低于总规模的60%。集成电路产业基金一期的存续期为10年,投资期为5年。

六、创新券

2004年,荷兰实行科技创新券,成为全球首个实施科技创新券的国家。随后,意大利、比利时、爱尔兰、斯洛文尼亚、瑞典、瑞士、希腊、奥地利等国都出台了科技创新券政策。2012年,科技创新券进入中国,经过短短几年的时间,已经遍布江苏、浙江、北京、上海、广东、山东等省市,其中江苏、上海的案例具有代表性。

江苏是全国最早开始试行科技创新券的地区。2012年,江苏宿迁市在全国率先进行科技创新券的实践探索。2014年,江苏省在苏北试点试行省级科技创新券,不断根据试点试行的情况,进行补充和调整。如出台了《省科技厅关于2015年省级科技创新券使用有关说明的函》等政策来调整科技创新券政策的试行方案,政策支持的对象由企业拓宽到科技孵化器,科技服务的范围由科技咨询服务、分析测试服务、科技信息服务3种类型拓宽至4种类型,增加了科技创业服务。

江苏科技创新券的具体效果非常显著。苏北五市在2014年的社会研发投入增长至

第二章 公私合作创新的发展趋势

250亿元，比2013年增长18%，另外，宿迁2016年的数据显示，宿迁市宿城区科技局向22家企业发放179.3万元的创新券，撬动科技创新投入5000多万元。由此可见，江苏科技创新券政策的实施，有效地带动了相关创新主体的投入，营造出了科技创新的浓厚氛围。

上海科技创新券于2015年4月开始正式发放，并于同年7月正式试行使用。上海科技创新券具体运行主要依托牵翼网进行，其利用"门户网站＋电子商务"的模式构建B2B2C模式的新型网上交易科技服务电商平台。第一个B指的是服务的供给方，提供科技服务的机构，第二个B指的是联系供给方与需求方的牵翼网平台，C指的是服务的需求方，即需要科技服务的企业。

上海科技创新券的效果也很令人振奋。截至2016年6月的数据显示，2015—2016年，共有1827家中小微企业和14支创业团队申请上海科技创新券。从行业分布看，信息技术类企业申请科技创新券的比重最大，达到37.93%，科技创新券的发放金额为9535万元；符合兑现要求并成功使用科技创新券的中小微企业有858家，科技创新券的兑现金额为1949万元。

第三章　公私合作创新效果及其对中国的启示

随着公私合作的广泛应用和深入发展，其政策价值也随之上升。特别是在新一轮科技革命和产业变革中，世界各国纷纷通过公私合作提升政策效果，有效支持了新兴技术和产业的发展。中国即将全面建成小康社会，进入创新型国家行列，在新的历史起点向第二个百年目标进军，开启全面建设社会主义现代化国家新征程。在新的历史时期，把公私合作创新引入科技政策体系，对于全面塑造发展新优势具有重要意义。

第一节　公私合作创新的效果

自PPP在科技创新领域应用以来，也曾出现过一些质疑，如有人提出PPP操作复杂、企业盈利政府买单等。但这并不能否定PPP蕴含的潜力和价值。从已有案例可以看到，PPP在科技创新领域的应用是成功的，既实现了社会效益最大化，又保证了企业和社会资本有利可图，因此被许多国家称为公共项目管理的最佳模式。

一、显著提高公共资金使用效率

OECD的研究表明，针对某一科技领域研发，在达到预期目标的前提下，PPP能够使政府不断降低财务支出，并逐步减小支持力度直至退出。这有效降低了政府对科技创新活动的激励成本，同时确保了政府资金在项目过程中的高效利用，极大提升了政府资金的有效运转效率。如果按照传统的投入方式则需要政府长期、相对稳定地投入，需要耗费大量的财政资源，而PPP则能够明显实现政府财政资源投入不断降低，如图3-1所示。

美国学者对"制造业推广伙伴关系"计划的研究表明，每1美元的联邦投资，将对经济增长产生32美元的回报；对采取PPP的先进技术计划的研究表明，联邦政府对整个计划的资助约为22亿美元，但376个资助项目中的41个已经取得170亿美元的净社会收益。

1991—2012年，从以色列孵化项目所获投资额来看，政府带动私人资本投资逐年提高。至2012年，以色列政府对每个孵化项目平均投入75万美元，带动私人投资额达375万美元，放大倍数达到5倍，如图3-2所示。从累计情况看，1991—2012年，以色列政府累计向孵化器投资超过 7.3 亿美元,带动私人资本累计超 40 亿美元,意味着政府的 1 美元投入可带动 4.48 美元的私人投资。

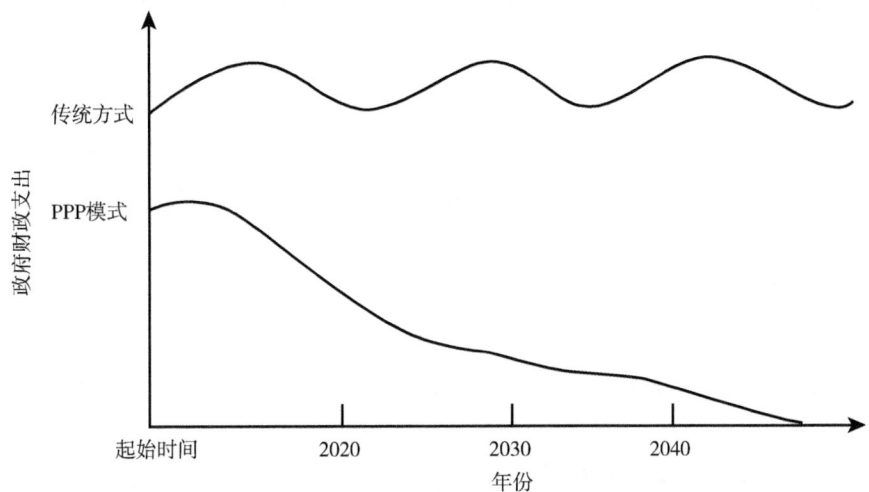

图 3-1　某一科技创新领域运用 PPP 的政府财政支出趋势预测示意

(来源:OECD. OECD science, technology and industry outlook[R/OL]. [2020-12-01]. https://www.oecd-ilibrary.org/science-and-technology/oecd-science-technology-and-industry-outlook-2014_sti_outlook-2014-en)

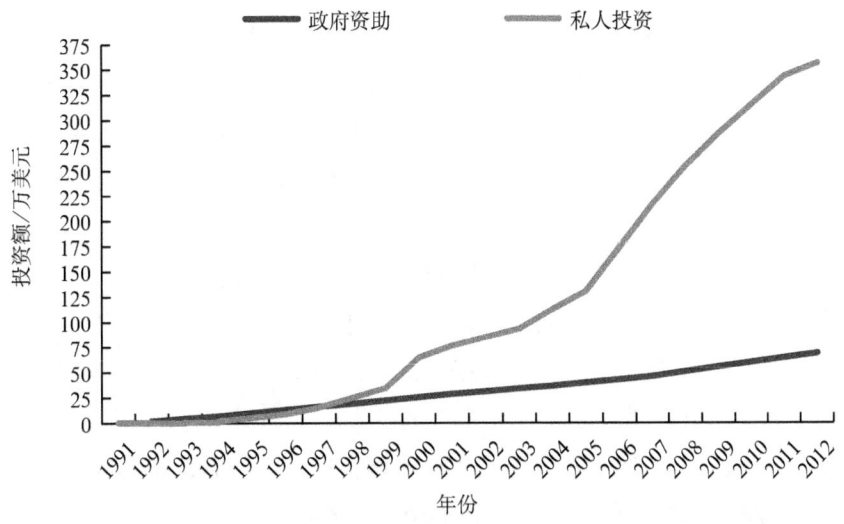

图 3-2　1991—2012 年以色列政府对孵化项目的补助和带动的私人资本投资

二、有效化解和分散创新风险

创新活动具有高风险的显著特征,需要跨越"死亡之谷""达尔文之海",通过PPP手段推动公私双方共同参与科技创新活动,由企业运营技术创新项目,由此企业和其他社会资本化解了一部分创新风险。这样导致多方参与,分散了创新风险,政府的潜在成本也降低了。

由于风险被有效化解,同样创新资源得到倍增式利用,产生了更高水平的创新产品和服务,改善了经济质量,提高了消费者福利,也带来了就业和收入的大幅增加,以及经济在更高基础上的增长。

相反,如果不采取公私合作创新,项目完全由政府实施,既没有风险分摊机制,也没有风险管理机制,创新失败的可能性将会增加。最大的失败是产生大量无法应用的成果。PPP的最大成功不是提高成果的转化率,而是从根本上消灭了需要转化的成果。

三、增加社会对创新的投资

参加公私合作创新,企业和多元化的社会资本可以获得一种相对安全的长期投资机会,也可以获得新的市场空间,创新成功后还可以凭借知识产权持续获得超额利润。在创新的过程中,企业和社会资本充分发挥管理、技术、融资、市场等方面的优势,提高资源配置效率,由此获得增值收益。由于这些可以预期的好处,PPP吸引了大量企业用户、风险资本、银行资本、社会基金,成倍扩大了全社会的创新投入。

从实际案例来说,俄罗斯联邦专项计划(2002年)应用了PPP,来自于私营部门的政府预算外资金持续增加,2007年增加到1093亿卢布(预算资金为114亿卢布),预算外资金占总投入的比例达到90.5%。以色列YOZMA计划的政府投资引致大量企业和社会资金,包括外国资金,从1亿美元的政府投入,发展为规模超过32亿美元的基金。2007年以来,在第七研发框架计划下,欧盟启动了5个联合技术计划,研究战略性技术以支撑全球竞争性产业的增长与就业。截至2013年年底,欧盟向5个联合技术计划投入31.2亿欧元,撬动产业界配套投入达46.6亿欧元。2013年年底,在"地平线2020"计划下继续设立5个联合技术计划,产业界资金投入至少要与欧盟的预算投入相称,有的专项的产业界投入甚至达到欧盟预算的3倍。中国宿迁市创新券计划采取公私合作模式,1元人民币公共投入带动了约10元人民币的企业投入。

第二节 国外主要国家公私合作的实践经验

一、完善公私合作管理治理规则

在 PPP 项目的管理运营过程中，应重视法律架构、操作模式、资金配置等方面的一些重要相关规则，尽量避免运营风险及低效率。

在法律架构和管理方案方面，一是制定更加抗风险和互信的方案。建立高效、简化的法律架构以适应科技创新领域的 PPP，提高 PPP 项目实施和交付工作的效率及效果。在平等的基础上，建立互相信任的公私合作关系。要想在合作关系中建立起信任，就需要各方共同制定规则，共享收益，并将私营部门和公共部门各自的最佳经验融合在一起。二是注重灵活性。科技领域研发 PPP 的运用经验表明，在不同法律架构类型的应用过程中，灵活性是非常重要的。管理方案复杂及在响应合伙人的需求方面缺乏灵活性，是 PPP 模式应用的弊病。选择法律架构的目的应确保适应合伙人的需求，同时满足不同产业需要并能应对各种挑战。

在操作模式方面，一是实行开放、透明、高效、健全的财务管理。国际经验表明，建立清晰、高效、稳定的管理架构，实施开放、透明、有效的财务管理，对于科技创新 PPP 的成功实施十分重要。二是明确合伙人各自的任务和责任。对于合作关系，合伙人之间需要明确界定各自的任务及责任。通常有效的做法包括：确定议程和做出战略决策应由公私双方共同分担，私方合伙人负责运作管理，公方合伙人负责监督、保护公共利益，并确保计划的长期稳定性。三是采用透明、灵活的招聘过程。根据合伙人的不同需求，建立更加透明、灵活的招聘程序，确保公私双方的利益均能够得到适当的满足。可考虑私方合伙人按照商定的规则挑选员工，而公方合伙人则应确保在招聘过程中遵循公开、透明的竞争原则。四是适当审计、简化程序。采用适当的审计措施实现对项目的管理控制，并尽量避免造成规避风险的现象，需要在项目的控制与抗风险性之间找到平衡点。同时注意简化报告程序，避免程序繁杂影响参与者的积极性。五是建立透明、有力的项目申请评审制度。保证所选的项目兼具科技价值和产业关联，注重在项目的评估过程中同时吸纳来自产业界和学术界两方面专家的意见。六是分担责任并分享权利。为了避免无谓的重复、提高运作效率，在适当的条件下允许私方参与者方便获得相关技术信息、工具及服务等。七是让中小企业群体有效地参与进来。中小企业参与科技创新 PPP 至关重要。建立有效政策及运作方式让中小企业积极参与研发，同时确保相关机制能够很好地满足中小企业的不同需求。

在资金配置方面，确保足够的资金和长期的承诺。足够的资金水平和长期的承诺是建立一个有效科技创新PPP至关重要的条件。建立适当的机制，让私人投资和公共资金在研究工作中尽可能发挥出其影响力。保证资金匹配的均衡和运作成本的可持续性。在匹配资金时，应确保所有参与合伙人的公平权益，并采取一定措施确保运作成本的可持续性。

二、明确公私合作利益分配规则

PPP项目合作伙伴关系形成前，各方应对利益分配进行协商达成一致意见。但是因存在信息不对称现象，所以利益分配应当遵循一些基本的规则，一直到PPP项目利益分配方案的形成，最大限度地避免利益分配方案的不对称性。利益分配的基本规则主要包括：互惠互利；投入、风险与收益对等；结构利益最优；效率与公平并重及信息透明。

与其他领域相比，科技创新领域PPP的一个特点在于：产出多是智力资产，如知识产权、数据库、人力资源或特殊软件等。因此，需要分配规则来确定如何共享、开发这些"软资产"。科技创新领域PPP项目智力资产收益分配应注意以下问题。

首先，规则的制定应考虑既不影响企业的利益，促进研究成果商业化利用，同时又有助于科研机构的技术研发。其次，为了确保合作的顺利进行，对于处于不同阶段的知识成果应该有明确界定。例如，确定合作前各自的相关背景知识与理论所属权及性质，以及其在合作后的使用规则等。最后，对于产出科研成果，需要在成果所有权、成果保护、利用与传播、转让与许可、成果访问权等方面基于基本规则做详细规定，避免产生纠纷。

对于利润类利益分配，科研成果商业化产生利润后，政府应本着"让利于民，及时退出"的原则参与收益分配，在以较低成本实现政府必须要施行的国家目标后，仅收回成本和利息即可，在一些促进研究成果从学术界向产业界转化的创新服务中，可考虑少收回甚至不收回费用。

对于知识资产类利益分配，以在"地平线2020专项研究与创新框架计划（2014—2020）"下运用PPP的重大科技创新计划为例，对于所产出的知识资产类科研成果的利用与传播等均给出了细致、明确的规定。例如，在科研成果所有权方面规定了两种情况：一是科研成果归取得该成果的参与成员所有；二是如果两家以上参与成员在某项行动中共同取得研究成果，而其各自对该共同成果的贡献无法清晰确定，或无法将该共同成果分割，则对该研究成果拥有共同所有权。

三、保证公私合作项目监督评估公开有效

监督评估对于PPP项目按照既定目标运行、避免风险和诈骗十分必要。评估中要有明确的评价标准和流程，保证评估公开、透明、公正、有效。专家小组的组成尽量覆盖专业技术、企业管理、经济金融、产业发展等多个相关领域。评价所依据的文件包含工作方案、法律、财务、相关报告和统计信息等，评估中受访者应覆盖所有利益相关者，所提出评估结果应客观、有针对性，改进建议应切实可行。

第三节 对中国公私合作创新的政策建议

当前，公私合作创新在我国刚刚起步，还不是科技创新政策的重要内容。从国际国内的经验来看，把公私合作创新作为科技创新政策的基本原则之一，在创新驱动发展中发挥市场的决定作用和更好发挥政府作用，应该成为科技体制改革的重要方向。具体建议如下。

一、建立以企业为主体的公私合作项目机制

企业出题，政府立项，共同投资，协同创新。除基础研究项目外，政府根据国家需求向全社会公开征集研发项目；在此基础上向企业等创新主体招标、立项；由企业等创新主体组织产学研用协同的研发团队；企业出资，社会融资，政府资助。

设立创新券项目基金，资助中小企业开展合同研发，鼓励科技人员为企业服务。开展大企业对小企业的创新采购，资助全产业链创新。设立小企业创新服务专项，开展小企业创新诊断。

二、出台需求侧公私合作创新政策

除少数引领型、原创型知识产权外，取消供给侧对知识产权的补贴，转而采取对知识产权用户的补贴等优惠政策，通过对需求侧的资金奖补、税收减免、金融支持等拉动优质知识产权，挤出知识产权泡沫。

政府与创新者和其他利益相关者合作，开展创新订制采购、创新期货采购、创新催化采购、创新标签采购，培育领先市场。

三、出台供给侧公私合作创新政策

公私合作建设国家实验室、国家技术创新中心等战略科技力量。形成高校、科研机构、企业研发机构和国家实验室四大支柱的科研体系。

公私合作建立大学技术学院或技术研究院或技术创新中心，从事发明信息披露、专利申请、专利使用、企业孵化等技术商业化工作，形成全国互通互联互动的技术商业化体系。

四、出台供给侧、需求侧相结合的公私合作政策

鼓励城市政府与当地高校、科研机构和作为用户的居民，组建创新生态联盟。更多依靠科研组织和社会用户的力量，发展新兴技术和新兴产业。联盟成员不是行政关系，而是以合作协议为基础的伙伴关系，伙伴成员共同创新、共同投资、共创价值、共担风险、共享收益。

政府联合企业开展政策试验，对科技创新企业、科技创业企业实行"金融沙盒"政策，在"沙盒"内实行特殊政策。对科技创业失败的企业，实施破产保护政策、破产重组政策、企业收购政策、企业并购政策，以及破产再创业政策。

五、出台公私合作的人才政策

政府联合社会资本设立人才定制计划。无须申报指南，政府项目来源于战略创新人才与团队的新创意和新概念，通过征集获得；立项评审标准包括研发、生产、应用3个方面，评审人员包括科学家、工程师，也包括经济专家、管理专家、技术商业化专家、企业家等；项目资金采用基金制，来源是政府资金、社会资本等多元资本。

政府联合企业等创新主体设立未来人才计划。面向博士研究生和在站博士后设立创新启动计划项目，支持来自新创意、新概念的选题，支持来自企业用户的选题，为项目团队配备由顶尖专家组成的导师顾问团，选择优秀项目与政府重大计划项目衔接。

第四章 重大科技项目的公私合作

重大科技项目,就是面向国家重大需求,解决产业安全、经济安全、社会安全、国家安全关键技术的项目。重大科技项目的公私合作,能够激发全社会创新潜力,实现经济体创新能力的大幅跃升,塑造巩固相关领域的优势。

第一节 欧盟联合技术计划:保持欧盟创新的世界领先地位

一、背景定位

当前科学技术全球竞争日趋激烈,全球合作日益深化,仅凭少数国家或机构又无法满足研究需求。欧盟为维持其科技创新的领先地位,实施了联合技术计划等一系列重大项目,提升了欧洲科技的全球竞争力和影响力。

联合技术计划(JTI)是首个在欧洲运用 PPP 模式的大型研发项目,涉及欧洲多个具有重要战略意义的科学技术领域,同时它也是欧盟 FP7 下的全新构成部分之一。JTI 应用 PPP 模式将政府、科研机构、产业联合起来,把欧盟组织和各参与国家的资源、技术与研发能力凝聚在一起,将私营部门的投资与欧洲等多个国家的公共资金相结合,由此刺激更多的投资加入产业技术研究中,从而解决若干重大研发问题,提高欧洲在特定领域(尤其是欧洲竞争力已落后的领域)的全球竞争力,实现关键领域在规模和质量上的发展。

二、治理架构

为了保证联合技术计划各专项科研管理的有效性和合理性,以及其能够享受欧盟基金及财税减免政策,每个专项都根据原欧盟条约第 171 条 [现为《欧盟运作条约》(*Treaty on the Function of the European Union*, TFEU)第 187 条] 设立了"联合执行体"。"联合执行体"是一种限时存续的法人实体,随专项计划结束而结束。例如,创新药物专项联合执行体于 2007 年 12 月成立,原计划于 2017 年 12 月结束。"联合执行体"的这种组织结构有助于促进公私合作,让欧盟、欧盟成员国、产业界、学术界等利益相关方都有渠道反映观点、提出建议，并参与决策。虽然联合技术计划的参加对象主要是欧盟成员国的相关机构，但允许第三国申请参与，目的是促进国际合作和吸引国际顶尖人才。

"联合执行体"作为一个开放的组织结构，它的创始成员通常是欧盟委员会和非营利性行业协会，前者作为公共部门代表，后者作为私营部门代表。非营利性行业协会由产业界和学术界的机构组成，包括大中小企业、科研机构、高校等。

每个"联合执行体"都设有董事会，它负责联盟的整体运营和活动监管。董事会的决策投票权在公共部门和私营部门的各类主体间公平分配。在每个"联合执行体"中，欧盟委员会均作为创始成员加入其中并参与决策过程，以确保"联合执行体"能够有效贯彻欧盟创新政策。欧盟委员会参与的主要方式是欧盟科研与创新总司的相关部门负责人进入"联合执行体"的董事会和咨询委员会。联盟的日常运营工作则由执行董事及其团队负责。

此外，"联合执行体"成立后，它的职能之一是执行共同的战略研究议程，明确详细的工作方案（多年度执行计划和年度工作计划），并直接管理联合技术计划，包括在遵循透明、竞争和卓越原则基础上，负责组织项目招投标、项目建议书评价、项目选择、科研合同谈判和签署、项目立项后续工作及报告等工作。其中，多年度战略计划的制订是为了实施战略研究议程，需要每年讨论和修订；年度工作计划主要是确定各年度的项目征集范围。

JTI 必须经过欧洲理事会和欧盟委员会的联合批准后才能予以资助实施和立项。2007 年以来，欧盟启动了 5 个 JTI。随后在 FP7 结束后，欧盟在"地平线 2020"计划下围绕产业需求和欧盟重大政策目标，又提出了一批 JTI。因为计划参与主体和研究领域的不同，每个计划的组织结构也会有所差异。总体来看，可以分为两类：一类是参与成员国都是联盟成员的组织结构，包括嵌入式计算系统和 2020 纳米电子学技术的专项计划联盟；另一类是成员国并不作为联盟成员的组织结构，包括燃料电池与氢能技术、航空学及航空运输和创新药物的专项计划联盟。下面将分别以创新药物和嵌入式计算系统的专项计划联盟为例介绍这两类组织结构。

（一）创新药物专项计划联盟治理架构

创新药物专项计划联盟的法人实体就是创新药物联合执行体，由董事会、执行办公室和顾问委员会组成，同时借助利益相关者论坛和成员国小组等联盟外组织联系利益相关者和成员国，治理架构如图 4-1 所示。

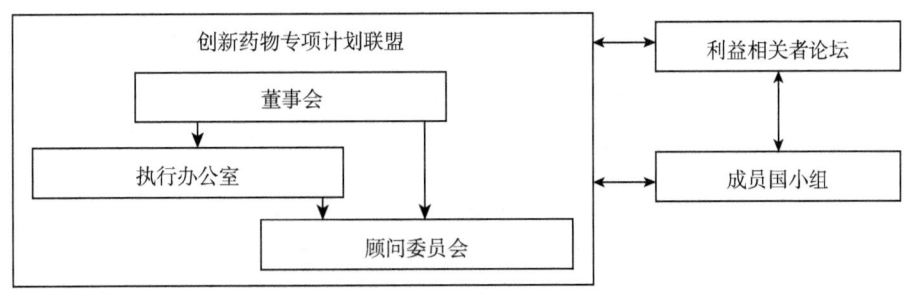

图 4-1 创新药物专项计划联盟治理架构

董事会由 5 个欧盟代表和 5 个欧洲制药工业协会（欧洲制药工业组织，拥有 31 家国家级协会和 40 家一流制药企业）的代表构成，董事会主席每年轮换。决策通过共识会议确定，举办频次是一年 2 次。如上文所言，董事会负责联盟的整体运营和对联盟活动的监管，在本项目中的具体职能包括：决定新成员的加入，任命执行董事，审批联盟运营成本的年度预算方案，审批多年度战略计划、年度执行计划、年度账目及资产负债表、年度活动报告、项目评价结果等。

执行董事由董事会任命，是联盟的法人代表，总体负责创新药物专项计划的日常管理，职责具体包括：召集董事会会议和利益相关者论坛，参加董事会、顾问委员会和成员论坛的会议并听取各方意见，为董事会提供所需信息。董事会执行办公室由 1 名执行董事和多名职员组成。办公室职员由执行董事任命，管理创新药物专项计划的日常运营包括起草重要文件和管理日常事务。起草的文件包括多年度战略计划、年度执行计划、联盟运营成本的年度预算方案、年度账目及资产负债表、年度活动报告等，另外，管理的事务包括项目征集、公私资金、部门交流和项目的评价、选择和跟踪。

顾问委员会负责接受董事会和执行办公室的咨询，具体包括战略研究议程（及其修改）是否合理、年度执行计划是否科学及对年度活动报告的内容评价。项目顾问委员会由 15 人组成，其中包含 1 名主席。董事会先列出 40 位候选人，再由成员国小组在其中选出 15 人作为委员，人员构成上必须平衡学术科研机构、病患者权益组织（作为用户代表）、产业界和监管部门等。顾问委员会的决策通过共识会议制定，共识会议一年 1 次。

利益相关者论坛一年召开 1 次，向所有利益相关者开放，包括学术科研机构、中小企业、产业界、病患者权益组织、监管部门和欧盟委员会，其中成员国小组必须参加该论坛。以创新药物专项计划为例，通过利益相关者论坛，可以将创新药物专项计划的信息传递给同业组织，可以向所有利益相关者报告专项计划的进展，还可以提出研究项目需求。

成员国小组包括欧盟成员国、联系邦国（Associated State）和候选国的代表，每个国家任命 1 名代表。成员国小组的职责有 3 个方面：促进联盟与其国家的利益相关者交流，对创新药物专项计划的研究领域发表成员国观点，以及确定顾问委员会委员。

（二）嵌入式计算系统专项计划联盟治理架构

嵌入式计算系统专项计划联盟的法人实体就是嵌入式计算系统联合执行体，其主要由董事会、工业和研究委员会、公共机构管理局构成，并建立了工业协会负责联盟与产业界和学术界的交流渠道。工业协会由企业和科研机构组成，另外，参与联盟的公共机构包括欧盟、欧盟成员国和联系邦国，治理架构如图4-2所示。

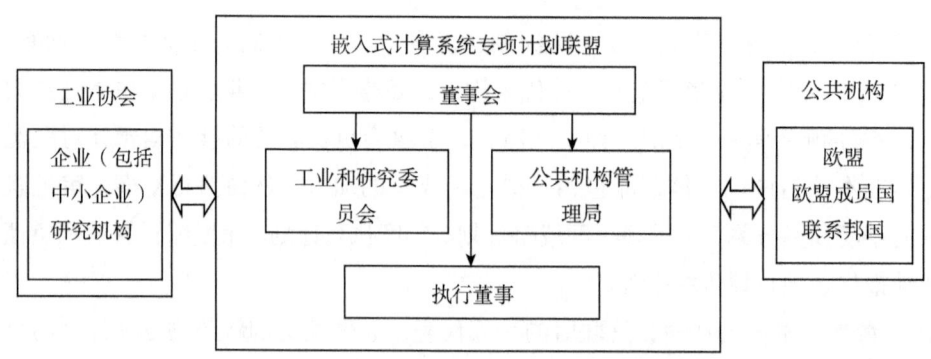

图4-2　嵌入式计算系统专项计划联盟治理架构

董事会由工业协会和公共机构的代表组成，双方投票权各占50%。工业和研究委员会由工业协会推选出的协会成员组成，负责制定战略研究议程和多年度战略计划。公共机构管理局由参与的公共机构组成，欧盟和每个国家都是联盟成员，负责审议年度工作计划、征集和批准项目。执行董事由董事会任命，负责具体的联盟运营和财务事宜。

三、项目流程

（一）项目形成

JTI重点支持具有快速兴起、外部性影响极高且存在市场失灵等特点的战略性科技领域。为了确保JTI满足产业发展需要，欧盟形成了基于产业的专项计划选择机制，即先由私营部门基于自身需求提出申请，再由欧盟根据欧洲发展需求选择性支持，从而统筹公共部门和私营部门的共同利益，提升投资效益，实现利益最大化。

（二）项目实施

产业界基于宏观科技态势和欧盟产业发展需求提出专项立项申请，提交战略愿景文件和战略研究议程。产业界代表（如非营利性行业协会）作为发起人，将利益相关方聚集起来，在未来发展目标上达成共识，形成统一的战略愿景文件。该文件通常要解释该专项计划的战略意义、远景目标和主要原则，重点说明在欧盟范围内联合实施这一专项计划的原因。战略研究议程则侧重于确定中长期研发的优先重点及制定联合欧洲资源、提升欧洲研发创新能力的措施。战略研究议程的制定过程通常是由利益相关方代表组成的顾问委员会负责，由执行小组撰写，并通过镜像组（Mirror Group）征求成员国意见。战略研究议程确定后，产业界还需要就保障战略研究议程有效实施进一步制订计划，以上两步过程如图4-3所示。

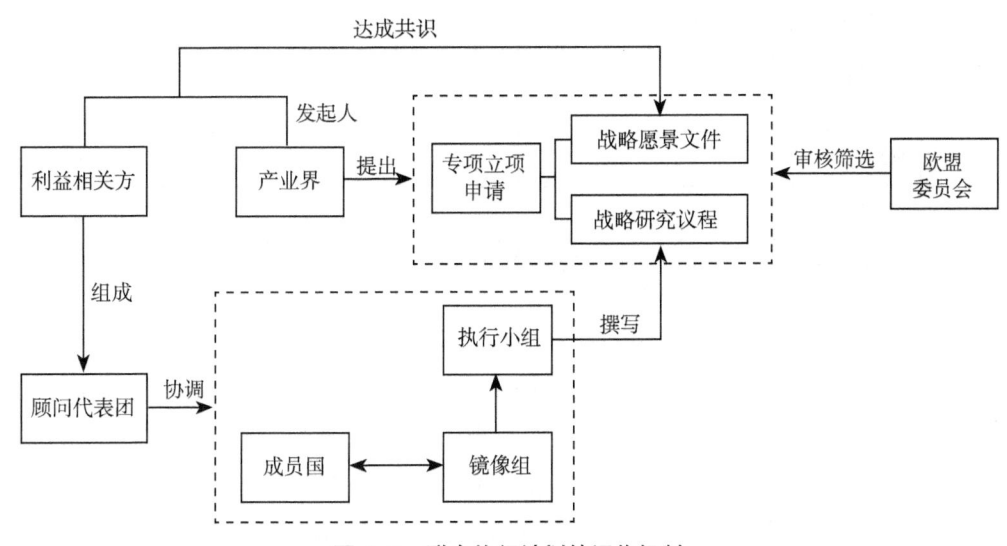

图4-3 联合执行计划的运作机制

（三）项目完成

欧盟委员会在第三方专家的帮助下，对这些申报文件进行严格筛选和资助裁定。JTI的项目申请并未对申请人做明确要求，但是对提交的计划有严格的标准，包括5个方面：计划战略的重要性与可操作性、计划涉及领域市场失灵的可能性、现有欧盟政策工具的充足性、潜在经济社会价值及产业界义务。"计划涉及领域市场失灵"是指某领域的技术研发周期过长，投资风险过大，私营部门很难接受独自承担，而且技术存在明显外部性。"产业界义务"是指产业界要在项目执行期间持续提供资金、人力等资源支持；大公司有义务与中小企业开展交流合作；产业界要确保合作开放透明，并制定交流、传播、扩散机制；还要有明确的预期成果和商业计划，形成可实施的技术路线和实施方案并确定技术、制度、融资与合作管理框架。计划战略的重要性与可操作性是指提出申请的计划需要满足欧盟对技术发展的需求，同时该技术可能会显著影响欧盟未来竞争力，所以需要提供较为完善的研究方案和可预计的研究成果。

四、资金构成

截至2013年年底,欧盟FP7框架下的5个JTI涉及创新药物计划、"洁净天空"计划、嵌入式计算系统、纳米电子、燃料电池与氢能技术等领域,预算情况如表4-1所示。

表4-1　FP7下5个JTI计划预算情况

单位:亿欧元

名称	欧盟	成员国	私人部分	总计
创新药物计划	10.0	—	至少等同于欧盟	20.0
燃料电池与氢能技术	4.7	—	4.7	至少9.4
航空学及航空运输("洁净天空"计划)	8.0	—	8.0	16.0
纳米电子	4.5	8.0	17.0	接近30.0
嵌入式计算系统	4.0	7.0	16.0	27.0

来源:张志娟,郭铁成,程如烟,等.欧盟科技创新中公私合作模式研究[J].中国科技资源导刊,2016,48(3):6-13.

5个JTI依托"地平线2020"计划续期设立。与以前相比,产业界投入增加,额度至少要与欧盟的预算投入相称,甚至有的私营部门投资达到了欧盟预算投入的3倍左右。总体来看,欧盟投资预算达到76.4亿欧元,产业界对5个JTI计划的直接投入约为98.75亿欧元,公私投入比率小于1:1,具体情况如表4-2所示。

表4-2　"地平线2020"计划下5个JTI预算情况

单位:亿欧元

名称	欧盟"地平线2020"计划与成员国(仅电子工业)之和	工业界	总计
创新药物计划(二期)	17.25	17.25	34.50
燃料电池与氢能技术(二期)	7.00	7.00	14.00
"洁净天空"计划(二期)	18.00	22.50	40.50
生物基产业	10.00	28.00	38.00
电子元器件及系统	12.15(+来自欧盟成员国的12.00)	24.00	48.15
总计	76.40(=来自"地平线2020"计划的64.40+来自欧盟成员国的12.00)	98.75	175.15

来源:张志娟,郭铁成,程如烟,等.欧盟科技创新中公私合作模式研究[J].中国科技资源导刊,2016,48(3):6-13.

五、政策评价

JTI 面向的是具有较强外部性的战略性科技研发，对未来创新能力的提升具有重大意义。通过对其内容的研究，总结可以借鉴的经验包括如下内容。

一是尽可能调动 PPP 项目中参与各方的力量。首先，通过建立行业非营利组织促进政府以外机构参与决策，有利于开展公私合作，使欧盟和成员国等不同层次政府、产业界、学术界等利益相关方都有渠道参与决策。其次，设置较长项目周期以支撑高难度战略性技术开发，为技术创新提供充足的时间。

二是持续强化大型项目外部性影响。首先，利用 PPP 模式加速技术创新、加强研发创新协作、建立可持续的创新资源共享互动交流机制，使大型项目执行中产生的缄默知识、技术经验等得到充分扩散，提升整体的创新能力，鼓励产业界广泛参与，逐步形成公私合作的开放式创新模式与合作网络。其次，针对总体战略进行方向设定，充分呼应总体创新的需求。欧盟在战略性技术领域采用 PPP 模式实施多个重大科技专项，随着自身战略需求的变化不断增加所涉及的技术领域，如药物、燃料电池、航空航天、纳米电子、通信、机器人、大数据等。

三是立项从需求出发，中期评估保驾护航。JTI 的项目来源于产业界需求，由欧盟根据总体发展需要选择性支持，从而统筹公共部门和私营部门的共同利益，使共同利益最大化，投资效益最高化。同时，由于这些项目大多是长周期项目，为了保证投入资金的合理使用和项目的良好运转，设立中期评价机制。一般在项目开展 2~3 年后进行 1 次中期评估。评估流程主要包括：组建专家小组，准备评价依据，通过采访等形式展开正式评估，得出评估结果及改进建议，评估对象针对评估结果做出反馈。

其中，评估的主要标准包括：JTI 运营的有效性、效率、质量、开展的技术活动情况，以及在已设定目标方面获得的进展。专家小组涉及技术专家、产业专家、企业管理专家、经济金融专家等。评价结果要参考相关证据的审查和对利益相关者的采访。受访者可能来自联合执行体、欧盟委员会、成员国当局、企业、科研机构、高校等。评价依据包括法律文件、财务文件、成立性文件、技术和年度报告、项目信息和参与者统计数据、JU 的职能说明文件、已出版文献等。评估结果及建议内容包括取得的成就、存在的问题及改进建议。欧盟委员会连同相关合作伙伴对评估结果做出反馈，提出相关计划的后续行动改进措施。中国 PPP 项目同样需要以需求为导向进行立项，以保证项目的应用价值。还需要合理制定评估标准，并将评估落到实处。

第二节　日本超大规模集成电路项目：
全国范围推进半导体制造产业发展

一、背景定位

超大规模集成电路（very large scale integrated circuits, VLSI）项目是日本在技术创新领域应用 PPP 模式的典型项目。从 1970 年开始，日本逐渐对外开放市场，而日本国内的计算机等硬件领域的产品却不尽如人意，受到了美国 IBM 公司推出的 370 系统的冲击。来自国际市场的竞争压力使日本政府意识到，计算机硬件技术的发展已经成为决定日本未来的关键，所以大规模集成电路的研发成了当时日本技术创新中的重中之重。

日本利用 PPP 模式推动半导体产业发展的主要原因：一是半导体研发的投资巨大，不是单独某一家企业能够承担的，也不是政府单独投资能够承担的。日本 VLSI 项目前后调动了约 737 亿日元研发资金（1976 年），而当年日本通产省一年发放的产业补助金总额仅有 140 亿日元。如果不是使用 PPP 模式，无法筹集到如此巨大的资金。二是半导体研发最终需要产业化，需要企业研发力量的提前加入。半导体投资巨大，但是一旦成功会获得极大市场利益，反过来会进一步促进半导体产业的技术发展。企业加入 VLSI 项目中，就是要打通从前端研发到后端市场的全链条，调动企业积极性，解决大型研发项目成果与市场需求不匹配的问题。

二、治理架构

PPP 涉及不同的主体，其组织方式必须要协调各方的利益，同时还要满足技术创新的要求。整个 VLSI 项目的管理组织主体没有直接由日本政府或者某一家企业担任，而是选择组建一个新的第三方协会（VLSI 协会）。各方投入一定比例的研发资金和委派管理人员。这使得各个相关利益方只能在 VLSI 协会中进行协商，实现了相互制约和平等互利。在整个项目实施过程中，政府的作用主要是引导和协调。

VLSI 项目治理架构如图 4-4 所示。日本通产省负责牵头，联合日本电器、日立、三菱、富士通、东芝 5 家企业，同时日本电报电话公司也参与其中，组建了 VLSI 协会。协会作为整个 VLSI 项目的管理主体。

第四章 重大科技项目的公私合作

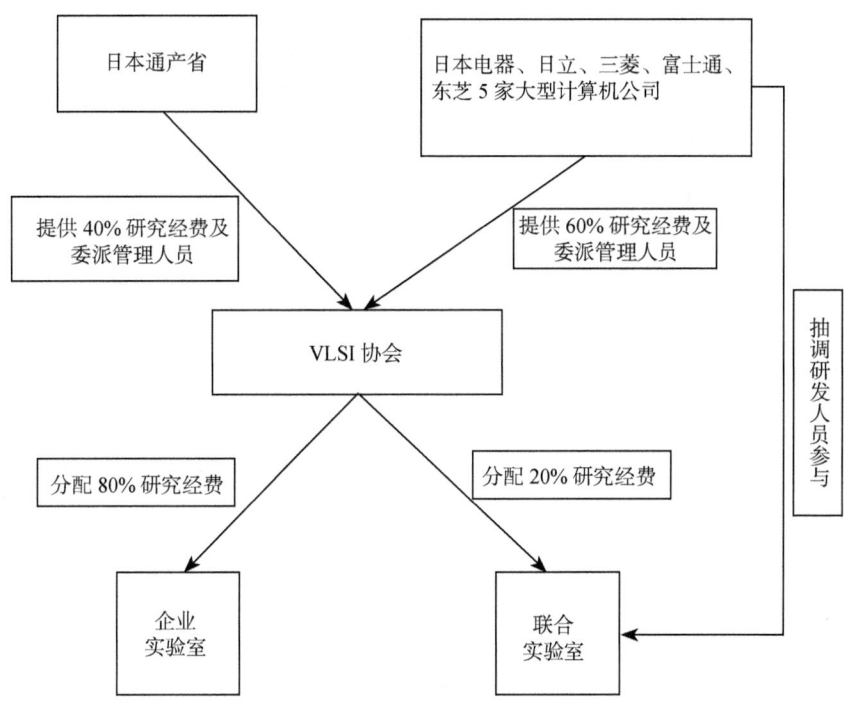

图4-4 VLSI项目治理架构

VLSI协会主要的领导岗位分配也由公私双方负责，即由日本通产省和企业高层共同承担，而具体的执行机构则由日本通产省负责。它的治理架构分为5个层次：董事会、总务委员会、运作委员会与技术委员会、联合实验室和小组实验室，如图4-5所示。5家公司的总裁都被任命为VLSI协会董事，但董事会很少涉及最终的决策，每年也只有一两次常务会议。董事会下设总务委员会，主要由5家公司的副总裁或者常务董事组成，主要负责协会的最终决策（每月都会面）。总务委员会下设运作委员会和技术委员会，由5家公司的部门经理组成（经常性的交流），其中运作委员会主要负责协会一般性的管理问题；而技术委员会主要负责技术领域选择、人员和资金的分配。除了董事会主席是由来自日电东芝信息系统（Nippon Electric-Toshiba Information System，NTIS）或计算机综合研究所（Computer Design Laboratory，CDL）的总裁交替轮流执行外，其他关键性的职位则由日本通产省的专家担任。

PPP中一个重要的问题是能否最大限度地调动企业参与的积极性，VLSI协会在研发组织上有独到之处。一般而言，企业参与联合技术攻关项目，最担心的问题就是独有技术泄露，损伤企业竞争力。VLSI项目则区分了半导体制造中的通用技术和非通有技术。通用技术指半导体制造中不同企业都会利用到的基础性、底层性技术，不涉及最终产品环节。这样，保证了企业核心技术不被泄漏。VLSI项目分成两个部分来进行：一个为联合实验室,基于通用技术开展研发活动,此类项目数量约为总量的20%;另一个为企业实验室,主要以企业的核心技术为基础来进行研发,占总量的80%。

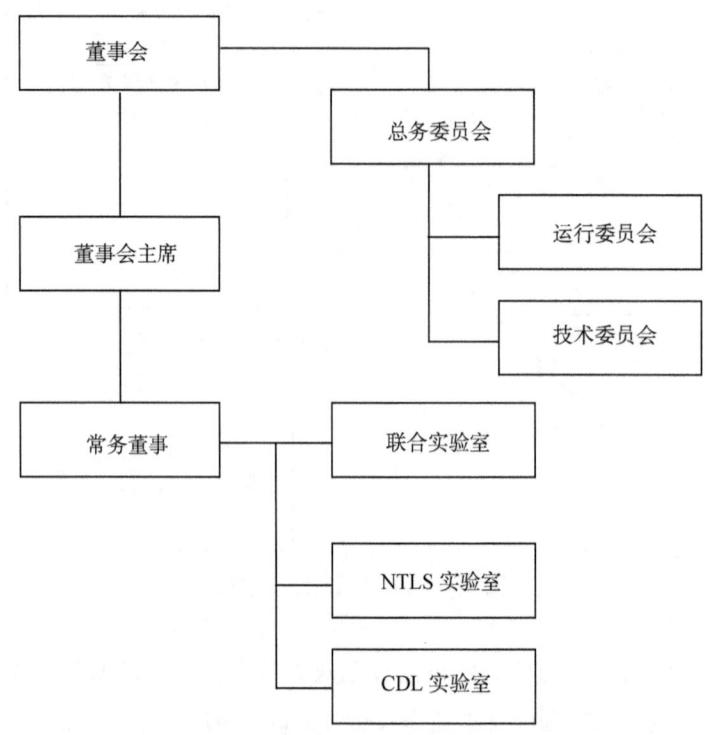

图4-5 VLSI协会治理架构

[来源:潘铁,柳卸林.日本超大规模集成电路项目合作开发的启示[J].科学学研究,2007(25):337-344]

三、资金使用

整个VLSI项目的资金来源中,企业和政府大致比例是政府出资41.6%,企业总出资58.4%(如果分摊到每个企业则低于政府比例)。这种出资比例设计,能够保证政府(主要是日本通产省)拥有项目进程的主导权,能够有效地协调企业。出资方式是无息贷款,项目成功后需要偿还。

自1976年VLSI协会成立,4年内VLSI联合体共筹集资本737亿日元,其中政府投入约为291亿日元,其余部分为社会资本,由企业提供。而1980年以后,政府不再向联合体投入额外的费用,到1986年项目完全中止之前,企业又继续投入了600亿日元。

VLSI协会在募集到资金之后进行合理分配。协会平均每年的研发费用支出约为175亿日元,相当于参与VLSI项目的5家计算机公司每年研发投入总和的2~3倍。从分配的额度来看，15%～20% 的研发费用分配到联合实验室，80%～85% 的资金则分配到各公司研发机构。从研发经费的具体去向来看，联合研发的资金流向 6 个企业联合实验室，企业的研发资金流向企业联合研究机构日电东芝信息系统（NTIS）和计算机综合研究所（CDL），从而进一步用于资助项目成员公司内部的研发活动。

四、收益与成果分配

VLSI 项目最终取得了成功。1986 年，日本的半导体产品占世界市场的 45.5%，高于美国的 44%，成为世界最大的半导体生产国。1989 年，日本公司占据了世界存储芯片市场 53% 的份额，而美国仅占 37%。同时 VLSI 项目为日本的计算机硬件领域带来了 1000 多项专利，提高了日本技术创新领域在国际市场上的声誉。

日本企业积极承担计划项目，且后面的成果也能直接在企业得到转化和应用。参与计划项目的企业通常为多家，且分成两组或多组相互竞争，提高项目完成效率。参与企业分成两组：富士通、日立和三菱为一组，日本电气和东芝为一组。最终成果仍是参加项目的所有企业共同分享。

按照参与开发研制的公司达成的协议，专利收入首先用于偿还政府补贴，但每项专利的长期权利仍然属于负责开发的公司。

五、政策评价

日本 VLSI 项目取得了极大的成功，在比较短的时间内推动日本的半导体制造技术取得了巨大突破，并一举成为全球半导体领域的重要国家之一。从整个日本 VLSI 项目执行的过程，可以得出有益经验。

一是兼顾公私双方不同利益诉求。整个 VLSI 项目的出现来自于国际竞争压力，但是参与这个项目的各方利益诉求却并不一致。政府希望能够实现技术自主化，而企业希望通过技术独占获取高额利润。为了激励各方积极参与，兼顾公私双方的目标很重要，VLSI 区分了两种技术的研发：一种是共通的、共性的技术的研发；另一种是企业使用共性技术各自进行的独有技术研发。因为基础性技术是共通的，不影响企业制造自身的独特产品，能够最大限度地调动企业参与联合研发的积极性。另外在资金分配上，客观上向企业研发倾斜，激励企业能够持续参与到项目当中。

二是 PPP 管理主体协调和推动作用至关重要。VLSI 项目涉及日本通产省、5 家大型企业等不同类型的机构，涉及对 6 个联合实验室、5 个企业实验室和数以百计研究项目的管理。整个项目持续 4 年，其中包含的协调事务复杂且艰巨。日本通产省作为整个VLSI项目的组织者，没有选择直接实施项目管理，而是选择和其他企业合作设置了VLSI协会这个第三方机构。通过在PPP中设置一个与企业平级的新机构，专门处理和协调VLSI研发中的复杂事务，减少各方的管理负担，有效协调各方利益诉求；另外，通过搭建协会这样一个平等协商的平台，凝聚了共识，调动了尽可能多的研发力量。

当然，整个VLSI项目还是存在着一些不足，也从中得到了一些值得反思的问题。

一是没有组成全链条研发联合体。虽然VLSI项目已经集合了日本最大的5家计算机企业，并取得了研发项目的成功，但由于前期没有将全产业链企业纳入其中，所以还是在后期的研发和制造中遗留了一些问题。5家计算机企业（日本电器、东芝、富士等）虽然是半导体芯片的主要制造者，但是在原料供应、生产设备供应及细分产品开发上，仍然需要佳能、尼康、理光等企业及位于产业链中下游的中小企业进行配套。另外，绝大部分高校和高等研发机构也没有参与其中。

诚然，在VLSI项目的短短4年内，能够组织5家大型企业协同技术攻关已经实属不易，但是PPP项目成员的缺失客观上还是影响了半导体技术创新生态的培育，一方面高校和高等研发机构的缺失导致基础研发缺位；另一方面配套企业的缺失造成产业链内部协同不足。

二是过度关注自身利益影响长远发展。在本案例中，联合实验室本来是整个VLSI项目的基础，是PPP合作的重要表现，将担负攻破通用技术的重任。但是在实际执行中，联合实验室的组建遭遇了重重困难，各个成员企业为了保护各自的独有技术，没有全力支持实验室的组建。在后续的研发中，企业实验室没有对联合实验室的基础研究成果进行拓展研究。在资金分配上，VLSI成员企业获取了超过80%的资金，同时从成果分配来看，在VLSI项目所产生的1000多项专利中，只有16%的专利是由多个成员企业共同研发出来的，25%的专利由同一企业的多名研究人员研发，剩下59%的专利都是单个研究人员的工作成果。

企业过度关注自身利益，客观上影响了作为联合技术攻关载体的联合实验室，降低了PPP合作的效率，带来了全局性的损失。在未来的PPP合作中，无论是企业还是政府，都不能因为过分强调自身利益，阻碍PPP合作的进行，特别是重大科技项目这样高风险、高收益并存的领域。各方应当以长远利益为重，遵循PPP合作精神和规则，携手推动项目顺利进行。

第三节 韩国 CDMA 技术开发项目：主导研发新一代通信技术

一、背景定位

20 世纪 80 年代，信息社会发展、生活质量提高、移动电话价格下降等因素推动了移动通信服务需求的提升。1988 年汉城奥运会后，手机需求增加、韩国本国生产不足导致通信服务质量下降，韩国国内供应商无法满足移动电话需求而增加了进口，又进一步加剧了贸易的不平衡状态。韩国政府担心长此以往国外公司将有可能控制韩国移动通信系统与移动电话市场。在此背景下，韩国商务部决定开发数字移动通信系统以满足国内市场需求，同时提升国内移动通信技术基础水平，提高其在全球移动通信市场中的竞争力。

韩国 CDMA（Code Division Multiple Access）移动通信技术的开发源于韩国原邮电部主导的数字移动通信系统技术开发项目（简称"CDMA 技术开发项目"）。作为具有全局性影响的通信技术基础设施研发和建设，CDMA 技术开发项目需要投入大量的人力、物力，同时要求技术能够迅速转化为实际产品。这需要政府与企业、研发机构与应用部门的紧密配合。

二、治理架构

CDMA 技术开发项目是由具有原始技术的美国高通公司（Qualcomm），以及韩国国内的政府资助研究机构电子通信研究所、制造企业如三星电子、LG 信息通信、现代电子等企业组成的联合研发体共同开展的。韩国选择高通一方面是因为高通技术的领先地位；另一方面是因为高通当时提供了优惠条件。高通要求韩国蜂窝移动通信运营公司使用 CDMA 技术时支付 5% 专利费，同时也将专利收入的 20% 返还给韩国国有电子通信研究院（Electronics and Telecommunications Research Institute，ETRI）以支持进一步研发。另外，为了对项目进行有效管理，韩国还在韩国移动通信公司（现为 SK 电信）内设立了移动通信技术开发项目管理团队，负责开展与商业化相关的管理活动。

三、项目流程

（一）项目形成

CDMA 技术开发项目的推进过程分为国外合作和国内推动两个部分。首先，高通公司和 ETRI 开展国际联合技术开发，然后 ETRI 和三星电子、现代电子等制造企业开展联合技术开发。

（二）项目实施

CDMA 项目主要包括 3 个阶段性过程，即决策过程、研发执行过程和商业化过程。第 1 阶段是决策过程。主要制定发展规划和目标，以及安排经费和研究人员。第 2 阶段是研发执行过程。CDMA 研发始于 1989 年，旨在开发一种数字移动电信系统，其年度研发内容如表 4-3 所示。第 3 阶段是商业化过程。在 CDMA 项目中，政府促成了制造商参与相关技术开发网络，并向服务提供商提出技术要求。公共研究机构 ETRI 则提供了高通向私营技术开发商转让技术的渠道。为支持研究与商业化，ETRI 与私企合作开发了通用技术和相关设备。政府在整个标准制定到商业化过程中采取了支持措施，顺利实现了 CDMA 技术商业化。1991—1995 年是数字移动通信系统取得重大进展的 5 年。作为联合开发商，ETRI 和高通及韩国其他国内公司被指定为供应商，在联合开发中 ETRI 和高通的角色如表 4-4 所示。因为韩国缺乏 CDMA 原始技术，ETRI 通过与高通的联合技术开发，推动国际联合研究，从高通获得了原始技术，完成了系统和终端的设计开发工作。与此同时，ETRI 通过与装备制造企业的联合技术开发，帮助制造企业独立完成了可以向用户交付的商用系统的设计、开发和制造。联合开发内容如表 4-5 所示。另外，高通公司授权韩国企业使用高通的原始技术，在技术开发过程中发挥了支持作用。

表 4-3　年度研发内容

年份	主要研发内容
1989	移动通信概念研究 为服务提供标准
1990	移动通信网系统的研究 无线方法技术研究
1991	在 CDMA 项目中引入合作 MSC（Mobile Switching Center）结构及其标准的研究
1992	CDMA 中漫游测试系统（Roving Test System，RTS）的测试与分析 CDMA、BTS（Base Station Transceiver System）和 MS（Mobile Station）的设计 移动通信中心和 HLR（Home Location Register）的发展
1993	CDMA MS、BTS 和 BSC（Base Station Controller）原型的开发 个人通信系统的研究
1994	联动系统的试验与改进 为商业原型的开发和测试做好准备

续表

年份	主要研发内容
1995	支持已使用产品的商业化测试和制造技术 系统功能的改进 价值服务与承兑服务的构建
1996	商业化 CDMA 系统的发展完成，包括： ①核心 CDMA 的改进与优化 ②非语音业务技术的功能开发 ③为移动台开发复杂功能 ④用于对该系统进行商业化和操作的支架

来源：RYU J I. A study on the success factors of a national large-scale R&D project in Korea：the CDMA R&D project[D]. Manchester：The University of Manchester，2002.

表 4-4　ETRI 与高通在 CDMA 联合开发中的作用列示

ETRI	高通
Mobile Telephone Switching Office 的设计与开发 RTS 初始化和设置 MTSO 网络的管理和维护 通信基地设备的样本演示	基站容量的设计与开发 RTS 开发与制造 支持 RTS 初始化和设置 演示、实验、获取、分析测试数据，并支持 ETRI 进行最终报告 为 CDMA 开发的 ERI 提供技术支持 为通信基地设备做系统准备和为制造商提供支持

来源：RYU J I. A study on the success factors of a national large-scale R&D project in Korea：the CDMA R&D project[D]. Manchester：The University of Manchester，2002.

表 4-5　ETRI 与高通联合开发内容汇总

类别	时间	联合开发内容
第一阶段	1991 年 4 月—1992 年 1 月	概念模型的定义与体系结构的设计
第二阶段	1992 年 1 月—1993 年 11 月	网络的高级设计和 MS 的测试，网络的 RTS 低级设计和 MS 的测试
第三阶段	1994 年 3 月—1995 年 2 月	制造原型并支持制造过程

来源：RYU J I. A study on the success factors of a national large-scale R&D project in Korea：the CDMA R&D project[D]. Manchester：The University of Manchester，2002.

（三）项目完成

韩国国内的制造企业从 1994 年开始每年派遣开发人员到 ETRI 和高通开展联合设计工作。制造企业在 ETRI 的设计基础上，制造了 CDMA 系统，担当了将技术商用产品化的角色，另外在相关硬件制造的过程中，参与企业之间也进行了分工。即高通和 ETRI 在原始技术基础上进行了样品设计，企业根据设计进行分工，最终将服务系统制造出来。由此看来，ETRI 完成了系统设计及开发相关的主要任务，并将成果向企业进行了转让，企业完成了商用产品的开发，并将这个过程中产生的信息反馈给了 ETRI。作为管理机构的移动通信技术开发项目管理团，在整个过程中发挥了协调研究所和企业间技术开发活动的作用，并对企业开发的产品进行了评估和试验。

  CDMA 的商业系统和终端由制造商三星、LG、现代和 Maxon 开发完成，前 3 家公司分别支付 8500 万美元预付费用，并将在未来 13 年内支付销售收入的 6%～6.5%。而 Maxon 为加入该项目则是投入 300 万美元及 5.25%～5.75% 的销售收入。1994 年 1 月，移动通信技术开发项目管理组织（Mobile Telecommunications Technology Development Project Management Unit，MTTDPMU）开始着手准备商业化；同年 4 月，进行了韩国第 1 代移动通信系统演示，对 CDMA 系统的可能性进行了演示；6 月，2 代通信系统也获得了成功。1996 年 1 月，CDMA 商业化顺利在仁川和富川开展，并向用户提供服务。至此，CDMA 项目宣告成功。

四、资金构成与使用

  1989—1996 年，CDMA 数字移动通信系统的研究开发得到了各方的大力支持，研究投入高达 9960 万美元。其中来自政府的资金有 5430 万美元，来自韩国电信公司（现为 KT 公司）和 KMT 公司（现为 SK 电信公司）的资金有 2180 万美元，来自三星、LG、现代和 Maxon 等公司的资金有 2350 万美元。另外还有其他公司投入 9670 万美元，另向高通支付 2059 万美元以获取许可权及预付技术使用费。在项目运行的 8 年间，共计有 1042 位研究人员参与。部分研究费用和人员情况分别如表 4-6 和表 4-7 所示。

表 4-6 研发费用

	政府	共同开发者	合作公司	总计
研发费用 / 万美元	5430	2180	2350	9960

来源：RYU J I. A study on the success factors of a national large-scale R&D project in Korea：the CDMA R&D project[D]. Manchester：The University of Manchester，2002.

表 4-7 研究人员年度分布情况

	1989 年	1990 年	1991 年	1992 年	1993 年	1994 年	1995 年	1996 年	合计
研究人员数量 / 人	15	38	110	180	250	234	175	40	1042

来源：RYU J I. A study on the success factors of a national large-scale R&D project in Korea：the CDMA R&D project[D]. Manchester：The University of Manchester，2002.

五、收益与成效

（一）CDMA 业务蓬勃发展

从 1996 年起，电信市场蓬勃发展，CDMA 的成功激发了韩国电信业的活力。1995 年年末，韩国国内移动通信服务 PC 用户达 164 万，到 1999 年增加到 230 万，这一数字在 2000 年上涨到 265.7 万。韩国移动通信服务提供率全球排名第 5，高于同期的日本与美国。

（二）CDMA 系统设备产业随之飞速发展

CDMA 设备产业规模在 1996 年约为 17 亿美元，这个数字在 1999 年锐增到 82 亿美元，其中终端为 66 亿美元，系统为 16 亿美元。CDMA 设备的生产趋势如表 4-8 所示。韩国国内 CDMA 产业的发展推动了相关设备产业市场的蓬勃发展，为电信行业及相关产业的发展打开了新的大门。

表 4-8 CDMA 设备的生产趋势

类别	1996 年	1997 年	1998 年	1999 年
终端市场	1170.0	1372.2	4686.0	6666.4
系统市场	591.7	2010.7	1135.5	1599.3
总计	1761.7	3382.9	5821.5	8265.7

来源：RYU J I. A study on the success factors of a national large-scale R&D project in Korea：the CDMA R&D project[D]. Manchester：The University of Manchester，2002.

（三）战略性出口项目持续增长

韩国强大的供应能力促使 CDMA 工业出口在当时快速增长。1996 年 CDMA 设备出口额为 230 万美元，次年出口额共计 2.61 亿美元，其中终端出口 2.43 亿美元，系统出口 1.08 亿美元，年增长 11.3 倍。1998 年该数字增长到 6.46 亿美元，1999 年再创新高，达到 22.8 亿美元，具体如图 4-6 所示。

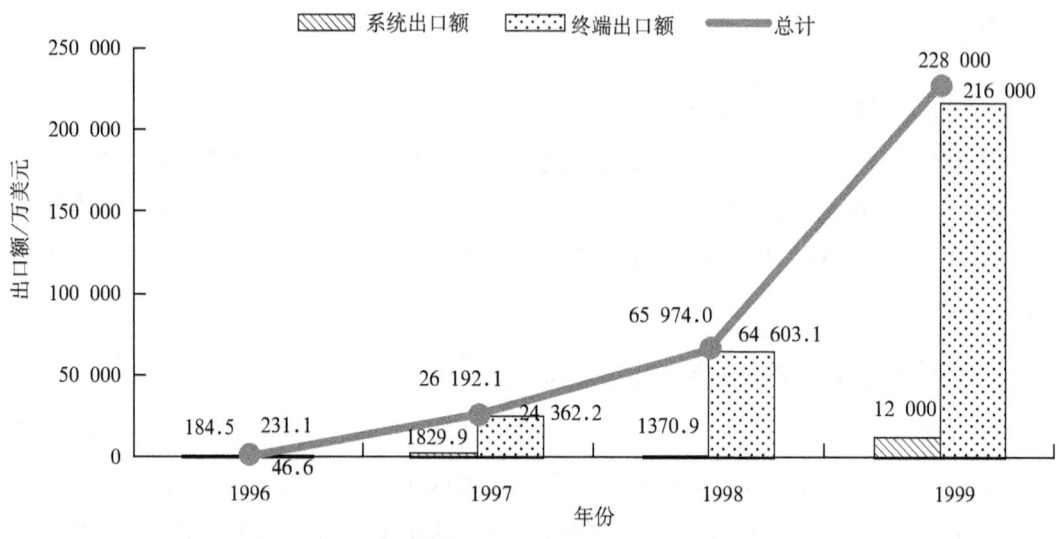

图 4-6　CDMA 设备出口额和趋势（1996—1999 年）

（来源：RYU J I. A study on the success factors of a national large-scale R&D project in Korea：the CDMA R&D project[D]. Manchester：The University of Manchester，2002）

（四）国际地位大幅提升

CDMA 项目的成功使韩国对外提升了 CDMA 领域的国际地位，对内极大促进了国民经济的发展。1999 年上半年，韩国 CDMA 用户数量 2 亿人，占世界用户的 62%，成为世界上 CDMA 用户数量最多的国家。而且，由于韩国国内终端质量的提升，爱立信和摩托罗拉在韩国市场份额也从九成锐减至两成。1999 年，韩国出口中国、越南、澳大利亚、委内瑞拉、新西兰、南非、美国和泰国的 CDMA 收入高达 1.2 亿美元。1996—1999 年，CDMA 对韩国国民经济贡献高达 478 亿美元，业务增加值 246 亿美元，增加工作机会超过 57 万个，具体如表 4-9 所示。

表 4-9　CDMA 技术发展对国民经济的贡献

	生产引导作用 / 亿美元	业务增加值 / 亿美元	就业机会 / 个
CDMA 设备产业	292.68	104.10	331 461
CDMA 服务产业	185.80	142.13	240 827
总计	478.48	246.23	572 288

来源：RYU J I. A study on the success factors of a national large-scale R&D project in Korea：the CDMA R&D project[D]. Manchester：The University of Manchester，2002.

六、政策评价

一是服务型政府定位利于 PPP 开展。在整个 CDMA 项目的实现过程中，韩国政府将移动通信产业由政府垄断转化为自由竞争的意愿非常明显。在项目实施的各个时期，政府不是一个"监督者"或"领导者"，而是"引导者"和"支持者"，积极促成各利益相关方的合作，疏通合作渠道，建立交流平台，最终取得了良好的结果。

当时，内外环境的共同作用，使韩国政府意识到了自由竞争相较于垄断更有利于通信行业的健康发展。1989 年 1 月，韩国政府将数字移动通信系统开发认定为国家政策项目并且从各个方面对项目进行支持。在项目实施之初直至商业化阶段，CDMA 面临了很多的质疑与挑战，也出现了很多阻碍，但政府始终坚持以自主研发的核心技术改善国内通信产业现状并予以 CDMA 前所未有的支持，最终促成了 CDMA 的成功，才有了之后通信产业的变革发展及国民经济和全球通信地位的不断提升。韩国政府由"领导型"向"服务型"的转变是对环境正确判断后的客观决策，也是 CDMA 能取得成功的重要原因。

二是各方充分发挥潜力通力合作以加速 PPP 目标实现。政府部门是政策决策机构，不仅通过政策决策表达强烈的政策意愿，同时也参与处理部分与 CDMA 实施相关的问题。CDMA 项目的核心组织是 ETRI，ETRI 集中了 CDMA 从研发至商业化所需要的丰富经验、信息和大量的人力与物力资源，在项目管理、技术、开发和测试方面履行核心职责，从 ETRI 的首席执行官到每一位研发人员都为 CDMA 的研发及最终的商业化付出了巨大的努力。与此同时，因韩国政府、ETRI、运营商、设备制造商、方案提供商通力合作，CDMA 项目取得成功，PPP 目标得以实现，各利益相关方积极发挥自身潜力和在产业链上的优势地位，共同实现了 CDMA 项目的成功，这一点至关重要。

第四节　美国"信息高速公路"计划：国家信息基础设施建设

一、背景定位

美国国家信息基础设施（National Information Infrastructure，NII），又名"信息高速公路"计划，其目的是通过信息领域实现关键技术突破，推动产业转型升级，从而解决当时美国经济增长乏力的问题。"信息高速公路"是指高速计算机通信网络，其名称是对 NII 的形象解释，旨在表达信息产业对美国经济发展的重要性，其作用不逊于过去几十年中推动美国经济发展的州际高速公路的作用。

1992 年，美国参议院议员戈尔（后来成为克林顿政府的副总统）开始在众多场合中提到"信息高速公路"一词，同时当时的美国总统候选人克林顿提出将建设"信息高速公路"作为美国经济的一项重要措施。1993年9月11日，"信息高速公路"一词在克林顿政府制定的"国家信息基础结构行动计划"中正式提出：NII指的是美国各级政府机构、科研机构、高校、企业与家庭之间建立可以互相交流的大容量、高速率的通信网络，让信息在美国四通八达。克林顿政府向商界、劳工界、公共利益团体、学术界及各地方政府承诺，NII计划的实施会确保所有美国公民可以在任何时间、任何地点通过声音、数据、图像或视频的组合来获取信息并相互交流。NII的提出引发了一场新的技术革命，法国、韩国、日本、新加坡、英国等国家相继出台类似计划，这类计划实施者一般为各国首脑，因此也称为"总统工程"。

为完成信息基础建设，美国科学基金会（National Science Foundation，NSF）和国防部等政府开展了名为高性能计算机和通信（High Performance Computing and Communications，HPCC）的研究与开发计划。HPCC计划的目的是加强研究与开发，从而解决一批重要的科学与技术难题。HPCC本身由5个子计划组成，分别为高性能计算机系统（High Performance Computer Systems，HPCS）、先进软件技术与算法（Advanced Software Technology and Algorithms，ASTA）、国家科研与教育网络（National Research and Education Network，NREN）、基础研究与人类资源（Basic Research and Human Resources，BRHR）及信息基础结构技术与应用（Information Infrastructure Technology and Application，IITA）。

二、治理架构

国家基础设施需要提供足够可靠、无风险的服务，这些服务可以在全国范围内被全行业采用。然而实现这一目标面临着相当大的挑战，因为它通常涉及严格的标准和稳定的技术，特别是信息技术的不断更新迭代，使得信息基础设施建设尤其困难。为应对这些困难，NII明确制定了与州际高速公路网络建设实施相同的程序，私营企业承担具体建设资金与建造运行工作，并且NII由联邦政府统一规划制定和总体设计，克林顿政府制定了"信息高速公路"建设的五项基本原则，分别为鼓励私人企业加强投资、促进并保护私人企业之间的竞争、使公众均有机会获得服务、避免在信息方面出现"贫富不均"现象及维护技术设计的灵活性，以此来适应"信息高速公路"的需要。

在NII的实施过程中，企业作为真正出资人自行设计和完成NII的结构、建设和管理，而美国政府充当企业竞争的仲裁者和法规执行的监督者，在具体操作过程中坚持"民建、民有、共享"的原则，政府的积极宣传和推动起到了催化的作用。为保证NII的顺利建设，美国联邦政府设立了"信息基础设施工作组"（Information Infrastructure Task

Force，IITF）以阐明和实施政府对 NII 的愿景。IITF 是由在发展和应用信息技术方面发挥重要作用的联邦机构的高级代表组成，该小组与私营部门协同合作来制定可以保证各机构利益的相关信息政策，旨在解决政策制定方面存在的棘手问题。

在 IITF 之下成立了一个关于国家信息基础设施的高级咨询委员会，目的是向 IITF 提供相关意见。该委员会的 25 名成员是由商务部部长委任的，来自商界、劳工界、学术界、公共利益团体及美国州和地方政府等。委员会的作用是广泛搜集来自各方利益团体在 NII 建设过程中的需求，向 IITF 提供有关 NII 计划实施的问题与建议，例如，政府在 NII 计划过程中应充当合适的角色，以促进私营部门和政府的合作；对 NII 的发展及其在公共和商业应用的展望；分析现行和拟议的监管制度对 NII 演变的影响；保护隐私、安全及版权问题；扩大通信网络互连和互操作性及信息普及等。

三、资金投入

在克林顿政府的领导下，美国将 NII 作为一项优先发展战略。时任美国副总统戈尔曾乐观地预计在 2010—2015 年完成 NII 计划，并将其分为 3 个阶段：第 1 阶段为倡导、规划、推行阶段；第 2 阶段为基础设施建设阶段；第 3 阶段为重新组合经济和社会阶段。美国政府与私营部门均在积极发展和部署作为重大信息基础设施的 NII。

NII 的规模巨大，计划投资为 4000 亿～5000 亿美元。面对巨额的投资，政府的力量是有限的，需要调动各方资金来完成项目。美国政府为了撬动更多资源，选择从其他渠道催化和刺激投资，而不是直接补贴 NII 的自身创建。据统计，在 NII 计划实施过程中，与政府投入的 1000 亿美元相比，企业的投入达到 20 000 亿～30 000 亿美元，政府投入资金对企业 R&D 投入资金的撬动比率超过 1∶20。同时，美国企业投资 R&D 热情高涨，工业研发经费支出额由 1992 年的 944 亿美元增加到 2000 年的 1804 亿美元。

最初美国政府是通过示范和鼓励私营部门来促进这项技术的发展投资，但美国的信息基础设施最终是由私人资金建设的。为优化私营部门在 NII 建设中的投资环境，政府实施在研发等方面的税收优惠政策，其中包括将研发信贷延长 3 年，并有针对性地减少对小企业投资的成本，以此来刺激在 NII 建设过程中所需的私营部门投资。在 NII 计划的研究中政府起着投资者及支持基础研究的作用。NII 依赖于先进的计算机通信技术，这些技术的发展在很大程度上是政府持续投资研究的结果。政府对基础研究的持续投资是刺激美国工业、维持市场高水平竞争力并提供国家竞争优势的想法和创新的主要来源。

四、收益与知识产权

信息基础设施建设的目的是为所有的美国人所使用，不仅仅是科学家和工程师。美国人可以利用这项计划来创造就业机会，刺激经济增长，保持美国在技术领域的领先地位，减少医疗成本，提供高质量及低成本的政府服务等。

美国在实施 NII 时预期存在以下收益。一是产生巨大的、直接的经济效益。NII 将会在工业领域进行资金投入，这使得每年创造高达 3000 亿美元的产品销售额，提高 20%～40% 的劳动生产率，预计在未来的 10～15 年中提供多于 30 万个就业机会。二是提高政府效率，减轻财政负担。通过建立高效率的"电子政府"提高政府工作效率、减少开支，力争 5 年节省 10 亿美元的工作费用。三是改变工作方式。改变现有工作方式，从而减缓交通、能源及环境方面的压力。四是缓解医疗保健压力。通过健康信息系统的建设与使用，每年可为医疗行业节约 400 亿～600 亿美元，同时 NII 的实施可促进远程医疗、个人健康档案系统等医疗系统的建设，预估每年可节省 360 亿～1000 亿美元的相关费用。五是改进教育与就业。通过 NII 建设，可为美国的教育节省 40% 的学习时间，减少 30% 的费用。六是提高研究效率，加快成果转化。通过 NII 的建设，科研机构的效率预计可提高 35%～45%。七是引领技术发展。NII 的实施可巩固美国在电子、信息技术领域的领导地位。

五、政策评价

NII 计划的实施加速了美国从工业时代向信息时代的过渡，开发了市场，将美国从缓慢的经济增长困境中解脱出来，刺激美国经济的繁荣发展，从 NII 计划的实施过程可以得到以下启示。

一是依靠企业和市场需求撬动民间资本。信息基础设施建设的目标是振兴美国的信息产业，受益者是所有美国人民，所以最好由市场和企业来完成。美国的私营部门为真正的出资人，NII 的结构、设计、建设及管理也是由私营部门完成，政府起着宏观调控与催化 NII 实施的作用。

二是加强政府引导。NII 虽然是企业设计、建设与维护的，但政府是项目的倡导者。在 NII 的建设目标中，政府始终位于领导地位，把握着 NII 的建设方向，避免民间资本仅从利益角度建设信息基础设施。对于全社会收益的大型基础设施建设，中国可以借鉴 NII 实施的经验。政府起主导作用的同时，积极引导与鼓励私营部门参与投资和研发，为私营部门参与基础设施建设提供更多渠道和机会。同时制定税收、金融等配套政策及相关法律，充分调动民间力量，使各利益团体共同推动基础设施建设。

第五章　未来技术研发项目的公私合作

　　未来技术是面向新科技革命场景，提供未来增长动力、引领国民经济和社会发展的技术。未来技术位于"无人区"，由供给侧推动，是建立新兴产业的核心要素，对当前经济社会发展具有重构性、颠覆性作用，同时伴随巨大的创新风险。运用公私合作模式，引入多方力量携手进入未知领域进行探索，能够增加未来技术研发成功率，加快未来技术研发速度。

第一节　欧盟契约型公私合作专项：支持关键领域竞争前技术研发创新

一、背景定位

　　2008年年底的金融危机造成了巨大的负面影响，包括欧洲在内的多个重要经济体遭受较大冲击。为了应对金融危机对经济产生的影响，欧盟委员会通过欧洲经济复苏计划出资16亿欧元，在未来工厂、节能建筑、绿色汽车等领域启动3项科研创新公私合作专项。这些专项是为了建立研发创新公私合作伙伴关系，在关键行业开发创新的竞争前技术。前期的出资计划时间截止之后，欧盟委员会基于已有的项目经验基础通过"地平线2020"计划继续支持此类合作，决定在未来工厂、节能建筑、绿色汽车、第五代通信技术、可持续流程工业、机器人、光子技术和高性能计算领域建立契约型公私合作专项（此处所指的契约型PPP属于复合伙伴型PPP，但由于契约型PPP的说法已沿用至今，因而此处不做修改）。欧盟投资总额超过60亿欧元。选择这些领域的原因是这些产业领域将在今后的欧洲经济中具有举足轻重的地位。

　　推动这些项目实施的主要形式是契约型公私合作。契约型公私合作专项以支持欧盟政策为目标，尤其是欧盟研发框架计划和欧盟工业政策的目标。与联合技术计划设立专门的"联合执行体"不同，契约型公私合作专项是以欧盟委员会与产业界合作者（私营方）代表签订的契约协议为依据，约定项目的目标、各方承诺及关键绩效指标，并通过合作理事会（Partnership Board）促进公私对话与合作。

　　契约型公私合作专项有诸多成功案例，这里以建立未来工厂领域的合同安排为例进行案例分析。该项目是欧盟与欧洲未来工厂研究协会（European Future Factory Research Association，EFFRA）进行公私合作的成果。欧洲未来工厂项目来自于欧盟对能够创造高附加值产品的创新型绿色工厂的建设需求，同时建设此类工厂的研发投入及风险都很高。借助欧盟"第七框架计划"（FP7）的资助，未来工厂领域的公私合作关系取得很大进展。基于 FP7 既有的资助经验，欧盟委员会确定将未来工厂领域（Factories of the Future）作为开展公私合作的重要领域之一。欧洲未来工厂研究协会经过欧盟委员会独立专家的评估，被认定为符合"地平线 2020"计划的相关标准。因此，在未来工厂领域，欧盟（由欧盟委员会作为代表）决定与欧洲未来工厂研究协会（简称"私营方"）签订公私合作合同，合同有效期为 2014 年 1 月 1 日到 2020 年 12 月 31 日。

欧盟与欧洲未来工厂研究协会设置了公私合作目标。欧盟与欧洲未来工厂研究协会双方（简称"合同双方"）依据合同安排建立的未来工厂领域的公私合作关系（简称"合作"）以开放、透明和有效的方式实施。该公私合作合同强调支持欧盟政策，特别是支持"地平线 2020"计划的具体目标和欧盟产业政策，其合作的总目标，如表 5-1 所示。

表 5-1　合作双方总体目标

总目标	分项
通过开展研究创新活动，及时开发新的基于知识的生产技术和系统，提高欧盟产业部门在全球化世界中的竞争力和可持续发展能力	（1）有竞争力的可持续发展的生产工厂
	（2）工业自动化、机械设备和机器人
	（3）用于设计和工厂管理的工业软件
推进欧盟到 2020 年发展成为智能、绿色和包容性经济体的目标的实现	（1）能源和资源高效利用的制造过程
	（2）具有社会可持续性、安全的、有吸引力的工作场所
	（3）参与创新制造的高技术企业
支持欧盟产业政策目标的实现	（1）到 2020 年前将制造业在欧盟 GDP 中的比例从 16% 提高到 20%
	（2）确保整个欧盟制造业部门中的知识转移和培训

欧洲未来工厂研究协会基于合作合同总体目标，制定了实施研究与创新活动的 2014—2020 年的多年期发展路线图，如图 5-1 所示。欧洲未来工厂研究协会基于合作合同的总体目标，提出了 11 项具体发展目标，如表 5-2 所示。

第五章 未来技术研发项目的公私合作

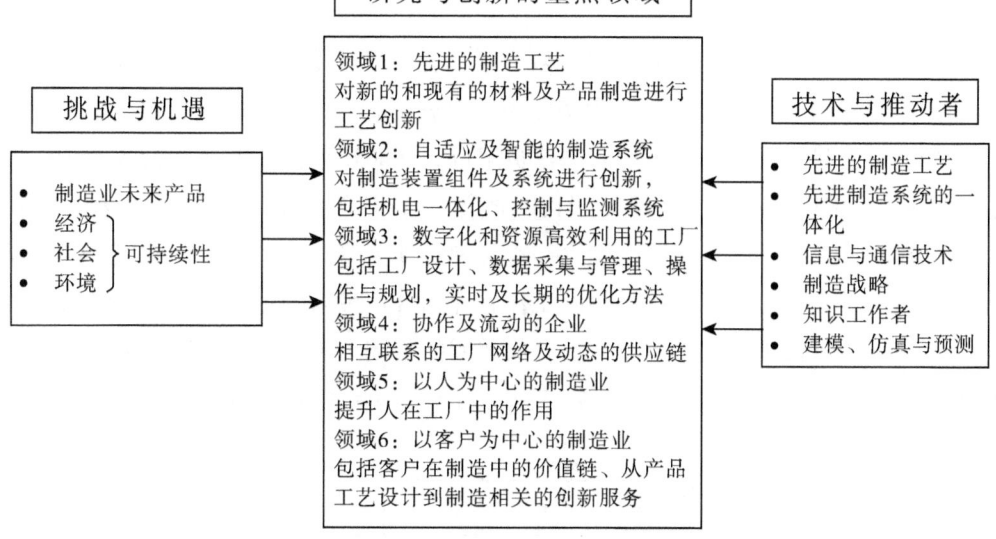

图 5-1　2014—2020 年多年期发展路线

[来源：European Factories of the Future Research Association（EFFRA）. Factories of the future [EB/OL]. [2019-09-30]. https://www.effra.eu/sites/default/files/factories_of_the_future_2020_roadmap.pdf]

表 5-2　欧洲未来工厂研究协会基于合作合同的具体发展目标

总目标	分项
开展研究与创新活动整合并示范至少 40 项创新性的制造技术	（1）8 项关于高科技制造工艺和系统的技术（如 3D 打印技术）
	（2）10 项关于自适应和智能制造设备的技术（如供中小型企业使用的机器人）
	（3）10 项关于应用信息通信技术提高生产绩效的智能和整体流程的技术
	（4）4 项关于合作型企业和流动型企业技术（如支持本地化生产的技术）
	（5）6 项关于以人为本的制造技术（如设计未来工作车间）
	（6）2 项关于以客户为中心的制造技术（如生产个性化的产品）
开展有利于建设环境友好型制造业的研究和创新活动	（1）降低制造活动中的能源消耗（降幅达到 30%）
	（2）减少制造活动中的废弃物产出（降幅达到 20%）
	（3）减少材料用量（降幅达到 20%）
开展研究和创新活动以发展能够扭转欧洲去工业化趋势的办法	（1）创造 8 种新型的高技能工作以增加产业部门留在欧盟内的决心
	（2）积极创新以便在 2020 年前使设备中的工业投资比例从 6% 提高到 9%

二、治理架构

为实现本项合同的预期目标，合同双方组建合作管理委员会作为主要机构开展对话和合作，治理架构如图 5-2 所示。为确保委员会成员能够代表更广泛的利益相关团体，合作管理委员会将主要由私营方提名的成员组成，同时还包括依据合作关系为研究与创新活动提供财政拨款事务的欧盟资助机构的官员。合作管理委员会制定自己的流程规则，同时，也对不涉及机密性信息、透明度和避免利益冲突等相关问题进行管理。合同双方还举行高级会议审核合作管理委员会的工作，评估合作带来的进展，讨论加强相互合作的进一步措施。承接项目的私营方将在开放透明的基础上决定自身的管理结构并采用合适的磋商流程，以确保所有的利益相关方都能充分地参与到项目的准备和运转工作中。

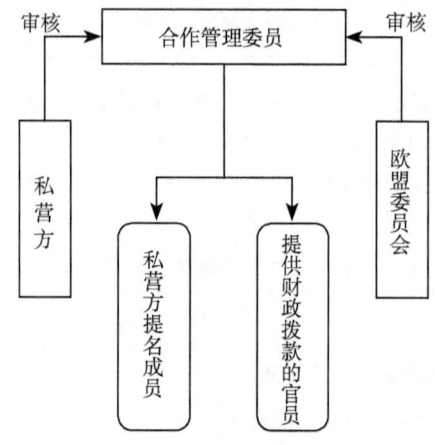

图 5-2 欧洲未来工厂研究协会治理架构

欧盟委员会将保持与私营方的定期工作会议，适当地考虑私营方提供的投资额和提出的建议，进而依据"地平线 2020"计划进一步申请财政资金来支持研究和创新活动。同时，欧盟委员会将利用合作管理委员会的流程规则对私营方进行考察，确保在项目所有利益相关方充分参与的基础上，私营方才提供资金和建议。欧盟委员会还重点关注私营方的管理结构是否对新成员的自由加入有积极影响。

三、项目流程

各个专项的运作具有较为统一的步骤。包括在最开始的时候邀请产业界潜在合作者编撰立项建议书、组织建议书评审和项目部署等。

（一）项目形成

项目形成部分首先要邀请潜在参与者编撰立项建议书。考虑欧洲各地已经建立的各类技术平台及欧盟已有政策，欧盟委员会首先将确定设立契约型公私合作专项的可能领域，并邀请潜在产业界合作者编制立项建议书。由产业界合作者起草的多年度战略路线图是私营部门与欧盟开展合作的重要依据之一。

对于每个可能的契约型公私合作专项，欧盟委员会要求产业界合作者在建议书中提出明确的、包含多年度的战略路线图。该路线图由产业界团体代表（主要是行业协会）成立的起草工作组、其他利益相关方公开协商后制定，需要描述项目愿景、科研与创新内容及增长和就业等方面的预期影响。此外，欧盟委员会要求产业界合作者的建议书要写明对投资、项目执行等各方面的投入性质和程度。

其次，立项建议书审议。在收到正式版本的建议书后，欧盟委员会在第三方专家的帮助下，按照"地平线2020"计划的参与规则对产业界的建议书进行评价。评价标准包括欧盟层面的增值效应、影响规模、长期承诺、资源规模与杠杆效应（私营部门投入大且要与欧盟的投入相称）、职责界定情况与关键绩效指标等。

如果总体审议通过，欧盟委员会将与产业界合作者签订契约协议，明确合作的总体目标与具体目标、产业界合作者的投入情况、关键绩效指标及预期影响、2014—2020年欧盟的资金投入额、监督和评审机制及治理结构，并把多年度战略路线图作为谅解备忘录的一部分。

（二）项目实施

项目实施是要进行具体部署。上文的联合技术计划具体的项目招标资助工作由专门设立的联合执行体负责，而契约型公私合作专项下的具体项目资助工作是由欧盟委员会组织实施的。对于契约型公私合作专项，基于产业界合作者制定的项目书，欧盟委员会借助"地平线2020"计划的工作计划开展具体的项目招标活动，按年提供预算资金。契约型公私合作专项每轮项目招标的主题内容在欧盟委员会与产业界合作者协商后，由欧盟委员会发布。产业界合作者会就"地平线2020"计划的工作计划确定的优先研发方向向欧盟委员会提供建议，但制定该工作计划是欧盟委员会的最终职责。该工作计划也由欧盟委员会执行，包括项目建议书的筛选、谈判、资助和进展评估等。

（三）项目完成

项目实施一段时间接近完成阶段时，为了监测工作进展情况，以及开展对合作活动和额外投资杠杆效应的评估，契约型合同双方将依据各自的能力、机构设置和运行框架，在适当情况下定期向对方通报信息，并就项目完成等相关问题展开协商。

私营方需提供证据证明其履行了事先的承诺，并通过关键绩效指标证明其执行了投资承诺。私营方将依照自己的工作程序邀请欧盟委员会参加其全体成员大会和其他相关的会议。监测工作将从公私合作的实施层面及合作项目的影响层面展开，共计12项关键监测指标，如表5-3所示。

表5-3 合作项目关键监测指标

监测层面	监测指标
公私合作的实施层面	（1）相关部门中开发的新系统和新技术
	（2）中小型企业的参与度和获得的收益
	（3）对降低能源消耗的贡献
	（4）对减少废弃物产出的贡献
	（5）对减少材料用量的贡献
	（6）制定的新的高科技标杆和新的课程体系
	（7）调动与公私合作活动相关的私营部门的投资
	（8）对新标准制定的贡献
合作项目的影响层面	（1）降低能源消耗、材料用量和减少废弃物产出的比例
	（2）以促进进一步投资为目的的对合作项目结果的利用
	（3）以提高劳动力质量为目的的培训
	（4）专利和促进标准化的活动

欧盟委员会将在第三方独立专家的协助下分析私营方提供的各项项目执行材料，定期（在合同有效期内及合同结束后的3年内）监测合作目标的进展情况及合作绩效。基于审查结果，欧盟委员会有权要求修改或者终止合同。最终审查将在"地平线2020"计划结束之前进行。

四、资金构成与使用

契约型公私合作专项的来源有两部分：一部分是由欧盟委员会负责资助的机构提供；另一部分是由私营方提供。两部分出资的初始比例为1∶1。根据项目进展情况将会适当调整出资比例，但是私营方的出资额度要与欧盟的预算投入相一致，有的专项甚至会达到欧盟预算的3倍以上。表5-4为"地平线2020"计划下契约型公私合作专项预算情况。

第五章 未来技术研发项目的公私合作

表 5-4 "地平线 2020"计划下契约型公私合作专项预算情况

契约型公私合作专项	研发投入/预算/亿欧元	
	欧盟	私营方
未来工厂	11.5	不详
节能建筑	6	不详
绿色汽车	7.5	7.5
第五代通信技术（5G）	7	7
可持续流程工业	9	9
机器人	7	约 20
光子技术	7	≥ 28
高性能计算	7	7

来源：刘润生. 欧盟产业重大科技专项的组织实施 [J]. 全球科技经济瞭望，2015（9）：16-21.

基于"地平线 2020"计划中合同双方所涉及的合作范围及合作目标，公私合作关系双方将共同资助研究与创新活动。欧盟委员会将从 2014—2020 年的欧盟预算中划拨总额 11.5 亿欧元的指示性财政专款，用于支持上述研究和创新活动，其中从研究与创新理事会（DG Research and Innovation）划拨 7 亿欧元，从通信网络、内容和技术理事会（DG Communications Networks, Content and Technology）划拨 4.5 亿欧元。这些拨款将被列入"地平线 2020"的定期工作计划。私营方承诺通过两种方式促使利益相关团体的投资研究和创新活动，其一是提供资金补充"地平线 2020"计划下的研究与创新议程的项目；其二是提供促进合作成果利用开展活动的其他相关投入。私营方承诺促进合作成果利用并增强其影响的投入共 11 项，如表 5-5 所示。

表 5-5 欧洲未来工厂研究协会的其他活动投入

序号	投入活动
1	增强 5 项制造技术（如机械加工技术）和 10 项新技术（如 3D 打印技术）的产业应用的投资杠杆效应
2	鼓励示范区周边的开放创新（使初创企业和中小型企业变得更强）
3	优先关注欧洲的技术发展；寻找在欧洲内部去本地化生产的机会（如与欧盟地区相联系的智能专业化活动）
4	促进成功的合作成果实现标准化（以便被市场迅速接受）
5	通过将参与要素（数据库、创新集群、研讨会、最佳做法等）有效地联系，在部门内部和部门之间及整个价值链上传播成功的合作成果

序号	投入活动
6	促进对合作项目成果的应用以发展增值服务
7	发展致力于培养劳动力的活动并吸引年轻人参与
8	推广新型的商业模式，促进价值链上各个环节的市场发展
9	鼓励制造业中的跨部门合作
10	利用其他的公私合作关系（PPP）对合作的目标和行动进行适当的协调以确保协同增效
11	支持企业寻求应用研发成果和新产品的新方式

五、收益与知识产权

以契约型公私合作为基础的公私合作项目一共有10个，包括未来工厂、节能建筑、欧洲绿色车辆、可持续发展工业、光子学、机器人技术、高性能计算、面向未来互联网的高级5G网络、网络安全、大数据等。契约型公私合作专项促进了欧洲投资与就业的增长，使欧盟经济实力更加强大。欧盟成员国可以从多年路线图中汲取灵感，从而对自身发展产生积极的影响。契约型公私合作专项加强了来自同一技术领域或部门的不同利益相关者之间的互动，从而形成了包括产业界（大公司和中小企业）、研究和技术组织、高校在内的泛欧洲合作网络。

六、政策评价

欧洲契约型公私合作项目从2008年出现以来已经进行了相当长时间的实践，客观上比较好地提高了欧洲公私合作的水平，并且通过欧洲"地平线2020"计划得到了续期，从侧面反映出该项目获得了较好的成果，取得了阶段性的成功。从已有项目可以得到以下经验和启示。

一是采用契约型公私合作需规范公私双方的权责。明确双方的权责是展开深入合作和提升双方互信水平的基石，契约型公私合作专项中公私双方的权利与责任将会以文件的形式呈现出来，也为契约型公私合作专项的成功打下了坚实的基础。在契约型公私合作专项中，公私双方的合作以公共部门代表和私营方代表签订的契约型协议为合作的基础。在这份协议中将会约定符合双方利益的项目目标、双方做出的承诺及对项目评价的关键绩效指标，并通过双方共同参与的合作理事会促进公私的对话与合作，加强公私合作的伙伴关系。所以，开展契约型公私合作专项首先需要在协议中明确公私双方的权责，然后约定项目目标、双方的承诺及项目评价的关键绩效指标，并建立合作理事会作为对话的机制。

二是以自下而上的实施方式激发私营合作者的积极性。在酝酿和确立重大科技项目过程中，应当注重自下而上和自上而下相结合，重视倾听产业界的需求，由产业界代表自发地、主动地把利益相关者组织起来，通过协商事关未来发展的关键项目以达成共识，进一步编制愿景报告和长期、可操作的研发创新计划，提出项目建议，然后由国家政府根据项目的战略重要性、是否存在市场失灵、产业界的参与程度等因素，确定该项目建议是否纳入国家重大科技项目。这种选择方式要求，产业界必须有能起到发起者、协调者和领头羊作用的组织，一些业界影响力高、组织管理得力的行业协会、产业技术联盟比较适合这个角色，可在公共部门和私营部门之间发挥重要的桥梁纽带作用。国家政府应当积极发挥这些组织的组织协调作用，并像欧盟那样有意识地加以培育。

三是明晰的项目推动方式和评价方式推动项目高效率实施。政府、产业界和学术界有必要形成高度有组织化、开放、透明的伙伴关系，建立高度协同的产业重大科技项目组织治理体系。首先，可以由产业界（如行业协会）和学术界代表牵头设立相应委员会，由其负责战略研究议程（多年度战略路线图）、多年度计划、年度计划的起草。以项目协议书编撰作为抓手推动各方合作协商。其次，对参与项目的各利益相关方的具体参与方式、最终的产出绩效等做出详细的规定，能够对各方实际贡献做出比较好的评价。这有助于项目参与方能够以更高的效率组织起来。

第二节 日本基础创新和创业计划：应对未来社会挑战重大任务

一、背景定位

21世纪以来，日本的经济社会发展一直受财政状况恶化、产业空洞化、少子高龄化等诸多重大社会问题制约。为了突破发展瓶颈，力争在未来国际竞争中取得优势，满足日本经济复苏的要求，同时保证国家和产业的持续竞争力，日本文部科学省于2013年发起了"基于创新科学技术中心的基础创新和创业计划"（Center of Innovation Science and Technology Based Radical Innovation and Entrepreneurship Program，简称"日本基础创新和创业计划"或COI STREAM计划）。该计划是技术预测型的公私合作项目，旨在建立和运营一个大规模研发基地，重点关注未来10年影响人们生活、社会运作等方面的新型技术。

COI STREAM计划设立的3个愿景可以简述为：一是应对低出生率和人口老龄化等社会问题，确保国家持续发展，建立一个在老龄化阶段仍保持健康发展的可持续型社会；二是建立走向繁荣、受人尊重的国家，构筑富裕的生活环境，利用信息与通信技术（information and communication technology，ICT）建立一个高度安全和有保障的社会，消除威胁个人生存的诸多因素，激发人们的敏锐性和创造力，为社会做出贡献，并实现精神上的充实和幸福；三是建立充满活力、可持续的社会，重视自然与资源的有效利用，尊重个人多样性，降低多样化社会变革带来的风险。

COI STREAM 计划包含产业界、政府和学术界三方，基于合作和研发基地的支持，实现面向全部创新流程，从基础研究到实际应用的整体布局。COI STREAM 计划的独特之处在于其项目类型采用"回播"型 R&D，而非将研究开发的种子产品应用到实际中的"前投"型 R&D，即每个项目在前期就设定了理想的社会生活要解决的研发问题，即经过一个全面调查，对未来 10 年内的社会需求和形象做出预先推测，并针对有可能的技术类型进行"回播式""反馈式"的研发。由于项目选择着眼于革新性技术，该计划项目一般存在高风险、高回报的"双高"特征。

二、治理架构

日本文部科学省将 COI STREAM 计划委任给日本科学技术振兴机构（Japan Science and Technology Agency，JST）负责。JST 管理整个计划和基地的运营，同时 JST 也是整个计划的核心部分，负责中期评估和事后评价等事务。COI STREAM 治理架构如图 5-3 所示。

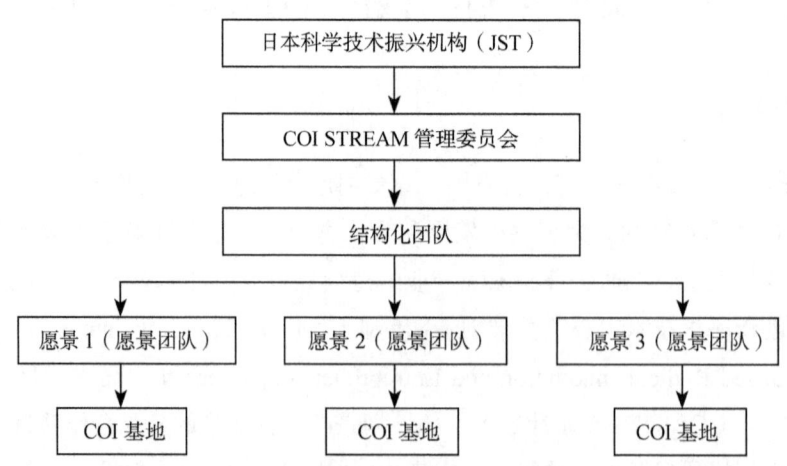

图 5-3 COI STREAM 治理架构

[来源：COI STREAM. センター・オブ・イノベーション（COI）プログラム事务处理要领 [EB/OL]. （2017-04-01）[2020-08-26]. https://www.jst.go.jp/coi/download/file/jimu/170401_jimusyori_set_coi.pdf]

首先，COI 基地依托项目建成，由具有日本法人地位的私人公司和日本高校共同参与。COI 基地原则上建于日本，如果愿景团队认定海外机构有必要参与实现愿景的研发，则相关海外科研机构作为联合研发小组参与研发。研发人员既可以在基地内进行研发，也可以回到自己的机构进行研发，但相关方需要讨论共同研发事宜。每个 COI 基地都有 1 位来自行业的项目负责人和一位来自学术界的研究负责人。项目负责人负责监督 COI 基地的整体管理和研发活动，研究负责人为 COI 基地的日常运营及研发策略规划提供支持。如果项目中包括多所高校，则指定其中 1 所高校为代表。

其次，COI 基地为每个愿景设立 1 个愿景团队，负责 COI 基地的选择、基地研究和预算计划的批准、基地评估、更改基地结构和活动方针。3 个愿景都由包括伊藤忠商事、日立制作所等重要日本企业高级管理人员领导。此外，名古屋大学校长被任命为愿景团队的领导人，负责监督和相互协调。愿景团队由包括领导者在内的 3 位行业、学术专家组成。

再次，设立结构化团队，负责全面监督愿景团队的活动，提出新的愿景和创新提案，对每个基地进行汇总、分析和评估。结构化团队由来自行业和学术界的 10 名专家组成，负责检查响应多个 COI 基地的跨领域问题，并备份基地的活动，促进基地之间的合作。

最后，JST 设立整个项目的最高决策机构 COI STREAM 管理委员会，负责确定 COI STREAM 计划的愿景和总体政策。最高决策机构 COI STREAM 管理委员会由三菱综合研究所理事长（东京大学校长顾问）小宫山宏（Hiroshi Komiyama）主持，由产业界和学术界的 7 位专家组成。

三、项目流程

（一）项目形成

该计划在开展之前需要对当前社会进行全面细致的调查，根据调查的结果，结合未来 10 年社会潜在的需求衍生出愿景，在此基础上确定未来 10 年内具体的创新性研究和发展规划。同时进一步识别将要面临的研发挑战，突破传统研究领域的框架和现有组织，通过产业－学术合作支持研发，将基础研究成果转化为实际应用，实现根本性创新。

COI STREAM 设计了两种类型的提案方式：联合提案和单个提案。COI STREAM 鼓励公司和高校提出联合提案，由高校在 R&D 管理系统（e-Rad）上执行注册申请程序。如果仅有某个企业或者高校提交了单个具有创意的提案，愿景团队会在 COI 基地组成时考虑合作伙伴的加入。

（二）项目实施

项目的执行情况报告由项目的会计主管定期报告给 JST 负责人，其中还包括一些机构委托的研究和开发协议。在项目结束后,会计主管还要向 JST 负责人提交 1 份完整的执行报告。

四、评审标准

COI STREAM 项目会进行中期评估,目的是把握研究开发的进展状况和成果,以此为基础进行适当的预算分配、研究开发计划的重新评估和研究开发的中止等。评估内容包括研究和开发的进展情况与未来前景、研究和开发成果的现状与未来前景、实现中期评估的目的所必需的其他事项,并设置了基地构想、研究开发 / 社会实施、平台构筑、人才培养 / 活跃促进 4 个评价视角。综合评价等级分为 S、A、B、C、D,个别评价等级分为 s、a、b、c、d,具体标准分别如表 5-6 和表 5-7 所示。

表 5-6 COI STREAM 计划的综合评价等级标准

综合评价等级	标准
S	在实现愿景的措施(研究开发成果、社会实际实施的措施等)及可持续创新基地的形成方面取得了特别优异的进展,今后也有望取得优异的进展
A	在实现愿景的努力(研究开发成果、社会实际实施的努力等)及可持续创新基地的形成方面取得了稳步的进展,今后也可以期待取得充分的进展
B	虽然在实现愿景的努力(研究开发成果、社会实施的努力等)及在形成可持续创新基地方面的进展有所不足,但通过研究开发计划的改善等努力,可以期待今后取得充分的进展
C	在实现愿景的努力(研发成果、社会实施等)和形成可持续创新基地方面取得的进展不足,为了今后取得充分的进展,特别需要努力修改研发计划和改进管理
D	在实现愿景的努力(研究开发成果、社会实施的努力等)和形成可持续创新基地方面取得的进展明显不足,今后很难创造有助于实现愿景的成果或作为创新基地继续下去,因此有必要结束支援

来源:国立研究開発法人科学技術振興機構. センター・オブ・イノベーション(COI)プログラム第二回中間評価報告書 [EB/OL]. [2020-10-09]. https://www.jst.go.jp/coi/hyoka/data/chukanhyoka_h3103.pdf.

表 5-7 COI STREAM 计划的个别评价等级标准

个别评价等级	标准
s	优秀
a	充分
b	稍微不足
c	差
d	显著差

来源:国立研究開発法人科学技術振興機構. センター・オブ・イノベーション(COI)プログラム第二回中間評価報告書 [EB/OL]. [2020-10-09]. https://www.jst.go.jp/coi/hyoka/data/chukanhyoka_h3103.pdf.

五、资金构成与使用

每个 COI 基地的资金都主要来自企业和政府部门，企业提供部分资金和有助于基地研发活动的资源，政府部门提供一部分研发费用，高校则以成熟的研究成果或者专利参与，如图 5-4 所示。JST 每年会为 COI 基地提供最多 10 亿日元研发资金（包括间接费用）。具有挑战性的高风险研发项目实施周期一般控制在 9 年以内，但是即使超出了研发周期，研发活动还是会继续进行，主要是为了满足日本产业技术创新的全面性及完整性的要求。

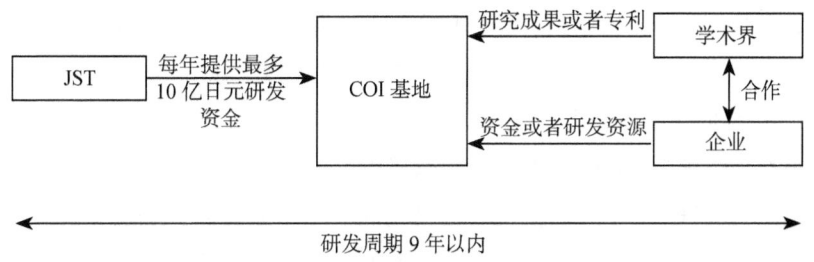

图 5-4　COI STREAM 资金投入

[来源：Japan Science and Technology Agency. Center of Innovation（COI）program[EB/OL]. [2020-09-17]. https://www.jst.go.jp/tt/EN/platform/coi.html]

六、收益与知识产权

在整个项目的产出收益方面，到 2019 年，COI STREAM 中愿景 1 运行了 7 个 COI 基地，愿景 2 运行了 4 个 COI 基地，愿景 3 运行了 7 个 COI 基地。许多基地已经拥有市场化的成果，包括东北大学 COI 基地的魔镜和粳稻阵列，东京大学 COI 基地的 MIMOSYS 和超声 CT 乳腺癌诊断设备，京都大学 COI 基地的步行辅助机器人及立命馆大学 COI 基地的智能软件等。

一些基地还与地方政府紧密合作。在人才培养、风险投资公司设立、知识产权合同管理、企业合作、行业交流、数据合作及中央行政推动等方面也取得了成果。例如，北海道大学 COI 基地与岩见泽市政府合作建立合资企业，弘前大学 COI 基地的磐城医学检查和数据链接，川崎市产业振兴财团 COI 基地（COINS）2 家风险企业的设立等。

在知识产权方面，当申请的项目提案征得同意时，作为政府部门的代表机构 JST 将和 COI 基地负责人签署《委托研究和开发合同》，合同必须覆盖所涉及的全部内容。此外，还会签署包括一些参与企业内部之间的结果处理及合作研究和开发协议，内容涉及如何处理合作研究等产生的知识产权。

七、政策评价

COI STREAM 计划是日本政府为了应对未来经济社会挑战进行的具有迫切目的导向的全流程 PPP 项目。中期评估结果显示,项目迄今为止已经取得了相对较好的成果,取得了阶段性成功。从 COI STREAM 计划的设立和实施过程看,得到启示如下。

一是立足于社会重大挑战和任务提出项目愿景,并围绕愿景形成多层次推动力量。首先,整个 COI STREAM 计划的目标和愿景是来自于社会调查结果,拥有最广泛的民意基础。其次,设立结构化团队支持整体研发工作,促进不同愿景和基地之间的合作。最后,围绕每个愿景单独设置愿景负责团队,监督和协调下属各个项目和基地的工作。以上 3 个环节的高效衔接确保了每个愿景内各个团队的协同合作,实现了不同愿景间的协同发展,为整个 COI STREAM 计划运行提供了保障。

二是根据项目目标特点,设置 PPP 项目长周期和多元投入。为了支撑较为复杂、难度较高的技术研发,整个 PPP 项目的时间设置为 9 年,这在同类项目中都是较为罕见的时间跨度。同时该计划设计了对于有潜力的技术能够不因项目结束而打断的规则,有效减少了技术研发风险。另外,不同公私机构将投入不同类型的资源。JST 作为政府机构投入财政资金,而企业和科研机构则可以另外投入科研成果和研发设备等,这种因人而异的投入方式能够充分调动已有资源,尽可能地降低投入成本。

第三节 新千年印度技术领先计划:高风险高收益的技术研发

一、背景定位

新千年印度技术领先计划(The New Millennium Indian Technology Leadership Initiative,NMITLI)是印度研发领域内规模最大的公私合作项目。NMITLI 通过实现公共资助的研发机构、学术部门和私营企业的公私合作,促进科技创新并保持印度的科技竞争力。

NMITLI 与其他 PPP 计划相比,最大的不同在于计划资助的项目类型,即关注处于技术前沿领域的、市场接受度不确定的技术项目,如图 5-5 所示。此类型技术项目有着高风险、高收益的"双高"特征。由于 NMITLI 资助项目的"双高"特征,整个 PPP 合作在机制设计上有很多自身特色。

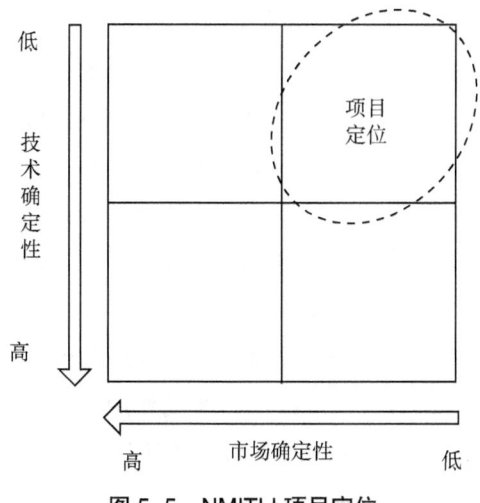

图 5-5　NMITLI 项目定位

二、治理架构

NMITLI 拥有 1 个网状管理体系，治理架构如图 5-6 所示。技术网络与业务发展部（Technology Networking and Business Development Division，TNBD）作为管理体系的中心部门，负责整个计划的管理。该部门一方面与项目负责人和监管委员会合作；另一方面与印度科学与工业研究理事会（Council of Scientific and Industrial Research，CSIR）的高职权委员会（High Powered Committee，HPC）、理事长和 CSIR 管理委员会合作。以 TNBD 为核心，将监管委员会、指导委员会、知识产权规划和项目负责人联系起来。

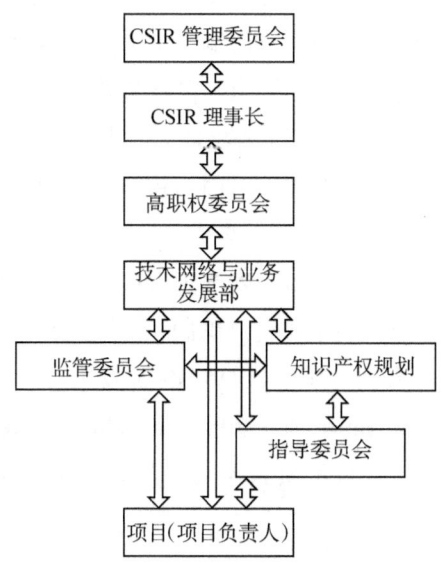

图 5-6　NMITLI 治理架构

为了尽可能降低"双高"特征项目的风险，NMITLI 在监管架构上适当调整，结合了内部控制和同行评议两种监管手段。第 1 层监管系统是由项目负责人组成的内部指导委员会（每 3 个月会面 1 次），目的在于相互敦促项目执行的进程；第 2 层监管系统是由认可的同行组成的独立的外部监管委员会（每 6 个月会面 1 次）。外部监管委员被赋予较大的管理权限，能够敦促项目负责人修改项目执行计划，包括增加合作伙伴、变更资金支持力度等，当项目执行情况不理想时，甚至可以建议提前结束项目或项目子部分。

NMITLI 通过同时设立内部和外部监督方式，发挥两种监督方式各自的长处。内部指导委员会能够实现相互促进过程，发挥同行激励作用；外部监管委员会则是从专家评议的角度，敦促项目能够按照计划执行。NMITLI 使用结合了两种监管手段优势的双层监管系统，确保目标的实现。

三、运作过程

（一）项目形成

为了集聚公私领域更大范围的项目创意，NMITLI 设计了两种类型的项目申请方式：产业界推荐项目和公众推荐项目。这种项目推荐方式是非常独特的，能够最大限度地激发各方的积极性。这两个渠道最大的区别是，公众推荐项目可以仅提交 1 个项目的创意概念，而产业界推荐项目需要 1 个相对成熟的计划（创意评选通过后再完善为项目方案）。无论采取哪个渠道，整个申请过程要经过 3 轮的审查和筛选。统计显示，NMITLI 项目的资助比例仅为 5%，反映出 NMITLI 计划宁缺毋滥的特征。具体情况如下。

NMITLI 对两类申请方式有不同的要求。产业界推荐项目较公众推荐项目有更完备的基础，所以要求也更加细致。NMITLI 要求此类项目申请者是本土利益相关的、有足够研发能力的项目执行企业。公众推荐项目因为仅需要提供概念性创意，没有额外的申请条件。

本土利益相关是指申请企业需要由印度本国人或印度裔自然人持有 50% 以上股份；或由印度本国人或印度裔自然人持有少于 50% 的股份，但是在印度建立了生产基地。足够研发能力是指企业申请人拥有 1 个被认证的研发中心。企业必须拥有在印度政府的科学与工业研究部（Department of Scientific and Industrial Research，DSIR）登记的研发中心。另外，每个企业只能拥有 1 项 NMITLI 支持项目。NMITLI 计划的运作机制如图 5-7 所示。

第五章　未来技术研发项目的公私合作

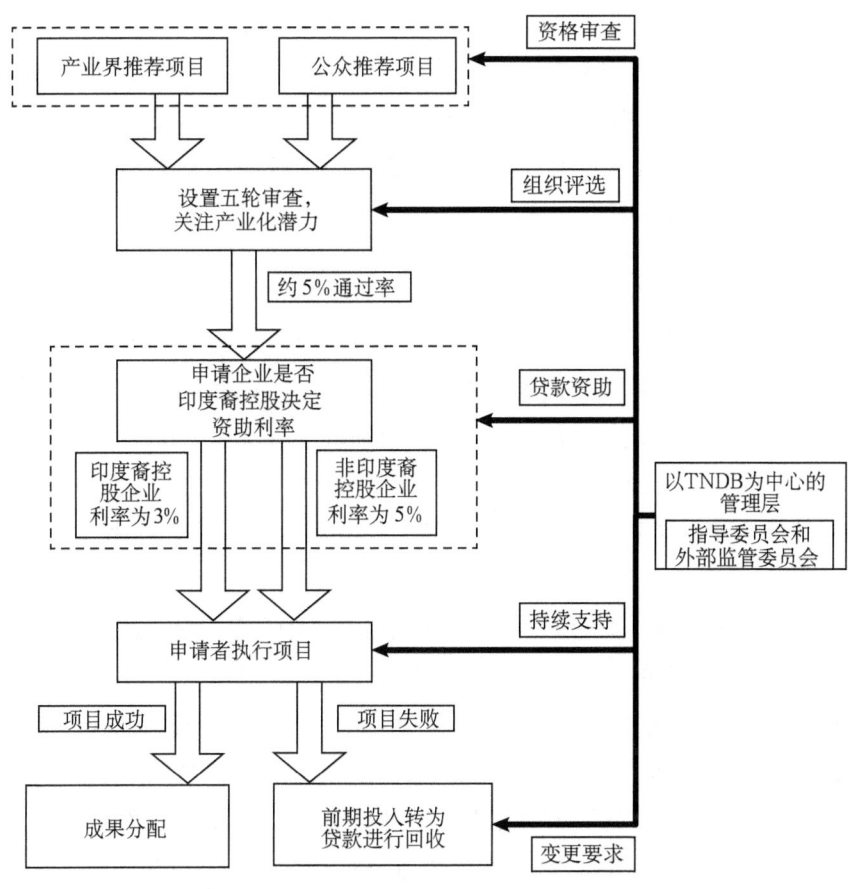

图 5-7　NMITLI 计划的运作机制

（来源：http://www.csir.res.in/CSIR/External/Heads/collaborations/Terms&Conditions_090112.pdf）

（二）项目实施

NMITLI 项目正式实施是从 CSIR 机构发布征求意见开始，针对不同的推荐类型采用不同的审查流程。两个推荐类型都要经过"资格审查—多领域专家初步筛选—本领域专家两轮筛选—管理层最终筛选—CSIR 项目批准"的筛选过程。从流程上看，公众推荐项目需要在初期多经历一个概念评选环节，然后再进行项目的具体设计。

两种类型的申请都从征集项目提案开始。征集过程结束后，产业界推荐的项目计划将由专门的委员会进行筛选，确定候选名单。随后 NMITLI 指定专家对不同领域评分靠前的两个创意项目给予协助。此环节完成后再由高职权委员会（HPC）进行第 2 次筛选，通过评审的项目将被提交给 CSIR 管理委员会，最终决定是否给予资金支持。

公众推荐的创意概念也会由专门的委员会负责筛选出候选名单，然后由领域专家组再进行挑选，被选中的创意可以进行完善。表现最好的项目创意将制订实施计划。完成实施计划后，高职权委员会对其进行评审和考量，最后由 CSIR 管理委员决定是否给予资金支持。

在整个环节中，除了 CSIR 发挥作用之外，产业界专家也起到了非常关键的作用。特别是在第 2 轮的本领域专家评估中，产业界专家将对项目进行评估，选择在技术和市场上都有潜力的项目。另外，在项目获得资助之后，CSIR 将组织产业界专家持续地为项目提供支持，尽可能帮助项目获得成功。

（三）项目完成

NMITLI 项目在完成之后一般会产生较多成果。成果分配是 NMITLI 项目成功执行的最后一环。为了回应公私双方的利益诉求，NMITLI 要求参与者要设计知识产权的分配方法，对每个项目的知识产权方案和知识产权许可进行持续规划，从而建立有组织的知识产权群体。参与项目的企业必须明确承诺，不会在未经 CSIR 书面许可的情况下，向任何一方转让或出售项目产出的知识产权，或者授予任何一方使用项目产出的知识产权。

通过设定这样的规则，最大限度地维护了公私双方的利益。特别是在 NMITLI "双高"特征的背景下，一个项目的成功凝聚了 NMITLI 的计划管理者、项目执行企业、产业界专家等多方心血，最终利益能否合理分配也将影响未来 NMITLI 项目的执行情况。

除此之外，需要特别注意 NMITLI 项目对失败项目的处理方式。考虑到 NMITLI 项目的"双高"特征，所以资助的项目存在失败的可能。一旦出现失败的项目，相关方会出现提早还款或无法还款等情况。为了尽可能地降低损失，NMITLI 设计了项目中止环节。按照不同的中止情况进行分类处理。

企业无法还款的第 1 种情况是，在计划执行过程中出现兼并、收购、终止、关闭等机构重组活动，改变了责任主体。计划规定，应当在启动这些重组措施之前还清贷款。第 2 种情况是企业决定退出计划（或违反任何条款要求）。计划规定，截至决定之日的所有未偿贷款将变为可以立即追收的贷款，并由 CSIR 自行决定如何对未偿贷款实施追回。第 3 种情况是，在企业想要提前偿付贷款时，计划规定不应对其征收任何罚金。向企业提供贷款的行为不会构成项目参与人员对 CSIR 负有任何显性或隐性的债务责任。

四、资金投入

资金投入直接对应相关方利益，是整个 PPP 机制中最关键的环节之一。NMITLI 围绕"双高"类型项目进行，设计了多种独特机制。

首先是在资金投入上。产业界合作者以知识产权、技术、资金等多种方式投入资源，政府以贷款形式投入资金，并且在设计偿还方式时尽可能降低合作者的成本压力。政府资金发放由 CSIR 负责。资金发放给私营合作伙伴，产业界合作者对贷款本金和利息的偿付采取 10 年期等额分期还款的方式，并在项目结束后 6 个月内开始。

其次是保证后期本土收益。NMITLI 优先资助印度裔控股企业，且按照是否由印度人或印度裔掌握股权设定贷款利率。项目以利率为 3% 的软贷款形式发放给由印度本国人或印度裔自然人持有 50% 以上股份的私营企业，以利率 5% 发放给印度本国人或印度裔自然人持有少于 50% 股份但在印度建立了生产基地的私营企业。

最后是为了应对项目"双高"特征，设计惠及公私双方的失败处理规则。NMITLI 为了应对项目失败的情况，设计了在项目停止（包括项目主体变更、项目提前结束、项目执行失败等多种情况）后资金处理的方式，从极端情况出发，尽可能地维护各相关方利益。

五、收益与知识产权

NMITLI 成功地发起了自印度独立以来最大的公私合作项目，引发了印度在思想领域的重大变革——从模仿转向创新，NMITLI 前期的成功正在影响其他基金资助机构。

NMITLI 已经逐步制定了分属不同领域的 57 个项目，这些项目在很大程度上相互联系，包括农业与植物生物技术、普通生物技术、生物信息学、药品与制药、化学、材料学、信息通信技术和能源领域。这些项目涉及 80 个企业和来自不同机构的 270 个研发团体。约有 1700 名研究人员参与了这些项目。这 57 个项目累计共支出约 50 亿卢比。项目产出了 100 多项国际专利，在高影响力的杂志上发表了 150 多篇文章，以及生成了几项早期阶段的技术。

六、政策评价

印度 NMITLI 较为成功地推动了一批"双高"项目的实施，能够较为显著地推动印度科技创新能力提升。整个计划为了分散风险，在整个项目做了很多规则上的独特设计。同时，为了尽可能地将成果留在印度国内，也做出了相应的规则安排，具体评价如下。

一是创新 PPP 项目管理方式，降低项目风险。由于项目针对前沿技术领域及强调技术的产业化，NMITLI 项目普遍面临高风险挑战。为了尽可能地降低风险，NMITLI 进行了 PPP 项目管理方式和流程设置等方面的创新。首先结合内部控制和同行评议两种监管方法，从多个角度把关项目执行过程；其次设置项目执行的中止流程，对未能抵御风险冲击的企业参与者，能够较好地处理项目中止带来的一系列问题。

二是注重本土利益，汇聚多方智慧。印度 NMITLI 项目是国家层面进行的大型 PPP 项目，非常关注印度本土创新能力的培育，所以在项目申请人筛选标准、项目推举渠道上做出了独到设计。首先在申请人资质上，关注申请人是否拥有足够的创新研发能力，同时给予参与 PPP 合作的印度裔控股企业 3% 的贷款利率，非印度裔控股企业 5% 利率，这种设置兼顾了参与的有效性、广泛性和收益的本土化；其次在 PPP 项目申请渠道上，在产业界推荐渠道之外，开辟面向印度大众的项目申请渠道，尽可能吸纳印度本土的群众智慧。

第四节　爱尔兰颠覆性技术创新基金：加速颠覆性技术研发和转化

颠覆性技术能够改变某一行业主流产品和市场格局，或改变某一领域竞争"游戏规则"。当下，科技创新对国家经济社会发展的影响日益深化，发展具有颠覆性的技术类型对国民生活质量的提高、市场经济效益的获取、国家安全的保障起到至关重要的作用，相关技术的研发已成为世界主要国家竞争的焦点之一。为了有效利用颠覆性技术带来的创新和经济发展的巨大潜力，爱尔兰建立了颠覆性技术创新基金（Disruptive Technologies Innovation Fund, DTIF），该基金将用于投资商业开发中的颠覆性技术的研究、开发和部署。DTIF 将支持人工智能、机器人、虚拟现实、先进制造等颠覆性技术项目，以期提升生产效率，提高社会福利，为爱尔兰经济发展建立新路径，创造未来的就业机会。

一、背景定位

DTIF 的建立与爱尔兰总体发展战略有着紧密的联系。爱尔兰政府在 2018 年正式发布了一个长期发展战略协议和一个 10 年期的用于支持首都基础设施项目的 1160 亿欧元投资计划。这两份文件都将以"爱尔兰 2040 计划"（Project Ireland 2040）为主题，概述在交通、健康、教育和应对气候变化的措施方面的大量投资。"爱尔兰 2040"战略的目标是使爱尔兰成为一个对其全体人民来说更美好的国家，同时改变了爱尔兰公共基础设施的投资方式，摒弃了过去过于分散、投资决策不符合深思熟虑和明确战略的做法。在发展有形基础设施的同时，"爱尔兰 2040"还支持爱尔兰各地的企业和社区，以实现其发展潜力。

为了实现"爱尔兰 2040"战略确定的"由企业、创新和技能支撑的强大经济"的主要目标，由爱尔兰商业、企业和创新部（Department of Business, Enterprise and Innovation, DBEI）在 2018—2027 年执行的国家发展计划（The National Development Plan, NDP），建立了 DTIF，该基金将注重投资颠覆性技术和应用的研究、开发与部署。在近期，DTIF 又被爱尔兰政府定位为"未来就业行动"的支柱政策之一。

整个基金运作除了要在总体上遵循"爱尔兰2040"制定的战略方向,其自身有着直接的运作目标。一是充分利用颠覆性技术带来的发展机遇。一方面,支持爱尔兰企业利用好颠覆性技术产生的发展机会,尽可能消除合作项目的风险;另一方面,通过支持该研究产生的新技术解决方案,反向激励相关研究的进一步发展。二是加强爱尔兰政府和企业的合作水平。促进爱尔兰的公私双方在关键技术领域实现更深入、更广泛的创新合作,同时推动企业间合作,特别是支持和推动爱尔兰大型企业和中小企业之间的合作。三是为未来潜在的国际合作打下基础。推动爱尔兰企业和公共机构做好准备,加入到欧洲乃至全球层面开发和部署颠覆性技术的合作活动中。

二、治理架构

整个DTIF的直接管理者是一个基金指导小组,小组主席由商业、企业和创新部担任,成员包括爱尔兰科学基金会、爱尔兰企业基金会、爱尔兰国际开发协会、公共支出和改革部等相关政府机构。指导小组的作用是确保实现DTIF的目标。除此之外,一个利益相关者咨询委员会负责质询DTIF的运行情况,它由爱尔兰商业、企业和创新部,教育部和技能、高等教育管理局,行业代表机构如爱尔兰美国商会、亚洲事务等其他机构组成。

三、项目流程

DTIF通行的项目申请流程基本一致,首先是在项目形成阶段,DTIF发布申请意向和规则说明,相关企业、科研机构等组成联合体并进行意向书撰写和提交;其次是项目实施阶段,由DTIF组织专家审查和决定资助名单;最后是经过一段时间项目执行后的完成阶段。通过评估阶段的项目将提交指导小组审批,然后由爱尔兰商业、企业和创新部部长最后批准。

(一)项目形成

迄今为止,DTIF组织了2次项目申请和审批。在经过第1批的实践之后,第2批的申请规则做了细微的调整。在下文具体的规则介绍方面主要以第2批为主,涉及评审标准等时,将第1、第2批内容合并展示,其中评分标准介绍参考第1批相对明确的信息。

DTIF根据所针对的颠覆性技术研发特点,制定了针对资助项目的申请门槛,采用竞争性资助方式。具体要求包括如下。

一是资金申请要求。项目执行时间要超过3年。申请DTIF资助的金额至少为150万欧元(第1批是100万欧元),DFIT资助金额与所有参与项目单位的总投入比例在1∶1

左右；对中小企业参与者而言，最高可获得 50% 的研究费用的资助。

二是申请者要求。DTIF 强调多主体参与、有组织合作。基金鼓励爱尔兰大型企业、中小企业及科研机构等结成联合体（consortium）进行联合申报。根据最新的第 2 批申报指南要求，联合体最少由 3 个独立实体组成，其中 2 个必须是企业（其中 1 个必须是中小企业）。整个联合体要有一个主要的牵头参与者，以及一个坚实的项目管理结构。

三是项目技术要求。所有的技术必须是产业研究（industrial research）型。根据 DFIT 申请说明的解释，产业研究的目的是"获得新的知识和技能，以开发新的产品、工艺或服务，或对现有产品、工艺或服务进行重大改进，包括创建复杂系统的组成部分，并在实验室环境中或在与现有系统有模拟接口的环境中建造原型，以及在工业研究特别是通用技术验证所需的情况下建造试验线"。提交给 DTIF 的项目需要处于技术成熟度等级（TRL）3～7 范围内。TRL 等级和内容如表 5-8 所示。

表 5-8 技术成熟度（TRL）等级和内容

等级	技术成熟度情况
1	能够提出基本概念和原理
2	提出成型的技术概念
3	技术概念通过实验验证
4	技术在实验室中得到验证
5	技术在使用环境中得到验证 （如果是关键使能技术，则为工业相关环境）
6	技术在使用环境中能够展示 （如果是关键使能技术，则为工业相关环境）
7	在实际运行环境中的系统原型演示
8	系统完整和合格
9	实际系统在运行环境中得到验证 （如果是关键使能技术或空间技术，则进行竞争性制造）

来源：① Department of Enterprise, Trade and Employment. Reference document for applicants [EB/OL]. [2018-06-18]. https://enterprise.gov.ie/en/What-We-Do/Innovation-Research-Development/Disruptive-Technologies-Innovation-Fund/DTIF-Reference-Document-for-Applicants.pdf.

② Department of Business, Enterprise and Innovation. Disruptive technologies innovation fund: call 2-documentation [EB/OL]. [2020-05-04]. https://dbei.gov.ie/en/Publications/Publication-files/DTIF-Call-2-Guide-for-Applicants.pdf.

（二）项目实施

DTIF 支持项目的研究范围来自于爱尔兰政府确定的"2018—2023 年研究优先领域"，

第五章　未来技术研发项目的公私合作

主要关注的技术领域包括信息通信技术、生命健康、食物、能源、制造业和服务等（表5-9）。这些领域是由爱尔兰政府组织专门科研机构分析得出，是未来支持爱尔兰经济社会中长期发展的关键。

表5-9　2018—2023年技术发展的优先领域和方向

优先领域	优先领域方向
信息通信技术（ICT）	未来网络、通信和物联网；数据分析管理、安全、隐私，机器人，人工智能（包括机器学习）；增强现实及虚拟现实、数字平台、内容和应用
生命健康	健康和独立生活；医疗设备；诊断；治疗
食物	健康食品；智能食品和可持续的食品生产和加工
能源、气候、可持续性	能源系统的脱碳；可持续生活
制造业和材料	先进智能制造；制造新材料
服务和业务流程	服务和业务流程的创新

来源：Department of Business, Enterprise and Innovation. Disruptive technologies innovation fund [EB/OL].（2018-07-27）[2020-05-01]. https://dbei.gov.ie/en/What-We-Do/Innovation-Research-Development/Disruptive-Technologies-Innovation-Fund/Presentation-on-DTIF.pdf.

项目将组织3位国际专家进行评审，并按照竞争性原则进行一轮评选。整个评价分为4个维度，包括颠覆性技术强度、整体提案和方法的优秀程度、经济和市场的影响、合作的质量和效率等。每个维度设置了评价的标准、评分范围和最小阈值等，让评价者能够有章可循，如表5-10和表5-11所示。

表5-10　提案评分范围和阈值

评价维度	评分范围	最小阈值
颠覆性技术强度	0～10	6
整体提案和方法的优秀程度	0～5	3
经济和市场的影响	0～10	6
合作的质量和效率	0～5	3
总计	30	18

来源：Department of Enterprise, Trade and Employment. Reference document for applicants [EB/OL]. [2018-06-18]. https://enterprise.gov.ie/en/What-We-Do/Innovation-Research-Development/Disruptive-Technologies-Innovation-Fund/DTIF-Reference-Document-for-Applicants.pdf.

表 5-11　4 个评价维度的标准

评价维度	具体条目	备注
颠覆性技术强度	1. 提案表明，在爱尔兰本地或市场环境中开发或部署颠覆性技术具有很强的潜力。 2. 提案将以优秀的科学研究为基础，并通过推动研究获得新的解决方案。 3. 提案表明，其涉及的技术领域与爱尔兰政府提出的颠覆性技术领域高度一致。 4.1 提案大部分聚焦于工业研究。 4.2 提案需要进行欧盟委员会第 651/2014 号法规中定义的"工业研究"，同时申请时技术研发阶段应属于"技术准备程度"的 3~7 级。 5. 提案经过风险评估认为，此项目需要国家支持，如项目展示了颠覆性创新伴随的风险；特别是该颠覆性创新在推动经济增长、持续性发展和生产力提升方面存在风险。	4.1 条文仅在第 1 批出现 4.2 条文仅在第 2 批出现
整体提案和方法的优秀程度	1.1 项目目标在科学、技术和创新方面具有明确性和针对性。 1.2 项目目标具有明确性和针对性。 2. 项目拟使用方法的概念和可信度。 3. 拟开展的工作在多大程度上超越了现有技术水平、能否显示创新潜力，如突破目标、新概念和应用。 4. 基于提供的项目资料，项目是完整的、在 2~3 年时间内未来成果可交付的。	1.1 条文仅在第 1 批出现 1.2 条文仅在第 2 批出现
经济和市场的影响	1. 提案意义重大，有可能显著改变市场及其运作，并通过形成新的商业模式显著改变企业运作方式。 2. 提案表明，项目有潜力提高项目相关企业创新能力，包括研发和业绩、未来接触和部署颠覆性技术的能力；项目对中小企业能力的提升十分显著。 3. 提案表明，项目有潜力在 3~5 年时间内创造重大的新市场机会和出口效益、能够创造就业机会、加强项目相关企业的竞争力和推动效益增长。 4.1 该项目对更广泛的企业群体，特别是爱尔兰中小企业的溢出效益得到了证明。 4.2 提案表现了经济上的可行性，并考虑了创新商业化所需的下一步阶段和活动。 5. 提案展示了与颠覆性技术相关的潜在分析和其他创业活动。 6. 该提案项目将有助于实现"爱尔兰 2040"中提出的"国家战略成果"，特别是实现"国家战略成果"中的第五条，"由企业、创新和技能支持的强大经济"。	4.1 条文仅在第 1 批出现 4.2 条文仅在第 2 批出现 5 条文仅在第 1 批出现
协作的质量和效率	1. 联合体中的企业具有实现项目目标的实力和可信度。 2. 联合体拥有一个强有力的牵头参与者及有力的管理结构。 3. 每个联合体必须至少包含一家中小企业，而且联合体中的中小企业在项目中发挥着不可或缺的作用。 4. 联合体在内部筹集资金和其他资源，实现除了 DTIF 资助之外的恰当的共同投入。 5. 提案提交的工作计划或纲要的质量和效率水平，要评价预计分配的资源能在多大程度上契合目标。 6. 管理结构和流程的合适程度，管理中的风险和创新管理也要有足够的合适程度。 7. 项目参与者之间的互补性，以及整个联合体汇集必要专门知识的程度。 8. 任务分配的适当性，确保所有参与者在项目中都发挥有效的作用和拥有充分的资源来履行职责。	2 条文仅在第 2 批出现

来源：① Department of Enterprise, Trade and Employment. Reference document for applicants [EB/OL]. [2018-06-18]. https://enterprise.gov.ie/en/What-We-Do/Innovation-Research-Development/Disruptive-Technologies-Innovation-Fund/DTIF-Reference-Document-for-Applicants.pdf.

② Department of Business, Enterprise and Innovation. Disruptive technologies innovation fund：call 2-documentation [EB/OL]. [2020-05-04]. https://dbei.gov.ie/en/Publications/Publication-files/DTIF-Call-2-Guide-for-Applicants.pdf.

（三）项目完成

DTIF 对资助项目完成后提交成果做出规定，要求所有交付成果必须符合"SMART 准则"，即"具体"（specific）、"可衡量"（measurable）、"可实现"（achievable）、"相关"（relevant）、"限时"（time-bound）。除此之外，DTIF 明确规定，一是在项目申请阶段要明确可交付成果的所有权和合作者；二是在申请阶段设计成果交付时，应当有足够的说明性文字，以便评估人员能够评估交付品在项目中的相关性；三是这些成果应与项目的总体目标明确挂钩。

四、资金构成与使用

DTIF 的资金来自于爱尔兰商业、企业和创新部及其他政府机构，10 年内投入的政府资助金额累计在 5 亿欧元左右。DTIF 在 2019—2022 年可获得的资金如表 5-12 所示。整个基金将在 2022 年年底获得 1.8 亿欧元的累计资金拨款。同时，该基金未来将充分利用欧盟资金。

表 5-12 2019—2022 年 DTIF 获取的资金

年份	DTIF 资金 / 亿欧元
2019	0.2
2020	0.3
2021	0.4
2022	0.9

来源：Department of Business, Enterprise and Innovation. Disruptive technologies innovation fund [EB/OL].（2018-07-27）[2020-05-01]. https://dbei.gov.ie/en/What-We-Do/Innovation-Research-Development/Disruptive-Technologies-Innovation-Fund/Presentation-on-DTIF.pdf.

对于项目申请者，DTIF 期望申请者充分发挥私营部门投入和其他投资方式的杠杆作用，充分利用公共和企业资金，具体的资助方式见下文具体示例。

爱尔兰商业、企业和创新部申请者的类型（高等教育机构/其他类型科研机构，爱尔兰本土企业/跨国公司等分类标准）决定资金分配的具体比例。DFIT 对能够资助的成本类型做出了详细的规定。综合 DFIT 第 2 批申请资料的信息，如表 5-13 所示。DTIF 的分配具体示例如表 5-14 和表 5-15 所示。企业和 DFIT 大致按照 1∶1 的比例共同投入，同时位于爱尔兰的科研机构则不需要额外进行共同投入。

表 5-13 DFIT 规定的"合理成本"的构成

类型	具体情况	备注
工资	按照项目直接雇佣人员的有效工作时间计算的，不包括奖金、养老金等的人工费用	无
材料费	比如软件使用许可证、原型机工具、设备托管费用等。如果在某一生产线上进行，则包含生产线租金及相关人工费用	该类型在联合体所有主体的申请预算中不能超过总量的 20%
差旅生活费	完成项目需要的交通费用，以及旅途中的生活补贴。项目顾问的差旅也包含其中。但是为了商务活动和销售的差旅不被资助	该类型在联合体所有主体的申请预算中不能超过总量的 5%
合同研究、知识获取、咨询服务	在爱尔兰境内的咨询费用。由申请联合体之外的第三方提供与项目直接相关的咨询、专利等费用	该类型在联合体所有主体的申请预算中必须占少数
知识产权费	与专利申请的准备、提交和验证有关的费用；每个中小企业参与者最多可获得 5 万欧元费用	该类型仅面向联合体的中小企业
研发有形和无形资产的资本设备费用	比如测试设备、买断的软件使用权、实验室规模的原型机生产线。设备核算需要经过折旧	无
管理费	行政、财务、信息技术支持等被视为间接费用，按工资费用的 30% 计算	无

来源：① Department of Enterprise, Trade and Employment. Reference document for applicants[EB/OL]. [2018-06-18]. https://enterprise.gov.ie/en/What-We-Do/ Innovation-Research-Development/Disruptive-Technologies-Innovation-Fund/DTIF-Reference-Document-for-Applicants.pdf.

② Department of Business, Enterprise and Innovation. Disruptive technologies innovation fund: call 2-documentation [EB/OL]. [2020-05-04]. https://dbei.gov.ie/en/Publications/Publication-files/DTIF-Call-2-Guide-for-Applicants.pdf.

表 5-14 多个规模企业、研究执行机构及自筹资金参与者合作资助示例

单位：万欧元

	共同资助	DFIT 资助	预算总计
爱尔兰中小企业公司	25	25	50
爱尔兰大型企业	275	275	550
爱尔兰科研机构	0	200	200
总计	300	500	800

来源：Department of Business, Enterprise and Innovation. Disruptive technologies innovation fund [EB/OL].（2018-07-27）[2020-05-01]. https://dbei.gov.ie/en/What-We-Do/Innovation-Research-Development/Disruptive-Technologies-Innovation-Fund/Presentation-on-DTIF.pdf.

第五章 未来技术研发项目的公私合作

表 5-15 1 个中小企业与 1 个研究执行机构资助示例

单位：万欧元

	共同资助	DFIT 资助	预算总计
爱尔兰企业（至少包括一个中小企业）	75	75	150
爱尔兰科研机构	0	75	75
总计	75	150	225

来源：Department of Business, Enterprise and Innovation. Disruptive technologies innovation fund [EB/OL]. (2018-07-27) [2020-05-01]. https://dbei.gov.ie/en/What-We-Do/Innovation-Research-Development/Disruptive-Technologies-Innovation-Fund/Presentation-on-DTIF.pdf.

注：根据 DFIT 资助总数最低 150 万欧元进行示例。

企业可以申请的资助额度最高是企业花费的合理成本（eligible costs）数量的 50%，同时余下的 50% 不能再依靠来自政府或者欧盟的资助（需要企业承担剩下的 50% 成本）。科研机构可以申请的资助额度最高可以达到其合理成本的 100%，但是科研机构最后得到的资助总额不能超过联合体申请被资助总额的 50%。项目承担单位每 6 个月进行 1 次政府拨款申请，向基金会提交成本额度及证明材料。审查合格后进行拨款。

五、收益与成效

第 1 批项目申请超过了 300 个，包含超过 900 个参与单位。整个评审较为严格，最终获得资助的仅有 27 个（通过率为 9%）。其中包括爱尔兰延德尔国家研究所（Tyndall National Institute）的 ficonTec 服务中心（ficonTec Service），它是在 DTIF 基金的资助下与其他的企业伙伴共同建立了国家光子学制造试点线和国家光子技术制造中试线。这是 1 个集成的光子技术制造生态系统，旨在推动颠覆性光子技术从概念到商业化的发展。

六、政策评价

DTIF 是近年来正在实施中的科技创新公私合作，聚焦于颠覆性技术领域，从组织方式到投资目标都具有很强的前沿性特征，得到的启示如下。

一是差异化设计参与合作方式。根据颠覆性技术开发的特征，DTIF 在申请门槛和项目资助方式上进行了专门的设计以保证项目目标的实现。首先，颠覆性技术开发需要较大规模的投资，以及较长的时间跨度，所以对于申请企业的规模和项目申请的时间长度都设置了较高的门槛。其次，爱尔兰推动颠覆性技术创新需要研发、产业等多个环节协同推进，所以从项目申请开始就尽可能把创新环节各类机构都纳入其中，比如强调了中小企业、科研机构要主动参与其中。最后,根据不同规模企业设置差异化的资助标准,尽可能将不同情况的企业合作者容纳进来。

二是建立多维度项目评价标准。DTIF 对颠覆性技术项目设置了可操作的评价标准,通过设置颠覆性技术强度、整体提案和方法的优秀程度、经济和市场的影响、合作的质量和效率 4 个方面,对项目方案的水平、项目包含的技术层次、未来影响、项目合作伙伴等全方位进行评价,从而能够更好地对项目进行评估,提升基金资助的效率。

三是通过优化资金配置方式激发企业创新。资金配置是整个基金最基本的资助动作,也在微观层面直接体现了 DTIF 鲜明的企业创新导向。首先,确定了科研机构不能获得超过联合体预算的 50%,甚至科研机构在申请预算时可以不匹配资金。其次,企业能够申请的资助最多覆盖"合理成本"的 50%,同时剩下的 50% 要求企业不依赖其他政府资金,要求企业投入真金白银的资源,全力推动颠覆性技术的研发和商业化。最后,在"合理成本"中明确规定商务和营销活动不属于资助范围,尽可能把资金投入到研发环节当中。

第六章 赋能技术研发的公私合作

赋能技术就是面向国民经济和社会发展需求，赋予其他技术、其他生产要素效能的共性技术。或者说是能够引起一系列技术的创新，从而普遍提高生产效能的共性技术。将公私合作模式运用至赋能技术研发，能够充分吸纳企业、政府等多方创新力量，为公共技术研发提供更广泛的支持，促进企业形成核心竞争力。

第一节 法国科技研究与创新网络计划：探索关键领域的研发网络构建

一、背景定位

科技研究与创新网络计划（Réseaux de Recherche et d'Innovation Technologiques，简称"RRIT 网络"）是法国研究部在 PPP 模式下对国家科技创新政策进行的新探索。于 1998 年由当时的法国总理若斯潘在创新大会上宣布创建，并于 1998 年和 1999 年被科技研究委员会（Comité Interministériel de la Recherche Scientifique et Technologique，CIRST）予以确认。RRIT 网络旨在促进政府和企业合作，助力技术创新型企业的创办、发展及在产品、工艺、服务方面的创新，为基于新技术的产品与服务的共同开发扫除技术障碍，满足中长期的社会经济需求。RRIT 网络的目标是希望通过 PPP 模式来提高公共和私营部门的研发投资效率，从而达到提升法国在欧洲科技研究领域地位的目标。至 2002 年年底，已经有 16 个 RRIT 网络处于运营状态，涉及的领域包括航空与空间、能源运输、环境、材料与建筑、生命科学、信息与通信技术等。

二、治理架构

RRIT 网络的参与者除了法国政府的各个部委机构以外，还聚集了众多科研机构、大型工业集团、中小型企业、高校及工程师高等专科学校、行业工会及联合会、技术中心，以及来自欧盟其他国家的合作者。

由于各 RRIT 网络的历史、涉及的主题及应用领域各具特点，RRIT 网络的组织形式也不尽相同。不过，RRIT 网络的一般组织形式包含 4 个要素：战略指导委员会、执行办公室、秘书处及专家。

战略指导委员会负责领导相应的RRIT网络，成员人数一般为30人左右，由产业界、公共研究领域（高校、科研机构、实验室等）及部委机构三方的代表组成，比例较为均衡。战略指导委员会的主要职责是制定相应的RRIT网络管理模式（运行规则）和战略目标，明确其权限范围内技术领域的研究目标，动员有关领域所有私营和公共参与者，审查提交标签认证的项目并根据专业知识进行决策。战略指导委员会主席一般由产业界人士担任。战略指导委员会每年召开3~5次（因网络而异）会议，并且向政府提交活动总结报告。

执行办公室受战略指导委员会领导，负责RRIT网络的日常运作，开展项目征集活动，对项目进行预审，落实并监督其他一些由战略指导委员会决定的工作与事务。执行办公室的成员人数一般为15人左右，每月至少召开1次会议，出资的部委会派代表出席会议。

秘书处负责RRIT网络运作及材料整理方面的事务，负责网络内部的交流、管理网站及筹备活动，一般由2人组成，成员与财政部、研究部及其他机构保持密切联系，甚至在某些情况下，秘书处直接由部委人员来负责。

RRIT网络还拥有一定数量的专家，专家负责研究、参加、征集活动的项目。1个项目一般要由2位专家联合进行评估，2位专家应分别来自私营行业（大型集团、中小型企业）及公共研究领域（实验室、高校）。

三、运作流程

RRIT网络具体的运作流程分为制定征集方向、项目遴选、获得资助和评估项目结果4个阶段，如图6-1所示。

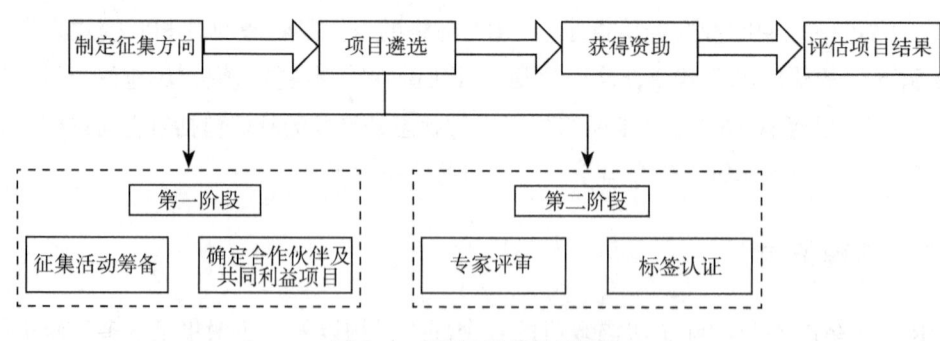

图6-1　RRIT网络运作流程

（一）项目形成

项目形成主要是进行研究方向的确定，主要来自于外部征集。项目征集方向由战略指导委员会最终确定，由执行办公室开展征集活动。根据RRIT网络的规定，所有申报的研发项目都需要基于多方合作伙伴关系，尤其是产业界与公共实验室的合作。合作伙伴关系的条件、技术方式及提交项目材料的期限等事宜均在计划初始予以明确。

（二）项目实施

征集到的项目将面临两个阶段的选拔，第一阶段是准备工作及项目征集活动阶段。项目征集活动由 RRIT 网络根据战略指导委员会的政策导向进行筹备，同时也会评估研究能力。筹备工作较为漫长，需要参考先前提交的项目中的信息，还要考虑参与者是否显露出与众不同的战略眼光。活动接收项目的时间可能是在一整年内，也可能是某段有限时间。网络的运作者可以帮助参与者确定合作伙伴及共同利益项目，甚至在某些情况下可以提供项目筹备的资源。第二阶段则是专家评审及标签认证阶段（专家的构成和评价标准、专家来源、企业、高校、研究所等）。标签认证工作完全由 RRIT 网络自己进行，部委机构不会直接参与，但会通过其所在网络的战略指导委员会代表来保证监控质量与后续工作的顺利进行。RRIT 网络在对项目进行评估时，既会从科学角度考虑，也会从技术角度考虑。技术评估应用专门的系统进行打分，从而选出那些得分最高的项目。项目的科学评估由专家进行。每个项目的评审必须基于两位背景不同的专家（一位来自公共研究领域，另一位来自私营行业）的意见，评价标准如表 6-1 所示。

根据表 6-1 可知，项目选拔要选取符合本网络战略指导委员会确定的优先行动方向的项目，且要注重创新性、科学性、互补性，具备一定程度的开放程度、可行性，并要求资源分配与风险评估符合相关要求。

表 6-1 项目选拔专家评审标准

评价指标	指标描述
项目定位	项目是否符合本网络战略指导委员会确定的优先行动方向
创新性	该项目的相关性及创新性（从以下角度考虑：市场导向、用途变化、工艺与知识产权的状态）
科学性	项目的产业目标和技术目标，以及科学技术内容
互补性	伙伴关系的质量和合作伙伴的互补性（研发能力、工商业方面的能力、每个合作伙伴带来的附加值）
开放程度	伙伴关系面向行业新成员（特别是中小企业）的开放程度，科学、工业及经济成果的前景
可行性	项目的管理与后续工作的质量如何，包括研究的阶段性结果、最终结果及相关日程的确定方式是否严谨，以及是否具有可行性
资源分配	是否符合预计时间、资源和开支
风险评估	项目固有风险级别

经过遴选被选中的项目将会得到相应网络的标签认证,并力争得到国家的资助。标签认证的后续工作由执行办公室负责,并由秘书处从旁协助,最后由战略指导委员会做出最终决定。RRIT 网络在确定自己的认证项目表单之后,就将表单呈送至相关部委及机构,以获得投资。相关部委及机构根据自己已有的制定预算的方法及规则对收到的项目给予资金支持,并负责项目的后续事宜,之后还会对结果进行评估。

(三)项目完成

项目完成之后要进行结果评估。项目评估是运用传统的计划评估方法,从相应网络中的项目完成情况、取得的研究成果、对法国在该领域技术进步的贡献率、网络运作的优势和问题等方面进行综合评估。项目结果的评估由相关部委及机构负责,在完成项目资助之后定期(一般 2~3 年)对项目进行评估,并形成评估报告反馈给相关部委和机构。

四、资金构成与使用

RRIT 网络的资金来源包括公共投资和私有投资两部分,公共投资的两大主要来源是法国财政部(Ministère des Finances,MINEFI)和法国研究部,私有投资是对国家投资的支持。更具应用性特征且更加接近市场的研究项目较多由企业投资,更加偏向理论的研究项目(对企业而言风险更大)需要更多的国家投资。一个项目一旦被 RRIT 网络认证,就极有可能得到国家的资金支持,但这并非必然。每个相关的部委或机构都根据研究的应用程度制定了自己的投资条件与规则,提供投资时尤其要考虑与私有投资保持平衡的原则。

财政部主要对工业研究项目进行资助,研究部则主要通过技术研究基金(Fonds de la Recherche Technologique,FRT)与国家科学基金(Fonds National de la Science,FNS)支持探索性项目的研究。网络涉及不同的领域,以下部委与机构也提供资助:装备、运输与住房部,农业与渔业部,国土与环境整治部,文化与交流部,国家研究成果推广署,环境与能源控制署。其中一些部委(如装备、运输与住房部)及公共机构(如国家研究成果推广署)则通过发放贷款的方式来资助研究。

表 6-2 是最具代表性的七大 RRIT 网络的投资情况,可见 2001 年私有投资占比 56%,2002 年私有投资占比 57%,两年项目总数为 784 个。表 6-3 为 1998—2002 年研究部对 RRIT 网络项目的投资情况。

表 6-2 最具代表性的七大网络的投资情况

资金来源	2001 年	2002 年	两年总计
公共投资/万欧元	13 623	13 069	26 692

续表

资金来源	2001年	2002年	两年总计
私有投资/万欧元	17 478	17 546	35 024
投资总和/万欧元	31 101	30 615	61 716
私有投资占比	56%	57%	57%
项目数/个	234	550	784

来源：OECD. Les partenariats public-privépour la recher-che et l'innovation：une évaluation de l'expérience Franç-aise [EB/OL]. [2020-12-01]. http://www.oecd.org/fr/france/25718043.pdf.

注：表格涉及的七大网络为：远程通信（RNRT）、微纳米处理技术（RMNT）、视听与多媒体（RIAM）、人类基因（GenHomme）、植物基因（Génoplante）、燃料电池（PACo）及国家陆地运输领域研究与创新项目（PREDIT）。

表6-3　1998—2002年研究部对RRIT网络项目的投资情况

网络		1998年	1999年	2000年	2001年	2002年	1998—2002年
超音速	投资额/万欧元			248	229	229	706
	项目数/个			18	15	20	53
地球与空间	投资额/万欧元			384	279	574	1237
	项目数/个			2	7	10	19
燃料电池	投资额/万欧元		311	447	372	270	1400
	项目数/个		4	5	5	3	17
国家陆路运输研究与创新计划	投资额/万欧元	838	1043	546	328	1120	3875
	项目数/个	21	20	7	6	7	61
水和环境技术	投资额/万欧元			183	226	213	622
	项目数/个			8	9	6	23
海洋污染	投资额/万欧元				93	135	228
	项目数/个				4	5	9
城市土木工程	投资额/万欧元			152	152	245	273	823
	项目数/个			4	5	8	10	27
材料与工艺	投资额/万欧元			392	480	382	1254
	项目数/个			3	5	4	12

续表

网络		1998年	1999年	2000年	2001年	2002年	1998—2002年
人类基因	投资额/万欧元			774	1422	529	2726
	项目数/个			17	32	8	57
植物基因	投资额/万欧元		569	593	559	530	2251
	项目数/个		73	93	30	85	281
健康技术	投资额/万欧元		611	628	451	609	2300
	项目数/个		54	11	9	18	92
欧洲食品标准	投资额/万欧元				232	316	548
	项目数/个				7	7	14
远程通信	投资额/万欧元	686	1665	874	1175	635	5035
	项目数/个	12	25	12	19	9	77
微纳米处理技术	投资额/万欧元		713	386	1040	917	3056
	项目数/个		12	8	5	8	33
软件技术	投资额/万欧元			1020	1509	1182	3711
	项目数/个			14	14	14	42
视听与多媒体	投资额/万欧元				44	103	147
	项目数/个				1	2	3
总计	投资额/万欧元	1524	5064	6627	8685	8017	29 918
	项目数/个	33	192	203	176	216	820

来源：RRIT. Les Réseaux de recherche et d'innovation technologiques Bila-n au 31 Décembre 2002 [EB/OL]. [2020-09-17]. https://cache.media.enseignementsup-recherche.gouv.fr/file/2002/81/5/BilanDT2002_22815.pdf.

五、具体案例

法国研究部和财政部于 2000 年 6 月启动人类基因组学网络（GenHomme）。该网络是一个为期 5 年，旨在通过大型创新和竞争性科学项目来加速法国生物技术研究发展。人类基因组学网络由战略指导委员会和科学理事会组成。战略指导委员会一共有 19 名成员，负责项目的征集。科学理事会一共有 14 名成员，负责项目的评审。他们根据 2 个标准来对项目进行评审：①科学质量和技术兴趣；②伙伴关系、资源和管理的质量。每个项目由 2 名专家审查，其中 1 名是非法国人。截至 2004 年，该网络一共认证了 92 个项目的标签。

法国在设立人类基因组学网络后，认识到自身在该领域研究的不足。为了提升研究水平，法国开展了国际合作。人类基因组学网络基于法国原有的公私合作基础，尝试吸引欧盟成员国的科技企业及欧洲著名实验室加入，并在评审专家中引入欧盟在该领域的专家，共同完成项目的标签评审。这次的国际合作很成功，共同推进了人类基因组学研究，加速了研究成果的转化，同时也提升了法国在该领域的地位。截至 2004 年，人类基因组学网络是 RRIT 网络中国际开放程度最高（指导战略、信息交流、项目评估方面）的网络之一，它的一些枢纽机构（如格勒诺布尔大学）与欧洲同步辐射光源（European Synchrotron Radiation Facility，ESRF）、劳厄-朗之万研究所（Institut Laue-Langevin，ILL）及欧洲分子生物学研究室（European Molecular Biology Laboratory，EMBL）等一同参与了结构基因组学方面的一些首创性活动。

从投资角度来看，2000—2002 年的项目总资金为 9516 万欧元。公共融资（FRT 和 MINEFI）的份额为 5659 万欧元（59%），其中 FRT 为 2719 万欧元，MINEFI 为 2940 万欧元。自 2000 年以来，人类基因组学网络共对 151 家公司进行了评估，得到了 1723 万欧元资金支持，共创造了 164 个以上的就业机会，开发出 14 种新产品和 7 种新工艺，改进了 13 种现有产品和 5 种工艺，成立了 3 个企业作为该项目的直接成果。

六、政策评价

法国 RRIT 网络的整个研发项目覆盖面较为广泛，利用公私合作模式取得了显著成效，启示如下。

一是汇集政府资源构建综合对接平台。RRIT 网络涵盖了法国经济和社会具有潜在或战略意义的技术领域。根据每个领域及各领域创新子系统的演变特点，针对不同目的来管理研究网络，搭建网络平台。项目一旦经过评审环节、获得认证，就有机会获得法国多个政府机构的资助，这与其他公私合作项目仅仅获得单一渠道资助有较大区别。通过打通与其他部门的合作通道，能够较好地汇集政府创新资源，同时更好地满足高水平研发的资金需求。另外，RRIT 网络通过客观的组织方式有效地促成了公共和私营技术研究人员之间的合作，促进了公私双方的交流。对于中国 PPP 的启示在于要注重网络平台的搭建与完善，更好地实现资源和信息的交流。

二是构建 PPP 国际化渠道。RRIT 网络起初设计为国家层面的计划，但是为了让法国项目参与者能够接触到国外技术，RRIT 网络发起以现有合作协议为基础的双边或多边公私合作，旨在提升跨国联合研究水平，如人类基因组学网络。RRIT 网络的公私合作国际化使法国建立了新型国际联盟，提升了法国的国际声誉和科技水平。中国 PPP 也可以此为思路，通过加强双边和多边公私合作提升效率。

第二节 俄罗斯国家技术计划：未来公私合作领域的长期计划

一、背景定位

近年来，俄罗斯科技创新领域面临的主要问题之一，便是对政府财政预算的过度依赖及私人投资参与程度偏低，这直接导致俄罗斯政府财政预算投入缺乏重点、研发成果商业化程度偏低、科研机构研发活动效率不高等问题，进一步影响了俄罗斯科技的发展。根据 2017 年 2 月 OECD 发布的《主要科技指标》，2015 年俄罗斯 R&D 经费投入中，69.5% 来源于政府财政经费，私人投入占 26.5%。而日本政府财政经费和私人投入所占比例分别为 15.4% 和 78%，美国分别为 24% 和 64.2%，欧盟 28 国平均为 32.6% 和 54.8%。通过对比不难发现，俄罗斯私人投资参与 R&D 活动的程度远远低于世界主要科技强国且差距较大。另外，俄罗斯继承了苏联大部分的科研实力，但科研转化效率却十分低下，严重影响俄罗斯的科技进步和创新发展。

在这种背景下，俄罗斯总统普京在 2014 年 12 月 4 日发表的国情咨文中提出启动"国家技术计划"的倡议。它拥有明确的经济社会目标，一是发展未来 15～20 年将决定世界及俄罗斯经济的具有广阔前景的新兴高技术市场；二是培育出若干全球领先的俄罗斯企业。俄罗斯此次推出的"国家技术计划"，旨在寻求正确、有效的经济手段，推动各类技术解决方案的发展。俄罗斯将"国家技术计划"视为未来公私合作领域的一项长期计划，期望通过计划的执行，到 2030—2035 年能够在国际市场出现若干顶尖的俄罗斯企业。

二、治理架构

"国家技术计划"是一项广泛的联合行动，公私合作双方具有明晰的分工。俄罗斯"国家技术计划"的政府主管部门是俄罗斯联邦教育与科学部，同时由非营利机构战略倡议署和俄罗斯风险投资公司牵头组织实施。其中，联邦教育与科学部负责计划统筹。战略倡议署负责"国家技术计划"方法论支持，并制定支持战略。俄罗斯风险投资公司负责组建专门的项目办公室，开展技术组织、专家分析和方法论等配套活动。另外，为协调和监督"国家技术计划"各参与方，还特别成立了跨部门工作组，由总统助理和副总理担任领导，该工作组设在俄罗斯总统经济现代化与创新发展委员会之下。

项目办公室下设若干工作组,由相关主题领域具备推进国家大型项目能力的非政府人士领导,包括知名技术型企业家和专家等。不同的工作组负责制定具体项目的路线图和资金使用计划,并参与项目实施。

"国家技术计划"主要通过制定各优先方向路线图的方式实现。路线图是"国家技术计划"确立的各优先方向的战略性指导文件,其整体目标的实现依靠一系列具体项目的组织和实施。在项目具体实施过程中,政府的核心要求是让预算外资金参与,即采用公私合作的模式,公方出资比例为70%,私方出资比例为30%,并且最好有高等教育机构和科研机构的参与。

三、项目流程

整个项目遴选的过程分为计划书制定、计划提交、计划书评审、"国家技术计划"工作组审议和跨部门工作组审议等过程。按照项目形成、实施和完成划分整个过程的具体情况如下。

(一)项目形成

在项目形成阶段,各项目工作组根据工作安排,初步制定项目计划书(草案)。内容包括项目名称、项目目标、项目计划目标、项目计划周期和阶段、项目关键节点、资金规模和来源、项目的主要风险及风险控制建议、项目实施相关机构和人员等。

(二)项目实施

项目申请方将项目计划书提交至"国家技术计划"项目办公室。项目计划书确定后,项目组组长需于5日内向"国家技术计划"项目办公室提交拟定好的项目计划书和相关工作组会议记录。然后由项目办公室组织专家评审,并将项目计划书提交至相关联邦权力机构和教科部听取意见。接下来是提交通过专家评审的项目相关材料至总统经济现代化和创新发展委员会下设的"国家技术计划"制定和实施跨部门工作组进行审议,获得专家评审结果。最后是跨部门工作组审议。

政府支持实施"国家技术计划"具体项目的主要形式包括:①向参加项目的自然人和法人提供资金,并进行科学研究和实验开发工作;②以合同方式购买项目实施所需的服务;③对参与"国家技术计划"的企业给予补充股份或额定的资金;④对参与"国家技术计划"的非营利机构提供捐助资金;⑤支付用于购买或获取项目办公室未列入计划的科研及其他设备、知识产权(技术和软件)等的费用。

项目办公室负责对"国家技术计划"的项目实施情况进行监管,每年向跨部门工作组提交监督成果报告。跨部门工作组在每年第一季度的会议上对监管报告进行审议。主要考察内容包括：①项目完成的完整度和及时性；②项目的目标、主要任务、预期效果的完成情况，以及其对整体路线图目标、重要成果和专项指标取得情况的影响；③实施项目的实际投入，包括与计划投入情况的对比；④项目风险评估和风控措施的完整度评价。

（三）项目完成

项目得到跨部门工作组的批准后，政府将向项目的企业和科研机构等提供资金，用于开发并改进先进技术、产品和服务，以保证俄罗斯企业和科研机构在国际市场上的领先地位，并阶段性地优化俄罗斯法制环境，排除在利用先进技术解决方案、构建能够满足企业人力资源发展需求的教育体系、发展职业团体（工会）体系、打破"国家技术计划"等方面的壁垒。

四、评审标准

（一）未来发展方向确定

俄罗斯"国家技术计划"明确利用 PPP 发展模式，因此在选择优先方向时，十分注重所选择技术的潜在市场收益，使技术前景和市场收益能较好地交叉与融合。其选定的优先技术方向会根据选定的优先市场方向的需要，结成特定的市场网络，由政府通过制定并实施路线图的方式推动技术和市场协同发展。

一是围绕市场收益的市场优先方向。为了能够有针对性地遴选出适合俄罗斯未来重点发展的高技术市场，俄政府专门设立了"国家技术计划"市场选择标准，包括：到 2035 年国际市场规模将会达到 1000 亿美元，俄罗斯具备在这一市场取得竞争优势并占据部分市场份额的条件，并拥有力图在这一新兴高技术领域成为国际翘楚的技术型企业等。

"国家技术计划"确立的市场优先方向包括：能源网络，主要针对个人分布式发电并入智能电网和智慧城市；食品网络，主要针对个性化食品定制和运输；安全网络，主要针对新型个人安全系统；健康网络，主要针对个性化医疗；航空网络，主要针对分布式无人机系统；海洋网络，主要针对分布式无人驾驶船舶系统；汽车网络，主要针对分布式无人驾驶汽车控制网络；金融网络，主要针对分布式金融系统和货币；神经网络，主要针对分布式人工智能组件。

二是围绕技术发展的技术优先方向。在确立未来市场优先方向的同时，俄罗斯也提出了能够解决市场优先方向任务的技术优先方向，形成技术网络（TechNet）。先进制造技术是 TechNet 提出的唯一优先方向，它是一系列复杂的多学科知识、高技术和知识密集型技术诀窍的集合，旨在最短时间内建立起具备全球竞争力的新一代定制型产品，替代并赶超国外高技术产品，增加本国高技术服务的出口份额。先进制造技术涉及的技术方向有：先进材料；数字化设计和建模（仿生设计、超级计算工程和优化）；添加制造技术和混合工艺。俄罗斯发展先进制造技术的目标是建造并系统化发展未来工厂，即集成考虑先进制造技术和"国家技术计划"各市场优先方向需求的综合体。

（二）具体项目评审

整个项目遴选的过程集中在项目办公室组织专家评审、"国家技术计划"制定和实施跨部门工作组审议与跨部门审议，具体情况如下。

相关联邦权力机构需在收到项目计划书的 20 日内提出评价意见和补充意见。研究其是否符合国家政策、"国家技术计划"各方向路线图要求、国家各计划及联邦专项计划措施等。教科部需在收到项目计划书的 20 日内提出评价意见和补充意见。特别是要研究其是否与联邦财政支持的基础研究、探索性研究和应用研发优先方向保持一致。另外，教科部还要特别指出，项目是否要遵照"预算外资金的投入比例不得少于项目（基础研究和探索性研究除外）投资总额的 30%"的要求，或提供不需这一比例要求的论证材料（在提供充分论证的情况下可不受这一比例的约束）。专家评审由专业机构负责，并需要得出包括项目实施必要性、可行性、管理体系有效性等内容在内的结论。

在提交通过专家评审的项目相关材料至总统经济现代化和创新发展委员会下设的"国家技术计划"制定和实施跨部门工作组审议中，获得专家评审结果、联邦相关权力机构及教科部的意见后，项目办公室于 5 日内将项目相关材料提交至跨部门工作组审议，提交的材料包括项目文本信息、投入规模及由教科部确定的实施项目过程中各方（公私方）的预算任务。若项目计划书未通过专家评审，或相关联邦权力机构和教科部的意见较多，则项目办公室将要求继续完善项目计划，并重新进行专家评审、听取联邦相关权力机构和教科部的意见，通过后再提交跨部门工作组审议。

在跨部门工作组审议中，跨部门工作组将综合考虑相应财年或预算周期的预算规模情况、教科部批准的项目预算任务分配情况、私营部门的预算外资金投入不低于项目总额 30% 的情况，最终决定项目通过与否。

五、资金构成与使用

为保证联邦财政资金的高效合理利用，资金获得方需要与教科部签署专属协议（资金获得合同），内容包括：①资金使用的目标、条件和方法；②资金规模；③资金使用周期，以及剩余资金能否继续使用；④使用资金需完成的目标清单；⑤资金使用者的义务，包括：资金仅用于项目设定的目标；确保按照项目要求匹配相应比例的预算外资金；

确保完成项目设定的各项指标；在协议（合同）到期时，提交关于资金使用情况的说明，包括项目参与方各项指标的完成情况；⑥资金使用情况报告的提交方法和时间；⑦资金使用情况清单；⑧解除协议（合同）的条件；⑨在本财年内返回未使用资金的办法；⑩除特殊情况外，禁止使用资金兑换外汇。

另外，如果资金使用者未能遵守资金使用目标、条件，履行资金使用者义务，则：①未完成比例超过10%、低于30%时，将根据情况（规定）处以罚金；②未完成比例超过30%时，将所有资助资金收归联邦财政。

六、政策评价

"国家技术计划"能够较好地针对俄罗斯自身发展存在的不足，有效地提升其科技能力。"国家技术计划"之所以在较大财政资源约束的情况下能够实现既定目标，是因为在规则设计上具有独到性，具体如下。

一是优先方向选择重视技术和市场潜力。该计划是俄罗斯首次以PPP的方式促进技术发展，凸显了俄罗斯借助市场力量将本国较强的基础研究能力转化为生产力、提升企业创新能力、激发市场活力的决心。同时，俄罗斯基于自身经济发展情况做出的项目规则设计，通过市场和技术两个维度来确立"国家技术计划"的优先项目。在技术维度上，最优先的方向确定为先进制造技术，这也是基于俄罗斯快速提升技术创新能力的考量；在市场维度上，根据俄罗斯已有产业基础和潜力，确定了包括能源、食品、安全、航空、海洋等优先方向。

二是严把PPP资金投入关。鉴于俄罗斯经济发展现状（2019年俄国内生产总值增长1.3%）和政府科技财政投入比例较大的特点，仍需要通过严格管理投入资金以提升公私双方投入资金使用效率。因此，俄罗斯政府围绕"国家技术计划"制定了完整的资金投入方法，与项目承担者围绕资金利用方式、预期成果等都做了充分、详细的事前规定。其中还特别制定了不履约的惩罚措施，有效保证了资金使用的安全性。

第三节　美国先进技术计划：加速通用性竞争前技术的研发应用

一、背景定位

20世纪70年代后期，日本等新兴工业化国家的崛起使美国企业在国际竞争中屡屡受挫，美国产业竞争力受到严重挑战。美国政府及时对原有国家科技政策和国家科技创新体系进行反思，加快政府项目成果向产业界传递的速度，鼓励产业与政府间大规模合作，促进技术的转移、扩散和商业化。20 世纪 80 年代末，美国国会通过了一系列法案支持这项战略，包括著名的《史迪文森－怀德勒技术创新法案》（1980 年）、《拜杜法案》（1980 年）、《国家合作法案》（1984 年）、《联邦技术创新法案》（1986 年）、《多元贸易和竞争力法案》（1988 年）等。

美国先进技术计划（Advanced Technology Program，简称"ATP 计划"）便是依据《多元贸易和竞争力法案》建立，以资助处于早期阶段的、高风险的、对国家产业竞争力具有巨大潜在影响的美国企业技术研发活动的一项公私合作计划。在通过 ATP 计划的法律程序过程中，美国政府和国会决定，按公平竞争和成本分摊原则，提供有限资金支持公共、私营部门的合作，研发具有广泛应用前景的通用性竞争前技术，加速新科学发现的商业化进展，重塑美国先进制造技术，促进美国经济增长。

在美国政府资助的长期性基础研究和产业界投资的短期性产品开发之间，是中期阶段的应用性研究，这正是实验室成果能否实现商业转化的关键一步。应用研究阶段虽然具有产生更大经济利益的潜在能力，但由于成本和风险过高或回报过慢，企业的研发投入和私人风险投资都难以估计，若没有政府支持则可能难以进行。ATP 计划的战略定位便是"加速开发那些对长期经济增长起关键作用，但因投资回收时间太长或因投资太大，个别企业负担不起，故而私营企业不充分资助的技术"，以填补这个市场"缝隙"，资助美国产业界增强其高技术产业化能力，构筑实验室与市场之间的桥梁，完善美国企业产业化链条，如图 6-2 所示。

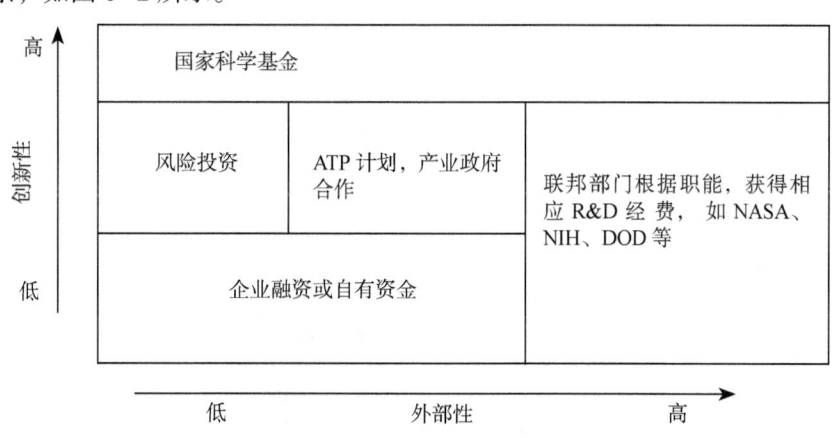

图 6-2　ATP 计划的战略定位

[来源：陈峻锐，苏竣，林森. 美国先进技术计划（ATP）管理模式分析 [J]. 中国软科学，2002（6）：82-86]

ATP 计划被视为科技政策的公私合作创新，其先进的政策理念和创新的运行机制成为许多国家研究与效仿的对象。ATP 计划关注的通用性竞争前技术是指能够提供大范围应用机会的具有重要能动作用的基础技术，包括创造性的研究、开发新的材料、工艺过程、使用和检测方法等，能够提供关于选择和利用物质材料的工具与相关属性的知识。通用性是指可以在很宽的产品制造和生产过程领域应用的概念、要素、工艺或科学研究等。竞争前技术是指研究开发活动达到一个特定阶段，即直到技术的不确定性降至最低，可以开展初步的商业潜力评估和以实际生产为目的的原型机制造阶段的技术。通用性竞争前技术常常位于技术创新的初始阶段，往往可以产生非专有性、可广泛传播的产业共性技术。民用资本对于此类技术的关注往往较少，政府通过 ATP 计划激励和带动私营企业进行投资和研发活动，支持和推进了国家整体产业竞争力，并给社会经济增长带来巨大效益。

二、治理架构

美国国家标准与技术研究院（National Institute of Standards and Technology，NIST）是美国政府与产业界进行合作的重要依托部门，ATP 计划正是其直接管理的美国政府与私营企业之间的 PPP 研究计划。ATP 计划由 NIST 领导管理，治理架构如图 6-3 所示。ATP 计划的行政执行机构分为总部、执行办公室和信息资源部 3 个部分，主要负责日常行程管理、项目统筹联系及情报搜集等工作。

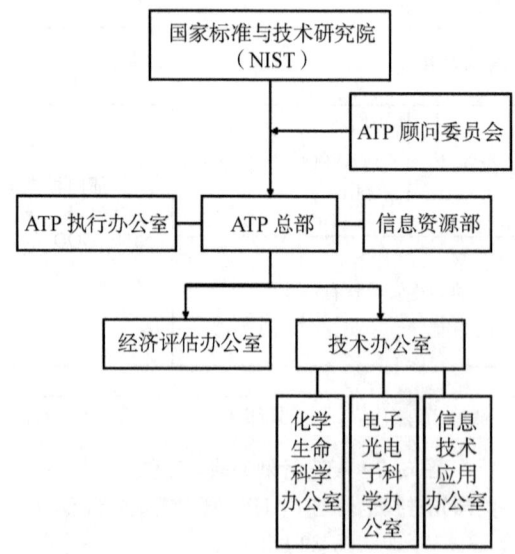

图 6-3　ATP 计划治理架构

[来源：陈峻锐，苏浚，林淼. 美国先进技术计划（ATP）管理模式分析 [J]. 中国软科学，2002（6）：82-86]

ATP 计划的业务执行机构直接对总部负责，分为经济评估办公室和技术办公室。经济评估办公室的主要任务是：制定并执行 ATP 计划的经济评估工作，评价 ATP 计划对美国企业、产业和整个经济的影响；进行商业经济评估，确定能增强美国经济的科技投资机会；帮助产业界对申请项目进行商业经济评估；帮助其他的 ATP 计划办公室监督资助项目的商业开发；进行政策研究，使 ATP 计划能适合于各种不同的商业情况；为 ATP 计划总部、NIST 和美国商务部提供相关的专家意见；通过研究、出版和交流，增进技术变革评估领域的技术水平；将 ATP 计划与国外类似计划进行比较研究。技术办公室按技术类型分为 3 个：化学生命科学办公室、电子光电子科学办公室和信息技术应用办公室。技术办公室的主要任务是：支持产业研究，确定高风险革新项目；通过培训使产业界了解 ATP 计划的标准和目标；评估项目的技术价值；与企业密切合作以保证项目成功；作为政府的技术代表，监督项目的运转情况。

ATP 顾问委员会是 ATP 计划的决策咨询机构。顾问委员会直接向 NIST 负责，成员由 NIST 通过公开的方式选拔，由 6～12 人组成，每年更换约 1/3，主席由 NIST 从委员会成员中选出。顾问委员会委员必须包括各方面人士，以满足与 ATP 计划有关的各合作伙伴的需要。顾问委员会的任务包括：为 ATP 计划及其政策提供必要的建议；评估 ATP 计划及项目的经济影响；监督 ATP 计划项目的执行情况；作为独立顾问部门，提供客观政策分析。

三、项目流程

整个 ATP 计划的管理周期可分为 5 个阶段：申请准备期、申请评估期、协议期、研发期和项目后期，各个阶段的管理程序如表 6-4 所示。

表 6-4　ATP 计划的项目管理周期

申请准备期	官方宣布申请原则
	ATP 计划接受申请
申请评估期	初步筛选
	申请评估部门对申请进行评估
	申请评估部门确定复试名单
	申请评估部门面试（NIST 接受联盟合作协议）
	申请评估部门确定最终排名
协议期	NIST 宣布受资助的项目
	NIST 和受资助组织签订合作协议

续表

研发期	项目资助日（项目开始）
	项目正式启动会议
	季度技术发展报告，季度财务状况报告
	各种商业报告
	年度项目报告，半年度或者年度会议
	中期审计
	项目终止报告，项目正式结束会议
项目后期	项目结束后6年内，每2年提供一份后项目报告，同时提交政府财产使用报告和相关设备折旧证明

来源：陈峻锐，苏竣，林泺.美国先进技术计划（ATP）管理模式分析[J].中国软科学，2002（6）：82-86.

ATP 计划的项目遴选过程是一个严格的多步选择过程，ATP 计划办公室会从经济评估办公室和相应的技术办公室中抽调专家组成申请评估部门以确保申请项目能够得到详细准确的审核。整个遴选程序分为5个步骤，如图6-4所示。

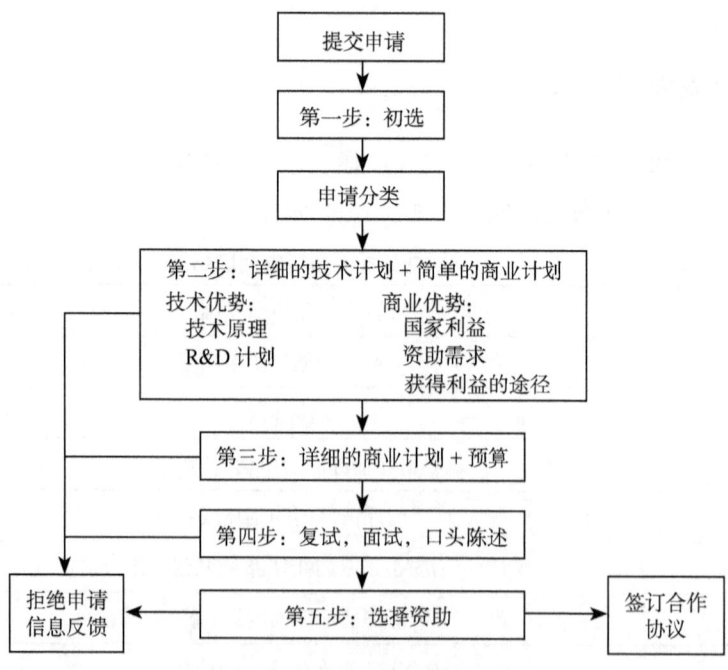

图6-4 ATP 项目的遴选程序

[来源：陈峻锐，苏竣，林泺.美国先进技术计划（ATP）管理模式分析[J].中国软科学，2002（6）：82-86]

第一步是项目初选。申请评估部从申请中筛选掉不符合 ATP 计划资助的申请项目。例如，申请缺乏技术计划和商业计划，申请项目侧重于产品开发而不是技术研究等。申请资料如果是二次提交，则需要比较以前的申请资料，没有本质修改则可能被拒绝。

第二步是技术和商业价值评估。申请评估部根据遴选标准对申请项目进行审查。申请者需要提供详细的技术计划和商业计划概要，在申请材料中充分阐述项目的科技优势，并简要介绍其对国家经济效益的潜力。

第三步是商业计划及预算评估。申请评估部将审查前一步项目提交的详细商业计划和预算。在商业计划中需要详细说明 3 个问题：申请项目对国家经济的潜力作用、需要 ATP 计划资助的原因、利益产生途径，同时申请者还要提交详细的预算计划。由于研发中会存在一些不可见因素，所以，ATP 计划对长期预算有一定的灵活性，当环境变化时，允许改变资助金额。

第四步是复试。申请评估部对通过第三步的申请者进行面试，或者到申请组织所在地进行考察，主要考察其组织结构、人力资源，以及申请组织是否有承担项目的能力等。申请评估部通过投票确定项目排名，并选择进入下一步的项目。

第五步是选择资助项目。负责官员根据资助总金额和申请评估部对各个项目登记及各技术领域的资助比例等各方面因素进行评估，从最终入围的项目中选择资助项目，签订合作协议。当被资助项目有新情况时，ATP 计划保留在任何情况下终止资助的权力。

为了防止出现项目执行过程中的官员不良行为，联邦政府要求项目管理者（官员）只在项目的初选和严格的项目评估程序中发挥作用，而且一般只能做有限时间内核准发放资金的工作。在每一轮 ATP 项目竞争开始之前，NIST 都要建立项目材料评价组以确保所有的项目建议都得到认真考虑。每个项目材料评价组由 NIST 的技术专家和具有商业与经济学背景的外部专家组成。ATP 也选用外部的技术评审专家，一般是特定产业技术领域的联邦政府机构的技术专家。独立的商业专家，也被请来参与评审咨询工作，包括高技术风险投资家、从事商业战略规划的教授、大型和小型高技术企业退休的高层主管及经济学家和商业开发专家。所有项目材料评价组成员和外部评审员必须签订保密协议，承诺保护产权信息，证明他们与评审对象没有利益冲突。

四、评审标准

ATP 计划的监管和评估大致可分为微观和宏观两个层面。微观层面的评估主要是贯穿每个项目始末的持续性工作，主要针对投入和产出信息。主要监管活动由项目管理小组完成，项目管理小组由授权官员、技术专家和商业专家组成。商务报告系统是主要的监管数据库，通过电子表格问卷搜集信息对项目进行管理、跟踪和评估，一个项目完整的商务报告系统将包括基线报告、年度报告、结题报告和项目后期报告。宏观层面的评估主要围绕项目群或整体计划开展，具有阶段性和选择性，重点关注计划的成效和影响，包括经济影响、社会影响和反事实影响。

ATP计划的遴选标准十分严格，对企业的申请每年只评审一次，大约只有10%的申请能得到批准。遵循依据是项目的创新性、技术风险、对国家潜在的经济利益和商业化方案的可行性。项目遴选过程主要从两个方面考虑：一方面是考察科学技术上的价值；另一方面是考察商业和经济上的价值及对美国国家利益的价值。自该计划实施起到1997年，ATP计划的项目遴选标准分为5个方面：科学与技术的价值占30%，潜在的量大面广的经济效益占20%，实现商业化的可能性占20%，申请者的经验和素质占10%，企业承诺和组织结构占20%。

1997年以后，ATP计划办公室对遴选过程进行简化，将遴选标准分为两个方面。一方面是科学优势（50%）：申请项目的技术必须有创新性，研究必须要有一定难度和技术风险，能够解决产业界的某些重要问题。在技术计划中，首先要表明技术的创新点、技术障碍、解决途径及可能的风险因素；其次还应该有详细的执行说明，包括研究的人员、地点、时间等；最后申请者需要展示其研究能力和获取帮助的手段。另一方面是广泛的国家经济效益潜力（50%）：申请者必须详细表明需要ATP计划资助的理由，其所申请的技术对国家产生的效益。商业计划中要包括获得效益的途径，如技术商业化计划和技术扩散途径。另外，ATP计划办公室还会考察申请者组织结构、管理计划和承担责任的能力。

五、资金构成与使用

ATP计划为项目承担单位提供引导资金。单个企业作为ATP承担单位时，项目周期一般为3年，每项项目拨款最高达200万美元。合资企业（两家以上企业合资）作为ATP承担单位时，项目周期可延长到5年，ATP的资金投资额度依经费情况而定，但最高只能为项目总费用的50%。为了更好地促进公共部门与私营企业的合作，ATP的资助经费只能拨款到企业，不能直接拨款给政府机构、高校和科研机构。

作为一种公私合作的研发模式，ATP计划有严格的研究费用分担规定：合资企业（两家以上企业合资）必须至少承担项目研究费用的50%；大型企业、财富排行榜前500强企业单独承担项目的，必须承担至少60%的研究费用；中小型企业独立承担项目的，必须至少承担与项目有关的间接研究费用。ATP计划不直接支持高校、政府部门、非营利独立研究所，但这些部门可以与企业联合，参加项目的实施或成为一个分包者。另外，ATP计划只支持开发具有潜在的市场及有应用前景和商业价值的项目，不支持企业开发产品的项目。

六、知识产权

ATP计划在专利方面有明确的法律规定，由ATP资助的研究和开发项目所获知识产权归美国以营利为目的的企业所有。参与承担ATP项目的高校、非营利机构和政府机构等不享有任何知识产权。但科研机构、非营利组织可以与企业达成协议，分享来自于ATP创造发明的专利使用费。为了国家利益，联邦政府在任何情况下有权免费使用ATP支持的技术成果。政府还有权享有因使用受资助的技术而付给公司或公司联合体的许可证使用费和版权费，其享受数额应与政府在开发此项成果时付出的费用成比例，相应条款应在签订合作协议时协商确定。

ATP鼓励公开发表研究成果，同时保留开发成果的版权或专利权。通过公布最新开发成果的有关信息，可以方便其他美国企业有机会申请利用ATP计划开发的技术的使用许可，实现成果的有效推广。例如，其他美国企业想使用该项目成果，在承担该项目的企业优先使用成果的前提下，可通过美国国家科技转移中心（NTTC）支付费用获得成果使用权。

七、政策评价

ATP计划在2007年被终止，其在实施过程中一直备受争议，项目的合理性和有效性是核心争议点。在计划设置的合理性上，反对者认为，ATP计划作为一项公共政策，用纳税人的钱，却让部分具有独立研发能力的群体获得利益，是不合理的。它被看成政府对企业的一种政策性补贴，尤其对于有足够资源的大企业更像是一种公司福利，影响了市场的公平竞争机制。在计划执行的有效性上，ATP计划实际操作结果显示其所选项目存在很多失败和重复的记录，政府是否有能力选择出更好的技术和企业也进一步受到质疑。ATP计划的最终结束也提醒中国政府在制定支持企业科技创新的计划时，应充分考虑项目实施的针对性、项目选择的公平性、项目执行的有效性和项目作用的替代性，以免在项目实施过程中偏离了原本的政策目标。

但是，从项目成效来看，ATP项目仍然是一个完成度较好的项目。ATP计划自1990年启动到2007年终止，共为824个项目的1581家机构提供了24.08亿美元的资金支持，吸引企业投入22.06亿美元。同时，ATP计划的资助带来了1500余项新专利的产生、超过1400种技术出版物的出版及370余项技术的商业化，产出效益远远超出了其成本投入（产出/投入比超过8∶1）。ATP计划的实施在刺激企业自身的研发投入、促进公私之间研发合作、促进高技术产品的研发及扩大技术知识外溢等方面产生了积极的经济效益和社会效益。

ATP 计划通过 PPP 模式，在研发和市场之间搭起了桥梁，同时有效填补了成果转化链上的资金缺口，在一定程度上改变了产业界的研发投资方式。通过分担支出、按年度拨款的资助方式，ATP 计划确保创新性项目的有效性和完成度，为产业界提供了一种加强技术创新的有效机制，有助于形成有利于广泛创新的社会网络。整个 ATP 项目的规则非常详细，如 1992 年发布的 ATP 修正法案中规定研究联合体必须包括两个以上的美国工商企业，且企业必须实际参与所提出的研究项目，并承担成本，负担责任。这些运行机制有效地保证了公共部门与私营部门的共同参与，使企业可以真正从 ATP 计划的研究项目中获得利益，同时也加速技术在更广范围内的传播和共享。中国政府支持的共性技术研究项目往往分散在部门负责的各类科技计划之中，产业界的参与度十分有限，共性技术研究的创新能力和研发潜能没有得到充分应用。中国政府应将政府主导和市场机制进行结合，调动多方积极性，为产业界的广泛参与创造条件，共同促进共性技术研究开发。

第四节　以色列研究与开发支持基金：普惠型科技创新基金

一、背景定位

以色列研究与开发支持基金（简称"研发基金"）是以色列《产业创新促进法》下最早投入实施的以色列科技创新 PPP 项目之一。其特点是规模大且适用范围广，可以惠及七成左右的企业。申请通过的企业可以获得预算成本 20%～50% 的支持资金，这个资金数额取决于项目的创新程度。举例来说，对纳入计划的创新项目，政府将给予预算 50% 的研发资助，而对改进工艺或产品的项目往往给予 30% 的资助。另外，为了使高校、科研机构也能在资助中受益，政府鼓励企业和高校、科研机构签订分包合同，并通过这一操作实现科技成果的转化乃至商业化。和其他的计划相比，研发基金是以色列科技计划体系中适用范围最广的支持类别，具有鲜明的普惠性特征。

二、治理架构

颁布《产业创新促进法》和设立首席科学家办公室（Office of the Chief Scientist，OCS）是以色列推动产业创新最有代表性的政策与重大举措。两者的目标都是推动和支持产业创新，增强国家创新活力，进而推动国家经济发展。

以色列《产业创新促进法》将创新政策制定、协调、实施在内的多项权力集中授予

OCS。在法律框架之下，OCS牵头开展了以色列境内惠及各个产业、渗透各个创新环节的一大批研发支持计划，研发基金就是其中重要的一类计划。同时为了更好地对项目进行评价，研发基金设立一个研究委员会。为确保创新决策的科学性，研究委员会需具备复合型背景。

三、项目流程

（一）项目形成

企业在申请项目之前要熟悉政府的资助框架，然后根据自身具体情况与资助计划的匹配程度进行项目选取，接着提交项目申报书，系统阐述项目研究内容、新颖性与可行性。另外，还需提交企业的产品生产安排与附加值百分比声明，政府对资助项目计划中的产品流程、生产地点等内容进行约束，考量产品的进口成本和出厂价比率。

（二）项目实施

以色列产业创新支持立足于"创新为基础，出口为导向"的理念，不论企业性质、规模、所有权性质，只要符合创新条件，均具备申请政府研发支持基金的条件，开展出口导向型产品研发与应用产业化结合，由此助力国家产业创新发展，全面促进就业。

需要注意的是，国际合作具体包括以下两种情况：第一种是需要向外国实体转让所有权，但在以色列保留生产或其他企业性质活动的情况；第二种则是转移知识财产后实质上在本地进行企业性质活动的情况。每一种情况均规定转让费最高限额，其中，如果OCS研究委员会确定核心的企业活动仍然保留在以色列，最高限额就是当初拨款金额的3倍；如果完全是在以色列境内的企业活动，最高限额就是当初拨款金额的6倍。

（三）项目完成

研发基金计划惠及面最为广泛，约七成申请企业可获准通过，为企业创新、产业研发创新，乃至以色列创新体系的完善和国家经济飞速发展提供了巨大动力。1999—2010年，以色列科技研发投入占GDP比重一举超越美国、日本等发达国家，跃居世界首位。2013年，以色列研发支出约128亿美元，同比增长7.3%，人均研发支出1357美元，研发全职人员数超70412人，约占总人口的9.1%，科技创新驱动战略带来了举世瞩目的成绩。

当政府资助的研发项目产生了产品并获利，企业就有义务支付特许使用费。这些收入将被用于以后的拨款，以鼓励并支持进一步的产业研发活动。特许使用费的额度通常是项目开发产品每年销售收入总额的一定比例：前3年是每年销售收入总额的3%，第3

年以后是每年销售收入总额的 3.5%。特许使用费总额不得超过拨款及其利息,只有在涉及向境外转移生产权的时候,才需要采用不同的付款条件。

四、资金构成

以色列研发基金是重要的研发投资工具,单个项目的投资年限通常持续一年或一年以上,目的是改善旧产品或开发新产品。以色列研发基金每年为数百家企业的应用研发相关活动提供 15 亿新谢克尔(约 3.75 亿美元)资金。其中,研发基金将项目现场测试过程中提供的支持也归入研发支出,作为研发过程的重要部分,原因是这类研发计划往往能够更新或完善现有产业过程。

以色列研发基金由首席科学家率领的专门研究委员会按照预先规定的条款来批拨资金。接受了其他政府来源支持的项目就不能再申请研发基金。其中一些特定领域会得到重点支持,如纳米技术和生物技术领域的获批项目可以得到最高 50% 的经费支持。同时在被指定的地理区域中执行的研发项目有资格得到获批研发预算总额中 60% 的拨款。研发基金的资金流向如图 6-5 所示。

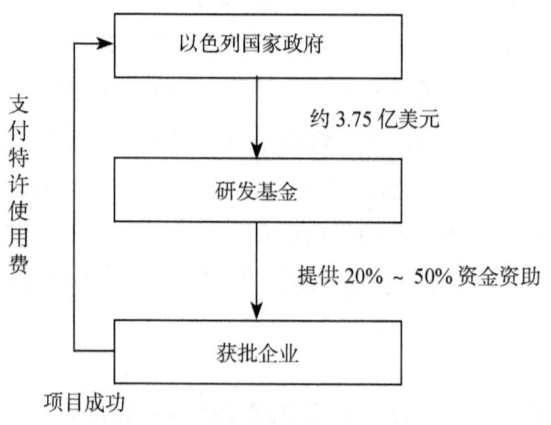

图 6-5 研发基金的资金流向

[来源:OCS-Office of the Chief Scientist(Ministry of Economy). R&D incentive programs: entrepreneurship innovation R&D cooperation technology [EB/OL]. [2020-10-19]. www.economy.gov.il/madan]

在进行资金资助的同时,以色列政府也对申请研发基金的企业提出了 3 项要求,首先是研发项目需由申请企业实施,不能委托第三方实施。其次是受资助项目的成果如果转化为产品,其生产范围需要限制在以色列境内。最后是相关专利成果不允许出售给第三方或者进行转让。

五、政策评价

以色列科技创新研发基金属于普惠性科技创新公私合作项目。其普惠性特点与以色列独特的国情分不开,包括由于自然资源匮乏和科技创新人才不断涌入形成的创新创业文化和中小企业占据了以色列企业类型的绝对主流等。依托研发基金类的公私合作项目,以色列在近几十年的科技创新活动中取得了巨大的成功,启示如下。

一是国家大力推动为 PPP 提供制度保障。以色列政府一直极为重视政策对创新的支撑作用。1985 年,以色列颁布《鼓励产业研究与开发法》,规定获批项目可由政府资助 2/3 所需资金。2011 年,以色列政府颁布《天使法》,重点资助初创高新技术企业,采用税费减免的方式对企业研发行为予以补贴。在知识产权保护方面,《产权法》《商标条令》《版权法》等相继制定,国家强制力的支持为公私合作提供了制度保障,全面完善研发创新管理系统。政府的全力支持为 PPP 提供了稳中向好的外部环境,对资源具有很强的引导作用,因而中国也应充分利用政策来为 PPP 提供制度保障。

二是普惠特征为 PPP 保驾护航。以色列研发基金计划惠及大约七成申请企业,是覆盖面最广的科技创新支持计划。基金计划特别关注中小企业,一方面是因为中小企业对市场变化反应速度较快,能够快速地对市场变化做出相应调整,灵活性高,试错成本低;另一方面是中小企缺乏强大的资金支持,抗风险能力比较差,初创中小企业很多停滞在前 3 年的"死亡之谷"中。研发基金计划及其他创新支持计划旨在帮助中小企业克服此类困难,解决中小企业的后顾之忧,提升中小企业危险期存活率,提升整体创新效率;同时资金运作方式对企业友好,一旦申请成功则基金投入可以达到项目需求的 20%~50%,大大降低了企业研发的前期投入与研发风险,并且为了降低企业研发风险设定了较低的投资回报,对未成功的部分公司还予以债务豁免等优待政策,以色列研发基金计划的普惠性特征很大程度上降低了创新风险,全力为 PPP 保驾护航。普惠性特征能够扩大受惠群体,进而提升 PPP 工作的汇集范围。中国在资助企业研发过程中,可借鉴以色列研发基金的经验,广泛调动中小企业的参与热情和创造力。

三是研发基金制度合理支持 PPP 持续创新。以色列政府向获得研发基金并取得成功的企业收取其销售收入的 3%~3.5% 作为特许使用费,且原则上低于政府拨款的本息总和。这笔收入用于后续获批企业研发基金项目的资助,以及下一步产业研发等活动的顺利开展,保证以色列政府研发基金计划的可持续发展。中国在鼓励企业研发的过程中,也可完善相应的资助制度,保证资助资金能够有收有支,最终通过项目持续、成功的运转增强受资助或潜在受资助企业的研发信心,降低远期的不确定性风险。

第五节 巴西工业创新研究院："小中心、大外围"的组织方式

一、背景定位

巴西政府充分认识到如何提高工业竞争力是提升国家创新实力面临的一个重大挑战，需要依靠科技创新来应对。2013年3月，巴西联邦政府制定了一项科技创新计划，将提供329亿雷亚尔（约合170亿美元）信贷，用于巴西企业提高技术创新能力。为鼓励和支持企业技术创新，巴西政府计划创立一个新的机构，即巴西工业创新研究院（Empresa Brasileira de Pesquisae Inovação Industrial，Embrapii）。巴西工业创新研究院将致力于加强科技研发部门与巴西国内企业、个人非营利组织等在科技研发方面的合作，为正在实施的科技创新项目提供支持。

二、治理架构

巴西工业创新研究院的工作方式属于"小中心、大外围"，整个巴西工业创新研究院形成了多个技术领域群体，各个群体包含了数量不断增加的科研机构。其直属上级管理机构是巴西科技、创新和通信部与教育部，同时这两个部门也共同承担融资责任。

巴西工业创新研究院的运营模式非常灵活，没有设立直属的科研机构，而是通过将现有单位资格认证为"巴西工业创新研究院单位"的方式扩大研究力量。研究单位认证有3个标准：一是技术能力的高低；二是是否拥有较好的科研基础设施；三是与该单位以往合作的经历。如今，巴西工业创新研究院在多个研究领域拥有42个认证合作单位。

去中介化合作也是巴西工业创新研究院的一个独特制度设计。在获得认可后，合作单位从巴西工业创新研究院获得资金支持，但被规定只能用于工业界参与创新领域的项目。进一步的业务展开全权交给合作单位，任何需要技术解决方案的企业都可以直接与他们感兴趣的单位进行业务谈判。

除了通过组建研究部门网络之外，巴西工业创新研究院为了加强对巴西创新的支持和促进在企业研发项目中的研发活动，与巴西全国多个州的研究所和高校等机构签署了技术合作协议。同时，巴西工业创新研究院为了保证企业对口部门的融资，让生产部门获取低利率、长期的信贷供应，寻求与区域银行和融资机构的合作。

三、资金构成与使用

项目资金主要来自联邦政府、政府所属的开发银行和科技创新基金（285亿雷亚尔）及与政府合作的机构（40亿雷亚尔）。巴西工业创新研究院主要关注企业与合作单位之间的创新项目，其投入资金企业是不必偿还的（non-refundable），这种方式有效降低了企业成本。企业与巴西工业创新研究院合作单位进行的项目融资模式也对各方有利。项目成本通常由巴西工业创新研究院承担1/3，由研究所（通过基础设施和人员以实物形式）承担1/3，剩下的1/3由企业支付（如果合适的话，有时会更高）。这是一个运作良好的模式，创新项目的行业风险由公共部门、科研机构和企业三方分担。

巴西工业创新研究院在制度设计上非常关注中小企业。它和巴西小微企业服务局还签订了一项协议，以帮助小微型企业和个体微型企业，由此依靠不必偿还的资金去更好地发展工业创新项目。同时在与巴西工业创新研究院合作企业签订项目合同时，小微型企业或个体微型企业有可能向巴西小微企业服务局申请资金支持，以补充投资金额。在具体实践中巴西工业创新研究院支持中小企业的项目有两种模式：一是推动单个小微型企业或初创企业与"巴西工业创新研究院单位"进行技术合作开发。巴西小微企业服务局的出资额可高达本项目企业出资额的70%，且限于21万巴西雷亚尔（5.5万美元）；二是推动小型、微型和个体企业家与大中型企业的技术研发力量合作，形成一个完整的技术创新链条。巴西小微企业服务局对每个承包项目的出资额可高达小型和微型企业或个体微型企业对应方的80%，上限为30万巴西雷亚尔（8万美元），但小型和微型企业或个体微型企业对应方的出资额不得低于项目总额的10%。

四、收益与成效

巴西工业创新研究院积极推动国际合作，感兴趣的巴西企业为开发该项目应至少与一家来自其他参与国的企业组成联合体。联合体企业将得到各自国家扶持组织的支持。科研机构和高校可根据各资助机构设立的条件参与项目。巴西企业已经和欧盟、以色列、捷克等国家或地区建立了合作关系。其中，与欧盟的合作主要依托欧洲Eureka合作网络，旨在促进巴西企业与合作网络成员国在研究和创新方面展开合作。与以色列的合作依托以色列创新局，巴西工业创新研究院和以色列创新局将拨款1000万美元，用于两国企业联合开展的创新项目。与捷克的合作主要关注智能制造、机器人、能源等领域，联合研发项目将侧重于应用研究领域的具体成果，即开发新的或显著改进的产品、过程或服务。

巴西工业创新研究院取得了较好的成绩。截至2020年9月，接受其资助的697家企业，共进行了 1025 个项目，申请了 356 项知识产权。例如，生物技术领域的技术解决方案：生物制药和药物；化学和材料技术解决方案：生态高效建筑材料；机械和制造技术解决方案：激光制造；应用技术的技术解决方案：水下工程；信息和通信技术的技术解决方案：数字通信和无线电频率。

五、政策评价

巴西工业创新研究院经过近年来的实践，已经建立了规模可观的研究群体，并源源不断地进行 PPP 合作活动，基本上达到了预期目标。从该项目中中国可以借鉴的经验如下。

一是充分挖掘已有资源，降低 PPP 成本。该项目没有另起炉灶，额外建设新的机构，而是充分调动已有资源。通过建立"小中心、大外围"PPP 合作网络关系，在不断扩大机构影响力的同时，通过建立合作网络实现了广泛的联系，并加强对中小企业的资助；同时，注意吸收国际资源，尽可能地与国际知名科技创新计划等建立合作关系，充分调动国际资源为我所用，实现了成本相对较低的同时能够以较大的覆盖面获得较好的效果。

二是聚焦重点技术，有效利用公私资源。面对宽泛的科技创新领域，巴西工业创新研究院没有选择进行普惠性支持，而是有的放矢地围绕未来前沿技术领域，把资金投放到预期效益相对较高的生物、化学、信息技术和先进制造等领域，以未来科技竞争领域作为目标将有限的公私资源集中利用，为巴西科技创新竞争力打下良好基础，确保巴西未来科技创新能力能够稳步提升。

第七章 技术转移项目的公私合作

技术转移是科技成果通向市场的桥梁。公私合作开展技术转移，可以把研发机构、企业、消费者等利益相关者直接联系起来，有效促进科技成果转化为产品、服务及其价值，实现科技与经济的深度融合。

第一节 加拿大商业化和研究卓越中心计划：推进科研与产业力量有效匹配

一、背景定位

加拿大商业化和研究卓越中心计划（Centres of Excellence for Commercialization and Research，CECR）成立于2007年，该计划旨在促进卓越科研集群与企业部门的匹配，促进专业科研力量与产业力量的匹配，通过共享知识和资源将"创意"产品化，从而加快新技术的市场化和商业化进程。CECR聚焦环境、自然资源和能源、卫生和生命科学、信息和通信技术4个领域，推动加拿大在这四大优先领域处于创新商业化的前沿。CERC每年进行约3000万美元的创新投资。截至2014年，CECR共有297个伙伴，其中包括52所高校、164家公司、12个联邦部门、20个省政府部门和49个其他部门成员。

CECR的主要目的是促进加拿大在经济、社会健康、环境等方面的不断完善，最终提升经济社会效益，主要包括以下4点：一是充分利用已有基础设施和各类资源，挖掘现有研究能力和商业化潜力；二是培养、吸引和聚集高水平的创新企业与创新人才；三是推动加拿大国内研究网络、产业网络的协同合作，拉动不同层次主体的创新活动；四是吸引国内外投资助力加拿大创新活动。在CECR项目的指引下，学术界和商界通过组建中心、申请项目加强彼此间的联系并实现知识和资源的共享，同时促进科研成果及时转化。

二、治理架构

CECR计划的总体管理由一个专门的委员会负责。该委员会由加拿大工业部副部长、加拿大卫生部副部长、三个资金投入机构[自然科学与工程研究委员会（Natural

Sciences and Engineering Research Council，NSERC)、社会科学与人文研究委员会（Social Sciences and Humanities Research Council of Canada，SSHRC）及加拿大卫生研究院（Canadian Institutes of Health Research，CIHR)]的主席组成。该计划由加拿大创新基金会的主席作为观察员，日常管理由卓越中心网络（Networks of Centres of Excellence，NCE）秘书处负责。

每个中心各自拥有一个完整的管理体系，包括一个董事会（至少由12人组成）、中心主任、财务主管和通信主管，四方各司其职。其中，董事会全面管理本中心，负责战略指导、财务问责、批准年度审计并向NCE秘书处提供年度报告。中心主任负责中心业务计划的运作和实施并向董事会进行事务报告。财务主管每年会对中心进行评估，它依靠的是财务计划的完整程度，以及对风险调整收入预测的稳健程度。通信主管负责将中心的活动、成果及时传达给公众。CECR的治理架构如图7-1所示。

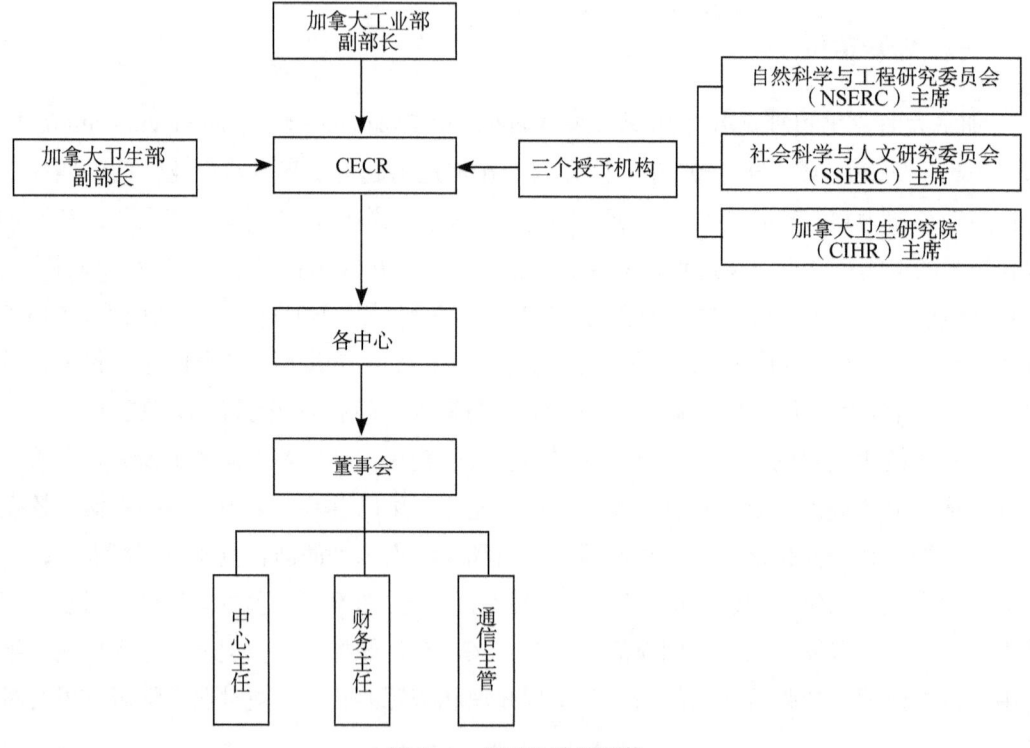

图7-1 CECR治理架构

[来源：Government of Canada-Networks of Centres of Excellence. Centres of Excellence for Commercialization and Research（CECR）program guide [R/OL].[2020-11-16]. https://www.nce-rce.gc.ca/ReportsPublications-RapportsPublications/CECR/Program-Guide-Programme_eng.asp]

三、项目流程

CECR 的项目流程主要分为 3 个步骤：一是申请；二是审查申请方案；三是立项。申请 CECR 资助的企业或者院所等机构必须满足一定条件：拥有一个董事会负责其财务报告和审计，且私方在董事会中占有一定比例。新中心的申请及现有中心的运作，需要按以下 3 个准则进行遴选：一是符合国家利益，中心的成立将有助于加速前沿技术的商业化，提升加拿大优先领域的竞争优势；二是申请方具有一定的潜力，申请人及其合作伙伴吸引投资的能力可以满足其项目需求；三是计划包含内容具有较强潜力，研发和商业化项目需要有足够的卓越性。

CECR 申请方案的审查，采用了一种多步骤的全面审查程序。首先，由特定领域的加拿大专家和国际专家组成专家小组，对提交的 CECR 方案申请进行同行审查。随后，加拿大行业领袖组成的战略顾问委员会私营部门——咨询委员会（Private Sector Advisory Board，PSAB）审查这些申请和相关的专家小组报告。最终，PSAB 向 NCE 指导委员会提出建议，由 NCE 指导委员会做出最终决定。

CECR 项目的评估聚焦于讨论项目的经济效益及分析交付成果。评价标准分为 3 个维度，包括 8 个具体标准，评价准则如表 7-1 所示。评价人员由 NSERC/SSHRC 评价部代表人员、NCE 秘书处、加拿大科学和经济发展部及一个外部评价代表组成。评价方法为利益相关者的问卷调查和访谈、重要文献及财务数据的审查、案例研究和经济计量分析等。从相关性、有效性及效率和经济 3 个维度，建立了评审指标。

表 7-1 评价准则

维度	评价标准
相关性 （项目与政府优先发展事项的一致性）	1. 项目定位是否可以弥补学术和商业化的差距
	2. 政府是否可借助此中心来加强学术界和商界的联系
	3. 中心项目与政府优先事项发展的一致性程度
有效性 （预期成果）	1. 项目对合作企业的技术、产品及服务的影响程度
	2. 中心在多大程度上可实现自我持续发展
效率和经济	1. 中心可以产生哪些经济效益
	2. 项目的运行成本
	3. 项目如何交付

来源：Centres of Excellence for Commercialization and Research. Evaluation of commercialization of research [EB/OL]. [2020-08-27]. http://www.nserc crsng.gc.ca/doc/EvaluationCECR e.pdf.

四、资金构成与使用

为了确保研发资金的最大化，CECR 的投资通过项目的匹配需求来调节，除了联邦拨款之外还吸引其他资金，如国外投资和风险投资。这些资金的主要目的是将新技术推向市场、培育创新型企业、吸引顶尖的商业化人才和国际公认的商界领袖。

对于每一个项目，CECR 只为各中心提供部分资金，各中心可以寻求私方来源资助其工作，以确保多个合作伙伴的参与，实现计划的可持续性。2017 年对 CECR 的评价结果表明，大多数中心会利用 CECR 资金来吸引更多私方资金注入，降低了对 CECR 资助的依赖，大多数中心向自我可持续方向发展。除了 CECR 的联邦投入以外，当一个中心成功地吸引其他资金时，它将利用额外的资金来扩大 CECR 活动，包括开展更多的工作、雇用更多的人员或扩大工作范围。具体要求如下：

一是 CECR 投入责任。CECR 将资助各个中心的运营费用、职员薪资费用、知识获取费用、技术商业化费用等。二是外部资金获取。为合理利用 CECR 的资金，CECR 方案要求各中心创造收入并确保合作伙伴能够及时投入资金。在资金供应协定期间，投入包含现金和类似的资金形式，同时合作伙伴的投入资金必须是非联邦来源。三是资金配比。CECR 中心投入与非联邦投入用于符合条件的技术转化资金投入的比例应是 1∶1，即每一笔用于符合条件技术的商业化成本的 CECR 赠款必须与非联邦捐款（现金或类似实物）相匹配。CECR 赠款资金和非联邦资金用于其他符合条件费用（运营成本和职员薪资支付等）的比例应是 3∶1。四是资金投入与使用。NCE 未对资金有明确的预算，但 CECR 各中心 5 年获得的资助金最多为 1500 万美元。资金使用期限为 5 年，但中心可再申请延长 5 年，即中心最多可获得 10 年资助，资助金额最高为 2900 万美元。资金使用过程中各中心董事会必须全程监督是否合规。CECR 要求它们投入的资金在供资期间要被全部使用。各中心必须每年提供一份关于其他资金来源的说明及其申请，同一项目不得重复供资，且各供资项目不可重复。

五、收益与成效

CECR 允许中心以灵活的方式设计、运行及交付任务，受资助的中心可根据自己的目标和背景选择灵活的交付模式。交付模式主要为 3 种，分别为商业化交付、投资者交付和服务者交付。商业化交付为中心通过产品和技术商业化产生收入，核心资源位于学术界，案例研究表明商业化交付主要在卫生和生命科学领域。投资者选择具有前景的技术对相关学术机构进行资助，中心通过向投资者出售股权或获得相关税费维持自我发展，故这类创造收入的模式叫作投资者交付模式，通常出现在健康和生命科学领域。服务者交付模式是通过向客户提供技术、商业、科学、指导或培训服务等获得费用。客户通常为企业，包括初创企业和中小企业，中心会帮助客户将产品推向市场，产品得到充分发展后这些费用也将成为中心的主要收入来源和自我可持续发展的基础。

六、政策评价

CECR 计划于 2007 年成立，已资助了 29 个中心，还有 19 个中心尚在接受资助。NCE 分别在 2009 年、2012 年、2017 年对其进行了评价。评价报告显示，创新作为经济增长的动力可以用来应对社会和全球的挑战，然而创新及其成果化的过程是复杂的，因此在未来的发展中 CECR 允许各中心采取更加灵活的方式，开展和交付本中心的项目。

加拿大 CECR 计划鼓励多个主体组成一个非营利的实体组织，充分利用现有设施、资源等推动公私双方协同发展。整个 CECR 计划围绕通过 PPP 提升技术转化和产业开发这一目的，在规则设计、资金投入等方面都体现出独到之处，其中中国可借鉴的经验有以下两点。

一是在 PPP 项目申请阶段就引导公私双方合作。CECR 鼓励公私双方组建非营利机构申请项目，在项目成立之初确保企业和高校院所等展开合作，同时由于每个联合体仅能申请一个项目，确保了公私双方能够聚焦到项目本身的研发和转化活动上。

二是在资源分配上实施公私双方资金的定向使用。CERC 计划在资助方式上做出规定，财政资源和企业资源在研发投入上大约各占一半，但是在运营成本支付上则是财政资源主导。这反映出一个鲜明的规则导向，就是将财政资源作为一种"保底"手段，而技术转化和商业开发则需要公私双方协力实现。中国可借鉴 CECR 资源分配的方案，制定合理的规则更好地规避财政资金被挪用的风险，从而促使企业不断聚焦创新活动。

第二节 加拿大商业导向卓越中心网络计划：构建大规模协同创新网络

一、背景定位

加拿大在原有卓越中心网络（Networks of Centres of Excellence，NCE）的基础上构建了卓越中心网络集群，包括一系列的卓越中心（Centers of Excellence，CoEs），分别为"商业与研究卓越中心"、"产业研发实习"计划及"卓越中心网络知识流动"（Networks of Centres of Excellence-Knowledge Mobilization，NCE-KM）、加拿大商业导向卓越中心网络计划（Business-Led Networks of Centres of Excellence，BL-NCE）。BL-NCE 创建于 2007 年，是由非营利性产业联盟引领的大规模协同创新网络，目的是增加私人部门的研究投入，支持高技能人员的培训，并支持其运营和商业化活动。

BL-NCE 计划的目标是通过建立以企业为主导的研究网络（Business-Led Networks，BL-Network）增强私营部门在研发、创新方面的投入力度，从而提升其竞争力，以此应对加拿大面临的研究与开发挑战。BL-Network 由企业、学术界和政府合作伙伴共同治理，主要面向私营部门的需求。该计划注重政府确定的科学技术优先领域、研究人员的成果应用及商业化活动。同时，加拿大政府希望通过该计划有效缩短技术研发与生产实际产品两个步骤之间的距离。BL-NCE 项目采用商业主导的网络方法，将企业和政府的研究人员或团队聚集在一起，进行必要的研发合作，以满足行业的需求。

商业主导模式的新颖之处在于每个网络资助的研究人员或团队可以是高校型、私营部门型、非营利组织型，或者三者的组合。这种跨网络的结构设置是为了让企业更密切地参与研究过程，满足行业或企业的具体需要，从而确保研究结果能够被接受和使用。

二、治理架构

BL-NCE 计划由 NCE 指导委员会监督。该委员会由加拿大创新、科学和经济发展部副部长，加拿大卫生部副部长，以及其他拥有授权的组成机构（自然科学与工程研究委员会、社会科学与人文研究委员会和加拿大卫生研究院）和加拿大创新基金会主席（作为观察员）组成。

BL-NCE 的管理是由一个董事会负责其战略方向选择和财务工作监督。董事会成员不少于 12 名，且独立成员占比不少于 1/3。董事会成员必须反映参与 BL-Network 的各利益相关者的诉求，还必须包括具有有效管理技能的成员，董事会及其委员会成员的姓名全部公开。NCE 的工作人员在董事会中具有观察员身份，并出席 BL-Network 的委员会会议。

每个 BL-Network 都有一名董事或首席执行官（CEO），向董事会汇报并对 BL-Network 负责。董事或首席执行官负责网络业务的运营和实施，其他职责可能包括向 NCE 秘书处提供董事会批准的年度和财务报告及招聘和管理人员；与 NCE 秘书处一起代表 BL-Network 进行相关活动；向利益相关者（包括 NCE）推广目标和活动。为了有效管理 BL-NCE 的资金，董事或 CEO 需要将至少 70% 的时间用于与网络有关的活动。

BL-NCE 监测与指导机制是指 NCE 指导委员会通过 NCE 秘书处对 BL-Network 的运营和活动进行总体概述和监控，并指定一名工作人员以观察员身份参加董事会及其委员会的会议。该 NCE 员工可以参与解决技术、财务或行政方面的问题，也可以提供与 BL-NCE 计划的目标、规则和指南有关的建议与指导。如果监督审核的结果不满意，NCE 指导委员会可以自行决定终止资助协议，并且不提供进一步的资助。

三、资金构成与使用

BL-NCE 计划是一个匹配计划,它要求网络产生收入并确保合作伙伴投入资源,同时与合作者一起有效利用 BL-NCE 资金。资助协议期间的投入以现金和实物形式提供,并且必须来自以下资助:一是来自加拿大自然科学与工程研究委员会、加拿大卫生研究院、社会科学与人文研究委员会、加拿大创新基金(Canada Foundation for Innovation,CFI)或加拿大基因组中心(Genome Canada)及各个省中心的联邦资助机构的资助;二是由 NCE 计划资助的合作伙伴;三是 BL-Network 活动范围之外的投入或合同;四是来自其他联邦计划利用的合作伙伴的投入。投入资源者是那些能够提供财务和资源手段以满足资金匹配要求的公司,其作用不仅限于为 BL-Network 活动提供配套资金,还将参与到项目管理中以确保研发成果能够自主应用,并监督 BL-Network 按照预期计划执行。

BL-NCE 计划允许合作网络直接为私营部门合作伙伴提供资金,以便他们可以在自己的设施内进行研究。BL-NCE 计划将提供符合条件的 BL-Network 直接研究费用的 50%,以及符合条件的 BL-Network 运营(管理、网络、商业化和外展)费用的 75%。

四、评审标准

2012 年加拿大政府对这个项目进行了第一次评估。评估内容包括检查项目的持续相关性、绩效(有效性、效率和经济性)及项目实施等各个方面。评估的执行时间从项目开始(2007—2008 年)到 2010—2011 年结束。此次评估报告显示,BL-Network 的资助金额为 890 万~1240 万美元,并已在 2009—2013 年的 4 年间发放,每个项目资助时间持续 4 年。这些得到资助的网络进行了增强纳米技术、下一代航空技术及与碳氢化合物生产有关的可持续性挑战的研究。另外,为了鼓励和促进与中小企业的伙伴关系,BL-NCE 计划将 280 万美元预算专门拨给相关组织。

五、收益与成效

BL-NCE 计划已经资助了 4 个网络,分别是:加拿大森林纳米产品网络(ArboraNano)、绿色航空研究和发展网络、魁北克药物发现联合会(Québec Consortium for Drug Discovery,CQDM)及石油技术研究中心—能源生产系统可持续技术(Petroleum Technology Research Centre-Sustainable Technologies for Energy Production Systems,PTRC-STEPS)。这些网络的资金数额为 890 万~1240 万美元。

加拿大政府评估报告表明,BL-NCE 计划取得了较好的预期成果。首先,促进了研究、开发和创新。BL-NCE 建立的实体通过来自不同领域研究人员和合作伙伴的参与,创造了网络化的研发方法。该网络具有严格的项目选择标准和监控机制，包括同行评审、治理结构和项目选择标准，以确保卓越的研究质量。BL-NCE 计划引入合作伙伴的方式起到了杠杆作用，从而增加了对研究项目的总体投资。合作伙伴表示，由 BL-NCE 计划资助的项目正在推动知识的创造与扩展和技术的推广与应用。而且，BL-NCE 与其他网络相比，更有可能创造新技术和新研究方法。

其次，该计划促进了多学科、多部门和国际合作。BL-NCE 研究人员（主要是行业研究人员）大多来自自然科学与工程学科。许多 BL-NCE 研究人员和大多数网络合作伙伴都表示进行了多学科合作。评估结果表明，BL-NCE 计划吸引了来自各个部门的合作伙伴，其中大多数来自产业界。自计划启动以来，合作伙伴的数量一直稳定增长。BL-NCE 计划的合作伙伴模式给未来多方合作带来了更多可能。

六、政策评价

加拿大政府评估报告观点认为，BL-NCE 计划取得了较好的成效，获得了成功。整个计划设计之初就拥有双重政策目标，一方面是通过 PPP 项目提升各类创新机构的协同程度；另一方面是推动成果转化。为了实现这两个目标，整个计划做出了合理的规则设计，从中得到的启示如下。

一是政府主管部门适当对 PPP 项目进行管理协助。NCE 作为上级管理部门，会主动派出工作人员协助各个项目，提供包括战略方向、日常管理和财务等多方面的效率提升建议。这种方式很好地提升了每个 PPP 项目的执行效率，而且比单纯地给予资源、搭建管理机制更加细致，能更加及时地触及各个项目的实际需求。

二是提出限制条件，反向激励企业加大合作力度。BL-NCE 在资金投入方面设置了多种限制条件，包括要求企业合作者要以现金和实物等作为项目投入，尽可能地杜绝了 BL-NCE 网络挪用已有的公共资助，反向激发企业进行更深度的合作和投入更多的资源，以实现项目的最终成功。中国在进行相关项目资助时可借鉴加拿大的经验，适当加强政府的监管并协助项目推进，进一步完善资金资助与使用制度，充分调动民间资金。

第三节 日本研究成果最佳支援计划：分阶段精准扶植技术转移

一、背景定位

日本在实施技术转移的过程中，采用了公私合作的运营机制，与产业界、学术界合作共同参与到技术转移的研发阶段和产品的商业化阶段，在合作过程中，共同承担研开发费用和技术转移风险,共享研究成果及其产生的经济效益,保证技术转移的顺利进行。

日本文部科学省下设的日本科学技术振兴机构(Japan Science and Technology Agency,JST)负责组织开展了一项技术转移型科技计划——研究成果最佳支援计划(Adaptable and Seamless Technology Transfer Program Through Target-driven R&D,简称"A-STEP 计划")。A-STEP 计划也得到了日本竞争性科研经费支持,主要以研究开发目标为驱动,通过 PPP 模式加快学术界研发成果的过渡式转移和无缝转移。A-STEP 计划围绕学术界的种子产品来开展三阶段研发活动,即种子产品挖掘阶段、种子产品实用性验证阶段和种子产品市场化发展阶段。

二、治理架构

在实施过程中,政府设置了完整的管理架构。为该计划委任项目总监(Product Director,PD)和具体项目主管(Product Owner,PO)。PD 和 PO 一方面负责企业的研发咨询工作;另一方面帮助政府对项目进行管理。政府主要以公开招募的方式来吸引企业的参与,并且对来自产业界和学术界的提案进行全面的筛选和审查,以确保未来研究开发的顺利进行。

三、项目流程

(一)种子产品挖掘阶段中的 PPP 模式

A-STEP 计划的第一阶段为种子产品挖掘阶段,该阶段的目的是探索具有潜力的种子产品,属于非竞争性阶段。该阶段设有两种支撑模式:一种是自上而下的重点战略主题型,另一种是自下而上的产业需求响应型。项目在正式研究开发之前,需要 1~2 年的准备期,在此期间对初期种子产品的可行性进行分析预测,需要学术界和产业界的共同参与,JST 会提供共计 2000 万日元的资金支持。

1. 重点战略主题型

重点战略主题型是一种自上而下的研发方式,JST 每年从通过项目可行性预测的种子产品中筛选出 1~2 个作为接下来研发的重点战略主题,并向学术界和企业公开招募项目合作者,有意愿参与的学术界科研机构和企业合作形成联合研究小组,针对 JST 的重点战略主题共同申请并进行提案,JST 有针对性地在众多提案中为每个重点战略主题筛选出 5 个具体的研发项目。同时,JST 每年为联合研究小组提供 5000 万日元的资金鼓励。

重点战略主题型的研发周期上限为 6 年,其主要目标是将 JST 基础研究活动过程中突出的研究成果应用于社会,最终形成创新型的支柱产业。重点战略主题型组织流程如

图 7-2 所示。

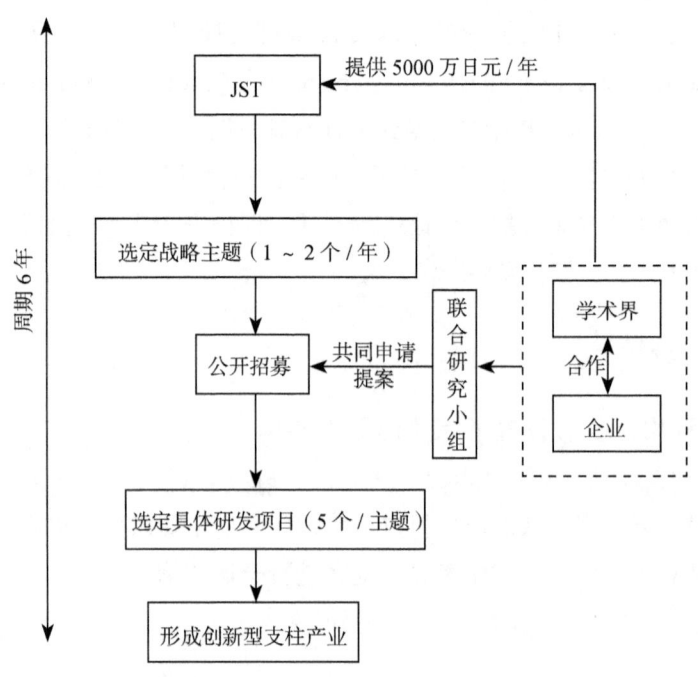

图 7-2　重点战略主题型组织流程

2. 产业需求响应型

产业需求响应型是一种自下而上的研发方式，它从产业界的需求入手，由企业向 JST 提出生产制造过程中的共性技术问题，但提出的技术问题不能是针对个别企业的，而是企业界共同面临的问题。JST 会根据企业界提出的需求来确定下一步的研究主题，一般每年会选择 1~2 个具体的研究主题进行研究，面向企业界和学术界进行公开招募，只有学术界有权提出提案进行响应。JST 每年就每一个研究主题组织 1~2 次会议供学术界与企业界广泛交换意见，最终针对每个研发主题从学术界提出的研发项目中筛选出 10 个最优项目开展更深层次的研发活动。

JST 每年提供 2500 万日元支持该类型的研发活动，产业需求响应型的研发效率要比重点战略主题型高，并且研发周期短，一般控制在 2~5 年。通过这种政府、企业界、学术界深入交流的 PPP 模式，来推进 A-STEP 计划的研发进程，帮助企业解决了共性的技术难题，同时提高了日本政府的产业竞争力，实现了利益共享。产业需求响应型组织流程如图 7-3 所示。

第七章 技术转移项目的公私合作

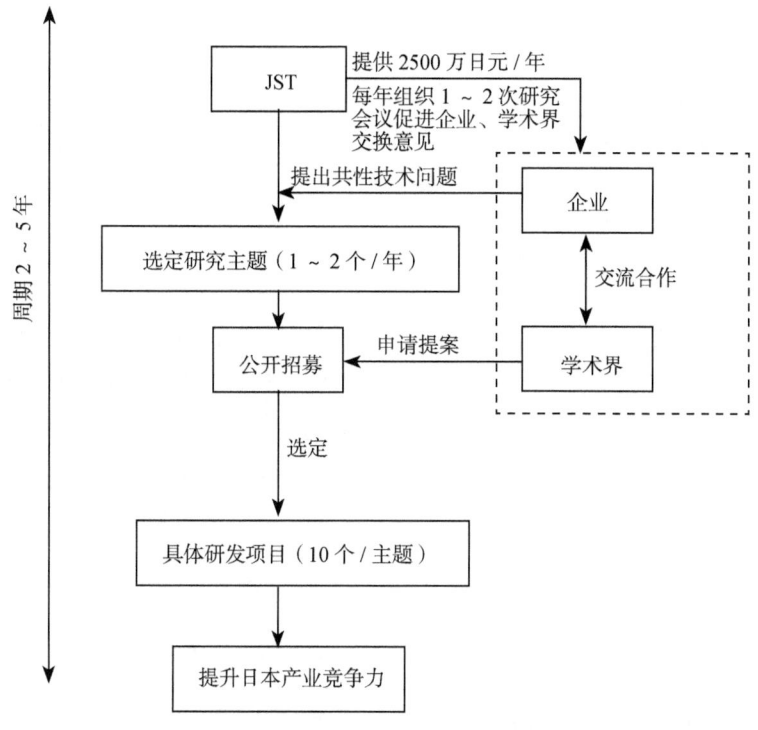

图 7-3 产业需求响应型组织流程

（二）种子产品实用性验证阶段中的 PPP 模式

该阶段的运行模式具备 PPP 模式的典型特征，采用种子产品培育型的支撑方式展开，与上一阶段的不同之处在于：一是需要对种子产品实用性进行验证，涉及竞争性质的技术转移过程和种子产品知识产权的产生。二是不再设置具体的研发主题，课题研究项目主要由两个方面构成：一方面是第一阶段种子产品挖掘过程中筛选出来的课题；另一方面是直接向高校和科研机构公开招募，从而获得的较为成熟的研究成果。最后将项目汇总并按领域重新划分，对于领域的要求比较宽泛，与科技相关的领域（除医学医药外）都可以接受，主要划分为情报通信与电子装置、制造业、功能性材料、生命科学等四大领域。JST 选出 PD 负责整个阶段的运行，同时，为每一个领域选择一位 PO 负责具体的研究课题，并保证每个课题 2～6 年的研发周期。

在项目实施过程中，主要采用 PPP 模式，日本 JST 会委托产业界和学术界形成研究联盟针对其提供的具体研究课题进行共同研究，并给予一定的资金支持，参与的企业也要承担部分资金。JST 还会对研究联盟提供相应的技术支撑，对研发及实施进度进行监督，形成中期报告，对其实施的成果进行评价，研究联盟需要定期将研发实施报告和经营管理报告反馈给 JST。种子产品实用性验证阶段运行流程如图 7-4 所示。

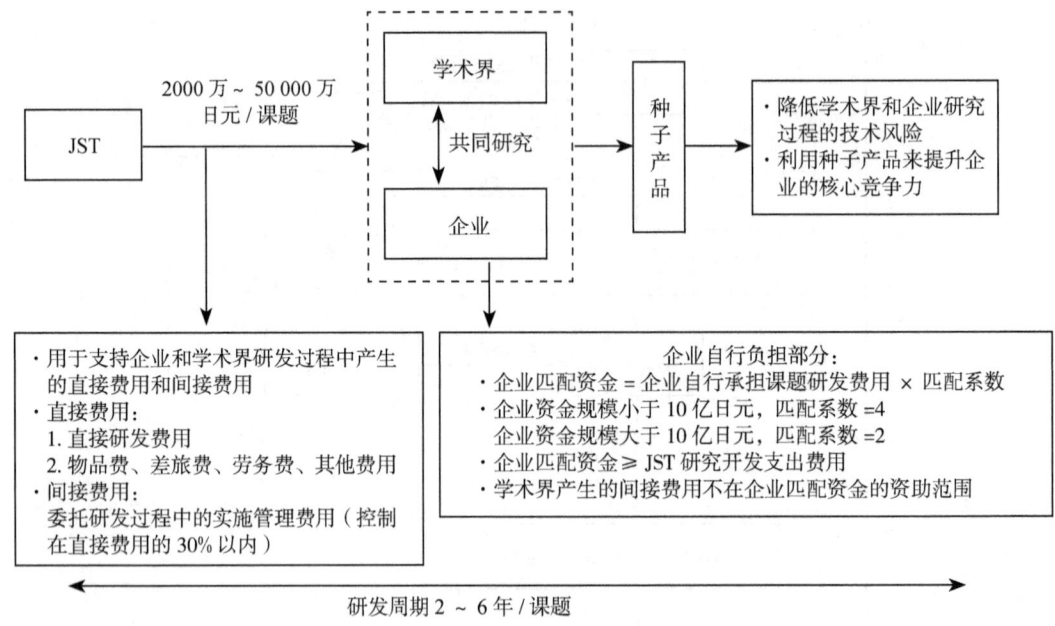

图 7-4　种子产品实用性验证阶段运行流程

（三）种子产品市场化发展阶段中的 PPP 程序

此阶段主要目的是实现种子产品的市场化，围绕私营主体展开，同时采用 PPP 模式，JST 需要对全局进行统筹部署。该阶段将根据参与企业的资金规模、研发投入额度及研发期限分成 NexTEP-A 型和 NexTEP-B 型两种。NexTEP-A 型主要为规模较大、投入较多、研发期限较长的企业而设置的；NexTEP-B 型主要是针对中小型企业而设置的，不同的市场化类型在各个方面具有很大的区别。

1. NexTEP-A 型运行机制

NexTEP-A 型主要分为 5 个环节：产学合作开发提案、项目审查、导入试验、签订委托开发契约、种子产品商业化。关于产学合作开发提案，其内容由两个方面构成：一是依靠上一阶段经过实用性验证种子产品；二是直接向高校、科研机构进行公开招募，此时招募获得的研究成果必须是成熟、可以直接推向市场的。项目审查主要是 JST 负责对提案进一步的审核和筛选，经过审查的项目才有资格进入导入试验阶段。

从导入阶段开始，实施主体转换为企业，由企业对产品进行全面研究开发。导入试验阶段的主要目的是对种子产品的小规模开发和试验，完成对未来市场化过程中可能出现问题的分析和调查，一方面降低企业大规模研发投入过程中可能出现的风险；另一方面是企业对种子产品未来商业化发展方向的预测和把握，导入阶段时长不能超过 1 年，该阶段开发费用尽量控制在项目整个研发费用的 10% 左右，但不能超过 1 亿日元。通过导入试验阶段后的产品将进入签订委托开发契约阶段，该阶段主要内容是签订公私合作关系的相关契约及明确知识产权归属问题等，同时也是研究成果商业化的初始阶段。学术界对其创造的专利产品享有专有实施权，JST 与其签订契约之后，即可对专利产品进行开发利用，而 JST 对该专利产品享有普通实施许可，同时，和企业签订委托开发契约，并给予企业每个专利产品 1 亿～15 亿日元的开发费用，来推动企业研发活动的顺利完成，该阶段的研发时长控制在 10 年以内。

一旦项目成功，则将研发费用以无息的方式返还给 JST，但 JST 会收取一定的专利实施费用，同时，按一定比例分给研究成果所有者；如果项目失败，企业只需偿还日本政府 10% 的研发资助费用（免除 90% 费用）。该类型的运行机制如图 7-5 所示。

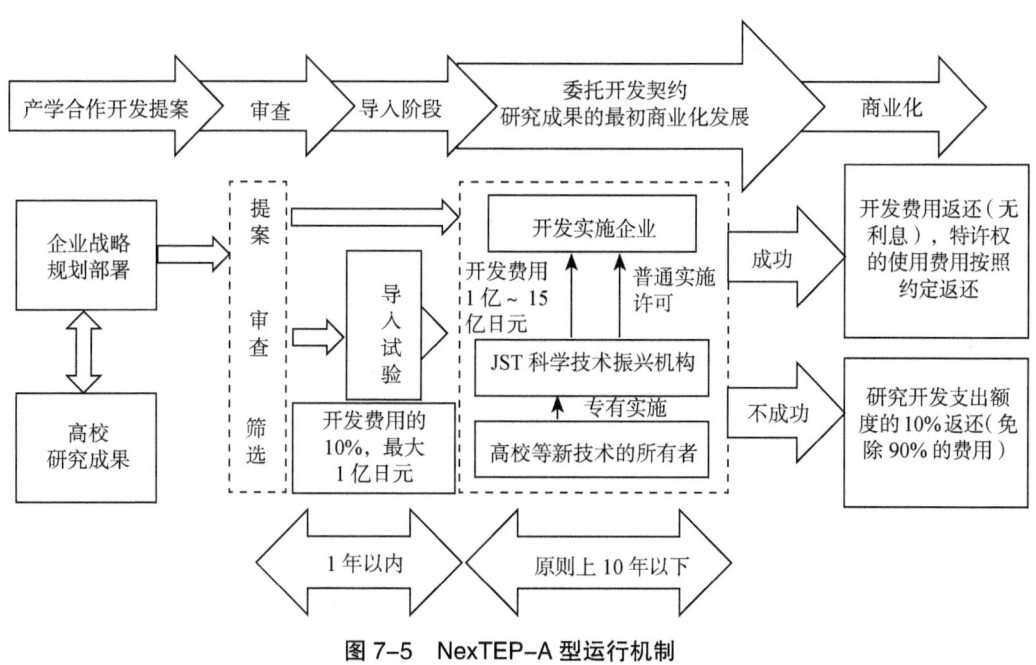

图 7-5 NexTEP-A 型运行机制

2. NexTEP-B 型运行机制

NexTEP-B 型与 NexTEP-A 型相比有很多不同之处，包括：一是它针对的是资金规模小于 10 亿日元的中小型企业，因此只适用于种子产品的小规模开发及商业化。二是在种子产品商业化过程中，JST 缩减委托开发费用至每个项目 3 亿日元，其余的开发费用由企业自行承担，同时将周期缩短至 5 年以内。三是该种类型不需要设置导入试验阶段，一方面加速产品市场化进程；另一方面对于小规模的企业来说更能有效降低开发成本。四是 JST 为了鼓励中小企业参与合作的积极性，允许企业在最后市场化完成之后不必返还 JST 的委托研发费用。

JST 在该环节同样会委任 PD 和 PO，同时，PO 此时作为项目评价委员长，一方面与企业签订委托开发契约、明确委托条件，并将各个阶段实施评价报告给企业；另一方面接收来自企业的计划报告书、商业化状态报告书及企业偿还的特许权使用费用。企业将项目实施成果投入市场的同时，收集产品销售情况等市场反馈信息。该类型运行机制如图 7-6 所示。

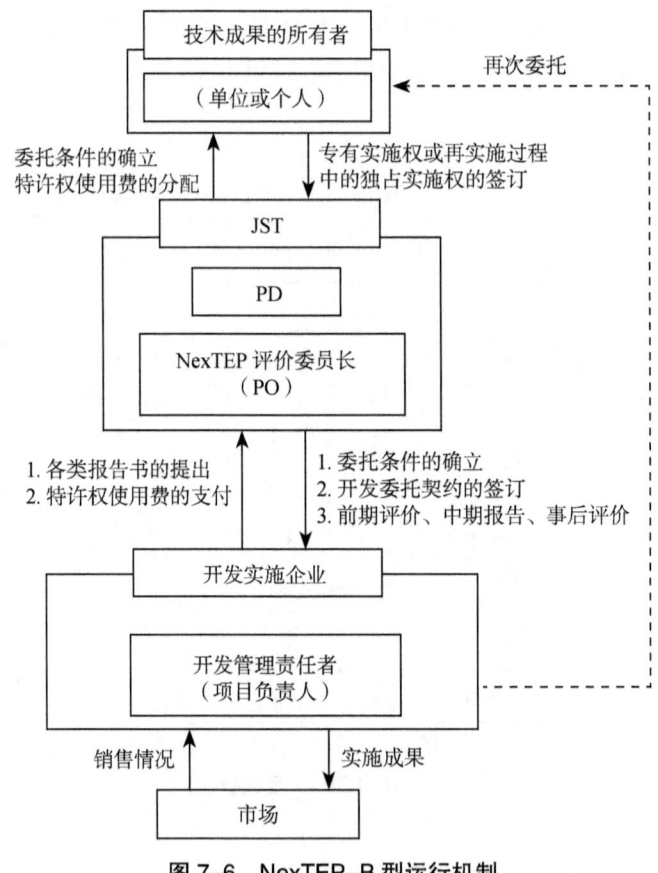

图 7-6　NexTEP-B 型运行机制

四、资金利用

在 A-STEP 项目的大部分阶段，还是以公共资金对企业进行资助为主。能够比较好地体现公私合作的是在技术实用性验证阶段的研发活动。这个阶段所需的资金来源主要有两个方面：其一是 JST 为每一项研发课题提供的 2000 万 ~ 50 000 万日元不等的研发费用，用于支付研究联盟在研发过程中产生的直接费用和间接费用。直接费用主要有：

直接研发过程中涉及的费用、物品费、差旅费、劳务费及其他费用；间接费用主要有：JST委托研发联盟进行研发的实施管理费用，同时间接费用需要严格控制在直接费用的30%以内，从而保证研发的有效开展。其二是企业自行承担部分资金，不同资金规模的企业承担的费用也不一样，因此，日本政府专门为企业匹配资金提出了私有资金匹配（公共资金）系数的概念，资金规模10亿日元以上的企业，对应的匹配系数为2；而资金规模在10亿日元以下的企业，对应的匹配系数为4。企业匹配资金指企业在课题研发过程中提供的资金额乘以匹配系数后得到的资金数值，企业匹配资金在数值上要求必须不小于JST提供的研发支出总额，其中，学术界在研发过程中自身产生的间接费用，不包含在企业匹配资金的资助范围之内。

JST在该阶段参与到种子产品的实用性验证与产生的过程中，与学术界和企业共同承担技术风险，获得部分种子产品知识产权的同时，提升了部分企业的核心竞争力，降低了企业因技术问题而导致的项目流产风险。

五、实施成效

自2009年开始，JST陆续收到了来自企业和学术界针对种子产品提出的研发提案，2011年以来，JST公开发布研发项目的实施进程及其已收获的研发成果。A-STEP计划研究成果显著，根据2016年1月的成果报告，已有数百个项目在研或者已投入生产，研究成果服务于各种领域，主要有社会生活、机械制造、情报与通信、化学材料及生物技术等。

六、政策评价

日本A-STEP计划聚焦于成果转化环节，具有非常鲜明的针对性。围绕不同成果类型设计了个性化的转化方式。其中可借鉴的经验如下。

一是"量体裁衣"有效优化PPP资源配置。该计划的一个重要特点是采取阶段性的方式开展技术转移活动，根据科技成果转化的不同时期分成：种子产品挖掘阶段、种子产品实用性验证阶段和种子产品市场化阶段。同时，根据PPP合作企业的资金规模及项目的实施周期等采用了不同的市场化方法。这种量体裁衣式的合作模式，一方面可以更有针对性地对企业进行扶持；另一方面可以实现资源的有效配置。中国政府如果能利用A-STEP计划的优势来完善中国的科技成果转化相关的PPP项目运行机制，对不同类型企业进行更有效的差异化研发扶持，就可以更好地降低合作运行成本，提升产品的质量，充分利用资金的价值，实现PPP项目的收益最大化。

二是"过渡式转移"促进技术转移精准对接。日本的A-STEP计划采用一种过渡式转移的方式，每个阶段末期都设置过渡性的审核、评价及反馈机制，下一阶段初期需要对上一阶段的成果进行规范化的筛选。例如，种子产品实用性验证阶段的开始会对挖掘阶段的成果进行进一步的检验，这种承上启下的结构化技术转移流程可以保证科技产品从产生到市场的连贯性和完整性，符合无缝转移的要求。A-STEP 计划的过渡式转移方式对中国的研究开发和市场化的精准对接具有一定的借鉴意义，同时对完善 PPP 项目执行有启发意义，可以帮助中国更好地降低研发投入成本，提高技术转移效率，避免技术资源的浪费。

三是"项目清单透明化"改善 PPP 合作信息不对称。日本在技术转移过程中，会定期发布在研项目或已完成项目的私营主体、研究进展、项目核心技术的方法和原理及项目负责人等详细的内容，最终以年度报告的形式对外界开放。这种做法一方面秉承着对合作企业负责的态度；另一方面解决了具有合作意向企业的顾虑。中国 PPP 模式的具体实践中，仍然存在信息的公开性不够完善，缺乏一定的数据积累，难以形成成熟的计量模型的问题。只有加快改善和丰富 PPP 综合信息平台内容，尽可能地满足研发项目进展公开透明化的要求，才能有效解决技术转移过程中公私合作的信息不对称问题。

第四节 澳大利亚合作中心：促进高校与产业界紧密合作

一、背景定位

20 世纪 80 年代，澳大利亚政府在经济理性主义背景下意识到积极面对国家需求、解决产业技术问题的重要性，并形成了"产业界应该承担起更多责任来支持合作研究，由此帮助澳大利亚摆脱大量进口高科技产品和成果的困境"的观念，由此从 80 年代中期起允许高校研究人员申请与产业相关的基金项目。这样的背景孕育了合作研究中心（Cooperative Research Center，CRC）计划，该计划为澳大利亚产业和高校间的合作起到了重要的推动作用。CRC 计划在澳大利亚发展迅速，于 1990—1995 年就成立了共计 61 个合作研究中心。截至 2017 年 7 月，澳大利亚政府自设立以来，已经为 CRC 项目提供了超过 40 亿澳元的资助，支撑着澳大利亚在研究、创新和科学领域的繁荣发展，并造福社会。

CRC 计划是 1990 年设立的，是澳大利亚政府重点资助的独立研究计划，也是澳大利亚科技战略的一个组成部分。该计划的主要目标是通过发展长期的、用户导向的官民合作研究中心，从而获得可以应用和商业化的高水平研究成果，促进澳大利亚的工业、商业和经济的增长。CRC 计划的具体目标可以归纳为以下 3 个：一是加强以高校为代表的研究与教育组织同部门、联邦科学与工业研究组织（Commonwealth Scientific and Industrial Research Organisation，CSIRO）和政府部门所属的实验室基础设施之间的合作。二是以高水平研发提升澳大利亚工业水平、促进产学研合作与科技成果转化、吸引企业投资、促进面向产业需求的科技创新及培养研究生人才等。三是通过各种方式增进政府机构与私人企业间的交流与联系，促进科技成果转化。另外，CRC 计划认为这 3 个目标不是孤立的，而是需要作为整体进行考虑。

二、治理架构

CRC 计划得到澳大利亚联邦政府财政资助。计划的决策功能由澳大利亚高等教育、技能、科学与研究部长承担，属于联邦政府层面的管理主体。战略咨询功能则由 CRC 委员会承担。此外还有一个非政府组织 CRC 协会，为其专业性运作和管理提供指导，此协会是完全独立于澳大利亚政府的。典型 CRC 主要由 5 个部分组成：理事会、首席执行官（Chief Executive Officer，CEO）与管理层、研究项目、参与单位及咨询委员会。

CRC 是采取企业法人机制的项目组，有 3 个特点：一是项目组的项目来源于企业，该项目的最终用户是企业。判断一个企业是否是技术的最终用户，关键看该企业是否出资订购该项技术的研发。二是项目组的成员必须是产学研结合的，"产"必须包括研发成果的用户企业。三是项目组采取公司制运作模式，按企业法人运营。CRC 设立董事会，董事长和董事的人选由 CRC 成员单位提出和决定，董事长由成员单位之外的独立人士担任，董事中的多数必须由产业界人士出任。

CRC 理事会由主席与成员组成，人数为 5~8 人，每年开会频次 4~5 次。主要责任是为整个合作中心提供战略指导并对财务管理与高层绩效进行监督和评估等。主席与成员均为兼职人员，主席要花费 10% 的工作时间进行指导和管理。另外，还要求主席与参与单位之间没有利益关系，并具备一定行业研究经验。成员在原则上与参与单位也要没有利益关系。

CEO 与 CRC 管理层是 CRC 的管理核心，其职责在于依照与政府的合同约定进行研究和培养任务，并且推进成果商业化。另外，还需要保证 CRC 在法律、财务和道德等方面运行的合理性。CEO 作为实际领导者，需要定期向理事会报告 CRC 运行情况。而专业方面，CEO 也必须具备技术商业化管理经验及项目管理等能力。

研究项目不仅是 CRC 履行职能的载体，还需要同时承担培养学生及推进研究的责任。通常 CRC 会设定 3~4 个研究项目，每个研究项目有 1 位研究主管，由高校教师、产业研究人员或者科研机构研究员担任。往往研究主管同时是 CRC 核心管理层的成员。接下来是参与单位，各个研究项目都含有各种类型的参与单位，通常包含核心参与单位与非核心参与单位。前者必须有 1 个终端用户单位和 1 所高校或隶属高校的科研机构，对 CRC 贡献较大。有些 CRC 会设立多个咨询委员会，主要对 CRC 进行帮助和指导，理事会可能下设研究和教育、商业化、运营等咨询委员会，CEO 可能下设技术委员会。

三、资金构成与使用

CRC 计划资金来源是指成功入选的 CRC 从计划专项获得的最长 10 年的资助，且原则上主要考虑研究计划与资金之间的适合性而没有额度上限。到期后，中心还能申请延期资助，总时间最长可达 15 年。

澳联邦政府和州政府分别为合作研究中心提供费用。政府提供资金的最高值为中心所需费用的 50%，其余费用由中心的参加单位提供。具体来说，CRC 的资金主要来自于 CRC 计划、参与单位与政府其他资助计划。政府对 CRC 项目予以资助，同时要求 CRC 人员所在单位对 CRC 人员给予支持，免费使用 CRC 人员所在单位的科研仪器、设备。政府资助周期为 7 年，项目结束后 CRC 不再存续；有意愿延长存续期限的 CRC，必须重新参加新一轮的评选，评选每两年进行一轮。根据联邦政府《CRC 目录 2006》的统计，CRC 年预算最低为 690 万澳元，最高为 5540 万澳元，平均为 1390 万澳元；政府与非政府投入之比为 1∶4.6。

政府其他渠道也可能成为 CRC 的资金来源。CRC 可以向联邦政府及地方政府的其他公共研究资助基金申请资金支持。CRC 在资金投入和使用上比较严格，需要遵照合同规定，一般禁止计划资金在国外使用。CRC 的资金还可能从参与单位获得，这类资助分为现金和非现金资助。前者主要来自参与单位，后者则可能源于任何参与单位，通常包括研究人员、管理人员、实验器材等，并通过折合成现金作为资金来源的一项。

CRC 计划自 1990 年正式启动，次年成立了第 1 批合作研究中心，共有 19 个。2015 年年初，累积 16 批，成立共计 209 个中心。澳大利亚政府已经向该计划投入近 40 亿澳元。每批 CRC 受资助年限保持在 5~8 年，金额呈现上升趋势，单个 CRC 平均资助额从 1991 年首批的 1287 万澳元增至第 16 批的 2619 万澳元（图 7-7）。

第七章 技术转移项目的公私合作

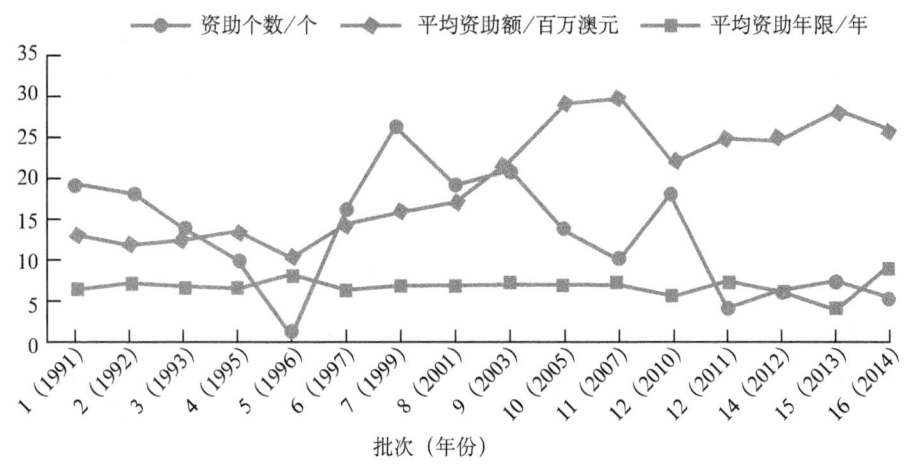

图 7-7 澳大利亚 CRC 计划历年资助情况

[来源：LEE K. Promoting innovative clusters through the Regional Research Centre (RRC) policy programme in Korea[J]. European planning studies, 2003, 11(1): 25-39]

四、收益与成效

在澳大利亚 CRC 计划执行的过程中，联邦政府与澳大利亚工程院等独立机构多次对其进行全面效果评估，普遍认为该计划在推动澳大利亚科技进步、促进国民经济发展、推动国际科技合作、培养澳大利亚高端科研人才等方面发挥了重要作用。

根据 Allen 咨询集团的评估，截至 2012 年澳大利亚政府通过该计划投入 34 亿澳元资金，预期将产生总共 145 亿澳元的直接经济效益。1991—2012 年已经产生 86 亿澳元直接经济效益，预期随后 5 年将产生 59 亿澳元的直接经济效益。Allen 咨询集团认为，CRC 计划平均每年直接促进国内生产总值（GDP）增长 0.03%，对澳大利亚经济、社会和环境产生了重要的影响。CRC 计划中各行业获取的及预期产生的收益如表 7-2 所示。

表 7-2 CRC 计划所取得及预计将要取得的直接经济效益

单位：亿澳元

行业	1991—2012 年	2013—2017 年	年平均效益	1991—2017 年总直接经济效益
农业	36.49	25.01	2.37	61.50
服务业	31.25	25.58	2.19	56.83
矿业	11.77	3.72	0.60	15.49
制造业	6.28	4.40	0.41	10.68
总计	85.79	58.71	5.57	144.50

来源：The Allen Consulting Group, *The Economic, Social and Environmental Impacts of the Cooperative Research Centers Program*.

截至 2012 年 6 月 30 日，CRC 计划培养的具有产业应用研究能力的硕博士超过 4400 名。同时，CRC 项目支持澳大利亚与 112 个国家和地区建立了超过 7500 个国际科技合作。

五、政策评价

澳大利亚 CRC 计划是长期执行、用户导向的 PPP 项目，其启示如下。

1. 构建具有活力、能够广泛调动资源的合作主体

一是以企业化运作保持计划活力。CRC 计划要求以法人实体设立，一方面作为研究中心接受政府资助；另一方面是企业化运作的独立法人实体。CRC 不隶属于任何政府机构或参与单位，是非营利性质的企业组织。因为 CRC 的独立法人身份，使其权利与义务的界定都非常明确，并通过合同清晰地界定了 CRC 与联邦政府和参与实体之间的权利与义务关系。由于 CRC 是独立承担法律责任的实体，招聘、定薪和商业化等各类活动都具有很强的自主性和灵活性，生产运作管理偏向企业化，运作效率高，活力强。

二是赋予核心地位支持资源向计划汇聚。为全方位提升 CRC 的统筹作用，澳大利亚政府赋予了 CRC 核心地位。在运行层面，CRC 积极吸收地方政府、行业主管部门、其他国家机构等作为成员，实现更大范围内的人才、资金、技术等资源的汇集，全面促进合作交流、推动研究成果转化与商业化，进而全面提升创新产出的研发成果与经济效益。

2. 以市场化运作和长期化导向推动机构运作

一是 PPP 以市场化为导向提升 CRC 计划经济效益。CRC 计划是需求驱动的 PPP 模式，即以终端用户的需求驱动产学研合作创新，以终端用户的需求带动整个产业链的发展，将上下游企业、高校、科研机构及政府的力量结合起来，以需求和商业回报带动科研方向的选择与确认，切实解决基础研究与应用研究之间的偏差。通过终端带动与产学研合作实现终端问题的解决，推动产业链上的企业创新和科技成果迅速转化，进而提升经济效益。研发最终应该落实到实际生产中，为经济发展做贡献，对中国 PPP 项目而言，应该积极以市场为导向，立足市场需求开展 PPP 项目的申请与立项，并最终落到市场中去。

二是 PPP 立足于长期化，切实支持计划实施。CRC 计划启动之初，资金支持周期设定为 7 年。在 2010 年，为了向企业和科研机构提供更加长期化的稳定支持，以及确保科研机构和企业对未来研发运营工作有更强的信心，并且致力于解决更加重大的问题，澳大利亚联邦政府采纳专家评估的反馈意见，决定将资金支持周期调整为 10 年，并且允许申请延期，最长总周期可达 15 年。长期化的支持使研发机构和企业对未来有更强的确定性，研发与运作风险大大降低，对于重大问题的解决有了更强的信心和更充足的支持，

第七章 技术转移项目的公私合作

有利于切实为 CRC 计划的实施提供支持。

第五节 以色列-美国双边产业研发基金：以国际合作助力产业创新发展

一、背景定位

以色列政府长期以来重视对高技术型中小企业的帮助和扶持，实施了包括颁布相应法律、提供政策保障、组成专业科学家团队提供技术支持、成立专项基金资助研发投入等一系列积极举措。同时，以色列政府积极推动国际创新合作，从国外吸收大量的研发经费、创新技术和创新型人才，帮助本国高科技企业进行技术推广，开拓全球性市场。以色列已经与美国、欧盟、德国、英国、加拿大、日本等重要的创新国家和区域组织建立双边、多边和国际研发项目。其中，以色列与美国共建了3个基金，其中就包括1977年设立的以美双边产业研发基金（Israel-U.S. Binational Industrial Research and Development 基金，简称"BIRD 基金"）、以美双边科学基金（1974年）和以美双边农业研发基金（1977年）。

BIRD 基金是由美国和以色列政府于1977年发起成立的，BIRD 是"以色列-美国双边工业研究与开发"（Binational Industrial Research and Development）的首字母缩写。BIRD 基金的使命是刺激、促进和支持以色列与美国高科技行业（包括新兴企业和成熟组织）之间建立互利合作关系。为了实现项目使命，BIRD 基金致力于为以色列和美国企业在研究与开发领域的合作中牵线搭桥，成为其开展联合研发的关键促进工具。以色列和美国之间的任何结对企业都可以联合申请这家基金的支持，前提是它们确实结合了起来并共同拥有足够的实力和基础设施，从而能够在产业研发基础上定义、开发、制造、营销并支持创新产品。结对企业中，以方通常参与前沿技术的研究与产品开发工作，美方则负责帮助定义产品、收集市场信息和销售服务工作（图7-8）。通过合作，以方可将创新概念所产生的潜在利益最大化，美方可扩大产品系列和规模，实现商业价值最大化。

BIRD 基金所支持的重点领域是新兴产业和全新技术，具体业务范围已经扩展到先进制造、农业技术、清洁技术与环境、通信、建筑技术、电子、金融科技、天然气、国土安全和网络安全、生命科学、软件、可再生和替代能源及其他具有商业潜力的众多领域。

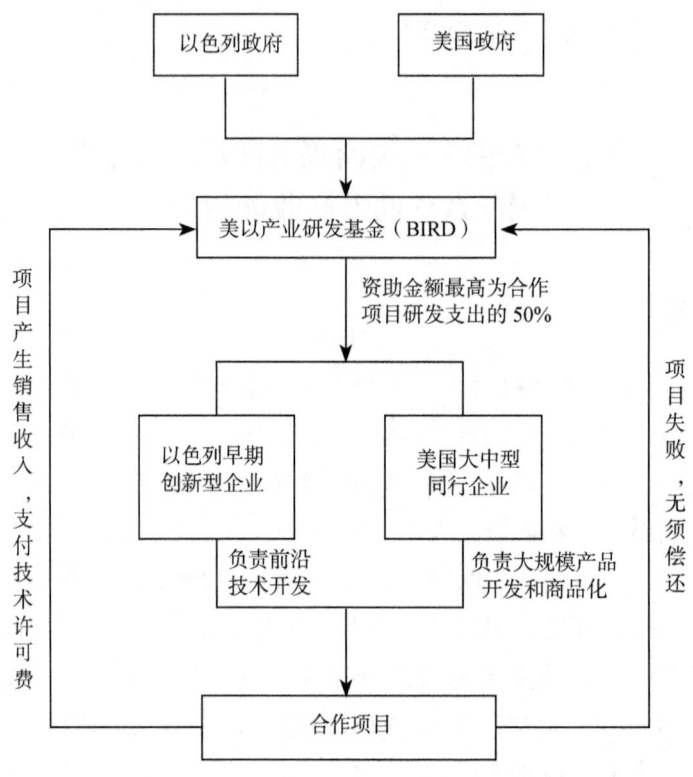

图 7-8　以美产业研发基金（BIRD）示意

从 2009 年开始，BIRD 基金进一步开展针对特定产业部门的战略规划，首先推出了"双边产业研发基金能源分会"（BIRD Energy），以资助美国和以色列的企业之间或是企业与高校、科研机构之间进行可再生能源和能效研发活动。该项目是美国能源部能效及可再生能源司（Office of Energy Efficiency and Renewable Energy，EERE）和以色列能源及水资源部 [Ministry of Energy and Water Resources，原国家基础设施部（Ministry of National Infrastructures）] 依据美国 2007 年的《能源独立与保障法案》签订的一项合作协议而建立的。两国产业研发基金能源分会遵守 BIRD 基金的准则与规程。它所支持的产业领域包括太阳能、生物燃料、先进载具技术、风能、智能电网，或是任何其他可再生能源或能效技术。

2016 年，BIRD 基金又启动了针对国土安全领域先进技术的"双边产业研发基金国土安全技术分会"（BIRD HLS，即 BIRD Homeland Security Technologies，原称 NextGen First Responder Technologies）。该项目是美国国土安全部科学技术局（Department of Homeland Security Science and Technology，DHS S&T）和以色列公共安全部（Ministry of Public Security，MOPS）根据两国政府关于国土安全科技合作协定而建立的一项合作项目。

它支持创新领域包括先进的应急技术、基础设施和公共设施安全保障、边境防御、无人机操作系统、网络犯罪执法能力等。

二、治理架构

BIRD 基金理事会负责项目审批工作，固定在每年 6 月和 12 月分别于美国和以色列召开两次会议。理事会共有 6 名成员，以美两国各派 3 人。以方 3 人包括首席科学家、财政部总干事和经济产业部总干事，美方 3 人是国务院、商务部和财政部的代表，其中双方各有 1 名理事会成员作为联合主席。另外，理事会还聘有 2 名顾问。

BIRD 基金会的总部设立在以色列特拉维夫，由 1 名执行董事和多名工作人员负责基金会的运行，同时分别在美国西部城市圣塔克莱拉和东部城市波士顿设立办公室。

三、项目流程

BIRD 基金的项目申请流程从申请者进行潜在项目介绍到 BIRD 基金将第一笔资金转给申请企业，大约要经历 17 周，具体流程和时间线如图 7-9 所示。

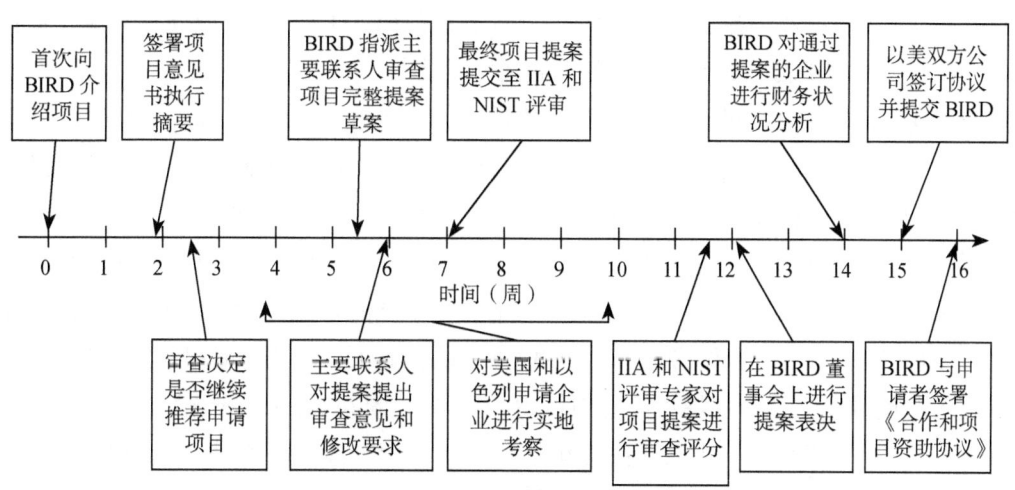

图 7-9　BIRD 基金申请流程和时间线

（来源：BIRD Foundation. BIRD foundation procedures handbook[EB/OL]. [2020-10-26]. https://www.birdf.com/wp-content/uploads/2019/02/BIRDHandbook_0119.pdf）

BIRD 基金项目形成主要经历 3 个阶段。第一步是项目征集。一家以色列企业和一家美国企业共同组成申请者。申请者首先要向 BIRD 基金的工作人员介绍项目的基本情况并提交项目申请概要。通过初步审查后，申请者要按照"程序手册"编制正式的项目申请书,申请书主要包括"技术申请书"和"商业计划书"两部分,"技术申请书"主要描述项目的创新点、技术方法细节及项目进度表;"商业计划书"需要包含商业分析、商品化计划、双方企业合作的利益分配、项目组织和管理计划、双方企业的介绍及主要管理者简介。第二步是项目审查。项目申请书将由以色列创新署(IIA)与美国国家标准和技术研究院(NIST)组成的专家组进行评审,然后每半年将评审结果报给理事会进行讨论和审批。第三步是最终立项。通过审批的项目可以立项,然后申请者需与BIRD基金签署《合作和项目资助协议》,协议中包括项目实施计划、项目预算、申请者应得资助额、BIRD应得还款额及项目报告要求等。

四、评审标准

BIRD基金要求所有项目必须由一家以色列企业和一家美国企业联合申请,并具备足够能力以实现创新产品的定义、开发、制造和销售等,但不对项目落地做明确要求。一般结对企业在产品开发制造、产品定义、销售服务等环节上各有分工,但是共同承担研发和销售过程中的风险。BIRD基金要求申报项目是致力于开发成熟商业化的产品的创新项目,不支持纯粹的技术研究。BIRD基金倾向于选择那些已经完成前期技术开发,缺乏产品研制、定位及市场化的结对企业。这样的定位保证了BIRD基金能够可持续发展,从成功项目中获得的偿还款有助于维持基金的稳定运行。

BIRD基金每年最多可批准35个大型项目(full-scale project)和20个小型项目(mini project)。大型项目定义为其中两家公司的总开发成本(直至技术成熟至可以商业化)至少为40万美元的项目。BIRD基金资助份额最高可达项目总成本的50%。同时,BIRD基金设计并推出了小型项目,该项目已被证明是功能强大且成功的工具,可以使美国和以色列公司迅速地、以较低风险参与尖端技术的小型产品开发。对于两家打算建立合作伙伴关系的公司来说,通常会定义1个规模不大的初始项目,而不是投入到具有更高风险和持续时间成本更高、规模更大的项目中。理事会授权执行主任分配年度资助金额的20%,用于支持小型项目。小型项目的预算限制为40万美元。因此,资助金额最高为20万美元,或实际项目成本的50%,以金额较小者为准。

五、资金构成与使用

BIRD基金的初始资本为1.1亿美元,由以色列政府和美国政府各投入一半。在基金运转过程中,经费来源主要包括初始资本的利息和项目还款等两个部分。

作为一个科技创新PPP模式的基金,政府资本和结对企业共同对BIRD基金项目进行投资,共同承担风险,资助和贷款偿还基本模式如图7-10所示。

第七章 技术转移项目的公私合作

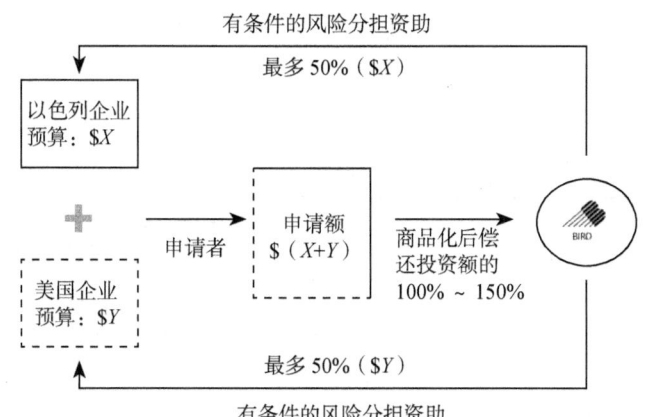

图 7-10 BIRD 基金的资助和贷款偿还基本模式

（来源：BIRD Foundation. BIRD foundation procedures handbook[EB/OL]. [2020-10-26]. https://www.birdf.com/wp-content/uploads/2019/02/BIRDHandbook_0119.pdf）

BIRD 基金的资金投入和回收方式主要有以下 4 个特点。一是主要风险共担机制，BIRD 基金为联合开发项目提供有条件的资助，最高可达到项目总投资的 50%。当项目获得作为项目直接成果的商品收入后，BIRD 基金有权要求企业偿还资金，最高为 150%。但是，作为主要风险承担方，如果项目失败，BIRD 基金不索要任何还款。这一机制充分体现了两国政府对高科技企业进行技术创新的支持力度。

二是分阶段拨款，BIRD 基金资助的项目按照拨款阶段一般分为两阶段项目和三阶段项目，每个阶段为半年左右，BIRD 基金资助分阶段投入项目。首先，初始拨款是在签订《合作和项目资助协议》后发放给企业。然后，随着项目的进行，以美结对企业向 BIRD 基金提交阶段性技术报告和财务报告并得到认可后，将获得中期拨款。最后，当以美结对企业提交项目最终成果报告（技术研发情况、财务情况、商品化情况）并得到认可后，获得最终拨款。分阶段拨款方式可以对参与企业进行有效监督和鼓励，同时也能够保证 BIRD 基金在失败项目中及时止损，防止造成资金浪费。

三是自主合理的还款，BIRD 基金对成功项目偿还资金的时间没有严苛的限制，一般可以采取提成的方式，从成功项目后续每年的销售额中支出一定比例的还款。但是，BIRD 基金也规定了企业总还款额度随着还款时间的延长而逐年递增的还款比例标准（表 7-3），以此激励企业加快研发效率，尽快实现商品化并获得利润。BIRD 基金的还款方式既考虑到企业在商品化初期可能面临的资金问题，也保证了 BIRD 基金的自身利益。

四是表外融资的投资。对于受资助企业，BIRD 基金的资金通常被记录为研发费用的减少，偿还款被记录为特许权使用费。这样的处理方式都是损益表项目，并且偿还责任不被记录为负债,因此不会对资产负债表造成影响。同时,偿还款将列支为税前费用。BIRD 基金的这种会计处理方式可以一定程度上优化企业财务状况,受到被资助企业的广泛欢迎。

表 7-3　BIRD 资金的偿还额度及年限

项目研发完成后年份 (开始商业化销售)	BIRD 投资 - 偿还最大比例 (与美国消费者价格指数挂钩)
第 1 年	100%
第 2 年	113%
第 3 年	125%
第 4 年	138%
第 5 年及以上	150%

来源:BIRD Foundation. BIRD foundation procedures handbook[EB/OL]. [2020-10-26]. https://www.birdf.com/wp-content/uploads/2019/02/BIRDHandbook_0119.pdf.

六、收益与知识产权

BIRD 基金不要求所支持的企业提供任何股权和知识产权,只在项目成功后,从销售收入中获得提成作为偿还,这是该基金的主要特点之一,与美国 1980 年颁布的《拜杜法》要求基本一致。同时,BIRD 基金也不干涉结对企业之间关系的建立或管理工作,结对企业间关系的建立条件和维持时间都不需要 BIRD 基金的批准。政府将充分的自主权和自由度赋予企业,也将最大的利益分享给受资助企业,全面促进全社会获取技术创新的成果。

1977—2018 年,BIRD 基金已对 982 个项目进行了资助,包括 803 个大型项目和 179 个小型项目,BIRD 基金累计资助金额 3.55 亿美元,获得偿还金额 1.09 亿美元。这些项目产生的直接收入已经超过 50 亿美元。BIRD 能源分会在 2009—2018 年共批准了 49 个项目,其中 36 个项目已签订协议,累计资助金额近 3400 万美元。

BIRD 基金资助完成的项目不仅为两国产生了巨大的经济效益,也为人类社会发展带来了巨大的技术影响。以色列 Insightec 公司和美国聚焦超声手术基金会合作为运动障碍患者开发了一种无创的脑外科手术装置 ExAblate。该装置是美国食品和药品管理局(US Food and Drug Administration,FDA)批准的第一个治疗对药物没有反应的特发性震颤患者的聚焦超声装置,可以显著改善震颤,提高患者的生活质量。以色列 Opgal 光电工业公司和美国 E.D. Bullard 公司开发基于热成像技术的先进气体泄漏检测相机,可以检测到石油、天然气和化学工业在勘探、运输和精炼过程中的泄漏气体。该项目于 2007 年获得 BIRD 基金的批准，2009 年 Opgal 光电工业公司便成功使其商品产业化，该公司销售的 EyeCGas 2.0 符合美国环保署（US Environmental Protection Agency，EPA）规定，并应用于全球范围内的泄漏检测和维修项目。类似案例不胜枚举，BIRD 基金在医疗健康、通信技术、农业科技、能源环境等领域支持了众多创新项目，有效推动了相关产业创新发展，为以美两国带来了巨大经济回报。

七、政策评价

BIRD 基金是面向国际科技创新的 PPP 项目，而且面向先进技术领域从研发到产业的全过程，同时具备了科技创新的前沿性、全链条性和国际合作性。这个项目是基于以色列和美国两国在科技创新方面的优势地位而设计的，所以要特别突出对目标的支撑。

以色列政府一直是风险投资的积极推动者，努力构建行之有效的规章制度，在 BIRD 基金设计中充分考虑其自身需求，通过设计独特规则充分调动 PPP 中各方积极性并降低风险，包括 BIRD 基金要求申请者必须以 1 个以色列企业和 1 个美国企业结对而成，两个企业各司其职，共担风险。这种合作创新模式可以整合技术优势，实现合作主体的资源共享和优势互补，缩短创新周期，降低创新成本和风险。成功项目偿还资金的时间灵活，同时如果项目失败则不需要还款。这极大降低了参与企业的负担，使其能够"轻装上阵"，聚焦实际的科技创新活动。

BIRD 基金的最大优势是可以持续推动两国政府间开展的国际合作。基金的初始资金来自两国政府，目的是促进两国在技术创新、开拓市场等科学、经济领域的广泛合作。对于以色列而言，通过建立 BIRD 基金能够尽可能撬动多元资金，以加大对本国创新的支持。中国可充分借鉴 BIRD 基金的设立模式，设立与美国、欧盟、日本、以色列等创新型国家和地区的产业研发基金，通过国际合作模式整合技术优势，实现资源共享和优势互补，同时促进与国外企业的技术创新合作，帮助国内企业开拓国外市场，增强与世界主要国家科技、经济的广泛交流。

第八章　公私合作科技创业

科技创业反映经济体的活跃程度和发展潜力，是衡量国家创新能力的重要内容。通过公私合作为科技创业搭建孵化平台、提供创业投资金和创业服务，有效提高了创业成功率和创业速度，促进了新兴产业的形成与发展。

第一节　以色列技术孵化器计划：支持高风险科技项目创业

以色列位于亚洲西部，自然资源较为匮乏，人口约902万（2019年），在进行科技创新、经济发展所必需的地域和资源等方面均不占优势。20世纪80年代始，以色列政府制定了科技创新驱动战略，通过颁布法案、主导创新基金、推动风投等成功促进了以色列的全面发展。以色列首席科学家办公室（Office of the Chief Scientist，OCS）致力于代表政府在以色列全国范围内支持社会与企业的商业性研发活动，促进高新技术发展，为科研人员实现成果转化提供必要的资助，该办公室的建立有助于产学研各方实现风险与收益的共赢。

作为对以色列产业界研发活动提供政府支持的主要机构，OCS为鼓励创新创业推出了大批规模较大的计划活动，相关计划覆盖产业研发、种子前及种子阶段、竞争前阶段等不同技术阶段，PPP模式渗透到技术研发、应用及市场化的各个环节，促进了以色列科技创新的快速发展。这些计划采用具有吸引力的资金供给手段，在产业界与学术机构之间构建独特的伙伴关系，为国际合作提供便利条件，PPP模式的运用使政府在一定程度上分担了相关研发活动所固有的风险。

以色列的创新总体经历了3个阶段，第1阶段是新中国成立至20世纪60年代，创新集中在军工类部门。第2阶段是20世纪60年代中后期到80年代中期，自主创新体系逐渐替代依附性创新体系。20世纪80年代中期之后为第3阶段，创新体系逐步走向成熟和完善，以色列成为全球重要的创新中心。

一、背景定位

20世纪90年代初，苏联的解体导致大批拥有高技术的移民进入以色列，使得以色列的科技人员数量突然增加。这批高技术移民是拥有技术和研发能力的科学家和工程师，是以色列科技创新创业的中坚技术力量。但是这些高技术人才在项目中对技术方面的重视度高于对项目的运营管理，在他们成立的企业中缺乏专业化的企业管理者，缺乏一支真正的管理队伍；同时项目本身的技术风险及产业化周期也增大了投资风险。初创企业资金通常来源于个人和风险投资基金，但仍有很多种子期及前种子期公司不得不依赖于政府支持。为充分将他们的技术能力产业化，帮助初创企业渡过种子期实现平稳发展，以公私合作为基础的以色列技术孵化器计划便应运而生。

技术孵化器计划是以色列政府在PPP方面开展的众多计划中的一个。技术孵化器计划要遵守以色列《研发法》在制造、特许使用费和知识产权方面的规定。该项计划的首要目标是针对高风险科技项目的初期阶段，帮助企业借助创新型技术创意，顺利转化为能够自力更生的可存续创业公司。这项计划的其他目标包括：一是促进以色列偏远和少数族裔地区的研发活动；二是为私营部门（包括创投资本家）开创投资机会；三是将科研机构的技术成果转移并实施到产业部门中；四是增强以色列的创业文化。

二、治理架构

以色列政府启动的技术孵化器计划由首席科学家办公室执行。首席科学家办公室下设技术孵化器指导委员会，其成员由以色列工贸部总司长任命。指导委员会的主席由首席科学家担任，其他成员包括来自产业界的技术代表、以色列财政部预算司的工业事务协调人和首席科学家办公室孵化器计划负责人。指导委员会的主要职责是制定与技术孵化器有关的政策；确定支持技术孵化器及其项目运作的程序；在预算限额内，根据项目评审委员会的推荐批准对候选项目的支持；在预算限额内批准对技术孵化器管理部门的支持；对技术孵化器及其项目的发展进行监督；如果技术孵化器或一个项目偏离创立目标或不遵守有关规章决定，则终止对它的支持。

技术孵化器是一个独立的、不以盈利为目的的法人实体，管理部门由一个具有工业管理经验的、领取政府工资的总经理，一批管理人员，以及一个挑选并监督项目执行的评审委员会组成。管理部门成员来自产业界、企业界和研究所等。管理部门中各方人员的比例根据项目的需要由各方协商确定。技术孵化器项目评审委员会由孵化器经理、学术及产业界专家、商业及金融专家组成，负责审查和批准申报加入技术孵化器计划的项目，一般由3~12名固定成员组成。有时也会根据领域的不同邀请产业界和学术界的高级专家成为临时成员，参与项目的批准和监督，保证评审的科学性、合理性。评审委员会在项目进行申报的初始阶段也会对项目进行申报指导和提供咨询。评审出来的项目将会送到首席科学家办公室进行最终裁定。

技术孵化器的总经理必须是拥有专业背景和管理经验的职业经理人。孵化器总经理和管理人员能为初创企业的发起人提供低使用成本的研发设施和共享基础设施，协助申请政府研发经费，协助获得配套资金的支持，提供集中的秘书、财务、法律等行政管理服务，以及协助孵化项目管理支持、专业指导、商品化等。为加强孵化器间的合作，各孵化器经理每2个月会面一次，进行信息沟通、项目评估等。

整个计划包括多个孵化器。每个技术孵化器能够同时孵化10～15个技术研发项目，为这些项目提供的服务包括：①帮助拥有"创意"的项目发起人对技术可行性和市场前景进行预判并制订研发计划；②帮助实施项目获得所需的金融资源；③帮助形成和组织研发队伍；④提供专业化的管理、指导并进行监督；⑤提供文秘和行政服务、物业管理、采购、财务及法律咨询；⑥帮助筹集资金及制定营销规划。

三、项目运作

技术孵化器计划是帮助创业者实现技术成果转化的纽带，但是并不是所有的初创企业发起人都能够加入孵化器。它们必须经过严格的筛选才能成为孵化器项目，从而获得与政府风险共享、获得资助和私人风险投资的机会，帮助企业渡过种子期。

所有的孵化项目都必须经过多个阶段的筛选才能加入孵化器，运作过程如图8-1所示。

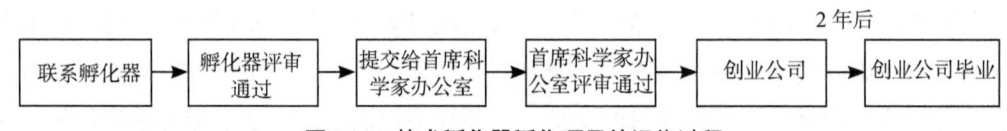

图8-1 技术孵化器孵化项目的运作过程

（一）项目实施

实施的第1阶段主要是预选。预选包括4个方面的工作：一是申请者准备基本文档，包括实施总结、技术表述、市场描述、工作计划、经费预算等5个方面的内容；二是申请者以书面或口头形式咨询同行专家有关技术、市场和营销的意见；三是评审委员会与投资者、特别是私人投资者和潜在战略合作伙伴，进行初步的讨论；四是评审委员会进行专利调查。预选阶段从发明者提交申请到得到批准，再到开始商谈细节大约需要1个月的时间。在这一阶段中，孵化器经理要与项目申请者合作，共同准备基本文档，从中可以看看与申请者的合作是否融洽。

实施的第2阶段是评审。由孵化器项目评审委员会对预选项目进行评审。技术孵化器的项目评审委员会从企业发起人、市场和技术3个方面对项目进行评估。首先，要求发起人具有团队精神，掌握技术关键并做出承诺等。孵化器经理会利用自己的关系网查询和核实发起人的业绩与诚信,找到发起人熟悉者了解其情况。其次,要求项目有广阔的市场,全球市场的商业潜力不低于5亿美元,而且市场具有良好的成长性。孵化器从项目的商业模式是否具有逻辑性、市场是否可实现性等方面进行考察。最后,要求项目技术具有创新性和独特性,如是否申请专利、产品线是否可发展、资源工作计划与里程碑是否可行等。另外,首席科学家办公室要求孵化项目必须在以色列生产,并销售产品。评审出的项目交到首席科学家办公室,由此进入第3阶段的审批程序。

第3阶段,首先首席科学家办公室任命1位专业评审员,与投资者、孵化器经理会谈,准备书面意见;然后首席科学家办公室的指导委员会与评审员、孵化器经理共同讨论决定孵化项目。

(二)项目完成

一般来说,孵化项目完成3个阶段的筛选大约需要3个月的时间。孵化器每年收到申请项目200～300项,只有15～20个项目通过第1阶段的预选,5～7个项目通过第2阶段的评审。由于孵化器与首席科学家办公室之间沟通良好,申报的项目批准率较高。政府对孵化项目没有数量限制,但是孵化器对孵化项目从严指导把握,宁缺毋滥。加入孵化器的项目公司在孵化器里孵化2年,无论成功还是失败都视为孵化完成。

四、资金构成与使用

技术孵化器支持创业公司的成立,并协助它们进入第1轮投资期。创业公司的申请一旦获得批准,将会从孵化器计划中得到为期2～3年的全额资金支持(合50万～75万美元,其中85%由政府拨款,另外15%则由孵化器投资),企业仅在这些项目开始产生销售收入后,才开始以每年收入的3%来向政府还款,技术孵化器孵化项目的资助模式如图8-2所示。

计划中包含一些专业领域孵化器。其中,生物技术孵化器支持成立生物技术创业公司,并引领他们进入临床试验阶段和第1轮投资期。这项计划为得到孵化器委员会批准的项目提供为期3年的全额资金支持(约合202.5万美元,其中85%由政府拨款,另外15%则由孵化器投资),企业仅在这些项目开始产生销售收入后,才开始以每年收入的3%来向政府还款。

还有一些针对成熟技术的孵化器。此类孵化器支持初创公司的持续经营,引领它们进入商业化和市场渗透阶段。这项计划为得到孵化器委员会批准的项目提供为期2～3年的全额资金支持(约合50万美元,其中50%由政府拨款,另外50%则由孵化器投资),企业仅在这些项目开始产生销售收入后,才开始以每年收入的3%来向政府还款。

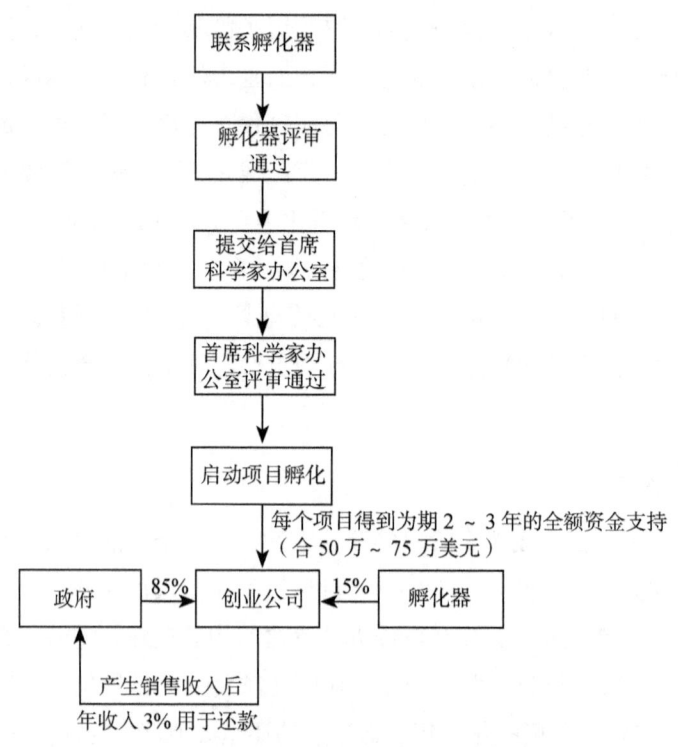

图 8-2　技术孵化器孵化项目的资助模式

此外，将孵化器设在偏远地区的被授权商还能享受以下待遇：政府每年为孵化器的经营成本提供总额 15 万美元的资金支持；孵化器委员会批准的每个项目获得总额 12.5 万美元的额外资金支持（其中 85% 由政府拨款，另外 15% 由孵化器投资）。

外国实体也具备成为孵化器被授权商的资格。从这项改革实施后不到一年，孵化器竞标程序中就出现了新的跨国公司（如 Nielsen Company 和 HWL's Hutchison Water），并赢得了 8 年的许可授权。接受孵化的公司属于私营企业，外国实体可以与原有的被授权商一起，在这些公司孵化期间或之后对它们投资。除了资金支持，孵化器还为创业者提供工作环境，包括场所与基础设施、技术和商务上的指导、法律法规方面的建议及行政管理方面的帮助。

五、具体案例

Technion 创业孵化器有限公司（TEIC）是由以色列技术研究院所属产业化公司投资 100 万美元创办的科技孵化器，位于以色列 Nesher 的 Technion Nesher 科技园，有 4 幢楼共 2400 m² 的孵化面积，可同时容纳 24 家孵化公司，主要孵化生物医药技术项目。

TEIC 的目的是培育零起步的初创公司，通过一系列措施，使孵化项目从初始的创意转化为可进入市场的产品。这些措施包括：协助孵化项目从首席科学家办公室、私有投资者和战略合作伙伴等处获得研发经费的资助；提供实验室、Technion 的技术设施等研发设施；开展财务会计、法律咨询、办公室服务等行政管理服务；组建公司班子，提供战略、预算、市场开拓、知识产权处理等管理支持；寻找风险投资基金和战略合作伙伴。

TEIC 设立了监事会和项目筛选委员会，下设行政管理部、企业发展部和财务部 3 个部门。每年总预算 100 万美元。支出中，工资占 42%，孵化场地租金占 22%，投资占 4%，其他占 32%；收入中，TEIC 每年从首席科学家办公室获得运作经费 20 万美元，占比 20%，从孵化公司收取的租金、设备使用费等经费占 33%，另出售股权获得的经费占 47%。

从 1991 年成立到 2002 年这 11 年中，TEIC 培育了 61 家公司，其中毕业了 52 家。在毕业企业中，33 家公司还在运作，19 家公司失败。1997—2002 年，TEIC 为孵化项目签署了 98 个投资协议，协议金额 6300 万美元，孵化企业销售额近 2400 万美元。在孵期间，有 85% 的孵化公司获得了融资或找到合作伙伴，远远高出全国 51% 的平均水平。

六、政策评价

以色列孵化器通过几十年的运作硕果累累。迄今为止，已有 100 多家高新技术企业在美国纳斯达克上市，上市企业总数仅次于美国。孵化器已经成功孵化毕业项目 872 个，其中 408 个项目毕业后获得了外部资本的进一步投资，占总毕业项目数的 46.8%，即使是未获得外部投资的项目，仍有 103 个继续生存下来，从孵化器毕业的所有项目中，共有 392 个得以成功运营，项目成功运行比例达 45.0%。考虑到以色列孵化器理念仅是对创意进行服务，能取得这种成果是非常惊人的。

以色列 2001 年之前 3 年的孵化器调研表明，在总计 272 个孵化项目中，235 个项目成功毕业，只有 37 个项目中途夭折，成功毕业率高达 86.4%。毕业企业中，近 78% 的项目获得了后续资金支持。1998 年，毕业项目中私人投资总额首次超过政府投资，并持续保持上升态势。而且，随着孵化器运作的良性循环，其资金来源渠道越来越广，来自政府的资金在孵化器资金总额中所占比例越来越少，孵化器获取非政府资金的能力越来越强，私营资本贡献了孵化器资金总额的 60% 以上，绝大多数来自于专利转让、股权转换、股利分红及战略合作伙伴投资，表明随着时间推移，孵化器由初期需要依靠政府大力资助的局面逐渐转变为向政府回报的良性发展。

以色列是最早使用孵化器推动创新创业的国家，这也是以色列基于国情全面推动创新创业的制度创新的重要方式之一，迄今已经成为全球主流的创新创业方法，本案例启示如下。

一是公私双方共同确定孵化项目以确保成功率。以色列孵化器通过设置筛选项目的限制条件提升孵化器成功率。通过由公共部门和私营部门按一定人员比例组成的具有公私合作性质的项目评审委员会来严格筛选加入孵化器的项目，以确保项目孵化器的成功率。同时，对在实施过程中的每个孵化器所承载的最大项目数进行严格限制，以确保孵化器项目能获得充足资金。

二是公私双方权益分配合理，监督到位。技术孵化器计划通过采取一系列手段，尽可能保护政府和创业者的利益。首先在技术孵化器计划中政府负责出资，但是政府不直接获得资助项目的股份，而是通过孵化器代管的形式来管理政府的股权，这样使得孵化企业毕业后，孵化器仍然能够获得收益，从而提高孵化器的运营能力，更好地为在孵企业提供服务，同时还能兼顾公私双方利益，充分激发私方参与的积极性。其次是政府与孵化器签订责任协议，明确双方的责任与义务，将政府资助基金全权赋予孵化器，但政府也要审核每个孵化项目的预算、工作计划、工作节点等，保证政府资助金得到合理的使用。中国在 PPP 项目中也同样应注意双方利益的合理分配，以保证最终的效果。

第二节　以色列 YOZMA 计划：重点为创业初期企业提供支持

一、背景定位

YOZMA 计划作为以色列著名的公私合作计划，它的出台可以说是源于从失败中诞生的思考。一般情况下，创业企业要想存活下去必须要有资金的支持，特别是在完成产品研发之后的后续资金的跟进与否，决定了创业企业能否取得市场和商业化的成功。20世纪 70 年代的以色列，虽然政府出台了"首席科学家"制度、《工业研究与开发鼓励法》等一系列制度、政策，也确实促进了以色列国内高科技产业的快速发展。但是随着产业的发展，创业活动并没有随之发展起来。因为没有企业愿意承担较大的风险去投资不确定能否成功的创业企业，政府对以色列国家创新体系中所缺少的创业投资产业重视不足。直到 90 年代，以色列国内都没有一家本土的创业投资基金，也没有国家创业投资公司进入。同时又由于受过良好教育的苏联移民的涌入、大批高素质人才从美国回归及政府出台的一系列鼓励创新创业的政策，均为以色列的创业投资产业提供了良好的机遇。所以，以色列政府制订了著名的公私合作计划——YOZMA 计划。

二、治理架构

1993年,以色列通过首席科学家办公室设立了YOZMA创业投资引导基金,同时成立了国有独资的基金公司YOZMA。YOZMA以参股的形式与国际知名金融机构合作,共同设立下属小型创业投资子基金。子基金由一家以色列本土、不隶属于任何现有的金融机构、新的独立实体进行运作,承诺主要投资种子期、初创期的企业。而政府承诺,子基金合伙人有权在5年内按约定条件,部分或者全部赎回投资项目所占股份中的政府所持份额。YOZMA治理架构如图8-3所示。

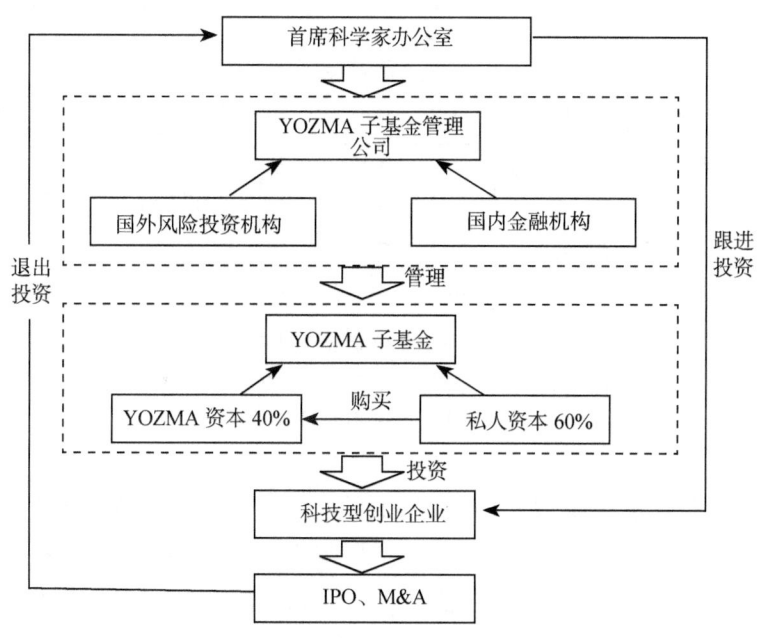

图8-3 YOZMA治理架构

[来源:苏瑞波.以色列YOZMA计划及其对湖北省科技金融发展的启示[J].科技创业月刊,2017,30(13):11-13]

三、运作过程

(一)项目形成

创立之初,以色列政府通过首席科学家办公室向管理机构YOZMA创业引导基金投入了1亿美元。YOZMA公司将1亿美元分成两部分,其中2000万美元用作政府的直接投资,剩下的8000万美元以参股的形式与私有资本(国际资本和民间资本)共同组建了其下属的10个小型创业投资子基金。政府通过2000万美元的直接投资行为体现了政府的政策和投资倾向,实现对于基金投资产业和企业的引导。国有独资的 YOZMA 公司规定子基金为有限责任合伙制,每个子基金的总额为 2000 万美元。其中政府以参股的形式向子基金注资,出资 800 万美元,而剩下的 1200 万美元由国际资本和民间资本共同出资。每个子基金政府占股 40%,私有资本占股 60%。虽然政府作为有限合伙人占了 40% 的份额,但是政府只负责出资,不参与投资决策,也不干预创业企业的运作。子基金的运作包括 3 个紧密相连的阶段,即出资阶段、投资阶段和退出阶段。YOZMA 基金运作模式如图 8-4 所示。

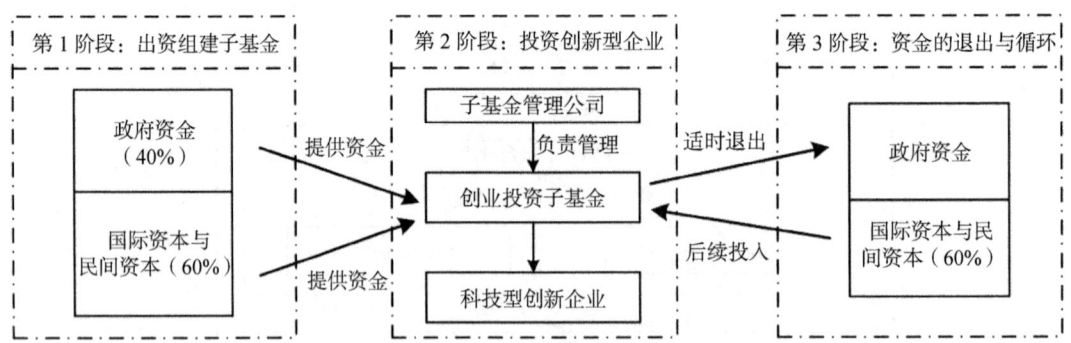

图 8-4　YOZMA 基金运作模式

[来源:萧端,熊婧.政府创业引导基金运作模式借鉴:以以色列 YOZMA 基金为例 [J].南方经济,2014(7):106-115]

在该阶段政府给每个基金出资 40% 的份额,剩余 60% 的份额通过吸引国际资本和民间资本等私有资本投入。同时政府也会对私人或国际投资者承诺,在投资后的 5 年之内,如果项目成功,政府拥有的 40% 的份额在退出时可以通过一个确定的期权价格(一般以成本价加 5%~7% 的收益水平定价)推向金融市场,进行回购操作,并且合作企业拥有优先选择权。

(二)项目实施

在这一阶段,通过子基金管理公司管理创业投资子基金,并选择种子期、初创期的科技创新型企业进行风险投资。这个子基金管理公司由一家国外知名的创业投资机构和一家国内金融机构组成,是一个以色列本土但不隶属于任何现有的金融机构的新独立实体。

(三)项目完成

在投资的企业走上正轨后,政府根据当初的承诺和约定价格,及时退出。这样国际资本和民间资本等私有资本将接续政府的份额，继续对企业进行投资，而政府资金将用于支持新的种子期、初创期的科技创新企业，形成一个良性循环。

四、收益与成效

YOZMA 计划作为公私合作计划的典范取得了巨大的成功。以色列虽然地小人少，但是自从 1993 年实施了 YOZMA 计划，其国内私有资金研发支出占 GDP 的比例跃居全球第一。从事高科技研发的科学家或工程师数量占总人口比例也可称雄发达国家。到 2000 年，YOZMA 基金首期所参股的 10 个子基金均实现了政府资金的完全退出，与此同时，国内外的大量私有资金也后续投入其中，经过 10 年的时间，子基金管理的资金规模已由最初的 2.1 亿美元增加到 2000 年的 40.35 亿美元，如表 8-1 所示。

表 8-1 YOZMA 子基金的管理资本规模

基金名称	管理资本/万美元	
	初始规模（1993 年）	现有规模（2000 年）
Eurofund	2000	9000
Gemini	2500	55 000
Inventech	2000	4000
JVP	2000	67 500
Medica	2000	13 000
Nitzanim-Concord	2000	28 000
Polaris	2000	94 500
Star	2000	90 000
VERTEX	2000	25 000
Walden	2500	17 500
总计	21 000	403 500

在政府资金的引导和示范作用之下，以色列国内的其他私人风险投资机构也纷纷成立，成功地推动了以色列的创业投资。2008 年，以色列的人均风险资本投资已达世界首位，是美国的 2.5 倍、欧洲国家的 30 余倍、中国的 80 倍、印度的 350 倍。而 YOZMA 基金的直接成果是，成功将以色列打造成为第 2 个硅谷。基金的设立有效地解决了创新型企业资金不足的问题，极大地推动了高科技产业的发展。1993—1997 年这短短的几年时间

内，以色列涌现出 3000 多个高技术项目，其中有多个项目在美国与欧洲市场上通过 IPO 筹集到资金。

五、政策评价

YOZMA 基金是以色列推动创新创业的重要举措之一，是从资本运作的角度给予新创企业支持的成功典范。与其他类型的公私合作相比，其提升资源效率、降低成本的功能主要体现在资本运作层面。具体的规则安排如下。

一是在 PPP 合作中适时退出。政府通过依托基金运作，有的放矢地参与项目。首先，政府仅起引导作用，对于参股的子基金，均以有限合伙的形式进行运作，政府作为有限合伙人和其他私有资本共同出资，但政府不参与基金的管理。其次，政府资金在项目后期存在退出机制。如果政府在后期依然继续投入资金，不仅会显得效果不佳，也影响政府对其他企业的支持，所以以色列政府明智地做了退出安排，在帮助企业走上正轨后就适时退出。国有资本的适时退出和循环使用给非政府机构留足活动空间，充分调动了私有资本的积极性，也能够提升国有资本的投资效率。最后，政府在管理上善于有所不为。在设计之初，YOZMA 基金即已明确由专业的管理团队全权负责运营管理，保证基金的市场化运作，政府只是作为权益方而非管理方，最大限度地使 YOZMA 基金能够按照市场规律运转。

二是通过 PPP 精准引导企业投资方向。YOZMA 基金对所投资项目的行业领域与产业阶段制定了针对性的投资原则，要求资金投资于创业早期（如种子期和起步期）的创新企业。在目标企业的选择上，强调选择市场潜力大、技术专用性强从而不易被竞争者复制的企业，在实践中，YOZMA 基金坚持了这一原则。YOZMA 基金通过 20% 的直接投资资金，重点选择了全球最为流行、也是以色列最为欠缺的行业，如通信、IT、生命生物科学、医药技术等，以此体现政府支持的产业导向。正是在直接投资的提示效应下，各私有资本纷纷选准行业，果断参与投资。由此推动了以色列高新技术的发展。

三是借力国际合作吸引海外资本。YOZMA 基金把合作伙伴的范围拓展到国际领域。运用政府的优惠政策，成功地吸引了国外的私有资本，使得每一个子基金都有一家国外的风险投资公司参与，其中不乏知名的国际公司，如 Advent 国际有限公司、华登集团、戴姆勒 – 奔驰公司等。通过国际引资，以色列不仅弥补了本国私人投资的不足，还在合作的同时，学到了海外机构的先进经验，培训了本土人才。更重要的是，借助海外资本的活动平台，以色列企业得到了国际社会的认可，创造了海外上市的机会，为政府资金及本土资金的退出增加了渠道。这也是后来以色列企业得以顺利在纳斯达克上市，并使以色列成为美国以外在纳斯达克上市公司数量最多的国家之一的重要原因。

第九章 中小企业创新项目的公私合作

中小企业提供了绝大部分就业和大部分税收，科技型中小企业还是新兴技术的多发地，创新需求迫切。但中小企业普遍缺乏创新资源和创新能力，与高校、科研机构联系不紧密。通过公私合作为科技型中小企业提供技术研发支持，给创新更多的市场机会，推动中小企业科技创新能力持续提升。

第一节 以色列科技创新计划：面向中小企业的共性技术研发

一、背景定位

"磁石"计划（该计划的希伯来文名称意为"通用型技术竞争前阶段研发计划"，缩写为英文"磁石"之意），旨在通过多种政策手段鼓励产业界内部、企业与高校进行合作。该计划的最终目的是支持研发活动，并让参与者分享技术知识，从而促进以色列的产业发展。"磁石"计划关注具有潜在竞争力的通用技术，其支持的项目涵盖各个行业的各种通用元件、材料、产品设计与制造方面的方法、工艺、标准、规则等。

"磁石"计划的推出是为了应对以色列高技术部门与研究型高校以往存在的不足。20世纪90年代初，以色列高技术部门存在着产业分散的问题，同时以色列国内公司普遍存在因规模太小难以承受前沿领域高昂研究成本，另外，以色列虽然有世界级研究型高校，但其研究重点与本国产业发展与需求有所偏差。这些都极大地制约了以色列科技创新系统的协同发展。为了扭转这种局面，以色列首席科学家办公室于1993年制定了"磁石"计划，以支持产业公司及学术机构组成联合体，聚焦开发拥有基础性作用的通用技术。

"磁石"计划的直接目的是促进产学研密切合作，加快科技成果转化。以色列企业规模偏小，创新资源碎片化，企业难以集中资源从事原创高端创新、提高新技术前沿领域研究能力并形成核心竞争力。为了解决这些问题，政府鼓励企业与高校、科研机构进行深度沟通和合作，鼓励企业与高校、科研机构组成联合体，共同开发关键的通用技术，同时还鼓励通过最终用户把先进技术与产业结合起来。

二、治理架构

"磁石"计划要求资助项目的承担主体必须是一个研发联合体。这个联合体是由工业企业、高校、科研机构,以及行业协会等组成的,成员数量在十几个左右不等。研发联合体的负责人必须由企业代表担任。联合体的形成过程是公开的,任何单位都可以递交申请,便于形成成员最广泛的联合体。

首先,组建地区科学研究中心。以色列在全国建立了11个地区研发中心,旨在解决当地特殊的环境、农业、教育等问题。例如,阿瓦拉谷地水产研究中心、佐哈尔农业研究中心、布劳斯坦沙漠绿化研究所等。

其次,建立企业研究开发机构。以色列建立了很多本地企业研究开发中心,除此之外,还有外资企业研发机构及专门从事研发活动的技术创新企业约3000家。企业研发机构与技术创新企业构成了以色列国家创新体系的活动主体,它们与高校、科研机构及风险投资机构一起,共同促进以色列创新活动,取得了大量科研创新成果。

最后,建立技术转移公司和高校研发机构。以色列各高校设立了许多的研究所和研发中心,尤其是以色列7所研究型高校,每所高校有几十乃至上百家科研机构,同时还建有大型的技术转移公司,专门负责应用成果的商业化开发。例如,魏茨曼科学院技术转移公司专门负责本校研究成果的应用开发和技术转移,每年平均有60多项新获专利由它负责转移,它与魏茨曼工业园合作紧密,完成了科研成果从实验室到市场的产业化转移。

三、项目流程

"磁石"计划的运作包括两个层次:一是技术研发渠道,由来自企业和科研机构的开发商与研究人员组成,合作研发下一代产品的共性技术;二是分配和执行渠道,由同行业部门或拥有相似技术的成员组成,研究该项技术的未来应用、开发和推广。多层次的合作模式使企业接触新知识,并实现以往无法进行的协作研发。通过工业、企业和学术科研机构联合,进行特定领域的知识共享与合作,不断突破通用技术和突破性技术。"磁石"计划的每个项目由企业、科研机构等若干成员组成的研发联合体承担,运作周期为3~6年。

四、评审标准

政府对申请"磁石"计划资助的项目进行评估,主要评价指标包括经济优势、出口和就业潜力、革新技术和共性技术、企业参与程度、产业与学院的合作等。

五、资金构成与使用

项目资助方向聚焦于前沿的高新技术项目。经过评审批准立项后,以色列政府拨付申请预算的 66%,其中对科研机构的无偿拨款不超过 80%;其余 34% 的费用由参与企业承担。整个项目能够提供长期的财政支持,免除成果特许权使用费,提供必要的设备,这为开发突破性技术提供了便捷而坚实的基础。

研发项目成果一旦达到技术成果预测试、预生产阶段,就不能再得到"磁石"计划的支持。如果需要继续资助可转而申请首席科学家办公室的其他项目。

六、收益与知识产权

一是收益分配方面。自 1993 年开始实施"磁石"计划的 10 年间,以色列组建了 18 个研发联合体,研发资助金额高达 6 亿美元。在这 10 年间,以色列正在运作的大型研发联合体有 49 个,涉及 500 多个研发项目,主要集中在通信、微电子、生物技术和能源行业。为推进研发项目顺利进行,以色列采取了以下措施。

例如,SolarOr 公司的活动领域是可再生能源,研发用于建筑外墙的太阳能屏幕。全球约有 50% 的电力消耗来自建筑物,如果对高层建筑物消耗的大量能源有任何缓解都将节省大量金钱,并将显著降低由消耗性能源所造成的污染。作为创新署"磁石"计划的一部分,在产品开发之后,SolarOr 应邀参加了创新署访华代表团,旨在加强两国的双边商业及可再生能源的创新合作,实现产品商业化。

二是知识产权方面。按照通行的成果分配办法,所有"磁石"计划资助形成的创新成果都应向社会公开。但作为一项鼓励措施,"磁石"计划又规定,在这一计划框架内开发的技术知识产权仍然属于它的开发者。

该计划允许外国技术公司申请成为联合体成员。外国技术公司可以用自己的资金参加"磁石"计划项目,并作为项目参与者共同拥有由此产生的项目成果。但是,他们无权要求使用项目成果的免费许可证。如果所有联合体成员都同意,且拥有自己的资金,则可以授予外国实体与以色列成员相同的权利和义务,使其成为正式成员。

七、计划分支——"小磁石"计划

(一)背景定位

"小磁石"计划(Magneton)是"磁石"计划的一个分支,通过单独一家企业与高校研究群体之间的合作,来促进从学术界到产业界的技术转移,并减少企业在全新技术用途方面的不确定性。该计划主要面向急需技术支持的小企业,要求企业有相关专业的研发能力。

它的主要目的与"磁石"计划一样,也是促进产学研合作,但支持的规模和力度要小得多。它鼓励企业与高校之间形成一对一的关系,承担应用性项目的研究,提高高校科研成果的应用开发水平,促使创新技术从高校、科研机构转移到工业企业。

(二)治理架构

"磁石"计划要求至少 2 家企业和 1 个科研机构参与,而"小磁石"计划要求 1 家企业和 1 家科研机构即可。它要求合作双方要有相同的专业领域,在科研机构与企业合作的 1 年或 2 年中,企业要形成自己的研发能力,而不是仅仅将科研机构的成果拿过来生产。形象地说,相当于接力比赛中的交接棒过程。这一计划从 2000 年开始实行,可给予 2 年的支持。

(三)资金构成与使用

"小磁石"计划是专门为总额不超过 340 万新谢克尔(约合 76 万美元)的项目而设立的,期限最长 24 个月。拨款最多可以占到项目核准预算的 66%,赠款接受者免交特许权使用费。项目批准后,无偿资助的经费最多为 80 万美元。

(四)收益与成效

Deep-Tech 公司从事使用耐用且环保的陶瓷油墨在玻璃上进行数字印刷的交易。在"小磁石"计划资助下,该公司创造了一种尚无法模仿的技术,使 Deep-Tech 公司初步推动了这一创新过程的开发。最初的开发工作是"小磁石"计划项目与希伯来大学的什洛莫·马格达西(Shlomo Magdasi)教授(墨水化学领域的国际专家)于 2003 年进行的。2005 年,由约瑟夫·伊茨科维茨(Joseph Itzkowitz)教授领导的来自以色列理工学院(Israel Institute of Technology,简称 Technion)的研究小组与以色列 Biological Industries(BioInd)公司联系,提出了一项独特的发展建议:不含动物成分的胚胎干细胞解决方案。该研究小组开发了一种无须动物成分即可生产合成溶液的技术,从而使胚胎干细胞的内含物更加健康、安全。与基于动物成分的溶液相比,合成溶液可以使细胞生长更加均匀,有助于细胞保持良好状态。这项研究是世界干细胞领域的一项突破,"小磁石"计划项目的知识和经验为此做出了巨大贡献。

八、政策评价

"磁石"计划是一个推动不同创新群体和公共部门间进行公私合作并且取得丰富科技创新成果的计划,它包括了"磁石"计划和"小磁石"计划两种不同的类型,能够针对相同方向但是不同规模的合作对象。"磁石"计划实施多年，已经推动了相当数量的项目成功运行，取得了显著的成果。从"磁石"计划中可以得到的启示如下。

一是以 PPP 手段聚焦多元协同，抓住核心任务。"磁石"计划抓住以色列创新发展的关键问题，以 PPP 项目作为基本举措之一，强化不同主体的协同，推动资金、知识能够更高效的流动，提升整体创新能力，而不是纯粹的追求降低成本。同时在 PPP 项目的任务设定时，不贪大求全，聚焦于通用技术的"0 到 1"过程，既保证了资金能够利用在刀刃上，同时又防止因过大铺摊子造成重复资助，提升了政府和企业创新资金的利用效率。通过实施一系列政策措施，以色列产学研三路科研大军密切合作、优势互补，不断促进着以色列科学技术的创新发展。

二是搭建 PPP 实施平台，强化资源聚集。搭建包括地区科学研究中心、企业研究开发机构、技术转移公司和高校研发机构等有效连接公私各方合作的机构。另外，以色列政府还建立了科学工业园区，成为把政府科研部门、高校、科研机构与高新技术企业等公私双方结合在一起的有效途径和平台，通过实体设施强化了创新资源的聚集，大大优化了科技创新的资源配置，使公私合作在以色列成为常态，大大增强了以色列的创新能力。

第二节 美国技术创新计划：更加关注中小企业参与创新

一、背景定位

2007 年 8 月 9 日，为了应对不断变化的国际环境，进一步促进研发与创新，保持并提升美国的国家竞争力，奥巴马总统签署了"美国促进杰出技术、教育和科学之机会创造法"（The American COMPETES Act）。该法案终止了 ATP 计划，设立技术创新计划（Technology Innovation Program，简称 TIP 计划），旨在面向国家重点需求领域，资助高风险、高收益的研究，推进并加速美国的技术创新。同时，由 TIP 计划继续支持 ATP 计划之前已经资助的项目和 2007 年新获批准的项目。

TIP 计划延续了 ATP 计划中取得良好成效的公私合作模式，同时结合 ATP 计划的经验，在资助重点、资助方式和组织模式等方面进行了调整，反映了美国对产业技术研发资助政策的实际需求。由于少数大企业获得了大量的计划资金资助而造成的不公平的市场竞争是 ATP 计划被迫终止的原因之一，TIP 计划引以为戒，更加关注中小企业的参与程度。同时，TIP 计划重点资助处于基础研究的后端及面向应用的技术创新阶段，资金来源包括联邦政府、企业、高校、风险投资等，致力于面向应用的技术创新研究。美国各大科技计划与创新链及资金来源的关系如图 9-1 所示。

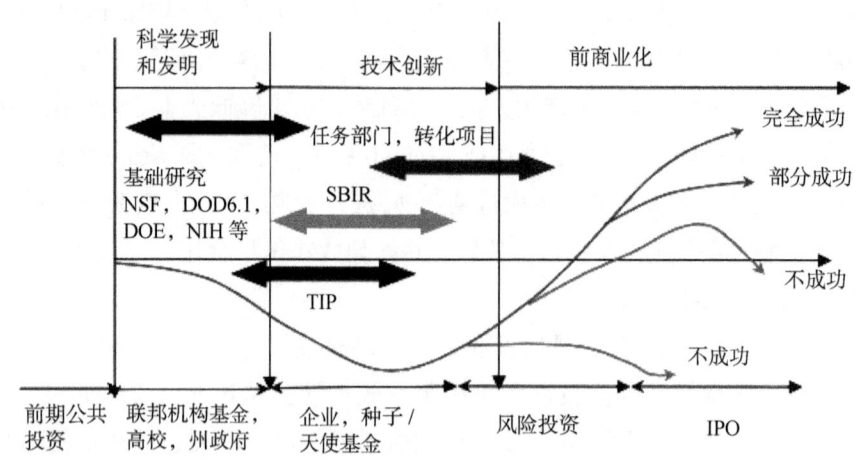

图 9-1　美国各大科技计划与创新链及资金来源的关系
[来源：常静 . 美国技术创新计划（TIP）投入及预算管理研究 [J]. 华东科技，2012（2）：40-42]

如图 9-1 所示，美国对于不同创新研发阶段的科技计划与投入模式都有所区分。美国国家科学基金会（NSF）、美国国防部（DOD）、美国能源部（DOE）、美国国家卫生研究院（NIH）等科技投入主体部门主要侧重于基础研究的支持，资金来源是联邦政府及各州政府。中小企业技术创新计划（SBIR）则横跨以上多个部门，其资金来源是企业和种子基金等。TIP 计划仍由美国国家标准与技术研究院（National Institute of Standards and Technology，NIST）领导管理，定位于对"高风险、高回报"的技术研究进行支持，铺设实验室研究与技术性市场之间的桥梁，以解决美国国家重点需求领域所面临的问题和挑战。"国家重点需求领域"指的是问题触及面较广，需要克服巨大的社会挑战，需要国家给予关注和支持的领域。TIP 计划公布的重点资助领域包括：民用基础设施、制造、能源、健康、水资源、复杂网络、可持续发展和先进机器人。基于 TIP 计划的战略定位，总结其具备的 3 个主要特点：

一是注重 PPP 模式的特性。TIP 计划在联合项目领导者资格的确定、知识产权归属与分配等问题上保持较大弹性，多采取合作者协商的形式。通过适当的管理形式和合作模式充分发挥私营企业的主观能动性，努力调动高校、科研机构的积极性，同时也保障了政府的权利和利益。

二是资助目的非常明确。TIP 计划有明确的政策目的导向，通过技术的研发创新，协助美国政府处理其面临的重大问题和社会挑战中的优先项。因此，TIP 计划资助的研究领域由需求决定，而非由技术决定。同时，NIST 在 2009 年发布的 TIP 计划白皮书中明确了所谓"高风险、高回报"的研究技术应该具备的 3 个特征：①研究具有可转化成具体实际产业利益的潜在可能性，且成果将产生深远而广泛的影响；②研究计划的进行面向 NIST 技术范畴内的重大国家需求；③研究的技术议题涉及跨学科或多学科、多领域，传统的专家审批程序无法适应此类计划。

三是美国利益优先原则。TIP 计划资助的对象以设立于美国并在美国境内从事主要业务的中小型企业为主，若外国持股的企业欲参加 TIP 计划，只要符合美国利益，亦可获得资助。此规定体现出美国在技术创新过程中既注重维护本国利益，又开放地吸收外国企业的力量。

二、治理架构

TIP 计划治理架构是一个相对扁平的组织体系，主要工作围绕着遴选管理办公室、项目管理办公室、影响分析办公室、主管办公室 4 个办公室进行，如图 9-2 所示。4 个办公室各有其专业领域和核心责任范围，也在工作需求范围内相互协作，实现"跨办公室"的合作模式。同时，来自 NIST 或其他联邦机构、州立机构及高校、科研机构的科学家和工程师们会在一些短期项目中为 TIP 计划核心工作团队提供必要的专业支持。

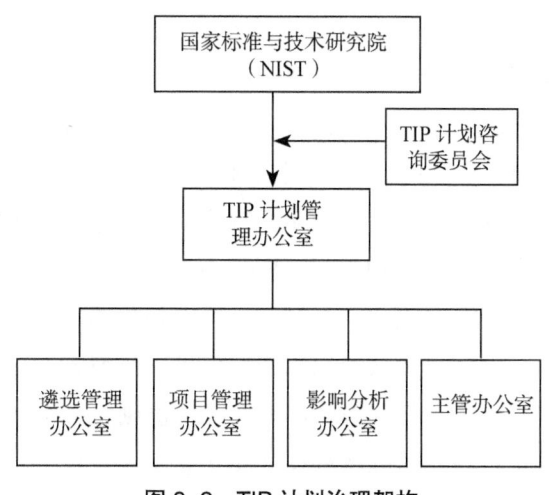

图 9-2　TIP 计划治理架构

遴选管理办公室负责项目规划和竞标管理，包括项目提议的评估和遴选工作，以及协调行政事务。项目管理办公室执行、资助并管理多学科的项目。由于 TIP 计划受资助的项目跨越广泛的科学、工程和技术领域，此办公室需要负责确保受资助的项目能够按照规定要求统一开展，包括奖励和评估等具体环节，同时也负责展示并记录项目管理中优秀的实践和操作案例。影响分析办公室使用国家最先进的评价方法来监管、量化和分析 TIP 计划的成果及影响。该办公室负责业绩报告，记录 TIP 计划对重要社会挑战的影响，以及向国会提交年度报告。主管办公室负责整体管理，构建高效的行政支持团队以提供文案管理、控制服务，全面的信息资源团队以提供综合性的信息技术系统服务和应用，全方位提供资源支持以确保 TIP 计划资助项目的质量。

另外，TIP 计划项目专门成立专家咨询小组作为其决策咨询机构。专家咨询小组共 10 人，由 NIST 局长任命，任期 3 年，每年至少开两次会议，所有成员均不得为联邦政府的职员，其中至少应该有 7 人来自产业界，且成员背景与学历必须能够反映跨技术学科与跨产业领域的特点，以期符合 TIP 计划的设置目的。同时，为了维持专家咨询小组的独立性和专业性，小组成员在连续担任两届期满后的一年内，不得再被聘为咨询小组成员。专家咨询小组依法每年递交有关 TIP 计划的报告，其所提交的年度报告将作为美国总统向国会争取预算的参考。

三、项目流程

TIP 计划的项目遴选过程呈多阶段性，坚持公开竞争、同行评议、择优遴选的原则，具体流程如图 9-3 所示。总体来看，TIP 计划项目的遴选主要包括 3 个阶段。

一是申请征集与资格审查。TIP 计划通过 NIST 公布的项目指南，发布项目书征集通知。申请机构在规定时间前递交纸质或电子版项目书，由跨学科的初审小组审查其申报资格，对格式审查和资质审查合格的项目书予以编号，进入后续阶段。

二是内容审查和评议。经初审后的项目书及初审意见递交到评审专家组。专家组在评审时坚持科技优势和潜在价值两个方面的评审标准，两者各占 50%。科技优势主要考察：申请计划的科学与技术价值；其科学技术价值是否有助于处理国家重点需求领域的问题；研究成果是否具备创新性、高风险、高报酬，是否有相关领域的关键研究者参与，或是否可取得重要研究资源，因此可能获得知识产权保护；研究方法是否完整，如研究设计是否科学、有无成果产出规则、替代策略等。潜在价值则主要考察：研究成果转化为国家某一领域科技能力的扩散性；研究成果如何转化为国家科技力量及可能的时间；受辅助者确保及促进研究成果转化为国家科技力量的能力与承诺等。

专家组可以通过申请书内容、口头答辩、实地考察等形式获取以上相关信息并进行评议。评议结束后，专家组将对拟资助项目按资助标准进行排名，并向遴选管理办公室提交正式的推荐意见。同时，专家组会对未通过评审的项目提供一份正式的、附有评审结论的评议报告。

第九章 中小企业创新项目的公私合作

三是立项审批。TIP 计划遴选管理办公室根据专家组形成的拟资助项目推荐意见，基于可拨款项，按技术、应用及优先项目进行合理分配。最后，经 NIST 基金办公室审批后，资助结果将公布在联合公报上。

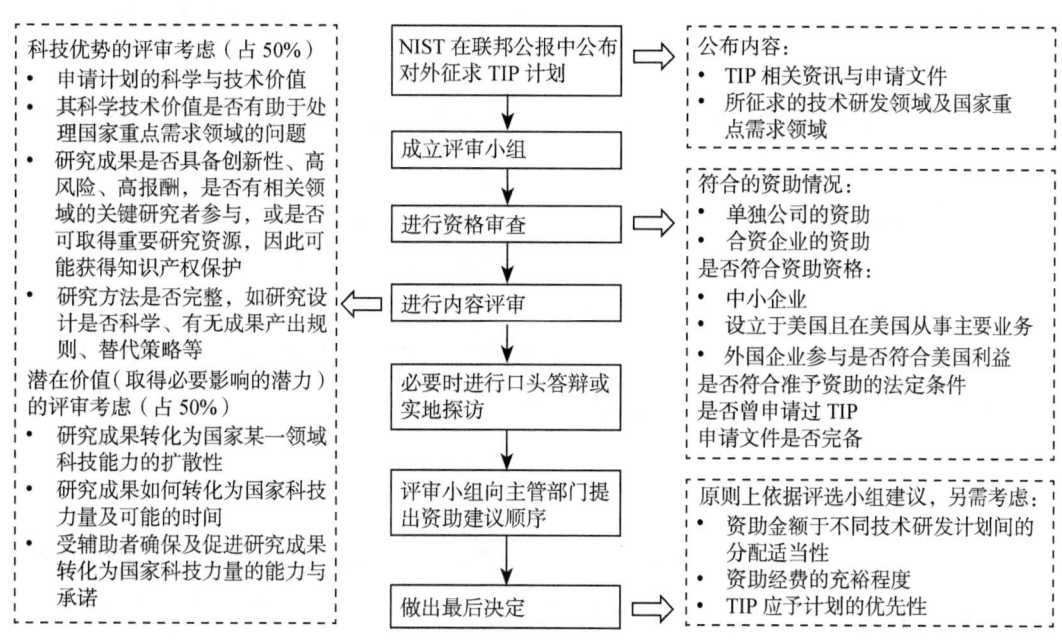

图 9-3　TIP 计划的项目遴选过程

[来源：吴晓隽，罗楚. 从 ATP 计划到 TIP 计划看美国产业技术研发政策的变化及启示 [J]. 科技管理研究，2011（13）：18-22]

四、评审标准

TIP 计划实行影响分析报告制度，影响分析办公室负责向 NIST 管理预算办公室和国会定期报告并将其公布于 TIP 网站。影响评估分析的目的是了解 TIP 计划资助的项目成果对国家的意义，是否得到利益相关者所要求的项目结果，了解 TIP 计划对美国科技创新的贡献，同时考察 TIP 计划的运行是否取得了预期成果，并研究获得成果的替代方案如何满足国家战略需求。影响分析与评估过程主要采用数据采集分析（如科研投入、科研产出统计等）和问卷调查（如公众满意度调查）的方式进行。分析与评估结果可以帮助 TIP 计划对其运行情况、投入状况及国家重点需求领域的变化进行追踪，完善现有治理机制，为后续的资助决策和管理调整提供重要参考。

五、资金构成与使用

在总结了ATP计划实施过程中的一些经验的基础上，TIP计划对资助对象的条件有一些保留，并进行了必要的调整：一是产业界必须以独立或者合资方式共同提出申请；二是TIP计划仅资助中小企业，大企业可以参与到合资项目中，但不得获得资助；三是为了更好地体现公私合作模式，以合资方式申请资助的项目领导者既可以是企业本身，也可以是参与项目的高校或科研机构等。对资助对象要求的调整充分体现了TIP计划项目的先进性和针对性，充分调动了公私合作中多方主体的积极性，同时也满足了中小企业对于研发资助的迫切需求。

TIP计划是中央筹款拨款计划，在资助项目和资金分配上有明确规定：对单一公司的项目，总经费不得超过300万美元，时间不超过3年；对联合申请项目不超过900万美元，时间不超过5年。同时，作为一种公私合作的研发模式，TIP计划规定资助金额不得超过计划总费用的50%，资助的项目限于计划有关的直接费用。

六、收益与知识产权

政府法案"The American COPMPETES Act"对以合作研究联盟形式申请的研究成果的知识产权归属进行明确规定：原则上受到TIP计划资助的联盟研发所得的知识产权，归属于合资的联盟，联盟参与者则按照其合作协议决定其知识产权归属；至于美国政府则保留有介入权，政府可以以非专属、不可转让、不可撤回的方式，为美国政府或代表美国政府实施授权。美国政府在行使被授权的权利时，应注意不得公开揭露与该知识产权有关的任何专属信息。

知识产权的归属政策的核心是通过设立此类产业技术资助计划，用法律和制度的形式推动研发成果的产业化，同时TIP计划更近一步调动了企业以外的研发联盟成员，主要是调动高校和科研机构投入联合研发中的积极性和主动性，充分发挥公私合作模式的优势作用。

2011年11月，总统签署了"巩固和进一步持续拨款法案2012"，提供2012财年全年拨款。该法案包括了NIST拨款，然而没有资金拨付到TIP计划，随后几年该计划有序关闭。TIP计划启动实施以来共资助38个项目，总经费投入共2.797亿美元，其中TIP计划拨款1.357亿美元，占48.5%，企业投入1.440亿美元。从资助对象组织构成来看，以中小企业牵头的研发联盟有14家，占总项目数的36.8%，独立承担TIP计划项目的中小企业有24家，占36.8%。

七、政策评价

美国 TIP 计划可以看作 ATP 计划的改进和升级。TIP 计划将面向基础研发阶段后端技术，对"高风险、高回报"技术进行资助，同时对中小企业高度关注。相比 ATP 计划，TIP 计划对产业技术研发的资助范围更为聚焦，力图在市场失灵部分发挥政府作用，集中在战略性新兴领域和国家公共服务领域的技术运用和创新中发挥作用。

为了更好地应对"双高"技术，TIP 计划项目对原有 ATP 计划管理做了较大的改动。首先，治理架构扁平化。相对 ATP 计划层级分明的机构设置，TIP 计划只设有 4 个并行办公室，协同处理业务，尽可能地提升管理效率。其次，专家咨询小组任命实行任期制，成员不得为政府职员，必须有一定比例来自私方，尽可能吸收多元知识，同时降低因裙带关系可能引入的不良项目。最后，TIP 计划在原有基础上改善知识产权归属管理相关政策，扩大归属单位的范围，推动项目研究成果产业化，调动高校和科研机构的积极性和主动性，更大可能地发挥 PPP 的优势。

不同于 ATP 计划的研发优先领域由产业界确定，TIP 计划的研发优先领域由 NIST 与产业界专家、科研领域专家、政府相关机构共同制定，既保证了产业界的参与热情，也满足了国家整体需求。

另外，考虑到中小企业在转化此类"双高"技术方面有着比较灵活的架构，并且得到资助后能够较快地进行产业转化活动。同时 NIST 总结 ATP 计划的相关经验教训，于 TIP 计划中对中小企业的政策倾斜更加明显，从根本上避免了大企业在评审过程中会因为其自身客观优势而占有资助资源，确保 TIP 计划将资金有效用于扶持具有较强科技创新潜力、成长性好、有较成熟风险管理经验的优质中小企业。同时鼓励和支持以中小企业为主体、高校与科研机构参与的公私合作创新"联合体"，进一步激发中小企业在整个创新过程的主体地位和活力，鼓励高校、科研机构等公共部门为中小企业提供技术、资金、信息、人才等方面的服务，实现公私共赢的良好愿景。

第十章 区域创新中的公私合作

一定地理区域内公共部门和私有部门通过高水平公私合作,可以优化区域创新资源配置,有效推动区域深度创新合作,提升区域创新能级,建设创新型城市和区域创新中心。

第一节 日本产业集群计划:区域内运用公私合作吸引大批企业投资

一、背景定位

进入20世纪90年代后,日本的经济出现疲软趋势,日本政府想效仿西方通过科技创新的手段来带动经济发展。但是由于当时政府的经济实力有限,难以在日本全国范围内开展大规模的科技富国战略。日本经济产业省自2001年起实施了"产业集群计划",文部科学省自2002年提出"知识集群计划",希望通过在部分区域内利用公私合作的方式来吸引大批的企业投资,从而带动地方经济的发展。

二、治理架构

在资金投入上,日本经济产业省通过各个地方的经济产业局,用基金手段支持小企业区域创新组织(Organization for Small & Medium Enterprises and Regional Innovation, Japan, SMRJ)等。财团法人代表作为公益法人和企业共同担保质押,调动各类金融机构进行投入,从而能够资助科技创新企业和人才。在管理方式协助上,委派项目经理至各个项目,协调帮助各个企业的运作和发展。日本产业集群计划治理架构如图10-1所示。

第十章 区域创新中的公私合作

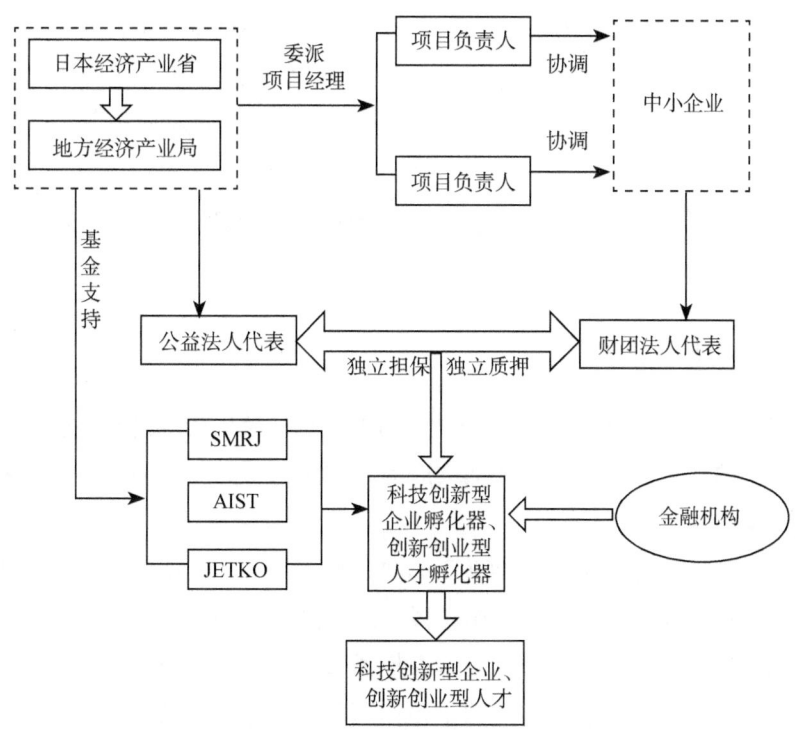

图10-1 日本产业集群计划治理架构

[注：AIST 为国家先进产业科学技术研究院（National Institute of Advanced Industrial Science and Technology）；JETKO 为日本对外贸易组织（Japan External Trade Organization）]

三、项目流程

日本产业集群计划与传统的公私合作计划相似，都会设定一个相对较长的实施周期，初步计划实施20年（2001—2020年），分为3个阶段进行。

第一个阶段是形成阶段。日本经济产业省引导地方政府与产业界进行联合，在地方区域内形成公私合作网络（类似于企业创新联盟）。在此期间，日本地方经济产业局委派项目经理负责监督公私合作网络的运行情况，同时项目经理会选派项目负责人来与网络中的企业一一对接，项目负责人的工作内容主要有：首先保证政府和企业之间信息传递的准确性；其次要协调公私合作网络中的各个组织和机构间的交流互动；最后要将该项目在各个阶段的运营情况反馈给项目经理，由项目经理反馈给由中央政府成立的评价委员会。同时项目负责人还要将评价委员会做出的"事前评价""事中评价""事后评价"及改进建议传递给产业界中的各个企业，企业根据改进建议对项目的推进工作进行调整。

第二个阶段是实施阶段。此阶段公私合作网络继续延伸到具体的企业当中，同时政府和产业界分别派出法人代表签署项目合约。本着"风险共担、利益共享"的原则，日本政府还会建立小企业区域创新组织（SMRJ），并设立"创业风险基金"通过独立担保、独立质押的方式与中小企业合作。一方面,为中小型企业提供一定的自治空间;另一方面,保证地方政府的权利不受到侵害。在此阶段,公私合作网络还会与金融中介机构合作。通过来自各个方面的共同努力最终形成科技创新型企业孵化器,以及创新创业型人才孵化器。

通过前面两个阶段的铺垫,公私合作网络的运作已经趋于稳定,此时整个集群计划可以进入第三个阶段,即自主发展阶段。

四、资金构成与使用

资金来自于公私双方投入。但是随着项目的推进,政府的经济投入会逐年减少,引导企业投入更多的资金。一方面,降低政府的财政压力;另一方面,为产业界提供一个相对自由的发展环境。

由表 10-1 可以看出,2002—2009 年的政府投入是一个先逐年增加再逐年减少的过程。主要原因是在产业集群计划的初始阶段,政府必须起到引导性的作用;而当公私合作网络逐步成型进入成长阶段,社会资本大量涌入,使得公私合作网络中私营部门成为主体,在接下来的环节中,政府部门的干预作用逐渐降低,目的是使私营部门能够自主运作,拥有一个相对独立的自治环境。

表 10-1　2002—2009 年政府投入金额

年份	2002	2003	2004	2005	2006	2007	2008	2009
投入金额/亿日元	294	413	490	480	576	208	128	166

五、政策评价

日本产业集群计划确定了 19 个产业集群项目,其中九州"硅岛产业集群计划"从 2001 年开始至今已经取得了显著的成功,半导体生产数量占据日本全国产量的比例逐年递增。整个计划是在较大的资源约束下进行的,其经验可以从管理水平和资源配置方面进行小结。

一是以高水平管理弥补资源约束,提升 PPP 效率。日本产业集群计划受到政府资源不足的约束,难以完全通过金融、财政手段投入资源。为弥补这一约束,日本通过加强政府服务、提升创新管理等方式努力达成公私合作目标、提升公私合作效率。

二是"以公引私"引导私营资源投入。日本产业集群计划主管部门利用有限的创新资源,有针对性地进行资源部署,通过公共资金对私营资源进行引导。在资金配置上更关注创新群体的起始阶段,随后不断减少公共资金投入引导私有资本投入,降低财政压力的同时,有效引导私营资源。

第二节 印度创新集群计划:构建区域创新生态系统

一、背景定位

印度国家创新委员会为了构建创新生态系统,提升中小企业、高校院所等机构的协同创新水平,利用"集群导向"的办法来培育立足于各个地方的创新生态,整个培育计划被称为"创新集群计划"(Innovation Clusters Initiative)。创新集群计划的主要目的,是通过形成不同主体间的互利合作关系,建立知识与资源的交流渠道以创建本地化的生态系统。印度国家创新委员会试图通过该计划,一方面推动产业界取得新的发展,同时产生更多工作机会;另一方面为印度产业界全球竞争力的提升创造了基础性条件。

实施创新集群计划的最终目标是,推动建设本地化的创新生态系统。创新集群计划试图明确产业和学术部门的需求,通过建立地区合作生态系统满足这些需求,由此形成运转良好的生态,进一步促进本地创新能力提升。对于印度国家创新委员会等政府机构而言,实施计划的目的就是通过各种政策手段,联合公私双方不同主体进行合作并建立知识与资源的交流渠道,最终创建本地化的创新生态系统、提升本地创新能力。

二、治理架构

从公私合作的角度来说,推动集群创新需要建立一种区域内不同创新机构之间开放、互动的机制,进一步创新生态系统的建立也应该以这种机制为基础。在实践中,每一集群内企业、科研机构等创新机构实施创新活动的开发互动可能面对一些问题,包括企业面临的研发技能短缺、缺少有效合作等,政府面临的缺少宏观管理和资源资助的有力抓手等。针对这些问题,印度国家创新委员会认识到创新集群需要一个管理主体去搭建公私合作伙伴关系的平台,以实现集群内的资源整合和优势互补。

印度国家创新委员会建议每个集群计划建立一个集群创新中心(Cluster Innovation Centers)。集群创新中心的建设目的就是为了解决公私合作中存在的问题,以更好地推动创新集群计划的落地,更好地促进公私双方合作。创新集群计划治理架构如图10-2所示。创新集群计划依托的是各个创新中心。在计划层面,将汇聚印度中央政府层面的参与者,包括印度规划委员会等众多参与者。在中心层面将汇聚地方参与者。其中印度国家创新委员会主导整个过程,它联合印度微型与中小型企业部、印度规划委员会等,借助集群创新中心共同建设这种公私合作伙伴关系的框架。

集群创新中心将作为整个创新集群的枢纽，联络具有共生关系的公私各类行为主体，促成和推进创新集群建立。同时，这些集群创新中心将在集群中开展基于需求的创新，并在利益相关方中间共享信息或知识。

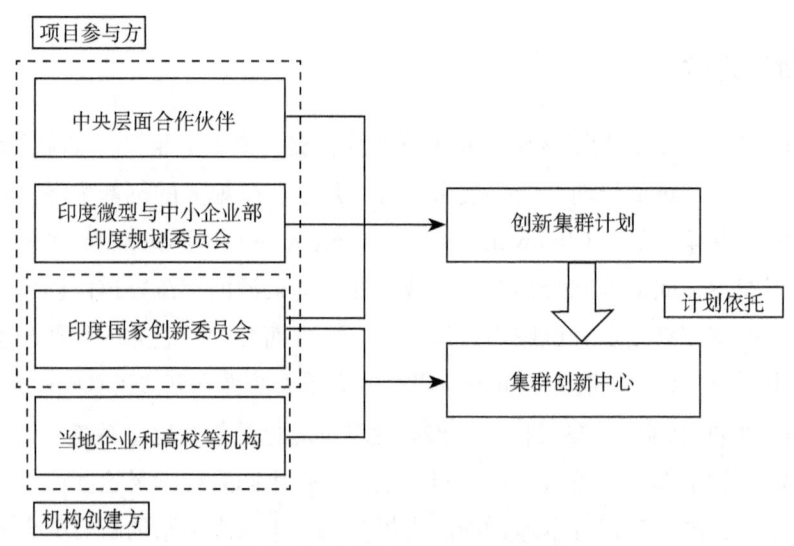

图 10-2　创新集群计划治理架构

（来源：National Innovation Council. Innovation clusters program guide [EB/OL]. [2020-12-10]. http://initiatives.sampitroda.com/innovationclusters/resources/Innovation_Clusters_program_guide.pdf）

推动创新集群计划和建设集群创新中心涉及多个参与方，主要包括：作为主要推动者的印度国家创新委员会，重要政府合作方印度微型与中小型企业部、印度规划委员会，以及提供领域支撑的中央层面合作伙伴，最后是位于集群中的企业和高校院所等。

其中需要关注的是提供领域支撑的合作伙伴。各个地区建立不同行业创新集群需要专业知识的协助。这些合作伙伴由印度国家创新委员会进行联系，具体情况如表 10-2 所示。

表 10-2　中央层面合作伙伴情况

实体	领域
位于德里的基础设施租赁与金融服务集群发展计划有限公司（Infrastructure Leasing & Financial Services Cluster Development Initiative Ltd.）	项目管理、集群管理
位于普纳的塔塔管理和培训中心（Tata Management Training Centre）	创新管理、项目管理
位于德里的中小企业集群基金会（Foundation of MSME Clusters）	集群与利益相关方管理
位于德里的印度产业联盟（Confederation of Indian Industries）	知识产权管理

来源：National Innovation Council. Innovation clusters program guide [EB/OL]. [2020-12-10]. http://initiatives.sampitroda.com/innovationclusters/resources/Innovation_Clusters_program_guide.pdf.

三、运作方式

各个集群创新中心是一个拥有 3～4 人的精干机构，负责生态系统构建的各个方面工作。集群创新中心在管理方式上相对自由，它可以是一个具有独立法人资格的商业会员性组织，也可以隶属于某个产业发展机构或者协会，或设置于高校或者科研机构之中。

集群创新中心的重要职责是推动公私合作，运转要务是推动整个创新集群能够形成协同和集聚效应。中心在集群中主要发挥两种作用。一是连接者。集群创新中心应当成为一个网络中心，支持集群成员之间的知识共享，并搭建与外部组织协作的平台，以实现集群内由需求驱动的创新。具体的活动包括：发起和管理新技术的概念验证活动、搜集和分享成功计划的经验以在集群内通用、记录项目运行中产生的各类科技创新知识并创建知识库。二是建立合作渠道。集群创新中心应该寻求更多可促进资源调动的途径，开展包括技术研发、技能培养、资金市场等多方面的联系，促进集群内外更广泛的合作。具体的活动包括：评估集群成员的需求、评估为满足集群需求可能需要建立的合作关系和与利益相关的科研机构等建立合作关系等。

一般来说，中小型企业在创新集群中占据较多数量，其是否融入集群将决定整个创新集群计划能否成功。但是，中小微企业集群成员和主体因为自身资源有限，建立与集群内其他主体联系的能力有限，同时对新知识的识别和学习能力也不足。集群创新中心模式的独特性使得微型与中小型企业集群中一直都有本地产业界的参与，并且使集群创新中心成为代表集群进行本地创新管理和实施创新集群计划的行动主体。

四、评审标准

为了试验集群创新中心模式，印度国家创新委员会在地理和行业公平的前提下指名选择了 7 个产业集群进行试点。印度国家创新委员会负责帮助培育集群中的集群创新中心，由本地的产业界主体负责投入资源以维持中心的运营。集群创新中心建立后，集群创新中心的创新计划都是基于需求驱动，这些计划将为集群中的所有成员带来收益。此外，印度国家创新委员会还推进了集群创新中心的承建机构与相关研发部门、教育部门、金融机构、设计单位、技术部门和产业指导部门建立合作关系。

五、计划成效

通过建立集群创新中心推动公私合作的政策措施，已经被证明能够有效地提高微型和中小型企业的生产力和竞争力，并且能够为创新、就业和社会经济发展做出重大贡献。创新集群计划在微型与中小型企业集群中的试点已经产出了 10 种新产品、12 项新工艺和 2 个新的集群创新中心，这种成功的示范表明这项计划能够为 8.5 万个微型和中小型企业带来积极的影响，为超过 100 万人提供工作机会，并且以上各方均不需要或者只需要给予极少的追加投资。此外，高校的试点项目也展示了释放高校创新潜能的新途径。

六、政策评价

整个项目取得了显著的成功，印度创新集群计划成功提升了包括产业集群的创新能力。与其他的公私合作项目相比，可得到以下启示。

一是尽可能发动中央和地方多层次力量。整个印度创新集群计划和其他公私合作计划最大的不同是建立了一个多层级的 PPP 管理框架。一方面，在印度中央政府层面汇聚不同的创新资源，协调整体规划；另一方面，在印度地方政府（邦）层面建立了实体创新中心，实地推动集群内创新机构的协同和开辟新的创新合作渠道等。这种多层次的管理机构能够较好地调动中央层面的资源优势和地方层面的积极性，推动产业集群内实现高水平创新协同。

二是充分利用专业资源开展 PPP 活动。集群创新中心在中央层面尽可能多地引入专业机构并与之建立合作，从项目管理、集群管理、知识产权管理等专业领域得到帮助，推动集群内部的创新活动。引入专业机构能够更好地协助集群创新中心开展工作，通过"专业人做专业事"的方式更好地为各地方的集群提供具体的协助，减轻了集群中心的管理负担，同时能够更好地推动集群内的协同合作。

第三节 韩国地区合作研究中心：构建以高校为中心的区域研发网络

一、背景定位

韩国政府通过建设地区合作研究中心（Regional Research Center，RRC）推进创新集群网络建设，进而促进区域技术创新和经济发展。1995 年韩国 RRC 首次以 PPP 的模式为具备专门技术的科研机构提供共同的研究网络，增强技术能力。RRC 的产出（技术知识等）惠及整个参与群体，其目标是实现公众利益。RRC 需要集群成员（公共研发机构、中介性机构和高校）的共同参与，通过政策健全社会机构和完善经济关系，激发集群内部活力。

二、治理架构

一般情况下，RRC 是以高校为中心代理机构，涉及当地政府、当地公共科研机构、当地企业（当地用户公司和当地供应商企业）及拟向韩国中央政府（主要是韩国科技部）提出提案的高校。如图 10-3 所示，以 RRC 为中心的联合体可视为 Crevoisier 等所述的理论上的工业区早期阶段。RRC 是 PPP 的一种常见形式，在实践中取得了诸多成果。

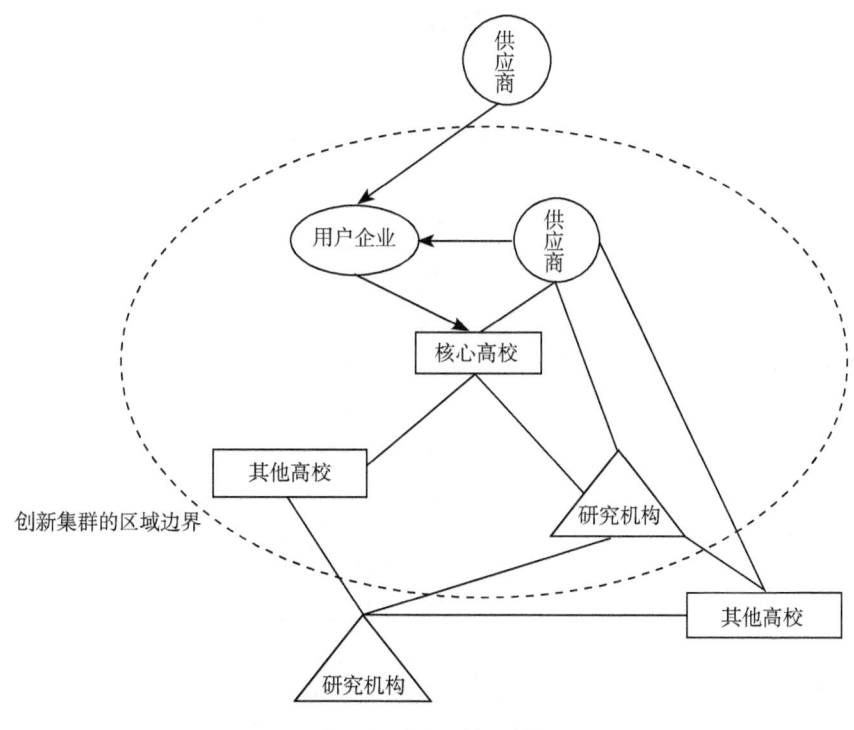

图 10-3 RRC 治理架构

[来源：LEE K. Promoting innovative clusters through the Regional Research Centre (RRC) policy programme in Korea [J]. European planning studies，2003，11（1）：25-39]

如图 10-3 所示，RRC 的关键机构是处于网络核心位置的高校，称为中心网络主体（Central Network Agent，CNA）。其中其他机构包括区域公共研究机构（简称研究机构）、其他高校、供应商（生产制造企业）及用户企业。在 RRC 中，供应商、高校及研究机构等不局限于本地，它可能在创新集群区域外。

在 RRC 中各方保持紧密联系与沟通。核心高校处于集群网络的中心，与其他高校、研究机构、供应商和用户企业都直接或间接产生联系。供应商通常为区域内或区域外的企业，数量相较于用户企业可能更多，分布也可能较为分散，其为用户企业提供产品或劳务，与用户企业关系最为紧密。用户企业的需求往往是区域各方活动的立足点，即未被满足的用户需求往往会暴露现有问题（如技术低下、产能不足及供需不匹配等问题），为创新集群各方的活动提供目标与依据。

三、项目流程

（一）项目形成

接下来简要叙述 RRC 确立及实现过程的具体流程，如图 10-4 所示。

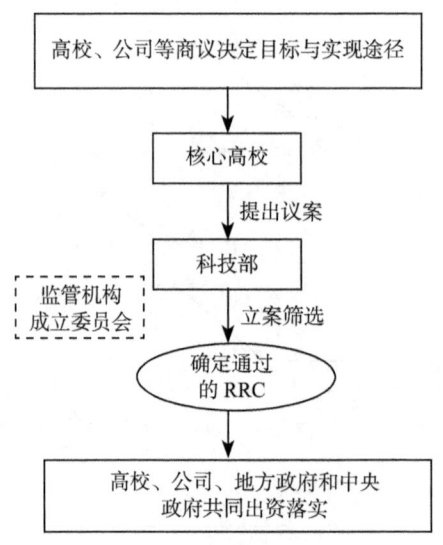

图 10-4　RRC 确立及实现过程

[来源：LEE K. Promoting innovative clusters through the Regional Research Centre（RRC）policy programme in Korea [J]. European planning studies，2003，11（1）：25-39]

RRC 构建的第一步，是核心高校与区域内其他机构在预计实现目标及目标如何实现等方面达成共识。首先如果各方能就"做什么"与"如何做"达成共识，核心高校就可以向韩国科学技术部提出提案。

（二）项目实施和完成

由监管机构成立委员会对提案进行筛选，通常每年会选定 6～10 个 RRC。最后被选定的提案由高校、公司、地方政府和中央政府共同承担费用并落实。RRC 的整个确立及实现过程从环节来看比较精简，加之区域内部协调工作开展较易，供应商与用户企业也可以参与并发挥重要作用，因而 RRC 的开展和落实有很强的可行性与针对性。

平均来看，在前 5 年的 RRC 的参与者投入经费比例中，民营企业约占 26.0%，中央政府约占 34.4%，地方政府约占 16.1%，高校约占 23.4%。最初 3 年，RRC 每年研发活动经费约 5 亿韩元，然后根据评估结果决定是否提供进一步支持。1995 年设立的 RRC 为 3 个，1996 年为 10 个，1997 年为 1 个，1998 年为 13 个，1999 年为 10 个。1999 年年底，已有 15 个地区及其 104 所高校参与地区合作研究中心计划。

四、具体案例：以 SERC 为例

（一）项目形成

为了改善半导体设备技术能力落后的问题，1996 年湖西大学（成立于 1978 年）设立了湖西大学半导体制造装备研究中心（Semiconductor Equipment Research Center，SERC），专门从事半导体设备相关研究。SERC 是 RRC 中的一个典型成功案例。湖西大学的 Hwang 教授（也是 SERC 的主任）通过调研发现湖西大学周边分散着许多大型半导体制造公司（如 Samsung、Anam、Dongbo 和 Hynix）和设备供应商。同时 Hwang 教授认为半导体设备技术能力落后是这些公司面临的重要问题。1996 年韩国从本国获得的生产设备总需求比例约为 15.2%，约为 5.91 亿美元，而从发达国家进口产品和装备高达 33.08 亿元。这一数据也佐证了 Hwang 教授的观点，SERC 的建立致力于解决半导体设备技术能力落后这一关键问题。1996 年，SERC 和 19 家企业开展了联合研究，1999 年为 17 家，2000 年和 2001 年均为 12 家。湖西大学 SREC 的研究课题分为两类：一类是指向基础技术的基础研究课题；另一类是用以解决企业技术困难的特别研究课题。两类课题各占 SERC 课题的 50%。

（二）项目实施与完成

SERC 的经费来自各方支持，1996 年成立时 SERC 的经费来源及占比，韩国科技部约为 27.5%、参与公司约为 54.4%、省政府约为 10.9% 及包括湖西大学的其他组织约为 7.1%。1996 年成立首年，SERC 民间企业提供的预算超过半数，参与中心研究计划的半导体装备制造公司达 8 家。可以说 SERC 的经费来源充分体现了 PPP 的特征，即政府与相关公司共同出资支持 SERC 的正常运作。

SERC 开展首年，项目从私营企业拿到超过一半的预算。三星电子公司特别指派其专门供应半导体设备的姊妹公司韩国 DNS（KDNS）参加 SERC 方案，此后 KDNS 聘用了大多数在 SERC 接受培训的学生。SERC 成立 4 年后，获得 3 项专利，将 22 项技术转让给私营企业，并成功实现了其中 6 项的商业化。另外，还为中小企业提供 34 门培训课程和 97 次技术咨询，在地方期刊上发表论文 29 篇，在国际期刊上发表论文 21 篇。

主要国家的公私合作创新

公私合作成果显著,一方面得益于公私各方的积极交流;另一方面得益于各方利益的一致性,促使每一方都是计划推进的监督方,共同努力实现既定目标。SERC 确定了 5 个有竞争力的技术领域,分别为软件、控制、测试设备、等离子体仿真和部件模块设计。软件和控制领域由计算机科学系的研究人员处理,其他领域则由湖西大学和其他地方高校如 Sunmoon 大学、Dankuk 大学、Cheonan Collage of Technology、Yensei 大学和 Soonchunhyung(S.C.H.)大学等各工程系的研究人员处理。

自 1996 年以来,SERC 与 27 家私营公司、5 所高校及 2 所国营科研机构保持研究合作。其中 63% 的公司、80% 的高校与 50% 的科研机构都位于韩国天安—牙山地区,因而 SERC 的活动主要是地区性的,创新集群的形成如图 10-5 所示。SERC 是整个网络的中心,内部供应商企业、内部用户企业、内部科研机构和内部高校都围绕 SERC 开展工作。而外部企业则主要与内部和外部供应商发生合作。外部供应商企业则与外部用户企业和内部用户企业发生合作。外部科研机构与外部高校直接与 SERC 发生合作。实线代表的是比虚线更为紧密的合作伙伴关系;图中将半导体装备供应商企业划分为内部供应商与外部供应商两个部分,企业名单如表 10-3 所示。

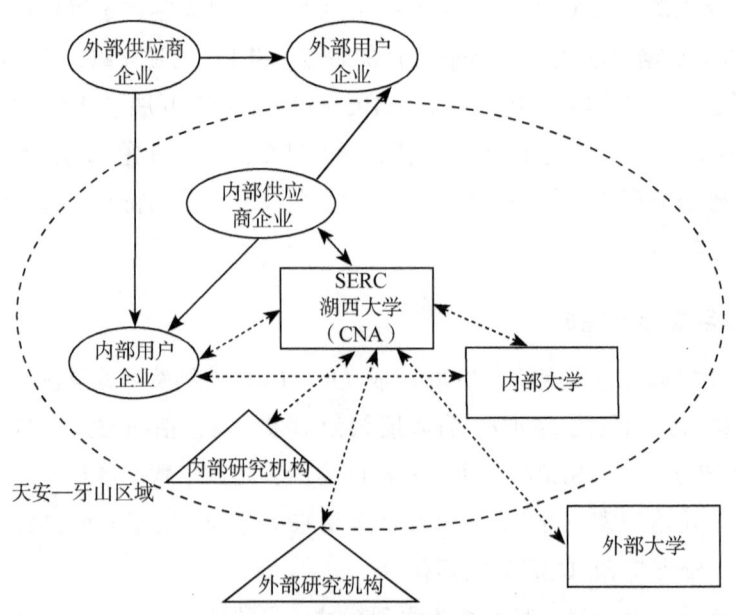

图 10-5 以湖西大学 SERC 为中心的创新集群的形成

[来源:LEE K. Promoting innovative clusters through the Regional Research Centre(RRC)policy programme in Korea [J]. European planning studies,2003,11(1):25-39。内部科研机构 KETI 与外部科研机构 KIMM 全称如下:Korea Electronics Technology Institute,KETI;Korea Institute for Metals and Machinery,KIMM。内部高校包括 S.C.H. University,Cheonan Tech University,Sunmoon University,Dankook University。外部高校为 Yonsei University]

表 10-3　半导体装备供应商企业名单

代码	名称	代码	名称	代码	名称
S1	Mirae	S8	Artnix	S15	NS System
S2	Songwon-Edwards	S9	Geni Tech	S16	Sehan Opticfiber Tech
S3	TowaKorea	S10	Itswell	S17	K. C. Tech
S4	D. I. Corporation	S11	Shinsung ENG	S18	Jiwoo Tech
S5	Korea DNS	S12	Hanjoo Technology	S19	DY Carbon
S6	Memc Korea	S13	APEX	S20	NIS Tech
S7	AMK	S14	Amotech		

来源：LEE K. Promoting innovative clusters through the Regional Research Centre（RRC）policy programme in Korea [J]. European planning studies，2003，11（1）：25-39.

网络目标化是指由地方政府、科研机构、高校和企业组成的合作网络，在提案之初就要明确"做什么"与"如何做"，目标和实现途径都是明确的。换言之，网络有很明确的目标与实现计划，各参与方都在此目标的指导下共同协作来确保目标的实现。

运作的规范化是指各方的活动受到目标与实现计划的约束和支持，同时受到其他相关方的约束与支持，各方各司其职以确保目标的顺利实现。

研究成果商业化是指研究工作最终的目的，实现技术创新的最终目标，也用于援助企业解决现实生产经营中的问题，破除技术壁垒，最终实现研究成果商业化。

五、政策评价

SERC 作为一项 RRC，体现了 PPP 的诸多优势，尤其在规则设置方面，它能够根据当地实际情况设置合作方式，围绕最核心的目标，按照评估结果分阶段投入资源，极大地提升了公私合作的效率，其启示如下。

一是"因地制宜"，结合区域实际开展 PPP。SERC 以湖西大学为中心，高校周围有大型半导体制造公司及多家半导体设备供应商。而且，区域内众多高校、科研机构与企业集聚的人才、资源供给与技术需求推动了网络的形成。加之韩国半导体技术问题限制了产业发展，公私合作具备可行性和必要性，为 SERC 的建立和落成提供了现实的需求空间，因而以湖西大学为核心建立 SERC 来推动半导体技术的全面发展，具备现实的必要性与环境的可行性。中国地大物博，各地资源禀赋差异显著，在开展 PPP 时也需要注意因地制宜，结合区域创新实际。

二是"有的放矢",以 PPP 解决核心问题。韩国半导体产业在 1996 年最核心的问题是半导体设备技术非常落后,需要大量进口他国的产品与装备。Hwang 教授通过调研提出,需要为本地设备供应商提供相关技术援助,以此促进区域经济的发展,解决半导体产业对外依存度过高的核心问题。此后的相关措施都是紧密围绕"技术落后"而展开的,如提供培训课程、培养专业人才、提供技术咨询、转让技术研究成果并予以成果转化支持等。可以说,SERC 的成果是多管齐下、共同作用的结果,也是各方努力的成果。首先确定技术落后核心问题,然后通过各种方式与各方努力解决核心问题,最终将技术成果转化为现实的生产力。

三是"循序渐进",改善 PPP 项目考核。RRC 有一个特点,即不是在提案通过之初给予一次性资金支持,而是设定研发活动经费,根据评估结果决定是否予以进一步支持。这种公私合作的考核方式有助于高校、企业、科研机构及地方政府等相关方对于成果进行阶段性分解,有利于循序渐进地实现目标,并不断地在项目实施过程中反复强化目标意识,实现全过程控制,以确保最终目标稳步实现。

从 SERC 乃至 RRC 取得的效果来看,如果可以将 PPP 的自身优势与特定区域或项目的优势融合起来,以核心问题为导向,多管齐下解决问题,并注重培育科学的项目考核方式以获得持续的发展动力,PPP 就更易取得良好的效果。在具体项目实施过程中,需要着重全过程控制,而不是以简单的事前控制或事后控制为主,使各方保持更加紧密的联系,确保最初目标能够逐步实现,提高资源的利用效率。

第四节 芬兰奥卢创新联盟:打造包含用户在内的全新创新范式

一、背景定位

20 世纪 80 年代初,芬兰的奥卢地区还是一片停滞不前的工业区,但自 90 年代以后,它却转变成为全球领先的高技术中心之一。这种变迁的基础就是地方产业界、高校及奥卢市政府共同开展的一系列创新,其中包括一系列"全球首创之举",比如首家"北欧移动电话网"(1981 年),首座全球移动通信系统基站和首次全球移动通信系统通话(1991 年),以及首套无接触公交收费系统(1992 年),这为奥卢经济发展和人民幸福生活奠定了基础。

在信息时代,创新模式已经从封闭的内向型过程转变为协作过程,如今更进一步转变为以生态系统为中心的跨组织过程,如图 10-6 所示。营造以生态系统为中心的创新将重点放在所有创新行为主体之间的密切合作上。

第十章　区域创新中的公私合作

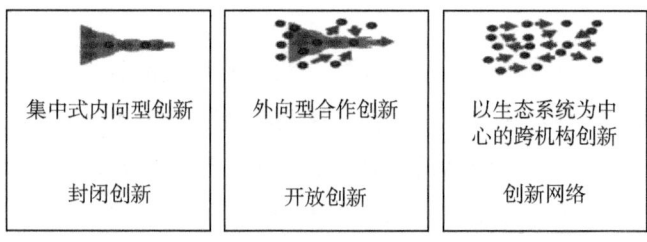

图 10-6　创新的演进

（来源：European Commission. Open innovation yearbook 2014 [EB/OL]. [2020-10-21]. https://ec.europa.eu/information_society/newsroom/cf/dae/document.cfm?doc_id=6853）

奥卢及其创新行为主体是开放创新的领跑者，这座城市被誉为"欧洲硅谷"，其成功来自于开放创新的方式。奥卢创新的方式简而言之是"创新是由众人来实践的一门学问"，这是一种新的创新范式，它所立足的原则是一体化合作、共同创造共同价值、建设创新生态系统、解放能够带来指数级增长的技术及创新成果的迅速采纳，与"开放创新 2.0"理念完全契合，具体如图 10-7 所示。

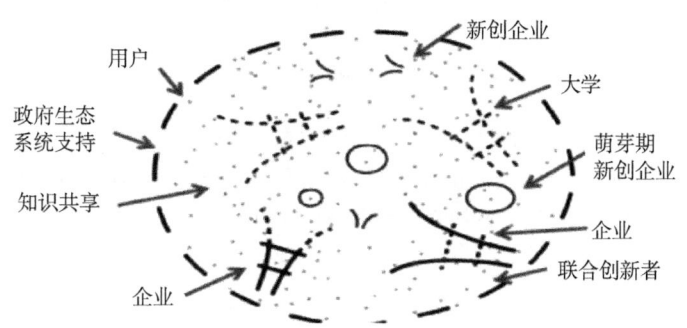

图 10-7　创新生态系统的"开放创新 2.0"方式

（来源：European Commission. Open innovation yearbook 2014 [EB/OL]. [2020-10-21]. https://ec.europa.eu/information_society/newsroom/cf/dae/document.cfm?doc_id=6853）

为了进一步扩大取得的成果，在信息与通信技术（Information and Communication Technology，ICT）的推动下，具有战略意义的奥卢创新联盟（Oulu Innovation Alliance，OIA）在 2009 年成立，它的主要成员包括奥卢市政府与奥卢大学（University of Oulu）、奥卢应用科学大学（Vocational University of Oulu）、奥卢大学医院（Oulu University Hospital）、奥卢地区教育联合局（OSEKK）、芬兰自然资源研究所（Natural Resources Institute Finland）、芬兰国家技术研究中心（VTT Technical Research Centre of Finland，VTT）及技术城公司（Technopolis Plc.），如图 10-8 所示。OIA 的宗旨是加强奥卢教育机构、科研机构、企业及公共部门之间的合作，最终目标是保持奥卢知名创新中心的地位。

为了达成目标，OIA 的合作伙伴们把力量集中到商定的创新领域中，投资于基础设施，并创建和发展供所有人共同使用的生态系统。这些创新领域是 OIA 根据国际标杆分析和前瞻性研究遴选出来的，包括清洁技术、未来互联网、打印智能及与幸福生活相关的技术。它们不仅是全球公认最具潜力的领域，而且这些领域更有利于奥卢开展创新。

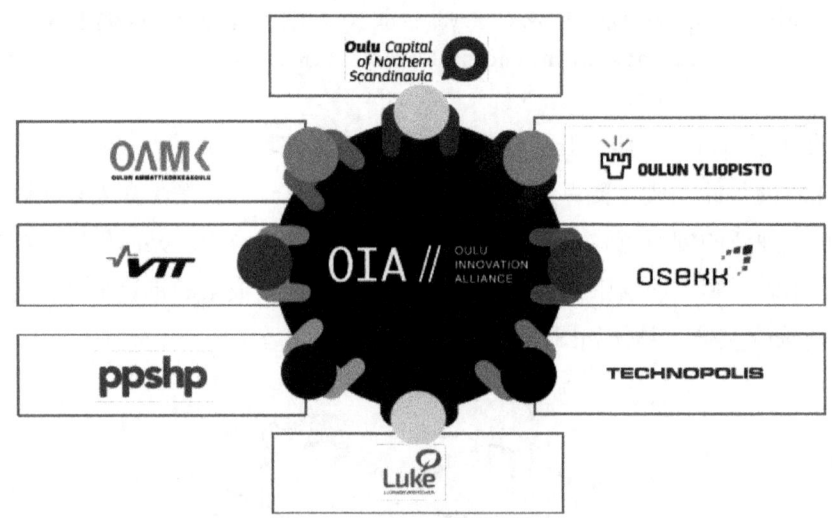

图 10-8　奥卢创新联盟合作伙伴

（来源：Oulu Innovation Alliance. Company networks [EB/OL]. [2020-10-21]. https://www.businessoulu.com/en/frontpage-old/en/company-networks-2/oulu-innovation-alliance.html）

二、治理架构

OIA 采用多头并进的创新生态系统结构，目的是通过一套涵盖整个价值链的多学科合作网络来支持潜力部门的创新活动，如图 10-9 所示。这套生态系统涵盖了从共用基础设施到国际商务等一整套创新支持机制。强势部门打入全球市场，从而让整个生态系统受益。同时遵循跨越部门界限、按照智慧专业化的原则，整合优势创新资源以开启创新活动方面，这种多头并进的结构同样行之有效。

第十章　区域创新中的公私合作

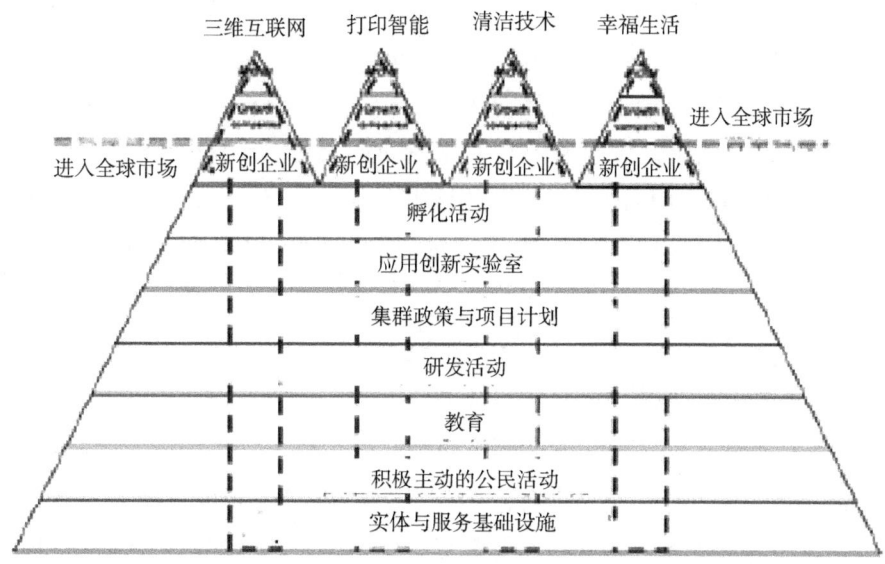

图 10-9　奥卢创新联盟生态系统

（来源：European Commission. Open innovation yearbook 2014 [EB/OL]. [2020-10-21]. https://ec.europa.eu/information_society/newsroom/cf/dae/document.cfm?doc_id=6853）

为了保证顺利合作，OIA 采用了共同决策的架构，由各组织的代表组成理事会，如图 10-10 所示。理事会之下的第 2 层级是工作组委员会，负责在参与奥卢创新联盟的各组织之间开展信息交流。第 3 层级是由创新中心主任构成的团体，合作方面的具体实务就由这一团体来商讨。日常合作运营管理设在创新中心内。

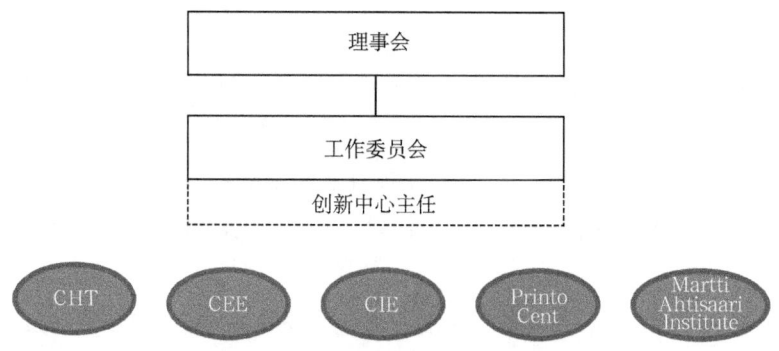

图 10-10　奥卢创新联盟治理架构

（来源：European Commission. Open innovation yearbook 2014 [EB/OL]. [2020-10-21]. https://ec.europa.eu/information_society/newsroom/cf/dae/document.cfm?doc_id=6853）

基于创新中心瞄准不同的优势领域，OIA 有针对性的展开研发活动，同时项目主持与协调的责任则落在合作伙伴的肩上。这些创新中心包括互联网卓越中心（Center for Internet Excellence，CIE）、打印智能中心（Printocent）、能源与环境中心（Center for Energy and Environment，CEE）、健康技术中心（Centre for Health Technologies，CHT）及马尔蒂·阿赫蒂萨里研究所商务中心（The Business Centre Martti Ahtisaari Institute，MAI）。OIA 主要负责组织研究、开发与创新（R＆D＆I）项目、寻找发展伙伴、寻找融资。在进行 R＆D＆I 项目时，OIA 通过国内外金融工具帮助企业进行融资，并与投资者联系。

三、生态系统发展情况

OIA 拥有 5 个生态系统，包括"工业 2026 生态系统""奥卢健康生态系统""敏捷商业化生态系统""ICT 与数字化生态系统""最具吸引力的北方城市"等。

"工业 2026 生态系统"由奥卢大学领导，针对奥卢地区的高层次研究和知识，目的是满足产业的具体需求。其目标是：到 2025 年，处于资源有效的循环经济中的奥卢地区成为利用 ICT 和数字化技术的世界领先地区，可依托于高附加值的生物经济产品和服务、强大的钢铁和机械工程行业价值链、有关能源和环境资源效率方面的领导者来实现。

"奥卢健康生态系统"由奥卢大学医院领导，致力于为全球医疗保健发展创造解决方案，从而改善人们的生活。该生态系统正在努力确保到 2025 年，奥卢地区可以提供高效的以客户为导向的社会和医疗服务，成功促进以个人为导向的健康和福祉，拥有世界上最智能的高校医院。

"敏捷商业化生态系统"是奥卢地区公司国际发展的跳板，由奥卢应用科学大学领导。该生态系统旨在到 2025 年，教育将重点放在企业家精神和商业技能上，创业公司将得到一流发展计划的支持。

"ICT 与数字化生态系统"由 VTT 领导，拥有约 18 000 个高科技工作岗位。该生态系统以信息与通信技术和数字化作为主题，致力于提高奥卢地区作为世界一流 ICT 中心的地位，树立奥卢作为 5G 母城和未来金融科技中心的声誉。2025 年的目标是将奥卢打造为吸引和培养 ICT 专家的地区，成为信息与通信技术特色的 6G 中心和数字化社会的先驱。

"最具吸引力的北方城市"是 OIA 的五大生态系统之一。它生产和推广国际吸引的项目，使奥卢成为芬兰最迷人的城市。该生态系统的愿景是，到 2025 年奥卢的中心成为城市的核心及其心脏，奥卢成为 2026 年欧洲的文化之都。

四、具体案例

以互联网卓越中心和奥卢城市应用创新实验室为例，介绍 OIA 创新中心和开放创新的实例。

（一）互联网卓越中心

互联网卓越中心（CIE）的使命是积极推动下一代互联网技术、电器和服务的联合开发。CIE 着眼于将前沿研究创新与灵活敏捷的新型商务创建过程结合起来，从而抓住由互联网推动的增长机遇和价值，其中的重点则是"未来互联网"这种新技术。互联网卓越中心的任务是与奥卢创新联盟的合作方及本地和国际上的其他合作伙伴开展合作，并物色能够让研究与创新更上一个台阶的先锋式项目计划。

CIE 十分重视开放创新，它充分利用了开源平台。在三维互联网（3D Internet）领域，realXtend 就是互联网卓越中心的开源平台。这座平台的开发工作始于 2006 年，如今它已经广布全球，成为虚拟世界的重要开源平台。互联网卓越中心及其合作方如今还参加了欧洲未来互联网项目（FI-WARE），以推动其成为三维互联网（3D Internet）的标杆。同时，CIE 也开展了与教学和旅游等相关的项目。

（二）奥卢城市应用创新实验室

CIE 一直都在以"奥卢城市应用创新实验室"的名义（OULLabs）来拓展奥卢的应用创新实验室活动。OULLabs 按照一站式采购的原则来为企业和组织提供理念化、开发及测试服务，推动开放创新，吸纳终端用户意见。

OULLabs 由一组特殊的测试环境构成，例如，帕蒂奥论坛（PATIO）是一个收集用户意见的在线论坛，当前拥有 700 多名用户，跨越 18 ~ 85 岁的年龄段；泛奥卢网（panOULU）是一个覆盖奥卢大部分地区，每月热点网络用户达到 3 万人的公共无线网络；UBI 热点是交互式公共显示屏网络，用于征集公民意见，每月用户达到 3 万人；三维虚拟实验室——对诸如城市规划等方案进行可视化，并让用户参加开发工作；特卡库里（TTkaakkuri）是真实医卫环境中的产品测试平台；融合网络实验室是一个无线网络测试实验室。

从城市的角度来看，用户参与这一因素提供了极强的参与创新吸引力。这些服务在实际推出之前就先在奥卢城市应用创新实验室中接受测试。采购过程中也需要用户的参与；奥卢城市应用创新实验室服务就被当作采购程序的一部分来测试不同投标商提出的服务方案。使用这些设备和服务的人能够测试所有的可能性，并由此发表自己的使用评论。

奥卢还按照开放创新的精神开放了它的数据库，让它们能够投入产品开发等用途。

就三维互联网（3D Internet）而言，奥卢还在开发一种开源虚拟环境——"奥卢三维模式"，它可以成为环境开发平台及新型服务的接入点。修卡瓦拉新区（Hiukkavaara）的开发是奥卢在开放创新和用户参与方面所做工作的范例。奥卢将这片新区当作一座应用创新实验室，民众和企业从规划程序开始之初就加入进来。这种做法除了从一开始将终端用户的意见纳入规划工作之外，还开创了制订节能的生态型创新解决方案的良机，而从这些解决方案中又能产生成功的商务。OIA的所有行为主体都按照跨学科的方式参与了这一创新过程。

五、政策评价

奥卢在研究成果为商务服务方面和建设开放创新生态系统方面取得了显著成功，具体的启示如下。

一是以用户为主，将创意转化为产品。奥卢在将研究成果转化为产品方面的效率是众所周知的。它的商务开发立足于创新生态系统，将研究活动和民众作为创新的基础，构成了非常典型的开放创新生态。

终端用户群体是奥卢产业开发的源头。这个群体由现实生活中的民众（并不仅仅是学生）构成，他们有意愿随时为创新过程做出贡献。凭借终端用户的支持，企业就能在创新过程的任何阶段让真实的用户来检验它们的产品、原型或创意。除了让见多识广的终端用户来检验外，还可以让有可能在商务过程中运用新产品或研究成果的现有企业来检验。中国在开展PPP时需要注意在进行创新活动的过程中应尽早让用户参与体验，及时获取和吸纳反馈意见。

二是以智能城市为主，构建交互式创新生态系统。奥卢在信息与通信技术领域中获得了很大的成功，它依靠教育机构和科研机构、企业、公共部门及个人之间长期的合作传统。整套系统都服务于一个共同目标，那就是让这座城市成为更加美好的宜居之地，并让以全球增长为导向的企业能够在这座城市中发展壮大。

OIA的合作为强化和拓宽奥卢的国际网络、使它再创佳绩并提高吸引力起到了重要作用。由于在开展创新时采用国际方式，加之奥卢在交互式三维互联网领域中的领先地位，奥卢能建立紧密的交互式创新生态系统国际网络。中国在PPP开展中也可以将一座城市作为中心，建设创新生态系统，集中力量发展合作网络机制。

第十一章　公私合作建设研发机构和平台

研发机构和平台是科技创新的关键载体。通过公私合作建设科技创新载体,能够有效集聚创新资源,构建创新网络,加快科技成果从实验室到市场的进程,助力技术商业化跨越"死亡之谷"。

第一节　美国国家制造业创新研究所：跨越技术商业化的"死亡之谷"

一、背景定位

世界主要国家均设立国家级专门科研机构,如日本的新能源与产业技术综合研究院(New Energy and Industrial Technology Development Organization,NEDO)、德国的弗朗霍夫协会、芬兰的国家科学技术与创新战略中心、法国的卡诺研究所、韩国的电子通信研究院等。随着新兴技术的飞速发展,考虑到全球的竞争压力,美国也开始在战略性领域筹建新的制造业创新研究所。

2012年,美国政府提出要在先进制造领域建设一个由多家创新研究所组成的国家制造业创新网络(National Network for Manufacturing Innovation,NNMI),政府将投资10亿美元组建15家制造业创新研究所,通过缩小科研与商业化之间的差距,提振国内制造业。2014年,在《振兴美国制造业和创新法案》(RAMI)的授权下,美国国家制造业创新网络(Manufacturing USA®)正式成立。截至2019年,该网络包括14家制造业创新研究所,主要关注电子、材料、能源与环境、数字化与自动化和生物制造等关键技术领域。每个研究所专注于不同的先进制造技术领域,但都朝着相同的目标努力,即通过制造业创新、教育和协作来确保未来美国制造业的全球领先地位。总结美国国家制造业创新研究所具备的五大基本功能,主要包括：

一是聚焦跨越技术商业化的"死亡之谷",实现科学研究与产业发展的有机对接。美国建立制造业创新研究所的目的是通过整合各方资源,在基础研究与商业化"缺失的中间环节"之间搭建桥梁,提升美国先进制造业竞争力,如图11-1所示。

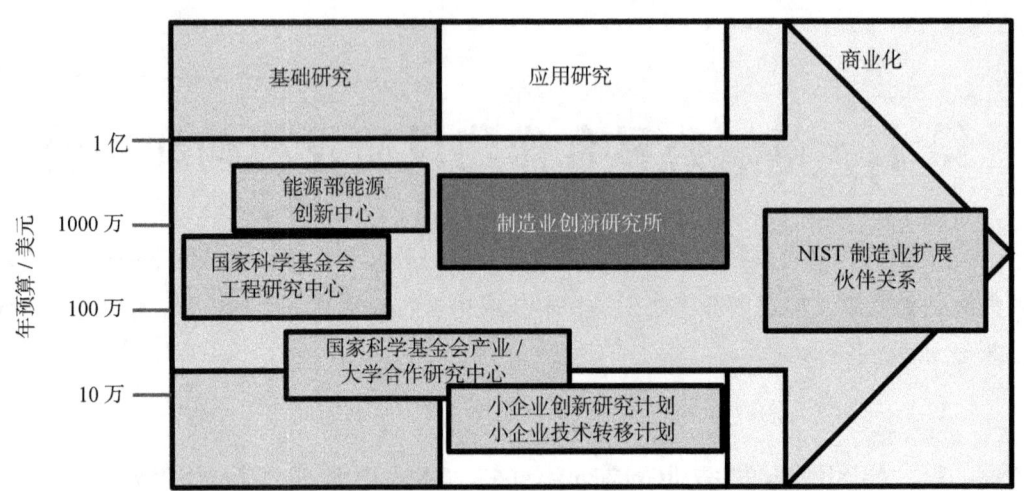

图 11-1 美国国家制造业创新研究所在创新链条中所处的位置
[来源：黄健. 美国制造业创新研究所启示 [J]. 高技术与产业化，2015（3）：56-59]

二是着力于支撑战略性产业发展的共性技术研发，解决产业发展的重大、关键技术挑战。制造业创新研究所的重点任务是在那些最前沿、风险高但商业潜力巨大的技术领域，以及战略性产业发展的重大方向和关键共性技术挑战上集中力量，加快实现技术突破和产业化。这种清晰的发展定位使制造业创新研究所在国家创新链中占据着关键的一环，发挥着不可替代的作用。可以说，制造业创新研究所的最终发展目标不是追求自身总经费的剧增，而是创新能力的提升与贡献。

三是服务于中小企业技术创新，推动经济发展。中小企业是推动经济增长和创新的重要因素，在快速发展的全球新兴市场中，往往还是新型、颠覆性商业模式的创造者。因此，制造业创新研究所将支持中小企业的创建、发展和扩张作为主要业务之一，积极鼓励具有高增长潜力的中小企业参与其中，为中小企业提供技术支持、产品开发和信息服务等各种服务，发挥了中小企业技术创新服务平台的作用。

四是发挥"教学工厂"的作用，促进人才培养。制造业创新研究所的定位是成为先进技术与服务的世界级区域中心和发挥人才培养作用的"教学工厂"，培养企业所需的技能人才、年轻科技人员和下一代制造业人才。通过让高校教师和学生在研究型高校和制造业创新研究所同时承担工作，培养出熟悉科研成果应用、新技术和生产体系的领头人。

五是共享科研基础设施，加快创新发展。制造业创新研究所为当地的初创企业和小厂商提供共享设施，帮助他们中试新技术，以加快技术转移，推动全供应链创新。

美国政府为实现以上功能采取 PPP 的方式来建立制造业创新研究所。之所以采取这种方式，主要出于以下几个原因：一是制造业创新研究所要实现的目标均是国家目标，政府要对制造业创新研究所的布局等提供指导；二是政府会给制造业创新研究所提供启动经费,并且在最初的 3~5 年内给予持续资助;三是制造业创新研究所的主体包括企业、科研机构和高校等,具有充分的自治权,实行企业化运作。这种方式保证了其运行的自主性,免于成为"准政府部门",也能保持其创新活力,推动制造业技术创新活动持续发展。

二、治理架构

每一个制造业创新研究所通过网络方式整合创新资源,构建公私合作的三方合作模式,如图 11-2 所示,其成员既包括企业,也包括科研机构和高校。它改变了原有的高校、科研机构、企业研发中心等独立分布的研发布局,采用多方主体共同出资出力的创新模式。

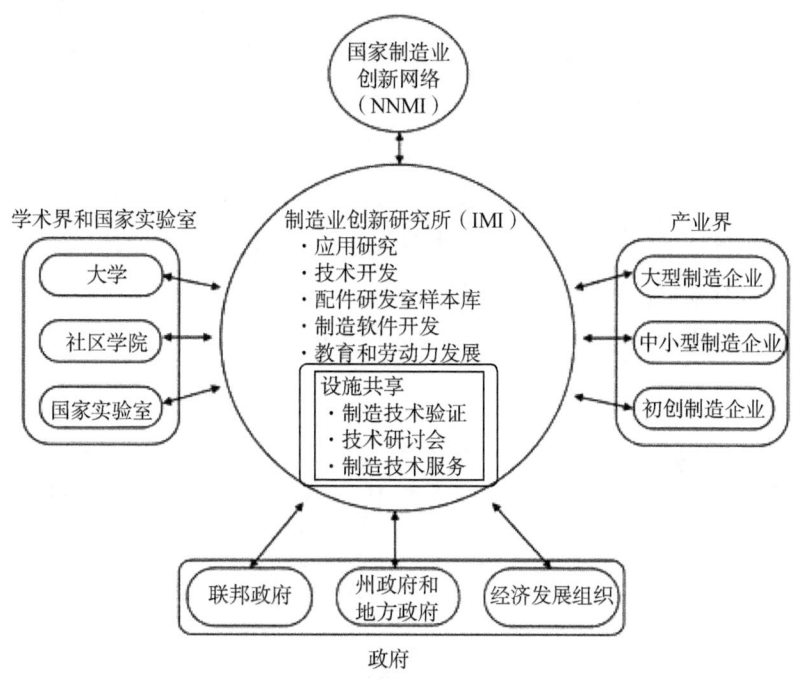

图 11-2 美国国家制造业创新研究所治理架构

[来源:国务院发展研究中心"激发创新主体的活力"课题组.美国制造业创新中心的运作模式与启示 [J]. 发展研究,2017(2):4-7]

三、运行模式

各个创新研究所相对自治,决策机构为董事会,由公私各方代表组成。日常监管任务主要是决策、运营、会员管理、知识产权管理、投资、技术选择、资金分配、进度跟踪等。

以美国制造创新研究院（America Makers，原名为国家增材制造创新研究所，National Additive Manufacturing Innovation Institute，NAMII）为例，说明其运行管理情况。America Makers 是由国家国防制造与加工中心（National Center for Defense Manufacturing & Machining，NCDMM）领导，作为美国国防部牵头建设的具有试点性质的制造业创新研究所。自 2012 年 8 月 16 日启动以来，现有会员已经超过 210 家，其中铂金会员 27 家。会员包括来自企业界、政府机构、学术界（高校、科研机构）和非政府组织的代表。企业中既有一些大企业如洛克希德·马丁、德勤会计师事务所、西门子、波音、诺思罗普·格鲁曼、通用电气、罗罗公司等，也有很多中小企业；高校包括得克萨斯大学埃尔帕索分校、北艾奥瓦大学、密歇根技术大学、扬斯顿州立大学、卡内基·梅隆大学等。此外，多家国家实验室也是 America Makers 的会员。

America Makers 建立了完善的组织管理结构，如图 11-3 所示，主要包括：①管理委员会，由该研究所初始会员的铂金会员和金卡会员及各州政府的代表组成，负责制定技术战略与计划运行指导；②执行委员会，由政府、工业界、学术界、非营利组织等代表组成，政府代表占 1/3，负责提出愿景，制定政策与长期发展战略；③技术顾问委员会，由来自美国国防部、能源部、国家航空航天局、国家科学基金会（National Science Foundation，NSF）、商务部、教育部的代表组成，负责把控技术方向，以及在其他方面提供建议；④该研究院设主任、运营主任、负责技术发展的副主任、负责劳动力和教育拓展的副主任和会员总监等领导人员，负责开展具体工作。

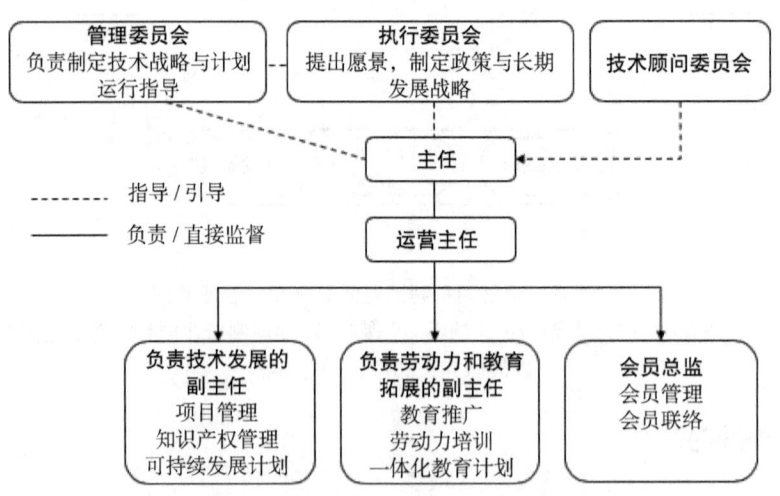

图 11-3　America Makers 的管理结构

（来源：中国电子信息产业发展研究院. 美国制造创新研究院解读 [M]. 北京：电子工业出版社，2018）

四、评审标准

开展有效的监督和绩效评估工作有助于促进优胜劣汰、动态调整和绩效提高。由于制造业创新研究所是在公私合作模式下的新型定位,因此其绩效评估标准与高校、科研机构及企业研发中心有所差异。

2015年8月,NNMI发布了关于制造业创新研究所业绩评估的指导书。指导书由美国先进制造国家项目办公室(The Advanced Manufacturing National Program Office, AMNPO)下属的工作组主持,基于国防部、能源部已经建立的制造业创新研究所进行分析。评估指标总共分为3类:衡量对于最初的利益相关者、潜在的创新研究所成员的增值和有效性指标;衡量制造业创新研究所对于资助机构的使命和目标的支持程度指标;评估制造业创新研究所达到国家制定的目标,特别是RAMI法案和先进制造的政策报告中所表述的目标的贡献。这3类指标优先级也依此顺序。根据法案的要求,该指导书提出了四大评价分类指标,分别是技术促进(包括研发、专业和商业化等)、发展制造业劳动大军、促进创新生态系统和经济效益,其中最后一项可以看作"财务的可持续性"。除了上述4类一级的定量指标,制造业创新研究所的评估也采用了一些定性指标,包括在规模化上促进创新能力的非联邦投资的孵化、区域生态系统发展、供应链和劳动力发展等。这些定性指标不能离开定量指标单独存在,可对其形成良好的补充。

五、资金构成与使用

制造业创新研究所的研究经费来源于多种渠道,由政府和企业共同承担。一般而言,在制造业创新研究所刚开始设立的阶段,政府资金占主导地位,美国联邦政府对制造业创新研究所的资助通常是在5~7年内拨付7000万~1.2亿美元,同时要求申请者配套比例不得低于1∶1,在5~7年内分期投入。

政府投入存在阶段性,早期政府投入的比例大,第一年联邦资金用于设备费、启动费和头批基础项目费。到了第二年和第三年,基础项目拨款增加。随着制造业创新研究所逐渐成熟,制造业创新研究所需要自我寻找运营经费。到了第四年,联邦政府对项目的资助开始转为竞争性项目资助,竞争性项目资助约占总资助额的25%,目的是鼓励制造业创新研究所向自足自立过渡,联邦资金拨付示意如图11-4所示。联邦政府是否继续给予资助要视年度报告的完成情况和阶段性考核评估的通过情况而定。阶段性评估按照定性和定量的绩效评价指标对制造业创新研究所进行考察,至少要在第三年实施。在5~7年的联邦政府资助期内,非联邦政府投资的比例需要不低于50%。随着时间的推移,美国政府希望制造业创新研究所的资金将大部分由私营部门和其他渠道保障,争取在5~7

年内完全停止政府方面的资金投入。每个制造业创新研究所在成立时均须制定自我维持计划，须在联邦政府资助5~7年后完全自立。制造业创新研究所的资金来源可以是会员费、收费服务活动、研发合同、试制合同、非NNMI的基金申请、其他来源的联邦拨款、知识产权收入、捐款等，其董事会要就运营和收入机制制定政策和程序，其设施和产品应适当、合理地向广大企业开放。

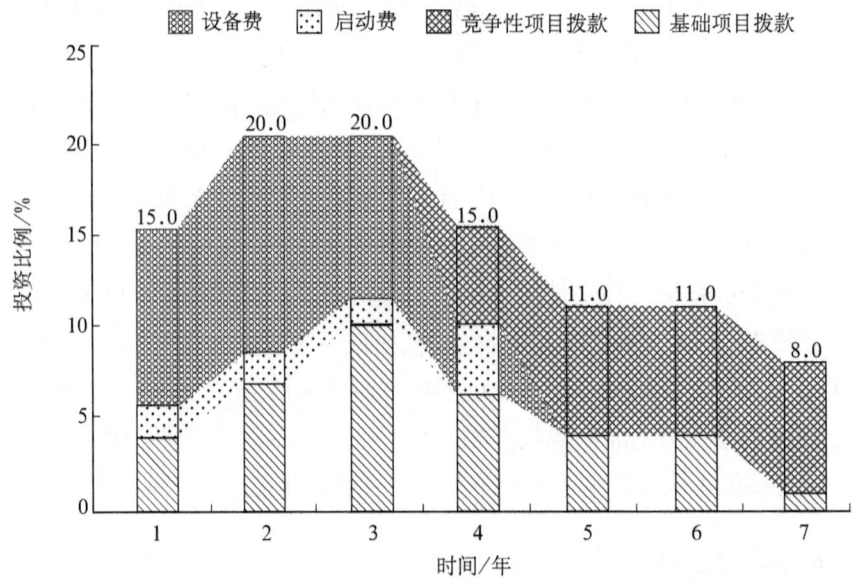

图 11-4　美国国家制造业创新研究所的联邦资金拨付示意

[来源：陈小鸥，姚为克. 让概念与产品零距离：美国设立制造业创新中心，推动政产学研协同创新 [J]. 全球科技经济瞭望，2015（30）：62-67]

六、收益与知识产权

2014年10月，AMNPO发布了《国家制造创新网络项目知识产权管理指南》。该指南由AMNPO牵头，能源部、国防部、商务部、NASA、NSF等组成任务小组共同参与起草。知识产权管理的目的是保护制造业创新研究所各方的利益，同时为企业，尤其是中小企业降低知识产权方面的阻碍，使之可以更容易地利用所需要的知识产权。《国家制造创新网络项目知识产权管理指南》为各中心推荐了处理知识产权问题的14条原则，包括以下几个方面：中心层面的知识产权管理、项目层面的知识产权管理、知识产权归属、中心出资生成的知识产权权利、非中心出资生成的知识产权权利、背景知识产权、数据权利与管理、发布权及政府权利。

以数字制造创新研究所（Manufacturing times Digital，简称MxD，原名为数字制造与设计创新研究所，即 The Digital Manufacturing and Design Innovation Institute，简称 DMDII）为例说明其知识产权管理细则。

首先，清晰界定研究所项目知识产权、共同利益项目知识产权和背景知识产权。研究所知识产权是在研究所项目中生成的项目知识产权，研究所项目分为完全由政府出资的研发项目和部分由政府出资的研发项目，部分比照"项目授予协议"由项目参与人出资的研发项目。共同利益项目知识产权是在共同利益项目中生成的项目知识产权，共同利益项目是出资完全来自项目参与人私有资金的研发项目。背景知识产权是所有项目开始之前就获得的知识产权，以及在项目开始之后于项目之外生成的知识产权。项目参与人在履行项目职责或者研究所成员引用项目知识产权时，若涉及背景知识产权必须先取得相关许可。背景知识产权的提供方是研究所会员，会员可以要求通过许可贡献其背景知识产权，或者将其作为"实质性贡献"充抵会员义务。

其次，阐明研究所对知识产权的管理职责。研究所运营主任指定成立"知识产权咨询委员会"，向"管理委员会"报告知识产权相关问题并向其提供支持。

最后，明确规定政府在技术数据和计算机软件方面享有的权利。技术数据特指针对科学或技术特性以任何形式或方法记录下来的信息。研究所每个生成技术数据和开发计算机软件的项目知识产权所有人应将其转移给政府，或使其获得在世界范围内、不可撤销、非专属、免特许使用费的许可权。

制造业创新研究所的成效突出显现在以下几个方面：一是有效撬动了企业资金。2018 年年度报告显示，美国政府利用 1.83 亿美元联邦资金吸引了 3.04 亿美元地方和私营部门投资，14 家制造业创新研究所共有超过 1900 家会员单位。二是有助于推动技术进步。一些研究所制订了技术路线图和战略投资计划，例如，America Makers 制定了增材制造技术的战略路线图，描绘了关键技术能力的差距和美国取得技术领先地位的机遇，美国很多大企业根据该路线图对本企业的研发投资进行了调整。三是推动了人才培养。2018 年年度报告显示，制造业创新研究所通过多种手段，培养了超过 20 万名具备相关先进制造知识和技能的人员。例如，America Makers 设立了 3D 打印和增材制造培训计划，并颁发了 150 多份证书，上万人参加了有关增材制造业基础知识的在线课程。四是初步形成了可持续运营能力。例如，America Makers 成员数量每年增长 40%，如今成员已达到 160 多家，其中小企业成员大约有 50 多家。

七、政策评价

制造业创新研究所聚焦制造业，联合政府、企业和高校、科研机构等推动应用研究。同时，尽可能地强化项目的正外部性，通过设置教育项目、让部分成果公共化和提升对外合作门槛等方式，推动项目对国内产业的正向效应。

美国构建制造业创新网络，除了推动美国国内创新制造能力的发展，另一大重要目的在于整合现有的各类创新资源，推动公共机构与私营企业之间的协同合作，以获取资源投入效益最大化和效果最优化。网络的构建是合作的必要条件，是基于协同的创新，有助于推动各参与主体之间的连接，也有助于未来制造业的全面发展创新。

另外，制造业创新研究所在制度设置、管理模式等方面的做法也值得思考。一方面，制造业创新研究所在知识产权方面降低中小企业获取难度，并在一些项目中规定项目知识产权归属政府或直接公开。同时，各个创新中心资源和成果共享，以此营造一个几乎全开放性的国内创新环境。另一方面，制造业创新研究所设置教育项目，持续培养相关技术人员和产业工人，提升行业内的人力资本。对新工人的培养，应同时满足生产力需求和生产力供给的双重要求，是未来占领制造业高点的重要发展思路。

第二节　英国弹射中心：为研发到商业化加速

英国将科技创新视为实现经济复苏的唯一出路。为此，英国政府决定建立一批世界级技术创新中心，为英国经济发展增加驱动力。这些技术创新中心被官方称之为"弹射中心"（Catapult Centres）。至 2017 年，已建成 10 个弹射中心，这些弹射中心在提升英国整体科技创新水平和实现经济复苏的过程中发挥了积极作用。

一、背景定位

建设的起因是在 2010 年 3 月，英国企业家赫尔曼·豪瑟博士（Dr. Hermann Hauser）在《英国技术创新中心当前和未来的责任》报告中指出英国技术创新中心发展方式中的一些缺点，包括投资达不到临界量、缺少统一的国家战略、对企业需求和相关专业技术定位重视不足等问题，并呼吁政府改变原有资助方式，增加投资和工作力度，同时将重心投入优先领域的技术创新中心。

作为对这一报告的回应，英国卡梅伦政府在 2010 年秋向英国创新署（原为英国技术战略委员会）提供 2 亿多英镑额外资金建设一个技术创新中心（弹射中心）网络，并于 2011 年发布了这个网络的战略与实施规则。弹射中心计划的目标明确为"缩小研究发现与后续商业开发间的缺口"，通过参考其他国家的最佳实践，对技术创新中心网络进行长期投资，帮助企业获得最优秀的技术知识、基础设施、技能和设备，促进英国研究成果商业化能力实现跃升。

第十一章 公私合作建设研发机构和平台

弹射中心的战略目标具体来说主要有以下3点：一是构建世界领先的技术创新中心网络；二是将创新概念转化为商业化成果；三是提升英国国家创新能力，促进英国经济可持续发展。基于前述战略目标，弹射中心将其定位于高校、政府和私营部门之间，致力于打通高端创新技术和概念在开放协同创新系统中向商业化应用转移转化的通道。弹射中心为高校、科研机构、大中小企业等提供创新基础设施、高端研发装备和卓越的专业技能，在全球布局和建立高端创新市场和网络，奠定英国的科技创新强国地位和竞争优势。在技术成熟度（Technology Readiness Level，TRL）方面，弹射中心业务活动涉及的创新成果主要聚焦于 TRL 3~8 级，如图 11-5 所示。

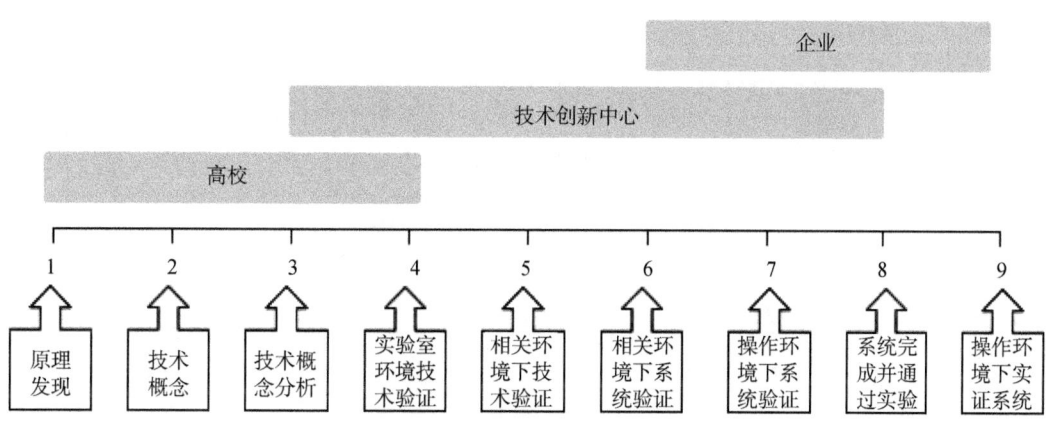

图 11-5　基于技术成熟度的弹射中心定位

[来源：胡峰，曹鹏飞.基于自由基聚合理论的英国科技创新智库建设机理分析：以英国弹射中心为例 [J].情报杂志，2018，37（12）：86-92]

弹射中心的主要任务包括：一是推动技术进步，促进企业获得顶尖的技术和知识；二是成为世界领先的科学和工程研究基地；三是面向企业需求，与企业协作开展应用研究项目；四是开展合同研究，即通过竞争获得企业的研发合同；五是在企业与科研机构间举办大量活动，推动企业与科研机构协同发展；六是根据不同层次的技能培训计划，推动各级专业技术发展。

弹射中心的发展策略与实施规划认为，英国有必要将有限的资源集中投入少数具有全球竞争力和增长潜力的领域，并确立了遴选弹射中心的5项标准：中心支持的创新领域预计全球市场价值能否达到每年数十亿英镑；英国在该领域是否拥有全球领先的研究能力；英国企业是否有能力运用所开发的技术，并利用增加的投资获取价值链中的重要份额，同时相关业务能否有效参与英国经济；中心所在地区能够吸引全球性企业的知识密集型活动；中心能够落实国家战略，支持和完成国家创新战略优先发展计划。

英国将分3个阶段推进技术创新中心的建设。第1阶段，注重弹射中心的建设布局，首批7个世界级弹射中心于2013年建成，截至2017年，已经成立了10个弹射中心。第2阶段，要基于已有弹射中心在更广泛的领域内建立知识网络，通过吸引不同规模企业进行跨领域的合作，以及与英国优秀高校和相关机构开展合作，由此初步形成英国新的技术创新框架体系。第3阶段，要将弹射中心有机地融入国家创新体系。加强弹射中心与其他研究组织、独立实验室、创新中心及部分重点高校技术转移部门有机结合，共同构成更广泛的中介部门体系，同时促进弹射中心与英国现有创新计划相结合，并加强与欧盟等国际项目的对接。弹射中心在技术成长链条中的位置如图11-6所示。

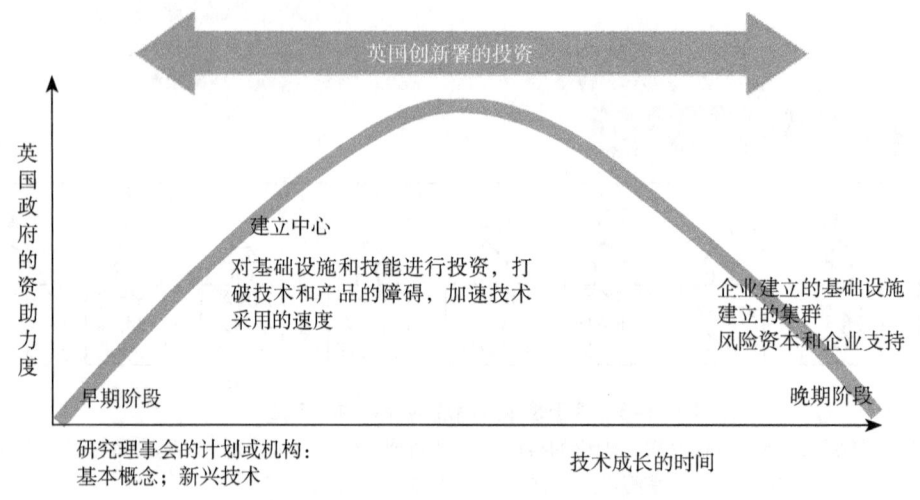

图11-6　弹射中心在技术成长链条中的位置

[来源：吴峰.英国建立技术与创新中心的背景、理念和机制 [J]. 全球科技经济瞭望，2011（26）：5-10]

二、治理架构

弹射中心是在创新署的规划下成立的。创新署陆续发布计划书，提出主要建设原则，就主题领域和治理安排问题征求意见。弹射中心的治理架构采取"政府＋企业"的PPP模式：在运行管理方面，每个弹射中心都是非营利的独立法人实体，通过各自的董事会及执行管理团队进行中心的运营，并对中心各类工作提供指导；在监管方面，由创新署下设的咨询监督委员会负责监管所有弹射中心。因为创新署只是规定其发展目标，各中心在具体运行过程中有很大的自主性，并可以根据情况调整需求变化和商业模式。各中心有义务围绕各自目标和核心业务制定商业计划，有独立的资产和负债、设备和设施及知识产权所有权和管理责任。

作为一个非营利创新机构，每个中心将建立业务主导型的治理委员会，对中心的业务进行监督和管理。治理委员会由企业用户和该领域专家组成，主要负责中心治理安排及定义中心治理的约束和界限，制定季度报告的绩效指标，回顾年度绩效，管理金融负债和设备所有权，鼓励中心与其他科研机构联系，为网络内中心在品牌、网络通信、宣传等方面制定伙伴关系协议，制定知识产权管理准则等。各中心的治理结构可依据自身情况而定，包括委员会主席、技术战略委员会，以及由来自不同行业的高级从业经验人员组成的监督委员会。委员会主席，即董事会主席，必须充分考虑产业经验、学术基础与创业精神3个方面的能力；技术战略委员会由执行董事负责其内部管理；监督委员会以咨询身份对技术战略委员会和中心网络运行提供建议。

三、评审标准

根据合作协议，弹射中心要提交季度报告和年度工作报告，以便创新署对其进行定期监测和评估。绩效指标的作用是推进弹射中心发挥引领作用，确保其在市场中的领先地位，同时激励其提高影响力、扩大产业界参与度。弹射中心以CREAM（明确"Clear"，相关"Relevant"，经济"Economic"，适当/充足"Adequate"，可检测"Monitorable"）为指导原则，设计高质量创新绩效评价指标。具体包括5个方面：与产品和服务市场的联系（包括主要工作定位和创新活动）；与高校和科研机构的联系（包括合作情况、知识共享、知识产权管理及出版物）；资本规模和资金来源（包括营业额、资金来源、国际资金占比、公共资金、商业收入及与企业合作情况）；人员、能力和技能（规模、研究能力、博士人员所占比例）和融入国家创新战略的程度。随着弹射中心的不断成熟，创新署与各中心仍在不断完善关键绩效指标。由于不同中心所属技术领域和行业具有差异性，其关键绩效指标也会有所不同。

四、资金构成与使用

弹射中心的资金主要来源于竞争性资金和非竞争性资金，主要分为3个部分：一是来源于与企业签订的创新合同收入，约占中心全部收入的1/3，属于竞争性资金；二是来源于公共和私营部门共同资助的合作研发项目资金，约占中心全部收入的1/3，也属于竞争性资金；三是政府直接下拨的核心公共投资，约占中心全部收入的1/3，属于政府直接拨款的非竞争性资金，由英国技术战略委员会提供，每年为每个弹射中心提供500万~1000万英镑，投资周期为5~10年。其中企业创新合同研究资金和合作项目资金主要用于人力费用和启动项目。政府的核心公共资金则主要用于基础设施建设和设备购置，投入比例与各个弹射中心在建设过程中是否使用已有设施和设备相关。因此每个弹射中心的 3 类资金来源数量上可能存在一定的差异,例如,在 2014 年度高附加值制造业分中心的资金收入中,企业创新合同收入高达 7500 万英镑,合作研发项目资金为 5170 万英镑,核心公共投资为 2880 万英镑。

3 种平行的资金来源模式使弹射中心在招标之初就需要进行多方面的考虑。首先,中心要在各投资资本之间进行适当平衡;其次,中心需要避免为获得创新署的核心公共投资而投入太多精力和资本,以及与学术机构直接竞争;最后,中心需要确保可以寻找商业金融而不仅仅依靠公共资金,以避免财政资金紧缩时可能导致的创新资金风险。

五、收益与知识产权

弹射中心注重运用知识产权转移措施来推动中心研发成果扩散,通过专业透明的管理方式进行知识产权管理,鼓励合作伙伴协作及知识产权的开发利用,从而实现研发成果的产业化。根据项目资金来源不同,中心对知识产权所有权采取不同安排,主要有 3 种情况:仅在政府公共投资的核心资金补助下完成的创新相关成果,弹射中心拥有知识产权,并可以通过合适的授权、分拆与其他灵活方式提供给企业用户;若是由公共和私营部门共同资助的合作研发项目成果,分享和利用该知识产权须经过所有合作伙伴同意,并就知识产权商业化方式进行协商;企业合同研发成果将依据合同内明确规定的新知识产权开发、共享权利,企业获得知识产权开发权,但不得阻止弹射中心使用形成知识产权的各类研究基础。

从总体实践效果来看,弹射中心在英国创新体系中具有特定的补充作用,与研究界和产业界建立了清晰接口,与其他的研究和技术组织、独立实验室、创新中心及某些高校的技术转移部门共同构成了更广泛的中介部门,无数企业和学者均将弹射中心赞誉为"中立的召集人"。

弹射中心的建设侧重于新兴技术领域,目的在于使英国在这一领域具备世界领先地位,进而占据价值链高端的重要位置。截至 2017 年,英国已建成的 10 个弹射中心,主要涉及领域包括:高价值制造、细胞与基因疗法、运输系统、近海可再生能源、卫星应用、数字化、未来城市、能源系统、医药研发和复合半导体应用,如图 11-7 所示。

第十一章 公私合作建设研发机构和平台

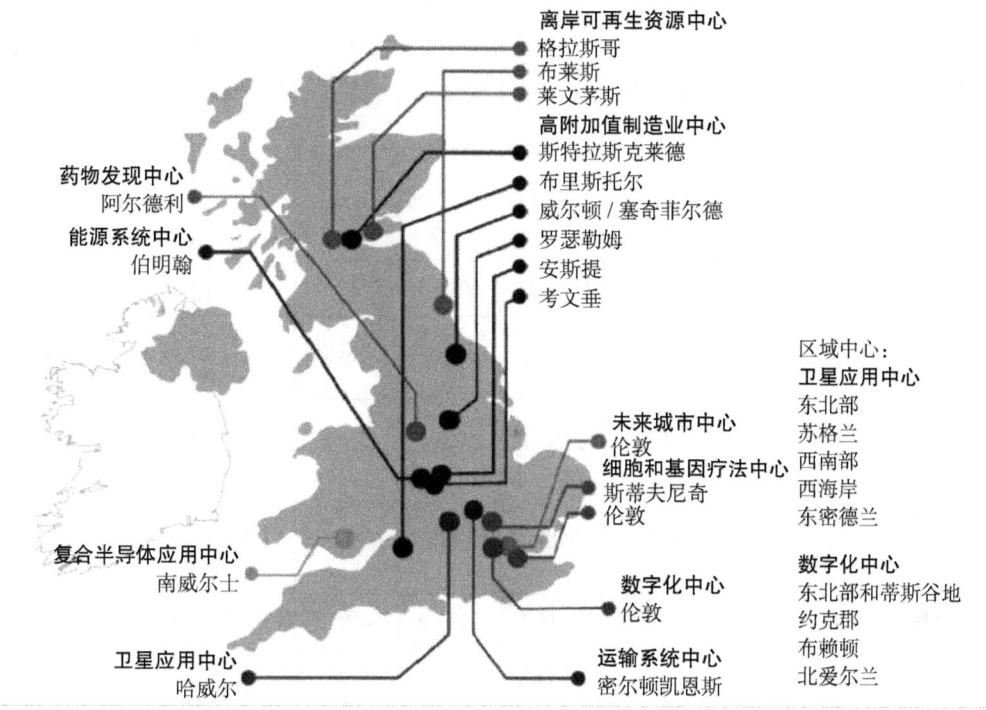

图 11-7 弹射中心分布

[来源：Catapult Network. Catapult Network report 2017 [R/OL]. [2019-12-26]. https://catapult.org.uk/wp-content/uploads/ 2020/12/Cross-Catapult-Network-Executive-Summary-2017.pdf；杨雅南. 高端创新：来自英国弹射创新中心的实践与启示 [J]. 全球科技经济瞭望，2017，32（6）：25-37，51]

根据弹射中心官网 2013—2019 年 6 月的统计结果，弹射中心已完成 2260 个学术合作和 12 379 个产业合作，支持中小企业 4389 家，运行的世界一流的创新基础设施价值超过 10 亿英镑，合作伙伴分布在全球 24 个国家。

以高附加值制造业弹射中心为例，该中心自 2011 年 10 月成立以来定位于高附加值目标市场，集成了高附加值制造业各规模企业，形成了新的高端附加值制造产业链，加速了新兴制造技术投资组合商业化的进程，同时增加了高附加值制造业对英国经济的贡献度。从该中心 2012—2015 年绩效考核情况可见，目标完成率均超过 100%（表 11-1）。

表 11-1 2012—2015 年英国高附加值制造业弹射中心绩效

指标	2012—2013 年	2013—2014 年	2014—2015 年	2012—2015 年变化率	目标	完成情况	2013—2015 年目标达成率
创新价值收入（英国创新署核心资金、商业收入、合作项目收入）/万英镑	6610.8	10 681.2	13 153.5	99%	19 308.9	23 834.7	123%
当期资本性支出/万英镑	5071.8	10 743.0	8034.4	58%	17 991.1	18 777.4	104%
总资本、土地/建筑物和设备（不包括实物）/万英镑	27 580.0	36 909.5	47 463.2	72%	75 363.2	83 472.7	111%
实物贡献（资本、劳动和材料）/万英镑	1702.1	2080.1	2120.3	25%	3247.6	4200.4	129%
销售渠道收入（英国创新署核心资金、商业收入、合作项目收入）/万英镑	6641.9	17 853.3	19 012.4	186%	31 878.6	38 665.7	116%
其中：合作项目收入/万英镑	1598.9	8548.3	8119.2	408%	13 401.7	16 667.5	124%
其中：资本收入/万英镑	—	1189.2	3855.2	—	2770.5	5053.4	182%
销售订单收入（英国创新署核心资金、商业收入、合作项目收入）/万英镑	14 278.2	18 050.0	18 358.9	29%	31 453.8	36 408.9	116%
其中：合作研发订单收入/万英镑	6028.7	9773.0	12 333.3	105%	15 622.7	22 106.3	135%[*]
私营部门客户数量（12 个月滚动统计，包括重复消费和新顾客数）/家	571	1515	1514	165%	1440	1514	132%[*]
中小企业客户数量（12 个月滚动统计，包括重复消费和新顾客数）/家	—	—	629	—	—	629	41.5%（占总客户数量）
私营部门客户项目数量（12 个月滚动统计）/家	830	1012	1259	52%	943	1259	133.5%
合作研发合同价值（包括中小企业及所有合作伙伴在内的总合同价值）/万英镑	3402.8	6204.7	10 997.0	223%	7055.9	17 201.7	244%

来源：杨雅南.高端创新：来自英国弹射创新中心的实践与启示[J].全球科技经济瞭望，2017，32(6)：25-37，51.

[*] 数据来源于参考文献，未做任何修改。

六、政策评价

弹射中心针对的是基础研究成果转化和试验研究环节,在规则设计上的目的更多是作为创新体系的"中介"以支撑公私合作的运转。从弹射中心的管理、运作模式中可以得到以下启示。

一是创新多元资金配置方式。弹射中心秉持政府资金为引导、社会资金为主导的投入机制。政府为部分科研项目提供启动资金,用于基础设施、专业知识和技能开发等方面,企业和科研机构按照一定比例提供配套资金,共同攻克制约产业发展的关键共性技术。待技术成熟之后可以通过服务费、知识产权转让等方式实现自负盈亏和商业化运营。弹射中心注重资金来源的多元化,以确保在财政资金减少的情况下也可维持中心资金的稳定性,推动整个项目的长期运作。中国在建设类似产业创新中心时,要注重充分发挥创新主体的自身能动性,以公共资金带动社会资本的广泛参与,同时给予创新主体更多自主权。

二是强化交流合作。弹射中心在成功建立和正常运营之后,除了要加强与科研机构和商业组织之间的合作,还要承担起不同行业企业合作交流平台的作用。另外,弹射中心还努力寻求国际合作,将发展目标定位于全球市场。中国政府构建产业创新平台时,要聚焦中国具有卓越技术基础的产业领域,放眼全球市场:一方面拓宽创新资金来源渠道,以市场需求带动创新投资;另一方面加快融入全球产业链,助力产业升级发展。

第三节 法国卡诺研究所网络:以品牌认证构建创新网络

一、背景定位

法国于2006年设立卡诺研究所网络,期望通过该网络强化公共科研机构与产业界之间的协同创新,激发国立科研机构的创新活力,促进科技成果转化。卡诺研究所网络得名于法国著名理论与实验物理学家萨迪·卡诺(Nicolas Léonard Sadi Carnot),期望通过该计划实现将理论与实践的完美结合。卡诺研究所网络定位于"面向产业的研究与创新",秉持"以产业驱动的学术研究催生里程碑式实用创新"的理念,促进公共科研机构与企业之间的市场化合作,尤其是与中小企业开展合作,加快先进技术成果向企业转移转化的进程。

卡诺研究所网络运行十几年以来,已成为欧洲第二大应用型研究所联合体,仅次于德国弗朗恩霍夫协会。卡诺研究所网络以提高合作企业的研究水平为己任,发挥公共科研机构的学术优势，努力成为拉动企业竞争力和经济增长的重要参与者之一。针对公私合作中企业面临的实际困难，该网络通过遴选和认定，对正在或有潜力与产业界进行合作的公共科研机构进行专项补助。符合条件的公共科研机构即获得卡诺标签（Label Carnot），政府根据其与企业合作合同的金额及合作研发出有关专利的收入金额提供相应补助。

卡诺研究所网络作为国家级跨学科协作创新网络，主要任务是利用自身科研优势为各类企业提供技术支持和专利申报、成本核算等专业服务，同时形成网络化的内部结构，通过协调跨学科的创新资源，进一步满足企业的创新需求。

二、治理架构

法国高等教育、研究与创新部（Ministère de l'Enseignement Supérieur, de la Recherche et de l'Innovation，MESRI）作为卡诺研究所网络的最高领导机构，负责整个网络的发展方向。法国高等教育、研究与创新部的下属机构国家科研署（Agence Nationale de la Recherche，ANR）对其进行整体管理并负责卡诺研究所的资金分配与跟踪评估。卡诺研究所协会（AiCarnot）是负责卡诺研究所网络日常管理工作的部门。该协会是由各个研究所选派代表组成的非营利性组织，负责讨论实施卡诺研究所网络的目标、战略、行动计划，推动与企业的研究合作。AiCarnot 的运行资金由各研究所支付的会费和财政支持组成，其中各研究所根据国家科研署给予的预算投资的 2% 缴付会费，如图 11-8 所示。

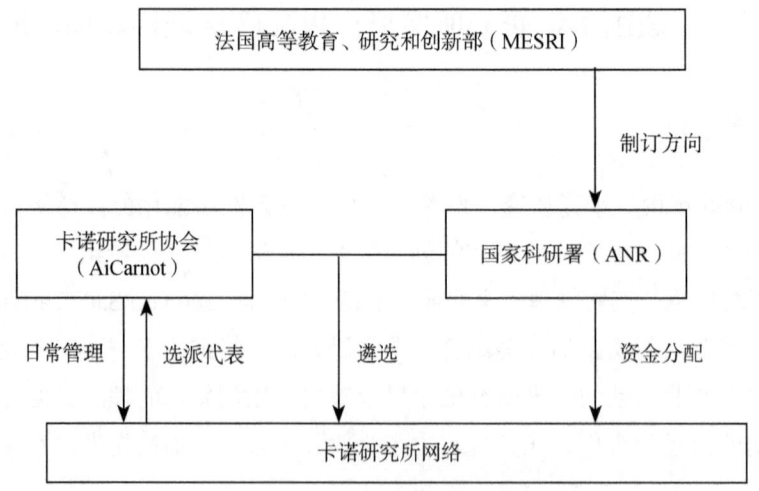

图 11-8 卡诺研究所网络治理架构

[来源：祝侣. 比较分析：法国卡诺研究所网络 vs. 德国弗朗霍夫协会 [EB/OL]. [2020-11-19]. http://www.360doc.com/content/17/1103/11/43529692_700524373.shtml]

卡诺研究所的遴选工作由国家科学研究署和卡诺研究所协会共同负责，通过公开招标和竞争性选拔的方式进行遴选，卡诺研究所可以是单一研究所，也可以是由多个科研机构或高校组成的共同体。卡诺研究所网络的主要成员包括知名高校的附属实验室和国家科学研究院系统（Centre National de la Recherche Scientifique，CNRS）等公共科研机构，核心业务包括信息通信技术、材料和力学、能源和交通、环境、资源和化工、健康卫生和营养、建筑和土木工程及软科学等领域，形成了较为完善的跨学科网络。

AiCarnot作为整个卡诺研究所网络的管理部门，其工作主要分为3个方面：一是负责促进与企业之间的互动和交流。卡诺研究所协会统筹安排整个研究所网络与企业的沟通联系，尽可能满足企业的合作需求，与贸易组织之间建立良好的关系网络。特别是通过每年组织卡诺见面会（Rendez-vous Carinot）、共同举办商贸展览会和商务会谈等方式为企业，尤其是中小企业创造与卡诺研究所进行磋商洽谈的机会。二是负责网络内部的协同合作。建立内部各研究所之间的交流平台和协同合作，保障信息的及时共享和顺畅交流。在面对跨学科研究项目时，AiCarnot需要组织相关研究所进行共同工作。三是提升卡诺研究所在国内和国际的知名度。AiCarnot负责与其他国家实验室保持良好的合作关系，同时开拓与更多科研组织的研究合作，以及积极参与到欧洲"地平线2020"计划中。

同时，卡诺研究所网络在必要时还会组建临时性的卡诺专家委员会和卡诺一般委员会。卡诺专家委员会总计8位成员，分别来自于法国企业、高校和公共机构，主要职责是向各部汇报及对卡诺研究所网络的运行方案提出建议。卡诺一般委员会由来自法国企业、公共机构及卡诺协会的23位代表组成，主要功能是对国家科研署选拔卡诺研究所提出建议。

三、合作类型

卡诺研究所网络致力于为企业提供多样化的服务，同时注重不同企业客户的个性化需求，可以根据企业规模和技术成熟度的不同，制订相应的合作方案。卡诺研究所通常通过签订研发合同、技术设备共享、人员培训等方式与企业开展合作。拥有世界一流实验设备与大型实验平台的卡诺研究所会在各自网站对设备进行介绍，鼓励企业使用其设备，吸引有潜力的合作企业。卡诺研究所除了在研发过程中提供技术输出，在技术成果投入生产后也会与企业保持联系，提供必要的技术保障，确保技术成果的商业化使用和产业化。卡诺研究所还会利用其人才资源优势，与合作企业开展一些技术培训类项目，例如，针对工人开展技术知识分享，针对有进步需求的人员开展在职研究生培训等。同时，根据不同企业客户的需求，卡诺研究所可以按时间长度与企业开展长期合作、中长期合作、中期合作和短期合作。

共建联合实验室也是卡诺研究所与企业合作的特色内容。联合实验室的资金主要来自于公共拨款，包括政府拨款和地方议会拨款，以保证实验计划的稳定性与持续性。卡诺研究所之一的"系统建构与分析实验室"作为第一个与工业领域创建联合实验室的机构，根据自身丰富的经验总结出一套联合实验室运行规则：联合团队多年开展的实验项目；科研机构派出博士生与博士后直接参与实验室研究；实验室派出高资历的研究员予以指导，同时合作企业派出高级工程师合作参与。

企业在与卡诺研究所合作过程中可享受科研免税等政策支持。法国政府的研发支出税收抵免优惠政策鼓励企业开展技术研发和合作创新。对于研发投入在1亿欧元以下的项目，企业可以享受30%的研发支出税收抵免，超过1亿元的部分，税收抵免比例为5%。如果企业和公共研究机构进行合作研究，其研发税收支出抵免以实际金额的200%计算，即可享受60%的抵免比例。

四、评审标准

申请加入卡诺研究所网络的公共科研机构必须要同时具备较强的自身科研能力和丰富的产学研合作经验，并通过公开遴选过程才能获得卡诺标签认证。卡诺研究所网络对获得认证的科研机构实行动态调整的淘汰机制。为了防止部分机构获得认证后出现业务放缓的现象，进入该网络的研究所需要经过法国高等教育、研究与创新部，国家科研署与卡诺评选委员会的严格评定。卡诺研究所必须遵守《卡诺章程》及与进展目标有关的所有额外承诺。这些承诺是由卡诺研究所监管机构与ANR在研究所认证过程中签署的，可能包括基于伙伴关系的研究活动、改善治理和内部组织、科学重新定位和战略改革、建立支持合作伙伴关系的专业架构、知识产权等相关内容。当卡诺研究所无法履行这些承诺时，其资金支持将会减少，如果这种情况有损卡诺研究所网络的形象，其卡诺标签将被取消。卡诺标签有效期为5年，一旦超过有效期需再次评定。

卡诺研究所网络遴选过程已实施3期计划：第1期从4年（2006—2009年）延期到5年（2006—2010年），最初有20个研究所，在2007年增加了13个，截至期末淘汰了9个，剩余24个研究所；第2期是5年（2011—2015年），期间增加了10个研究所；现在是第3期（2016—2020年），又新增5个研究所，共计39个研究所。自2016年第3期开始，部分希望加入卡诺研究所网络但不完全满足认证条件的公共科研机构，需要进入为期3年的预备期，当预备期满且符合条件，则可正式申请加入卡诺研究所网络。

五、资金构成与使用

卡诺研究所网络重视服务市场的能力，坚持资金分配与企业合同收入正相关原则，即研究所得到一部分来自 ANR 的资金资助，资助金额根据该科研机构同产业界合作伙伴签订的直接研发合同金额总量而变化。具体计算方式：分配给卡诺研究所的资助金额 = 前 1 年该研究所与私营企业直接研发合同价值的 20%+ 中小企业合作额外资助（如果合作企业是中小企业），或者直接按合同价值 10%+ 研究所活动产生的知识产权评估价值的 20%（每个知识产权最多 12 万欧元）来计算资助金额。直接研发合同金额是指私营企业为卡诺研究所提供的研发服务所支付的金额，不含任何公共竞争资助。每个卡诺研究所一方面能够从卡诺研究所网络中获得资金支持；另一方面仍可从研究所的原组织机构和卡诺研究所网络之外的项目中获取资金支持（图 11-9）。

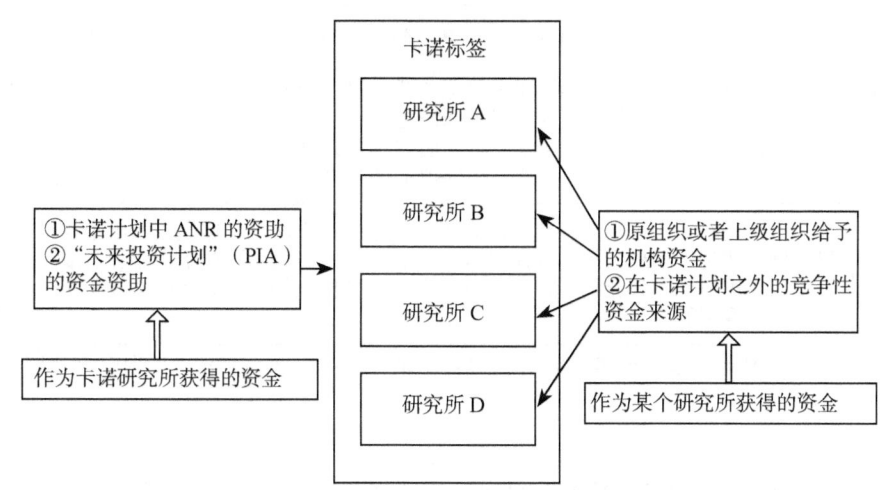

图 11-9　卡诺研究所资金来源

（来源：祝侣. 比较分析：法国卡诺研究所网络 vs. 德国弗朗霍夫协会 [EB/OL]. [2020-11-19]. http://www.360doc.com/content/17/1103/11/43529692_700524373.shtml）

第 1 期国家科研署资助金额 6000 万欧元已取得显著成效，自第 2 期计划开始，法国高等教育、研究与创新部进一步加大支持力度，从"未来投资计划"（PIA）中分出 5 亿欧元设立"卡诺中小企业合作与国际合作研究特殊计划"以鼓励卡诺研究所开展相关合作。卡诺研究所网络的资助分配方式以促进知识和技术转让作为激励源，鼓励卡诺研究所增加与私营企业签订直接研发合同，从而获得更多的资金并进一步扩大研发活动，由此形成一个良好的"合同循环"。

六、收益与知识产权

在同企业开展合作的过程中,卡诺研究所通过《卡诺研究所知识产权和知识及技术转移最佳实践原则》解决知识产权相关利益分配问题。该文件于 2009 年由卡诺研究所协会起草并通过,对合作的研究成果归属、前期的知识成果归属、成果的转让与许可等方面进行了详细规定,对公私双方的知识产权运用和保护起到了重要作用,如表 11-2 所示(具体参见附录 D)。

表 11-2 知识产权分配方案

资产类别	权益说明
研究成果	1. 合作各方都享有对合作过程中取得的科研成果的所有权,具体使用条件双方协商决定 2. 参与研究的卡诺研究所享有对合作研究成果的免费使用权,但只限于开展后续研究
前期的知识成果	1. 享有各自自身知识的专有权,且所有权和使用权利不因合作而改变,另有特别合作条款规定的除外 2. 在展开合作前,必须进行相关的背景知识与理论所属权确认,指明它的公共享有或私有的性质,且必须在每个合同里尽可能清楚地加以表明 3. 合作者只能为合作研究这个唯一目的而被允许免费使用对方的背景知识成果 4. 任何其他目的的使用都需要双方另外拟定具体的协议
成果的转让与许可规定	在关于前期知识成果与研究成果的直接或间接使用方面,具体利益分配条件必须要在协议中阐述清楚。如果没有特定谈判合作协议,卡诺研究所可授予企业独占或非独占的许可权以促进成果最大化的开发。许可方有权获得报酬补偿,而且许可权是有时间期限与应用领域限制的

来源:申畯,江诗琪. 法国卡诺研究所联盟合作研究及对中国的启示 [J]. 中国科技资源导刊,2015(2):28-33.

该原则严格落实了相关专利法的要求,切实保护了合作双方的知识产权。原则在制定时有一定的方向侧重,允许卡诺研究所对合作研究结果在后续研究中免费使用,而企业方却没有这一权利。这种在法律范围内的鼓励措施,既不影响企业的利益又有助于研发机构的科研技术发展。而面对企业,原则上允许卡诺研究所可授予企业技术成果独占与非独占许可权,以促进研究成果的商业化利用。

卡诺研究所网络成功缩小了法国公共科研机构同产业界之间的鸿沟,取得了多方面的显著成效。截至 2019 年,卡诺研究所网络已经拥有 39 家研究所,约 35 000 名全职研究人员,其中还包括约 9500 名博士生,占法国全部参与公共研究人员总量的约 20%。卡诺研究所网络每年可获得法国市场上企业研发外包合同 50% 左右的份额。卡诺研究所的整体合作力度都处于国内领先位置,合同收入占总预算的比重大大超过了法国的其他科研机构,每年企业研究合同增长率约为 4%。2019 年全年统计数据显示,卡诺研所网络共签署了 1.02 万份合作研发合同，其中 4900 份是和中小企业签订的，占总数的 48%，有 85 家衍生企业应运而生，成为技术创新的新动力。另外，卡诺研究所也通过与企业建立联合实验室的方式开展长期合作。

卡诺研究所的知识产权平均年收入约为 5000 万欧元，知识产权收入主要包括每个卡诺研究所经营许可证项下的即期权和出售的所有类型知识产权（专利、商标、著作权等）的收入。2019 年卡诺研究所网络 7.89 亿欧元的合同收入中，5 亿欧元来自于与企业的合作研发合同，达到欧洲领先水平。另外，卡诺研究所网络每年有大量的知识成果产出，2019 年发表 A 级学术论文超过 26 300 篇，占法国总量的 1/3，获得 1150 项专利，是法国专利数第 2 多的科研组织。

七、政策评价

卡诺研究所网络已经成为法国科研机构开展公私合作的标志性品牌。品牌化运作为整个网络的推广和实施带来很多积极影响：如可以提高企业、公众等需求方对这些应用型公共科研机构的认知度，需求方在遇到实际问题时，带着对"卡诺"网络的品牌认知可以第一时间找到网络内合适的科研机构，及时有效地进行对接。同时知名的品牌效应对合作科研机构的研究实力和地位也是一种肯定和激励，有利于更好地发挥政府资金的作用，避免了不必要的管理成本和资金的浪费。中国可充分借鉴其应用型研究所联盟的品牌建设理念，由政府筛选一批专业研究能力强、在合作研究中具有丰富经验的科研机构作为试点，带动中国科技创新公私合作的开展。

另外，卡诺研究所网络的资金激励分配机制有效引导公共科研机构和企业间开展创新合作，促进更多的科研成果从科研机构向企业和产业转移转化。特别是，与中小企业合同的额外补贴，切实调动了科研机构与科研实力较弱的中小企业合作的积极性。卡诺研究所协会与各类已有机构建立伙伴关系，如与法国国家工业产权局 [National Institute of Industrial Property（France），INPI] 形成了有效的伙伴关系，成立了包含多个卡诺研究所在内的工作组，通过制定并落实《中小企业与公共实验室合作研究指南》来解决知识产权问题。这种在法律范围内的鼓励措施，既不影响企业的利益，又有助于科研机构的科研技术发展。同时，允许研究所授予企业技术成果独占与非独占许可权，以促进研究成果的商业化利用。

第四节　爱尔兰科学基金会研究中心计划：确保未来研发方向的精准性

一、背景定位

爱尔兰科学基金会（Science Foundation Ireland，SFI）成立于2003年，致力于为研究人员和团队提供科研资助以支持其研究活动。为提升爱尔兰的国际竞争力与创新力，使国家研究水平及科研成果产出达到世界级水准，SFI提出了研究中心计划。SFI研究中心计划的主要目标是通过PPP的方式建立一系列世界领先的大型研究中心，以基金会资助联合私人企业投资的形式，将学术界和产业界的科学家和工程师联系起来，共同研究和解决关键性的问题，促进新的和已有的爱尔兰科技公司发展，吸引可能为爱尔兰及其经济做出重要贡献的产业，并增加爱尔兰在科学和工程领域的教育和就业机会。2013年，SFI成立了7个研究中心，涉及大数据、海洋可再生能源、纳米技术及工程材料、保健和功能食品、光电子、药物合成和结晶等研究领域。随后在2015年、2017年分别建立5个和4个新研究中心并已开始运营。截至2018年，一共建立了16个以PPP为基础的研究中心。

二、治理架构

为了保证在公私合作的关系下，政府和私人资本的合理有效利用，SFI要求所有研究中心必须要有明确的治理和咨询架构，确保各研究中心运行的最佳效率和有效监督。根据SFI的要求，各研究中心大多设立了研究中心执行委员会、研究中心管理委员会、研究中心科学咨询委员会、研究中心产业咨询委员会、小组委员会等部门。研究中心治理架构如图11-10所示。

研究中心执行委员会是研究中心管理委员会和联合研究员了解研究中心现行战略和评估研究进展的关键部门。研究中心执行委员会的成员包括首席信息主任（研究中心主任）、研究中心联合首席申请人、研究中心经理/执行主任（同等人员）和其他高级工作人员。研究中心执行委员会的成员对研究中心负有部分或全部的管理责任，根据各研究中心实际情况而定。研究中心合作者或受资助的研究人员不能成为研究中心执行委员会的成员。研究中心执行委员会根据研究中心管理委员会、研究中心科学咨询委员会和研究中心产业咨询委员会的建议撰写运营计划，并制定研究中心的运作策略和技术转移商业化战略。

第十一章 公私合作建设研发机构和平台

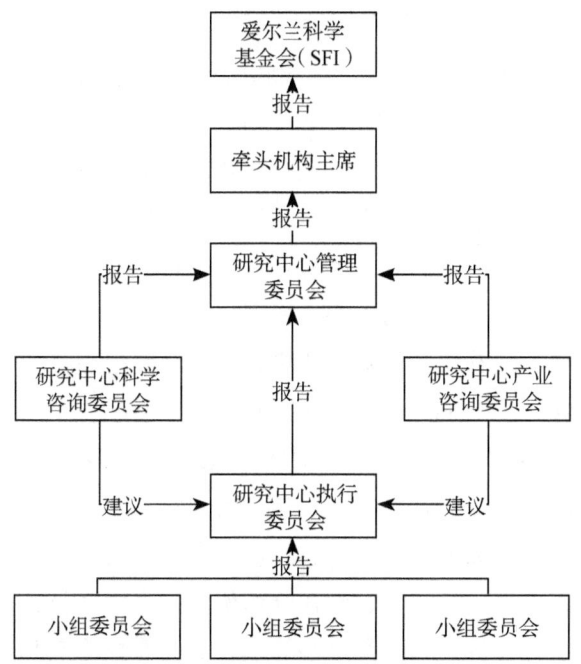

图 11-10　爱尔兰科学基金会研究中心治理架构

（来源：SFI. SFI Research Centres management and governance requirements [EB/OL]. [2020-10-27]. https://www.sfi.ie/resources/Research-Centres-Management-and-Governance.pdf）

同时，研究中心执行委员会除了接受来自 SFI 的资助外，还会从企业、欧盟等非财政来源获得资金，并根据需求管理研究中心内部的资金分配，满足研究中心的资金需求，维持研究中心的运作，妥善处理各利益相关方的利益冲突问题，保证研究中心的研究顺利开展。

研究中心管理委员会是研究中心的拨款负责方，并承担研究中心的管理责任。研究中心管理委员会通常由 6～10 名成员组成，包括研究中心主任、牵头科研机构的高级成员（通常是负责研究的副主任或其指定的副主任）和至少一名来自参与研究中心的其他伙伴机构的成员（同样是负责研究的副主任或其指定的副主任）。至少一半的成员必须是研究中心的外部人员，并且是来自商界、学术界或公共部门的资深独立人士，他们将以顾问的身份协助研究中心主任监督研究中心的运作。SFI 保留向研究中心管理委员会提名一位额外成员的权利（由 SFI 与研究中心主任协商后选出）。研究中心管理委员会主席的选择应由牵头机构的主席、研究中心主任和 SFI 共同决定，最好是一位独立的具有影响力的公众人物，不隶属于任何科研机构，不为该研究中心合作的行业伙伴。如果研究中心管理委员会的组成发生任何变化，都必须以书面形式通知 SFI。对研究中心管理委员会主席职位的任何变更都必须以书面形式向 SFI 提出申请，并附上新主席的简历。

SFI有权拒绝批准对被提名的候选人的任命。研究中心管理委员会每年至少在1月和7月召开两次会议，审查研究中心上半年的绩效和运营情况，并向SFI报告。

研究中心科学咨询委员会由少数国际领先研究人员组成，其专业知识在很大程度上代表了研究中心正在开展的科学活动。研究中心科学咨询委员会的成员应选自学术界、产业界或其他研究组织。每个研究中心科学咨询委员会的人数不尽相同，具体取决于研究中心的活动范围，但SFI建议上限人数为8人。研究中心科学咨询委员会定期通报研究中心研究项目的进展，持续为研究中心（特别是研究中心主任）提供独立、公正的科学建议，以加快研究中心的发展并告知其战略方向。研究中心科学咨询委员会每年至少举行两次会议，其中至少召开一次面对面的会议。

研究中心产业咨询委员会根据产业需求和发展方向确定研究中心的研究议程和方向。研究中心产业咨询委员会通常由6~10名高级工作人员组成，他们来自研究中心的产业合作伙伴。在适当的情况下，研究中心产业咨询委员会也可能包括与研究中心没有直接关系的公司的高级人员，如顾问、潜在合作伙伴的高级职员、行业思想领袖、投资界人士等。研究中心执行委员会和研究中心管理委员会有权决定和实施如何确定研究中心产业咨询委员会的成员资格。指定行业合作伙伴加入研究中心产业咨询委员会的机制必须对研究中心的所有合作伙伴公开透明。所有业界合作伙伴须明白，向研究中心提供财政资助并不自动赋予他们成为研究中心产业咨询委员会会员的权利。研究中心产业咨询委员会就当前的行业趋势和需求向研究中心主任和共同牵头的申请人提供建议，会根据行业合作伙伴的需求向研究中心主任提供建议，并相应地影响研究中心的研究议程，还会就研究中心开发的知识产权的商业影响进行审查并向研究中心提出建议。研究中心产业咨询委员会每年至少举行一次会议。

小组委员会是研究中心根据研究中心执行委员会的决定而成立的，以确保研究中心的有效运作，可能需要设立管理小组委员会的议题包括知识产权、商业化、产业合作伙伴联络和非财政资金。小组委员会根据不同的议题与各相关方达成协议，然后向研究中心执行委员会报告。

三、资金构成

2013年爱尔兰就业企业与创新部宣布，将投入3亿欧元建立7个世界级研究中心。该项投资是爱尔兰规模最大的国家和企业共同资助的科研投入。其中，2亿欧元由爱尔兰政府投入，另外1亿欧元由企业提供。截至2018年，通过爱尔兰科学基金会的4.34亿欧元投资，以及企业合作者的2.35亿欧元投资，一共建立了16个爱尔兰科学基金会研究中心。其中，在2014年爱尔兰政府宣布建成国家大数据分析研究中心——Insight。

该中心由政府投入 3800 万欧元，企业投入 3000 万欧元，由爱尔兰 4 家主要数据科研机构及 40 多家世界知名企业共同参与组建，具体包括都柏林城市大学、戈尔韦大学、科克大学、都柏林大学、微软、IBM、惠普、思科、AVAYA、英特尔等。该中心是爱尔兰科学基金会计划投入 3 亿欧元建成的 7 个世界级研究中心中最大的一个。

四、收益与成效

截至 2018 年，爱尔兰科学基金会研究中心通过公私合作的方式将学术界和产业界联系起来，参与其中的科研机构遍及全球，达到 850 个，其中包括 8 所爱尔兰大学和 7 所技术学院。建立的 16 个爱尔兰科学基金会研究中心已与全球 730 家公司（包括微软、思科、惠普、IBM、罗氏、葛兰素史克、辉瑞等）签署了合作研究协议，吸引了对爱尔兰经济做出重要贡献、扩大 STEM（Science Technology Engineering Mathematics）教育和增加就业机会的行业。例如，SFI 的软件研究中心，通过公私合作的形式在软件研究上每增加 1 欧元的投资，将会有 5.25 欧元的回报来促进爱尔兰的经济增长。该软件研究中心从成立到 2018 年共为爱尔兰经济贡献了 5.15 亿欧元。

五、政策评价

在公私合作关系中，公共部门和私人企业的利益分配关系非常重要，处理好这种关系将会极大地促进公私合作的成功。SFI 在这一方面有独到的规则设计，在公私合作中制定了严格的利益分配制度，其启示如下。

一是理清公私各方利益关系。在 SFI 研究中心计划中对合作的公私双方的利益冲突问题有着明确的规定，为了避免资金投入上出现利益冲突，不仅要求研究中心管理委员会负责查清和解决研究中心内的利益冲突问题，还规定在研究中心委员会成立之前必须理清成员之间的利益关系，新成员在加入委员会之前也必须先解决与其他成员之间的利益问题。而且对于负责爱尔兰科学基金会资助资源的人员，要求尽量避免外部的商业利益关系。个人和商业合作伙伴也不会在爱尔兰科学基金会的奖项中担任决策角色，如研究中心执行委员会成员。中国 PPP 应在工作之初就将各方利益关系予以明确，防止利益冲突给项目带来阻碍。

二是确保未来研发方向精准性设置。相对独立的研究中心科学咨询委员会和研究中心产业咨询委员会确定未来的研发方向和重点产业领域，同时 SFI 研究中心特别规定进行投入的企业负责人一般不能成为研究中心产业咨询委员会会员，这极大地保证了产业方向不是由某个企业主导，而是通过战略规划和集体协商进行，最大限度地保证了发展方向选择的准确性。中国在开展 PPP 工作时也一定要明晰研发方向，通过战略规划和集体协商将研发目标和责权都予以确定。

第五节　欧洲未来互联网计划：建设共享平台推动未来社会网络化

一、背景定位

互联网是历史上最成功的科技创新成果之一，推动互联网的发展是为了支撑未来网络化社会的运作，克服未来技术、商业、社会和治理领域的许多挑战。2011年欧盟委员会为提升互联网技术发展水平，启动了"欧洲未来互联网计划"。该6年期计划旨在提升欧洲在智慧、数据驱动的解决方案与服务方面的竞争力，并支持研发面向公众和社会的创新型数字应用程序，通过结合互联网网络和计算能力，满足公共服务基础设施和业务流程智能化提升（更智能、更高效、更可持续）的需求。同时，该计划还会整合和统一相关技术领域的政策、法律、政治和监管框架。"欧洲2020战略"中提出的七大旗舰计划之一的"欧洲数字议程"认为，这种技术和制度的统一是建立包容性智能社会的先决条件。

欧洲未来互联网计划包括了技术开发、试验到市场化的整个过程，包括对网络和通信基础设施、设备、软件、服务和媒体技术的研究和开发，以及它们在实际应用环境中的试验和验证。欧洲未来互联网计划下的项目需要利用欧洲早期研究取得的丰富成果，并通过一个完整的系统视角对其进行整合，进一步评估其价值。同时，欧洲未来互联网计划以产业部门为主导，涉及超过150个不同主体。该计划将供需双方结合在一起，使用户在研究的早期阶段便可参与其中。

二、治理架构

欧洲未来互联网计划的管理核心是项目协调与指导委员会，如图11-11所示。欧盟委员会主要是对欧洲未来互联网计划进行监督，审议来自欧洲未来互联网计划的评价报告并进行反馈，为欧洲未来互联网计划的发展提出建议。以下分别从管理层面和执行层面进行介绍。

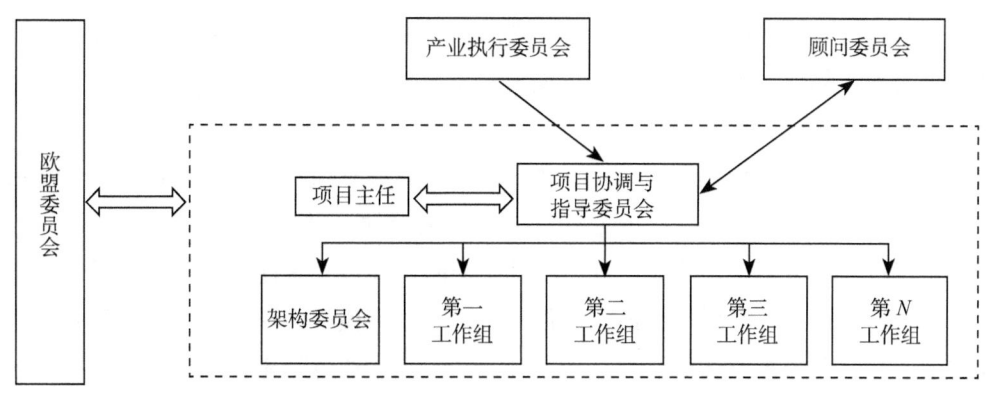

图 11-11　欧洲未来互联网计划治理架构

在管理层面，欧洲未来互联网计划在产业执行委员会和顾问委员会的协助下，由指导委员会负责管理。项目协调与指导委员会是欧洲未来互联网计划中最高的管理机构，它拥有欧洲未来互联网计划的最终决策权。项目协调与指导委员会的成员由两个部分组成：一部分来自工业、公共部门和学术界；另一部分来自项目的后续相关使用者。指导委员会的人数没有统一的规定，根据不同项目情况具体确定。项目协调与指导委员会每个月都会举行会议，讨论欧洲未来互联网计划中的议题，就议题进行表决等。作为欧洲未来互联网计划中最高的管理机构，项目协调与指导委员会的决定必须经所有成员一致同意才能生效。一旦议题审议没有获得指导委员会的通过，将不再有重新申请的机会。进一步，针对不同的项目设立项目主任，由参与项目企业的领导者们推选出 1 名项目主任。项目主任与指导委员会将会就项目各方利益进行协调。

顾问委员会和产业执行委员会能够协助项目协调与指导委员会的工作。顾问委员会主要负责欧洲未来互联网计划中的评价工作。顾问委员会由 8 人组成评价小组，对欧洲未来互联网计划的不同阶段进行评估并提出建议。顾问委员会要求项目协调与指导委员会对其提出的建议和意见必须做出答复，每年召开 2 次会议。产业执行委员会主要由相关产业的专家组成，负责向项目协调与指导委员会提供有关产业方面的专业建议和信息咨询，帮助欧洲未来互联网计划更好地适应市场发展的需求。

在执行层面，包括了架构委员会及不同的工作组。首先，架构委员会的成员主要由来自产业界的技术管理人员组成。架构委员会每个月都会举行会议，同时这也是技术管理人员进行公开讨论的座谈会。架构委员会主要是以能否达成全体一致为标准进行决策。如果无法以协商一致的方式进行决策，则由指导委员会进行最终的决策。其次，协调与支持行动组是在欧洲未来互联网计划治理过程中，为了给各个组织机构的工作提供日常便利而组建的。最后，项目协调与指导委员会下设架构委员会和具体项目对应的项目工作组。"工作组"是为执行特定任务而建立的临时组,而不是未来互联网公私合作计划治理结构的固定部分。工作组主要负责项目前期的事务磋商,明确公私合作的协议,为项目的高效推进打下基础。

欧洲未来互联网计划最早开展的工作包括就合作模式进行多主体协商、对各个参与方和管理实体进行审议。这些工作在2011年2月的谈判阶段就已经启动,并由该计划的协调与支持行动组来领导。协调与支持行动组与欧盟委员会一起提出了计划总体的管理模式,经计划中所有项目的代表商议后最终确定。这一模式强调透明性,该计划内所有实体和团体的资料与决策文件需要全部公开。这一模式还特别重视后端实施,要求各项目的潜在使用者代表也参加指导委员会。

三、运作过程

欧洲未来互联网计划分为3个阶段实施,时间上存在部分重叠。第1阶段为发展阶段,从2011年4月至2013年3月,主要内容包括:确定使用区域需求以便开发核心平台架构和通用使能器,同时开发相关组件;评估测试基础架构,并确定必须采取哪些措施才能将基础架构提升到进行试验所需的水平;建立计划支持和协调机构。第2阶段为大规模试验阶段,从2013年4月至2015年3月,主要内容包括:确保可以进行大规模试验的测试基础结构;开发核心平台、使用特定案例的功能,并在测试基础设施上实例化;选择并运行一系列大规模试验;启动核心平台的周边支持服务工具。第3阶段为市场化阶段,从2014年9月至2016年9月,主要内容包括:启动一系列FIWARE加速器项目,吸引和支持中小企业、初创企业和网络企业参与;通过一系列支持社区建设和监测影响的方案支持和监测加速器项目。FIWARE加速器项目是第3阶段的核心内容,对于整个欧洲未来互联网计划也至关重要。该阶段推出了16个FIWARE加速器项目,聚焦企业家、创业公司和中小企业的实际发展需求,创建可持续发展的创新生态系统。

在欧洲未来互联网计划的第1阶段,主要是在欧盟委员会的指导下成立欧洲未来互联网计划的指导委员会、产业执行委员会、顾问委员会,公私双方达成合作意向,初步达成合作共识,接受项目申请并进行筛选。在第1阶段欧盟委员会发挥着重要作用。欧洲未来互联网计划进入第2阶段后,指导委员会下设的架构委员会和工作组将会针对不同的项目与涉及的企业进行公私合作具体内容的商讨。私营部门合作伙伴的作用逐步提升,各项目稳步推进。在第3阶段私营部门将会有更大的发挥空间。在指导委员会的协调下将构建一个完善的合作平台,使其成为一个助推大中小企业发展的摇篮。

四、资金构成与使用

欧洲未来互联网计划的资金包括公共投资和私有投资。在欧洲未来互联网计划周期内，公共投资主要来自欧盟委员会的 3 亿欧元预算，私有投资主要来自参与计划的中小企业和企业家的投资。欧洲未来互联网计划分为 3 期，期限为 2011—2016 年。第 1 阶段公私投入总额达 1.39 亿欧元，建立架构和技术平台，开发共用软件组件。这一阶段，欧盟出资近 9000 万欧元，占到该阶段出资总额的 64%。第 2 阶段公私投入总额达 1.12 亿欧元，完善技术平台、做好试验准备、开展初步试验及推广应用。该阶段欧盟出资近 8000 万欧元，占到该阶段出资总额的 70%。第 3 阶段持续投入的总预算约 1.49 亿欧元，其中 176 家产业参与者出资约 1858 万欧元。该阶段任务是进一步完善平台构建，使其成为开展大规模试验的稳定性基础设施，并促进中小企业增长和创造就业岗位（表 11-3）。

表 11-3　截至 2016 年 9 月 3 个阶段出资及参与的相关情况

阶段	总预算 / 欧元	欧盟资助 / 欧元	欧盟占比	参与者出资贡献 / 欧元	参与者 / 家	独特合作伙伴 / 个
第一阶段（2011 年 4 月至 2013 年 3 月）	138 789 915	88 481 890	64%	50 308 025	278	214
第二阶段（2013 年 4 月至 2015 年 3 月）	111 527 403	78 165 000	70%	33 362 403	168	148
第三阶段（2014 年 9 月至 2016 年 9 月）	148 585 901	129 999 208	87%	18 586 693	176	148
总计	398 903 219	296 646 098	74%	102 257 121	622	510

五、收益与成效

截至 2013 年年底第 7 框架计划结束，欧洲未来互联网计划已成功调动了欧洲主要利益主体，吸引了新的利益主体集团并引起了广泛关注。产业界合作伙伴共占 60% 以上，这个成绩在欧盟的计划活动中相当突出。计划中 30% 以上的合作伙伴都是第 1 次参加欧盟的计划活动，首次参与框架计划的主体比例也高于同类其他计划。

通过欧洲未来互联网计划建立了一个开源云平台——FIWARE。FIWARE 是一个由孵化器、加速器、中小型企业和创业公司组成的协作生态系统。到 2020 年，利用 FIWARE 平台的企业预计将产生总计超过 3.3 亿欧元的收入。欧洲未来互联网计划已被证明是欧盟与中小企业、初创公司联系的绝佳平台。在该计划内运营的 16 个 FIWARE

加速器，已经吸引了超过 8000 个项目的加入申请。其中有超过 1000 家中小型公司和初创公司想要或者已经参与了 FIWARE 业务加速计划。他们将至少为 150 万商业客户提供服务，并覆盖超过 2000 万名消费者的市场。

六、政策评价

欧洲未来互联网计划第 3 阶段的主要成果是 FIWARE 加速器取得了巨大成功，并已逐渐成为具备品牌效应的创新生态系统基础平台，在工业生产、智慧城市和公用事业项目中得到应用。同时，为了满足产业界的长期需求，FIWARE 正式成立了一个基金会来进行社区化运营，以推动社区内成员的参与热情和与其他开源项目开展合作。

另外，欧洲未来互联网计划注重在执行的各个环节中纳入更多 PPP 利益相关者，例如，设立了一个拥有最高决策权限的指导委员会，成员包括来自工业、公共部门和学术界的专家及项目的后续相关使用者。公私合作各方共同商讨和决策，有助于提升各群体的积极性，达到加速创新的目的。同时指导委员会、架构委员会每个月在线上或线下举行会议，以协商一致的方式加速决策时间，缩短项目申请审核时间。顾问委员会作为咨询评价部门，通过集中意见来协助参与计划的机构将成果最有效地推向市场。欧洲未来互联网计划充分考虑了多方利益，保证治理过程的透明和协调，同时有明确职权的监督部门在管理中发挥重要作用，以上的组织模式和治理结构值得中国在类似计划中借鉴。

第十二章　公私合作开发科技人力资源

创新驱动就是人才驱动，人才是科技创新第一资源。通过公私合作能够有效促进产业界与高校、科研机构的合作培养人才，根据产业创新实际需求精准培育人才，加快输出高适配性创新人才；同时，利用公私合作模式帮助弱势群体获得生产技能，增加就业机会。

第一节　加拿大伙伴关系与创新战略项目：加强人才培育推动企业创新

一、背景定位

加拿大是世界主要创新型国家之一，高等教育领域的研发活动占 GDP 的比例位居 G7 成员国前列，在人才、教育和创新环境方面占有优势。但加拿大本国的工业研发水平相对较低，且大量私营部门的研发资金集中在少数公司。2009 年，加拿大自然科学与工程研究委员会（Natural Science and Engineering Research Committee，NSERC）经过与企业的探讨认为，加拿大企业需要与学术界共同合作，为企业引进研发人员，以支持企业研发和创新；同时，在 2009 年加拿大仅有 7% 的企业与 NSERC 建立了合作伙伴关系，学术界与企业界在伙伴关系方面有着巨大潜力。

NSERC 于 2009 年启动了通过加强人才培养推动企业创新能力提升、培养学术界与企业界合作关系的"伙伴关系与创新战略"（Strategy for Partnerships and Innovation，SPI）。SPI 为联邦政府资助的项目，它的目标是通过加强高校与企业之间合作，一是帮助学生获得企业所需的专业知识和技能，由此发展学术界和工业界之间的新伙伴关系，促进现有的校企联系，加强知识流动和技术转让；二是为公司精准地输入创新型人才，建立科学家与企业的合作关系，持续推动企业的研发活动。

二、治理架构

SPI 主要依托加拿大自然科学与工程研究委员会，是 NSERC 实施的一个重要的战略行动，NSERC 在加拿大成立了 5 个区域办事处：太平洋办事处（Pacific）、普雷里办事处（Prairies）、安大略办事处（Ontario）、魁北克办事处（Quebec）和大西洋办事处

（Atlantic）。它们分别处于加拿大国土从西到东的不同区域，在 SPI 执行过程中起着重要作用。区域办事处可实现跨区域信息传递，向高校研究人员提供相关信息，创造私营、公共和非营利部门交流的机会，促进学术界和非学术组织建立研究伙伴关系，鼓励该地区参与 NSERC 的项目。区域办事处下设战略咨询委员会，委员会成员由加拿大高校的高级官员、研究人员、政府和非政府组织人员、工业和企业管理人员组成。在 SPI 的执行过程中，战略咨询委员会为企业界和学术界在合作进程中所遇到的问题提供实际、具体、可行的解决方案。

三、项目流程

SPI 的目标是通过结合新的试点行动，增强对高等教育研究公共投资的影响，在企业和高等教育机构之间建立更多和更强的伙伴关系。为此 NSERC 将为研究人员及其机构创造与合作企业展示其能力的机会，开展企业界和学术界的专业交流，加强企业界对于与学术界合作好处的认识。同时探索开发更多研究项目，吸引世界顶尖人才到加拿大进行研究，大幅增加中小企业参与合作的机会，为"关系构建者"提供试点支持，帮助研究人员与企业建立联系。这些行动将促进新的伙伴关系和合作的形成，通过合作研发项目吸引本科生、研究生和博士生参与企业主导的研究项目，同时通过 PPP 对企业进行资金资助，帮助其降低研发风险。

（一）项目形成

项目首先由 NSERC 在区域内进行"关系构建者"试点建设。通过专业人士实现 1000 多个地区研究人员与企业的供需匹配，以此来进行学术界和企业界可持续关系的建设，提高加拿大企业的研发能力与市场上的竞争力。一方面加强双向沟通。为帮助更多企业与研究人员建立伙伴关系，SPI 通过借助"区域办事处"发起企业界和学术界专业人士的交流等方式为企业精准推荐其所需人才，以此来建立更多更强的伙伴关系。另一方面提速合作过程。通过促进知识产权管理、提高成果转化成功率、加强中小企业伙伴关系建设、提升企业能力与加强政府参与等措施来减少两者在知识产权和利益分配上的分歧，由此简化合作申请流程，加快企业与研究人员的合作。

另外，项目执行关注优先领域。为了对研发资金进行针对性使用，加拿大政府在 2007 年启动科技战略计划。该计划侧重于环境科技、自然资源和能源、卫生及生命科技、信息和通信技术 4 个领域。SPI 将研发资源优先用于以上 4 个领域，确保在这 4 个领域内研究部门与企业密切联系。通过支持企业在这 4 个领域的示范项目、为企业提供创新资源、政府为企业提供获取研发信息的便捷通道、帮助创新型企业引进研发人员等措施，加强加拿大企业界创新研发，提高加拿大在国际上的竞争力。

（二）项目实施和完成

项目实施中加强人才培养。人才所具有的技能和企业创新知识，对研发和研究成果的商业化至关重要。政府、学术界和企业界均认为，在加拿大创新体系中非常缺少同时具有商业管理能力和技能的人才。为此通过以下几个方面进行人才培养：首先，在 SPI 中加强高校知识的流动，促进学术机构和公司技术转让和成果转化，并搭建桥梁鼓励研究人员在高校和企业之间流动。其次，增强大学生的实践能力，为毕业生与企业搭建桥梁。企业在双方合作过程中，可获得高校设施的使用权，同时企业为大学生提供优秀企业家的讲座培训和参与研发的机会，以确保他们拥有企业所看重的技能，改善他们的就业前景。

四、资金构成与使用

NSERC 是 SPI 研发投入的主要资金资助来源之一。NSERC 每年与 3000 多家公司进行合作，投资超过 3.3 亿美元。SPI 资助的项目已超过 13 400 个，合作对象中 75% 为中小企业。SPI 帮助企业与研究人员进行研发合作，并进行成果转移。94% 的企业认为通过合作获得了新知识或开发了新技术。

SPI 要求参与企业必须投入相应的配套资金来支持项目研发，同时企业应为研究人员提供聘用金，为应用研究项目提供补助金，其中聘用金最高达 2.5 万美元，补助金最高达 15 万美元。若应用研究补助金所需金额小于 7.5 万美元，则合作企业至少以现金或者实物形式提供 50% 的金额，现金不少于 1 万美元，若应用研究补助金所需金额在 7.5 万 ~ 15 万美元，则合作企业至少提供 50% 的现金，以此实现企业和政府共同出资、共担风险。

五、收益与知识产权

自 SPI 从 2009 年启动到 2014 年，同时具有商业管理能力、行业工作技能的学生人数增加了 47%。SPI 引导 NSERC 资助了超过 13 400 个企业和研究人员之间的合作项目，超过 5 万名毕业生与企业界合作，促进了企业新知识的增长和专业知识的扩展，同时将其进行成果转化。超过 1/5 的企业根据项目所提供的经验和技能雇用了 SPI 所推荐的学生，有 2/3 的企业认为受过高等教育的学生帮助他们提高了研究效率或研发能力。加拿大高校协会主席兼首席执行官 Paul Davidson 认为："SPI 通过新知识的转移和专业知识的分享，有助于企业将创意商业化，同时为学生提供实际的学习体验，创造就业机会。高校和私营部门的合作促进了企业创新，同时促进了加拿大经济的增长。"

六、政策评价

SPI 取得了较好的成效，提高了企业对高等教育资源的利用能力。借鉴 SPI 中研究人员与企业合作的经验，NSERC 将进一步建立企业界和学术界之间的可持续关系，优化创新流程，完善加拿大的创新体系，促进创新发展，其经验有以下 2 条。

一是依托已有机构开展 PPP 加拿大 SPI 项目与其他 PPP 项目不同，没有搭建专门的行政系统，而是借助于加拿大已有的成熟机构如区域办事处来推进战略。借鉴这种"极简"的实施方式能够极大地降低运行成本，同时能够充分地利用已有科技机构的网络和资源。

二是项目与新启动计划支持领域保持一致。SPI 在促进企业界与学术界合作、培养紧缺人才的同时，与新启动的科技战略计划支持领域保持一致。在 4 个优先领域帮助创新型企业引入人才，大大提升了本国重点发展领域的创新水平。随着全球发展迈进知识经济时代，在人才培养过程中可借鉴加拿大 SPI 的经验，与国家发展战略保持一致性，从国家战略角度建设人才队伍。

第二节 南非产业技术与人力资源开发计划：助力弱势群体获得机会

一、背景定位

南非存在较长时间的种族隔离，客观上造成了社会就业、教育机会的严重不平等，特别是黑人几乎不能享有受教育的权利，黑人科技人才储备也无从谈起。1991 年，为了培养和留住优秀人才，满足国家经济社会发展需要，南非贸易和工业部（简称"南非贸工部"）及南非国家研究基金会（简称"南非基金会"）设立了南非产业技术与人力资源开发计划（Technology and Human Resource for Industry Program，THRIP）。它是一项旨在加速经济增长，在可持续的基础上创造财富，并改善南非人民生活质量的研发计划。

THRIP 的最终目标是通过支持研究和技术开发活动、增加技术人员的数量，并提升技术人员的质量，以实现南非产业竞争力的提升。具体的措施包括促进企业、高校、科研机构中的研究人员和技术管理人员的互动，以提升科学技术的商业开发技能，并促进受过培训的人员在这些部门之间的流动；刺激产业界和政府增加对研究、技术开发、技术传播和促进创新的投资；促进企业与高校、科研机构之间的合作，并在优先领域中促进大型合作研究与项目开发等。

和其他的公私合作项目不同，THRIP 非常重视黑人、女性等弱势群体。首先，着力增加计划从事技术和工程职业的黑人和女性学生人数。其次，重视在中小微型企业部门中推广技术知识。最后，通过项目合作、技术支持等多种手段支持符合"黑人经济赋权"法律的企业。

二、治理架构

THRIP 的经费是由南非贸工部负责拨付的，由南非基金会负责具体管理工作，由咨询委员会和管理委员会指导项目活动并监督其业绩。

咨询委员会成员的任期为 3 年，任期结束后有资格获得连任。委员会成员的任命，由南非贸工部部长和南非基金会总裁与利益相关方协商进行。咨询委员会主要负责：一方面是沟通和支撑职能，即根据 THRIP 情况向南非贸工部和南非基金会提出包括预算在内的资源需求，协助南非贸工部和南非基金会确保有效和高效地使用 THRIP 资金。另一方面是项目管理职能，即提出未来项目申请的方法策略和方向目标、监督和评价项目的执行情况、协助宣传和游说支持项目，以促进其目标的实现。

管理委员会是 THRIP 的决策机构，由南非贸工部和南非基金会的代表组成。该委员会的主要职能是与南非贸工部和南非基金会的相关执行机构及 THRIP 咨询委员会协商，制定 THRIP 的具体业务和战略计划，并监督具体项目审批。包括：推动解决管理中的各类问题、在各方协助下起草《THRIP 战略计划》；审议并批准 THRIP 业务计划，监督和确保在批准项目资金分配时遵守政策、战略目标和服务水平目标。

三、项目流程

THRIP 流程包含的环节有申请（号召、企业参与、完成申请、提交申请）、事前尽职调查（DTI 评估、接受、尽职调查）、项目批准（批准、签订合同、项目开始）等，如图 12-1 所示。首先是申请环节。每年 3 月和 9 月，南非贸工部在 THRIP 网站宣布项目申请启动。项目负责人和企业合作伙伴达成协议之后，由企业合作伙伴提出项目申请，并向南非贸工部提交申请表格、财政预算案表格及企业证明文件。其次是事前尽职调查。南非贸工部会评估提交的项目申请，接受的项目便进入事前尽职调查阶段。南非贸工部任命 1 名顾问来审查项目，答复各类问题，同时在此环节，会根据情况要求项目预算进行适当修改，最终设计开发小组需要向南非贸工部提交 1 份项目报告。最后是项目批准环节。如果项目获得批准，南非贸工部便会向企业合作伙伴发出批准函，批准函中说明了应提供的资金总额。在批准函发出之日起 30 天内，需要尽快签订与项目负责人、企业合作伙伴之间的合约,这样南非贸工部与企业合作伙伴便正式缔结供资协议。

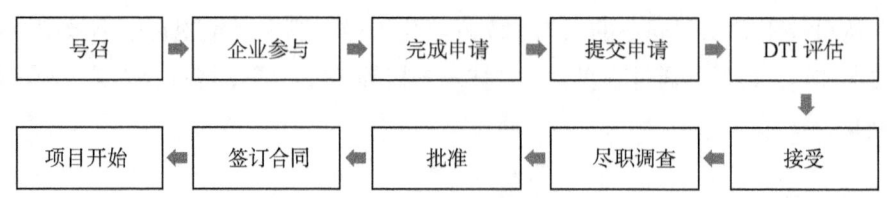

图 12-1　THRIP 流程

(来源:THRIP. THRIP process [EB/OL]. [2020-10-18]. http://www.rci.uct.ac.za/sites/default/files/image_tool/images/100/Innovation_Support/THRIP_Process.pdf)

四、评审标准

THRIP 的创新项目根据企业需求确定,资助项目的成员仅限于高校、科研机构及与之合作的企业,特别是由私人企业申请资助项目的负责人必须是来源于高等教育机构或科技与工程研究机构的全职雇员。

THRIP 要求项目符合 3 个主要标准:一是项目必须是围绕科学研究水平提升、技术开发和技术传播等开展的创新活动;二是由 THRIP 资助的所有项目必须包括人力资源开发部分;三是项目选择优先考虑南非贸工部关注的工业领域,包括农产品加工、汽车、生物技术、化学品、服装和纺织品、创意与文化产业、信息和通信技术等。

五、资金构成与使用

THRIP 为期 3 年,金额总量高达 2400 万兰特(每年 800 万兰特,约合 44 万美元)。项目经费由政府(主要是南非贸工部)和企业共同承担,双方分担比例具体取决于企业的规模及"广泛的黑人经济赋权水平"。THRIP 资金分配情况如表 12-1 所示。

其中,THRIP 非常关注教育方面的计划内容,要求每资助 20 万兰特(约 1.1 万美元)的科研项目,就至少要有 1 名南非在校高校毕业生或研究生参加并通过研究培训。此外,非南非学生也有资格获得 8.5 万兰特(约 0.5 万美元)的资助。项目负责人来自科研机构,申请项目建议书要明确说明吸收大学生参加项目和培训的情况,同时每个项目至少要有 1 名大学生和 1 名企业界人员参加。

表 12-1 THRIP 资金分配情况

申请人	贡献		
	THRIP	大型企业/ 行业协会	中小微型 企业
大型企业/行业协会	50%	50%	—
中小微型企业	75%	—	25%
达到二级广泛的黑人经济赋权水平*的中小微型企业	80%	—	20%
达到一级广泛的黑人经济赋权水平**的中小微型企业或与弱势黑人大学合作过的申请者	90%	—	10%

来源：THRIP. THRIP guidelines [EB/OL]. [2020-08-31]. https://www.nrf.ac.za/ sites/ default/ files/ documents/ THRIP% 20Guide% 20-% 20July%202013.pdf.

* 企业种族计分表大于 95 分小于 100 分。

** 企业种族计分表大于 100 分。

其中，THRIP 非常关注教育方面的计划内容，要求每资助 20 万兰特（约 1.1 万美元）的科研项目，就至少要有 1 名南非高校毕业生或研究生参加并通过研究培训。此外，非南学生也有资格获得 8.5 万兰特（约 0.5 万美元）的资助。项目负责人来自科研机构，申请项目建议书要明确说明吸收大学生参加项目和培训的情况，同时每个项目至少要有 1 名大学生和 1 名企业界人员参加。

该计划还为参与的学术研究人员、大学生提供奖学金，但需要满足在工业实验室工作 3 年的要求。THRIP 按照不同的学历层次进行资助，其中博士研究生每年将获得 20 万兰特（约 1.1 万美元）、硕士研究生每年将获得 15 万兰特（约 0.83 万美元）、学士每年获得 8 万兰特（约 0.4 万美元）。

六、收益与成效

THRIP 的实施大大调动了企业界、高校和公共科研机构技术创新的积极性，特别是国家培养创新人才的积极性。例如，从 2003 年起，南非通过 THRIP 建立了 6 个"杰出人才中心"，计划在 5~10 年培养出一支高水平的生物技术人才队伍。2015—2016 年，THRIP 共有 377 项项目申请获得资助，为 18 所高校和 5 所公共科研机构支付了 1.48 亿兰特（约 0.08 亿美元），为企业合作伙伴贡献了 1.87 亿兰特（约 0.10 亿美元）。

七、政策评价

THRIP 是公私合作项目中较为特殊的一类。该项目不仅仅建立"政府—学术界—企业"合作伙伴关系，推动了产业界和高校及政府科研机构的合作交流，还在实施过程中关注了人力资源培养，以及促进弱势群体（黑人群体及妇女群体）的参与。整个项目取得了良好的效益，得到的启示如下。

一是注重PPP中人力资本提升。THRIP将教育作为重要目标，对于人力资本的提升做出了非常细致的要求，包括按照资助金额对应需要吸收的学生数量，以及规定项目必须有人才培养的目的等。这种项目设计能够兼顾科技创新和人力资源培养，实现一举多得的效果。首先，通过借助公私合作汇聚包括高校、科研院所、企业、政府等在内的多方面信息，能够通过"干中学"的机制同步实现人才的培养。其次，建立多层次的人员交流渠道，有力推动项目合作。这是对已有资源的充分利用，是提升公私合作水平的有效途径。

二是聚焦参与PPP中的弱势群体。南非因为历史原因，种族间存在经济差异问题。THRIP把科技创新的战略重点放到南非经济的弱势群体上，包括黑人和妇女等，使科技发展的成果能够惠及大部分人群。借助南非已有的黑人赋权等法律基础，围绕特定人群实施促进活动，尽可能地扩大公私合作的外部效益。

第十三章　公私合作的政府采购

创新采购的实质是政府购买力从需求端向研发、设计、技术转移等供给端延伸,能够快速实现创新价值。绝大多数经合组织(OECD)国家,以及俄罗斯、印度等新兴经济体,均采取了创新采购模式,涵盖了公共采购、企业采购、居民采购的新型政府采购品类等领域。实行该模型可以培育创新产品领先市场,提高创新产品应用速度。

第一节　公私合作创新采购概述

一、创新采购特点

创新采购或以创新为导向的政府采购,是指在创新产品尚不存在,或已存在但尚未成为商品时,各级政府为从事政务活动或为了满足公共需求,利用国家财政性资金及政府借款,依法与生产企业签订创新产品购买合同,按合同约定实施的购买,或与其他消费者合作的购买;或者是在创新活动发生前,依法与企业、高校、科研机构等相关方签订创新服务购买合同,按合同约定实施的购买,或与其他消费者合作的购买。欧洲的一些学者,把面向产品尚不存在的政府采购,称为创新导向的政府采购;把面向产品已经存在但尚未商业化的政府采购,称为创新友好型采购。本书则把以上两种采购统称为以创新为导向的政府采购,简称创新采购。

创新采购与一般政府采购同属政府采购,相同之处在于都是为了满足政务活动或公共服务的需求,都是使用国家财政性资金和政府借款。但也有重要的区别,主要有以下几点。

一是采购对象不同。一般公共采购,采购的对象是市场上已经存在的产品;而创新采购,采购的对象则是尚不存在的创新产品,或尚未商业化应用的创新产品。

二是采购方式不同。一般公共采购,供需双方是买方与卖方关系;而创新采购,供需双方既是买方与卖方关系,也是公私合作创新关系。

三是资金来源不同。一般公共采购,资金来源于财政资金;而创新采购,除了财政资金,往往还引致大量企业资金、居民消费资金等私人资金。

四是政策理念不同。一般公共采购,采购理念是提高公共资金使用效率,保证政府的廉洁性,一般限于单纯的商品交易,与创新不直接挂钩;而创新采购的理念是为创新产品建立领先市场，资金效率和政府廉洁是采购前提而不是采购目的。

五是开放程度不同。一般公共采购，被采购者只能是内资企业，或有条件要求的外资、合资企业；而创新采购则向全世界开放，内资、外资、全资企业均可以参加。

从政府采购到创新采购，与创新一体化趋势有关。在工业化时代，研发与生产、应用是分离的，研发完成以后，再产业化、市场化，广大生产者、使用者位于创新之外。而在数字化时代，研发与生产、应用实现了一体化。用户已经从创新的局外人变成创新的内部人，与研发者、生产者共同创造价值，成为提高创新成功率的关键力量。因此，创新采购这种治理模式才应运而生。

二、创新采购类型

从近年来的国际实践来看，创新型采购主要包括创新订制采购、创新期货采购、创新信用采购、创新认证采购、创新服务采购等形式。

（一）创新订制采购

国际上称为"远期约定采购"。采购开始时，创新产品并不存在，需要根据订制开发，根据供需双方约定的标准和价格签订采购合同。

基本流程：需求识别—市场参与—招标采购。

需求识别就是政府明确公共需求方的具体需求，包括创新产品的技术规格、产品性能、采购价格和采购规模等因素。采购专家、政策专家、科技专家、专业管理人员和主要利益相关者共同参与，首先从目标、投资、信用、政策等方面对需求方做出综合评估，然后描述需求方对创新产品的具体要求。描述完成后，政府采购部门采用专业术语和法律术语，向市场发布对创新产品的公共需求。

市场参与是指政府参与到市场中来，即产品生产企业响应政府采购需求后，政府与企业沟通协商，包括市场探测和市场咨询。市场探测一般不是对单一生产企业的评价，而是把所有可能提供创新产品的生产企业作为一个市场主体，从技术成熟度、经济可行性等方面考察生产企业的整体实力，以及促进这些企业联合创新的可能性。探测完成之后进入市场咨询，与供应商及利益相关者商讨采购规格、采购时间、潜在障碍等细节，与相关专家一同讨论可能的解决方案。

招标采购一般采取"竞争性谈判"的招标方法，促进生产企业、公共机构等利益相关者参与谈判，建立项目创新链联盟，优化解决方案。中标者与政府签订采购合同，合同签订的标准是"物有所值"，"物有所值"不是指价格最低，而是指在整个产品生命周期内满足用户成本和质量要求的最优组合。当创新产品生产出来并满足采购合同要求时，政府部门按合同约定的价格采购；而一旦创新产品推向市场，价格由市场供求力量决定。

（二）创新期货采购

国际上称为"前采购"或"商业化前采购"。开始采购时，创新产品尚不存在，但样品已经通过测试进入最后开发，供需双方根据约定的价格签订采购合同。采购内容既包括开发、验证，也包括产品。

基本流程：项目征集—项目评估—招标采购。

与创新订制采购不同，创新期货采购是从供给端发起的。先是政府采购机构通过相关媒体和网站发布项目征集信息，向企业特别是中小企业，以及高校、科研机构等技术和产品的供给方，征集尚未商业化但适宜商业化的项目。响应的企业在线提交创新解决方案，包括创新成果功能信息、创新成果检验检测信息、企业运营信息等。

然后，对所有响应企业的申请开展资格审查，组织专家对项目的创新水平、企业运行水平和营销计划等内容进行评估，对项目进行商业化排序，择优发布创新产品功能、规格、价格等交易信息。

最后，寻找有采购需求的公共部门，帮助公共部门明确需求，供需沟通、协商、对接。在此基础上公开招标，与中标企业签订采购合同，按合同约定提供产品和付款。

加拿大创新商品计划就是一个创新期货采购计划。该计划 2010 年设立，每年 4000 万加元。例如，已经完成的数据园公司的云联合系统，这一系统可以让虚拟机在受保护的情况下在不同站点间移动；极端溢出科技公司的海洋溢油分离器，这一项目可以在高海浪、激流和冰上高速运转；虚拟舰队科技公司的多任务培训模拟器，这是特别为海岸防卫、海军等设计的舰队培训模拟器。创新商品计划降低了企业和用户的风险，节约了财政资金，有力拉动了创新。

（三）创新信用采购

国际上称为"催化式采购"。由政府和创新产品提供方共同提供信用，政府与企业、个人等私人消费者共同采购；或者政府不采购，但对私人采购予以补贴；或者政府只提供信用平台，完全由私人采购。

基本流程：产品征集—产品验证—招标采购。

产品征集就是政府采购部门向社会征集创新产品，这些产品必须是尚未投入市场的新产品，政府对产品和提供产品的企业资格、信用进行审核。

产品验证就是通过资格审查后，政府采购部门直接委托第三方认证机构，对产品标准、质量、可靠性等基本性能进行复检，必要时进行破坏性、极限性试验，以此获取产品信用，减少消费者风险。

招标采购就是经过政府采购部门与企业共同提供信用后，产品投入政府采购市场，政府和企业、个人等私人消费者自主采购，形成领先市场。

瑞典是创新采购政策先进的国家，也是探索创新信用采购最早的国家，在节能技术和产品的创新中，就采用了创新信用采购。瑞典竞争力主管机构（KKV）、瑞典能源机构技术发展局（NUTEK）等机构，在开展创新信用采购过程中，组织创新产品提供方、公共需求方、私人需求方开展多种形式的对话，同时根据情况对采购者予以补贴，带动了技术创新和市场扩散。

（四）创新认证采购

国际上称"标签采购"。政府根据节能、环保、健康、安全等先进标准，组织第三方认证机构对创新产品进行认证，凡经过认证的产品，加以标识，进入创新产品的"篮子"，然后投放市场，由消费者自主选择。创新认证是动态的，创新产品的"篮子"也是开放的，创新产品能够不断进入，落后产品能够随时退出。

基本流程：产品征集或申报—产品验证或认证—投放市场。

创新认证采购的流程，与创新信用采购的流程基本相同。首先是产品征集或申报，其次是产品验证或认证。区别在最后阶段，创新认证采购是直接把经过认证的产品投放市场，由私人消费者自由采购；而创新信用采购则是根据采购合同在政府采购平台上进行，采购方也可能享受政府一定额度的补贴。

创新认证采购在国际上是非常成熟的，所有的创新型国家都采用。中国也有很多实践，例如，新能源汽车的创新采购，就是把经过政府认证以后的车型，投放市场，由消费者自由选购。但中国的创新认证体系尚不健全，产品认证与创新产品挂钩不紧密，还需要大力改进和完善。

（五）创新服务采购

国际上一般设立创新券项目进行购买，也有单独设立创新服务采购专项的。所谓创新券项目购买，就是政府设立创新券基金，根据中小企业的创新需求，委托中小企业购买创新服务，用于中小企业的创新。

基本流程：供需对接—基金申请—服务采购。

供需对接就是政府建立创新券采购平台，供需双方经过认证、注册成为平台成员，供需双方即时互动沟通，形成服务项目。

基金申请就是中小企业根据服务项目内容，申请创新券基金，专门用于购买科技机构创新服务。基金以创新券的形式发放，创新券是一种权益凭证，票面标有一定金额，代表相当额度的货币权益,其物理形式是纸质券、IC卡,但越来越多的是电子券。创新券是实名制非上市证券,不能流通、交易和让渡,专款专用。

服务采购就是中小企业与创新服务供方签订采购合同,合同完成后向提供创新服务的科技机构支付创新券,科技机构持创新券到政府财政部门兑现。创新券采购的服务包括:研发服务、设计服务、技术转移服务、技术改造服务、专业知识服务、科技金融服务等。

创新券2004年出现于荷兰,很快扩散到欧洲和亚洲一些国家和地区,欧洲有爱尔兰、英国、丹麦、德国、比利时、瑞典、瑞士、斯洛文尼亚、意大利、希腊、奥地利、匈牙利、罗马尼亚等,北美有加拿大,亚洲有新加坡、韩国等。2012年9月,中国江苏省宿迁市在中国首次实践了创新券。截至2018年年底,据不完全统计,中国实行创新券政策的省份已经达到2/3,北、上、广、深、津、渝都已经实行。中国创新券政策虽然发展不平衡,很多地方还在探索和完善,但从总体来看,中国创新券在世界上资金量最大、种类最丰富、效果最显著,做得最好的省级单位是浙江、上海和北京。

三、创新采购伙伴

创新采购伙伴指的是创新采购中的公方和私方。在创新订制采购中,公方即需求方,一般是政府公益项目或由社会公共机构发起的公益项目;私方即供给方,一般是创新型中小企业、高新技术企业等创新能力较强的创新主体。

在创新期货采购中,公方是需求方,即政府或社会公共机构;私方既包括需求方的企业、其他社会机构及私人消费者,也包括供给方的高校、科研机构和创新型中小企业、高新技术企业等。

在创新信用采购中,公方一般是政府提供信用的采购平台;而私方既包括需求方的企业、私人消费者,也包括供给方的创新型企业。

在创新认证采购中,公方是提供认证标签和实施采购的政府;私方既包括需求方的私人消费者、企业,也包括供给方的消费品生产企业和其他充分竞争领域的企业。

在创新服务采购中,公方是政府;私方既包括需求方的中小微企业,也包括供给方的高校、科研机构和其他专业服务机构及知识和技术密集型的大企业。

四、创新采购周期

创新采购周期是指一项采购从发起到完成的时长。从欧洲一些国家的经验来看,无论是创新产品采购还是创新服务采购,一般的周期是1.5年左右,最长不超过3年。相对而言,创新产品采购的周期稍长;创新服务采购的周期稍短,创新服务采购最短的可以是3个月,1年左右的项目居多。

有时,创新产品和创新服务的采购被包含在一项工程里,这时,采购的周期就更长。例如,英国有一项创新采购——"未来病房"超高效照明系统——为患者提供床区可控的舒适照明系统、为医护人员提供降低传染风险的临床照明设备,就包含在为期7年的"医院整修计划"项目中,采购周期大大超过平均时长。

五、创新采购评价

公私合作创新采购是新生事物,实践时间较短,很多项目效果尚未显现。但总体来看,创新采购具有明显的优点,是创新政策未来发展的一个趋势,对于中国建立健全优先使用自主创新成果的机制具有借鉴意义。

一是提高了科技创新的成功率。创新成功的关键在于使用。如果没有用户,新技术、新方法、新产品就跨不过创新的"死亡之谷"。据诺基亚创新众包负责人皮亚·欧金海默-梅南德的数据,创新的失败率高达86%,主要原因就是得不到用户采纳。而通过创新采购,政府成为创新产品的最早用户,降低了创新产品和服务的市场化风险,创新更容易成功。

二是提供了大量有效科技供给。由于创新成功率的提高,企业、高校、科研机构和民间社会的创新频率加快,科技供给出现指数化增长;由于供给与需求匹配,消除了先研发、后转化的无效科技成果,增加了用户需要的有效科技成果。

三是放大了财政资金的投入效能。传统创新投入对创新的拉动,大多着眼于研发供给,忽略需求拉动;即使是需求侧政策,大多也局限于单纯的商品交易,与研发不挂钩。因此当研发成果向生产力转化时,缺乏市场的助力;而创新采购则从需求侧进入,通过培育领先市场拉动创新,既放大了研发投入效能,也放大了采购投入效能。

四是促进了私人消费拉动创新。传统的私人消费政策,虽然位于需求侧,但大多"创新漠然",或者与创新脱节。当扩张市场时,只是外延扩张,与产品创新无关。而创新采购则最大限度把私人消费引入创新活动,在培育创新产品市场中发挥私人消费的基础作用。

同时也要看到,创新采购作为一种新兴政策工具,也存在一些挑战。

一是如何确定创新产品标准。产品创新分为国际新、国内新、行业新、区域新,那么,如何确定"新"的标准成为一个难点。如果标准过低,在小范围内是新的,而在大范围内并不新,创新采购就变成了"创旧采购";如果标准过高,全部定位在国际新,创新采购的作用就会受到局限。

二是如何减少创新风险。一般的政府采购,采购的是既成的商品;而创新采购,采购的大量是未来的商品。在商品从无到有的过程中采购,时间跨度长,需要更多的人力和物力,以及相关中介机构和利益相关方的专业支撑;过程复杂多变,需要专业化的采购水平和科技创新项目管理经验;风险点增多,有效识别和管控风险的难度增加。

三是如何有效使用政策组合。创新采购政策如果切实有效,必须联系研发等供给政策,把供给侧政策与需求侧政策组合起来,形成政策合力。但是新政策与旧政策之间,不同新政策之间,由于出台的背景和任务不同,制定政策的部门也不同,政策目标、政策对象、政策基础、政策工具等诸方面不可避免会出现不连续、不平衡的情况,甚至出现直接矛盾和冲突,需要大量强有力的协调工作。

四是如何有效实施公私合作。实行创新采购政策,必须进行公私合作或政府与社会合作。公私合作是政府与各方利益主体之间的契约关系,而不是行政关系。这就要求转变政府职能,把大量直接从事的创新活动交给企业和民间社会,转而把宏观调控作为主要工作内容。同时必须深度参与创新活动,与企业主体和民间社会广泛互动,建立有别于科层制的柔性工作机制。此外,还必须建设信用型政府,在政府与民间创新主体之间建立有效信用体系,保持政策的稳定性和连续性,维护利益相关方的合法权益。

第二节 英国远期约定采购:从研发开始采购创新产品

一、背景定位

远期约定采购(forward commitment procurement,FCP)是英国商业、创新和技能部(Department for Business, Innovation and Skills,BIS)针对公共部门设计推出的一种政府创新采购方法①。该方法由环境创新咨询小组(EIAG)②于2005年首先提出,在远期约定采购政策出台之前,EIAG进行了深入调研,基本结论如下。

一是传统供给侧政策对创新推动乏力。许多英国企业总是先专注于创意和发明,然后再去找市场,提出商业化方案。这个过程需要极高的技巧和丰富的经验,不乏成功案例,但在实证统计上失败率较高。在研发政策推动下,英国环境科学领域基础研究成果世界领先,科技论文数量和引文量在全球范围内仅次于美国(某些子学科甚至超越美国),但是2001年英国在全球环保技术和服务市场占有率不到5%,远低于美国,甚至落后于

---

① BIS. Forward commitment procurement(FCP)[EB/OL].[2011-10-15]. http://www.bis.gov.uk/policies/innovation/procurement/forward-commitment.
② EIAG(Environmental Innovations Advisory Group)是塞恩斯伯里勋爵于2003年创建的企业界牵头的咨询研究小组,由英国商业、企业管理改革部(BERR)和英国环境、食品和农业事务部(DEFRA)联合管理,主要任务是研究英国环保产品和服务部门不能按预期速度发展壮大的原因,并提出应对措施,促使英国政府和企业利用环保技术有效促进创新。

日本、德国和法国。EIAG 认为，单凭传统的供给侧政策工具，如对基础研究进行资助、对企业研发活动的税收减免和补贴等，并不能充分推动创新产品的市场化。

二是市场需求对创新的拉动失灵。虽然发达的基础研究可以产生许多原型产品（prototype products），但广大消费者并不能明确地知道和表达自己的具体需求。人们对新产品往往有一个模糊的向往，而且支离破碎，无法形成确切的技术规格和产品性能要求。由于市场缺乏"可靠且表达清晰"的需求（credible articulated demand），并且存在未来销售的不确定性，英国环保服务企业不愿投资高风险的试生产和规模扩大阶段，致使许多创新终止或新产品进入市场缓慢，造成创新的市场失灵。

三是传统公共采购不能有效捕捉创新。传统的公共采购是政府的一项重要经济活动，但却不能有效捕捉创新。传统的公共采购主要是以加强财政支出管理、规范政府采购行为、提高资金使用效率等为目的，但政府部门不是经营实体，没有经济驱动力，不仅无法明晰自己对创新的需求，而且更倾向于规避风险，从而造成传统政府采购与企业创新过程相脱节。结果越是在企业需要政府进入的阶段，政府支持的力度反而越小，如图 13-1 所示。

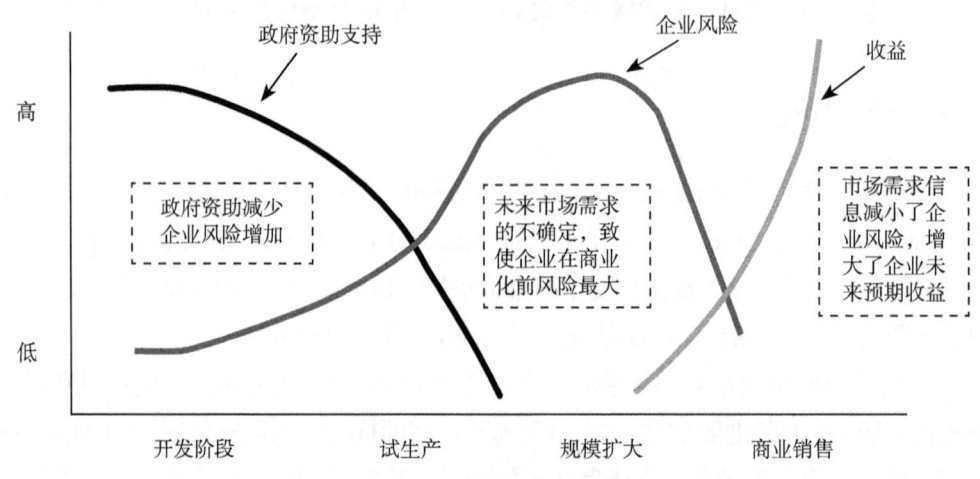

图 13-1　企业创新风险与政府支持力度示意

[来源：DTI（Department of Trade and Industry），DEFRA（Department for Environment, Food and Rural Affairs），Environmental Innovation. Bridging the gap between environmental necessity and economic opportunity: first report of the Environmental Innovations Advisory Group [R]. London：DTI，DEFRA，2006]

EIAG 后与英国商务办公室（Office of Government Commerce，OGC）联合实践完善，提出远期约定采购。其主要内容是：政府采购部门向市场发布未来需求，包括技术规格、产品性能和采购规模等,与响应的供应商等企业事先沟通协商,在企业提交的创新解决方案基础上,政企双方签订创新采购合同;当创新产品性能在合同约定的框架内满足采购需求时,政府部门须按约定的规模和价格采购创新产品。一旦创新产品推向市场,产品的价格将由市场供求力量决定。

二、政策理念

英国商务办公室(OGC)在 2004 年《捕捉创新:在公共部门培育供应商思想》的报告中建议,公共部门应从工业界中吸取思想,通过公共采购政策工具的创新,激发企业投资创新,提高公共采购的社会效益,向智能化时代的政府采购转变。

(一)公共采购部门成为创新的智能采购者

首先,采购部门能够明晰未满足的创新采购需求,并以技术中立性的语言描述市场上还不存在的创新解决方案。为了明确创新产品的性能、成本和质量,公共部门还需与外部知识网络保持密切联系。其次,公共采购部门要建立与潜在供应商的双向沟通机制,减少沟通过程中的信息不对称,并向市场表明公共部门采购创新产品的决心和意愿。通过预先告知需求的方式,公共采购从购买市场现有产品的方式转向预订创新过程。再次,政府部门通过对创新过程和创新结果的打包采购成为创新产品的先导用户,形成巨大的市场早期需求,验证新产品和服务的市场价值,促进并建立创新产品的技术标准。

(二)公共采购部门成为智能的供应链管理者

所谓供应链管理,就是指在满足一定服务水平的条件下,为使整个供应系统成本最小化,而把供应商、制造商、分销商、零售商,直到最终用户组织成一个整体网链,进行统筹计划、协调运作,从而实现系统最优化的过程。供应链管理的重点是成本、效率和系统,其目标是将顾客所需的正确的产品(right product)能够在正确的时间(right time)、按照正确的数量(right quantity)、正确的质量(right quality)和正确的状态(right status)送到正确的地点(right place)。创新过程也是一个链条,公共采购部门应该借鉴供应链管理方法,整合创新资源,进行智能管理。创新链主要由以下 5 个环节组成:创意设计、研究开发、规模生产、市场营销、售后服务。在创意设计阶段,政府就应该识别自身的创新需求、向市场提供未来需求信息,其后要寻找潜在的供应商,并和供应商等参与主体一起形成创新采购约定。同时把孵化器、公共研发平台和风险投资政策工具组合起来,共同推动企业技术创新。在这个过程中,政府采购引导企业建立创新网链,实现效益和效率的最优化。

三、治理架构

英国"可持续采购行动计划"于2006年采用了远期约定采购模式,英国商业、创新和技能部(BIS)于2008年启动了"创新促进可持续竞争"计划,为公共机构远期约定采购搭建实践交流平台,推动远期约定采购的应用。

远期约定采购的购买方主要是英国的各级政府采购部门,这些部门成立FCP项目管理小组向社会发布采购需求信息。FCP项目管理小组具备项目管理能力和复杂合同谈判能力等,项目管理组长由具有丰富项目管理经验和对FCP思想有透彻理解的人员担任,小组成员包括采购预算拥有者、与项目有关的政策制定者、采购专家和关键利益相关者,并保证在FCP项目实施各阶段有采购专家指导。任何企业均可自由响应远期约定采购公告。在市场参与阶段,采购方按照欧盟采购指令和欧盟采购协议的公正、公平对待和透明性原则,不排斥其他成员国企业提供创新解决方案,并将所有参与的企业视为一个整体,无论企业大小,均不进行筛选和评价,以加强供应商对于需求反馈的积极性。同时,采购方也会创造条件方便供应商之间自发组织项目联盟以应对政府采购的创新挑战。

四、基本流程

尽管每个远期约定采购示范项目的具体内容不尽相同,但大体经历3个阶段,即需求识别—市场参与—招标采购,如图13-2所示。

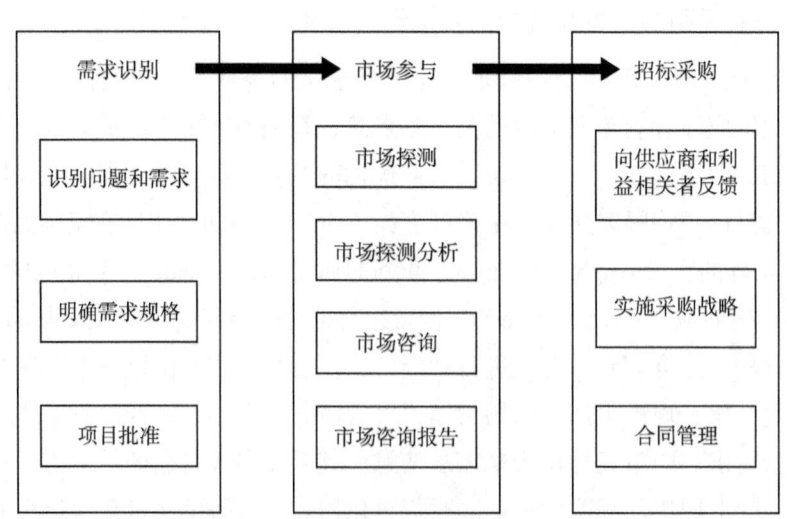

图13-2 远期约定采购实施过程示意

（一）需求识别

采购部门需要首先识别未满足的需求。需求有各种来源，如新的政策、立法、预算变更或业务需求等，通常以待解决的问题或拟实现的政策目标等形式出现。需求识别需要采购专家、业务人员、政策领导和关键利益相关者共同参与，从组织政策目标、组织近期具体目标、组织远景、未来的计划投资、重大合同等方面评估哪些真实需求可以通过远期约定采购实现。

需求确立后要以技术中立的方式表述，即描述"成果导向规格"（outcome based specification）而不进行具体的技术细节描述。例如，对于"电动汽车"以技术中立描述更可能是"低碳零排放汽车"，以便于创新者充分展示解决方案。

（二）市场参与

市场参与（market engagement）过程可以使公共部门在与供应商的沟通过程中获得市场整体创新能力的认知，并细化和精炼需求，这一过程大约需要 10~12 个月。一般情况下，市场参与包括市场探测（market sounding）和市场咨询（market consultation）两个阶段。

市场探测相当于早期供应商参与，即采购部门向市场明确提出需求信息并评估市场反应的过程，它把所有供应商视作一个市场主体，而不涉及供应商的选择或评价。这一阶段包括准备市场探测章程（market sounding prospectus）、设计响应表（response form）、制定沟通计划和市场探测分析。其中，制定沟通计划包含选择高效的中介机构、创建供求双方沟通渠道和发布 FCP 项目招标公告和响应表等；市场探测分析从成熟度、可行性、竞争性、整体产能、协作性和传统认知 6 个方面考察所有响应供应商的整体实力，并公布响应企业的名录（企业可选择是否公布），促进供应商之间的内部联系。市场探测阶段结束后，采购小组需要与供应商进一步讨论更为详细的要求和解决方案，于是进入市场咨询阶段。

虽然响应表已积累了丰富信息，但公共部门与供应商缺少必要的直接联系，市场咨询便成为市场探测的有益补充。这一阶段采购小组将与供应商及利益相关者商讨更多细节，如采购需求、采购时间、潜在障碍等。在 FCP 示范项目中，一般由企业联盟（如 Intellect 和 KTNs 等）组织供应商召开市场咨询会，采购小组与领域专家一同讨论可能的解决方案。监管机构、行业组织和其他利益相关者（如有相似需求的公共部门）也会参会。市场咨询报告向所有参与市场探测活动的供应商发布。

（三）招标采购

经过市场咨询阶段，采购小组对于市场整体供应能力、可利用的技术和潜在障碍等已有了清晰认识。在此基础上，采购小组修改采购要点和采购流程，并告知供应商等利益相关者。之后，要为供应商预留准备创新方案的时间，让他们有机会比较除价格以外的其他因素，找出关键的供应链成员组建项目联盟。这一阶段大约持续 6~24 个月，时间会依据所需技术特性和开发时间长短有所变化。OCG 建议采用竞争性谈判（competitive dialogue）方法，以有效促进供应商、公共机构等利益相关者参与到谈判中，优化解决方案。

在供应商等创新者提交的解决方案基础上，政企双方签订采购合同。合同签订的标准是"物有所值"，"物有所值"不是指价格最低，而是指在整个产品寿命周期内满足用户成本和质量要求的最优组合。对那些长期效益和环境收益表现良好的创新解决方案，应以产品生命周期成本进行核算，并选择最有经济优势的投标者，统筹考虑价格、质量、艺术性和功能特性等。验收标准是在市场参与过程中公共部门所描述的"成果导向规格"，强调创新产品实现的功能。

五、示范项目

远期约定采购一般至少需要 2 年的时间才能提供一个解决方案，按示范项目的经验，给予供应商提交解决方案的时间越长最后的结果越好。比较有代表性的示范项目有：皇家监狱服务机构（Her Majesty's Prison Service，HMPS）"零浪费"床垫解决方案和英国国家健康服务体系（National Health Service，NHS）"未来病房"超高效照明系统。

（一）皇家监狱服务机构（HMPS）"零浪费"床垫解决方案

英国司法部下属的皇家监狱服务机构（HMPS）每年购买约 53 000 个泡沫床垫和 48 000 个枕头，床垫设计寿命是 4 年，但在监狱的环境下易脏、易损且易坏，平均使用时间只有 17 个月。HMPS 每年要处理 40 000 件床垫，其中大多数被填埋或归为危险废品焚烧，每年处理成本高达 280 万英镑，且不符合政府有关垃圾处理的政策。因此，HMPS 希望能找到一种"零浪费"床垫解决方案，期望到 2012 年大部分报废床垫能够资源化利用，且被划分为危险废品的床垫数量减少到 2%。

借助远期约定采购方法，2006 年 11 月，HMPS 在《欧盟政府公报》上发布寻找创新解决方案的需求公告，到 2007 年 1 月，该公告收到了 36 家企业（包括中小企业、跨国公司和社会企业等）所提供的创新技术解决方案，随后 HMPS 编制了响应企业名录并在网站上发布，其中的优秀代表被邀请参加在 2007 年 4 月 23 日举行的"概念可行性"活动，2008 年 6 月进行正式招标活动，这期间共为潜在供应商提供了 18 个月时间准备创新解决方案。最终 HMPS 接受供应商的建议，按照公正、公平和透明的原则选择 5 家资质好的供应商进行邀请招标采购。

通过使用 FCP 采购模式，HMPS 获得了一个逐步改善的解决方案。在合同周期内节约资金至少 450 万英镑，浪费的床垫数量明显减少且能回收利用。作为第一批 FCP 示范项目，"零浪费"床垫解决方案取得了实实在在的成效，并为英国司法部在政府创新采购的实践方面赢得了殊荣。

（二）英国国家健康服务体系（NHS）"未来病房"超高效照明系统

罗瑟勒姆 NHS 信托基金会提出"未来医院"的愿景，希望实现高效节能、成本低廉且逐步提升用户良好体验的医院智能照明系统。一方面，为患者创建床区可控的照明系统以创建舒适、健康的治疗环境；另一方面，为医护人员提供降低医院疾病感染风险的临床照明设备。

基金会在商业、创新和技能部（BIS）和卫生部的支持下采用 FCP 模式，于 2008 年在《欧盟政府公报》上公告所需要的产品（市场上可能不存在），以一个为期 7 年的"医院整修计划"作为市场创新机会，并通过知识转移网络（knowledge transfer network，KTN）和其他中介机构进行宣传，正式招标活动于 2010 年执行。这次采购公告得到 40 多家企业的积极响应，包括医疗照明企业、照明设计师和照明厂商等，供应商们自组织成立项目联盟，以提供"未来病房"超高效照明系统的集成模块化解决方案。示范病房于 2011 年 3 月建成并接受临床检验和设施评估。

据详细测算，该解决方案以不变的成本支出取得突出效果：在经济方面，预计在产品寿命周期内节省能源消耗 30%，节省维护费用 88%，减少了建设和拆除成本；在环保和用户体验方面，实现绿色灯源长寿命、低耗能及发光组件的可回收利用，大幅提升了患者和医护人员的舒适和健康程度[①]。

随着示范项目的成功，采购范围除了废弃物管理、能源利用效率等急切的环境问题之外，逐渐扩大到其他领域，如可持续发展、医疗卫生健康和可持续建筑等方面，具体包括：低碳汽车和国内绿色新政翻修计划（伯明翰市议会）；低碳汽车（布拉德福都会区议会）；超低碳能源（普尔自治区委员会）；零浪费监狱服务（英国司法部）；低碳管理计划（英国外交部）；超高效照明系统（罗瑟勒姆 NHS 信托基金会）等，首个国家级 FCP 示范项目也在酝酿中。

六、政策评价

远期约定采购政策注重从需求侧拉动创新，且已获得实实在在的成效。一是减少

---

① FCP case studies: innovative ultra efficient lighting for future wards lighting [EB/OL]. [2012-03-26]. http://www.bis.gov.uk/assets/biscore/innovation/docs/c/11-997-case-study-innovative-ultra-efficient-lighting.pdf.

财政资金风险。如果供应商不能按时提供议定规格的产品或服务，公共部门也没有更大的损失（机会成本除外），只需继续购买已存在的技术解决方案。二是减少企业创新风险。政府无须投入额外资金，只要为市场提供未来需求和销售前景，成为企业创新的最早用户（early adopter），就会大大降低创新产品和服务的市场化风险。三是为中小企业提供创新机会。远期约定采购注重向中小企业分配公共采购份额，在采购过程中将重大的需求分解为个体化、具体化的要求，在重大政府采购活动中鼓励大供应商与中小企业建立合作伙伴关系，从而激发中小企业的创新热情，保持产业链各环节的创新活力。

与传统供给侧工具相比，远期约定采购也有一些弱点。一是远期约定采购过程复杂，时间跨度长，需要采购部门与政策制定者和利益相关者的多方参与，以及供求双方之间不断反馈和沟通协调。二是会衍生交易成本，创新采购过程需要花费相当的时间和人力，还需要中介机构等利益相关方的支撑。三是风险管理能力要求高，采购人员必须具有专业化的采购水平和项目管理经验，才能有效识别和控制风险，降低创新采购失败产生的机会成本。正因为如此，远期约定采购仍处于示范阶段，在示范的基础上总结改进，才能在更大范围的公共部门进行复制。

英国的实践经验表明，仅靠税收减免或研发补助等供给方式不一定能有效促进科研成果的市场转化，还应配合运用需求拉动手段。这对于中国政府采购创新产品、促进企业创新具有借鉴意义。

第三节　新加坡创新券项目：为中小企业采购创新服务

一、背景定位

创新券最早在欧洲实行，迅速扩展至世界各地，有效促进了中小企业与知识技术部门合作及知识产品商业化，增强了中小企业创新绩效，具体做法也更加丰富和完善。为适应经济全球化和知识化要求，提高企业附加值，推动产业升级，2009年新加坡标准、生产力与创新局[①]（SPRING）也推出了创新券计划[②]。SPRING向中小企业公布可提供知

[①] 新加坡标准、生产力与创新局（Standards, Productivity and Innovation Board，SPRING）隶属于新加坡贸工部（Ministry of Trade & Industry），负责新加坡标准化、计量、合格评定和质量管理。
[②] 创新券计划（Innovation Voucher Scheme），于2012年6月更名为创新与能力券（Innovation & Capability Voucher），本书为行文方便，通称为创新券。

识服务的机构①名录,中小企业从名录中挑选服务单位并与之签署协议,共同完成创新项目。完成后,由服务单位携结项材料到 SPRING 结项,并按创新券金额兑换现金。

二、使用领域

2009 年新加坡创新券计划刚推出时,只包括技术创新领域,2012 年后扩展至生产率、人力资源和财务管理等"软创新"领域,全面提升中小企业能力。

(一)技术创新领域

中小企业可用创新券购买以下 6 项服务:①技术可行性研究。新技术评估;早期研发和样机研究;采用和研发新产品或新工艺等;现有产品或工艺的升级。②技术支持。产品设计与开发;工艺流程设计、开发与升级;对调查结果进行测试、评估和检验。③技术知识开发。为有技术需求的公司制定具体的培训课程,如技术能力升级研讨会与培训课程。④知识产权业务诊断。知识产权价值链分析,知识产权优先顺序,使用知识产权管理与保护(Intellectual Property Management and Protection,IPMP)框架从战略方法、管理实践及效果等方面进行知识产权管理评估,并对操作环境进行 SWOT 分析。⑤知识产权法律诊断。诊断方法同④,但侧重点不同,更注重检查企业在法律方面的漏洞。⑥客户心理洞察。了解企业所面临的困难,熟悉企业业务和宏观业务环境,进行预诊断;收集关于客户心理的信息,对当前客户群体进行定性研究;巩固分析结果,至少建立两组能切中要害的客户发展路线图;为企业寻找机会,给企业提供发展建议。

(二)生产率领域

中小企业可购买以下 10 项服务:① ISO 9001② 认证。为首次认证的企业提供咨询服务,使其完成认证。②危害分析及关键点控制。对原料、关键生产工序及影响产品安全的人为因素进行分析,确定加工过程中的关键环节,建立、完善监控程序和监控标准,采取规范的纠正措施。例如,检查企业当前的流程和文件,确定改进的地方;明确食物生产的关键领域并进行优先控制;在食品安全、食品加工卫生和质量保障上,对员工进行培训;为提高食品安全管理效率,建立首要项目和标准作业程序(standard operating

---

① 提供知识服务的机构(Knowledge Institutions),下文简称知识机构或服务单位。以私营机构为主,公共机构主要为新加坡创新中心、新加坡科学技术研究局(A*STAR)、工艺教育学院、综合性工艺学院和高校这 5 类,共 20 余所。
② ISO 9001 是由 ISO 国际标准化组织建立的 ISO 9000 族标准中的核心标准之一,是由全球第一个质量管理体系标准 BS 5750(BSI 撰写)转化而来的。ISO 9001 是迄今为止世界上最成熟的质量框架,全球有 161 个国家/地区的超过 75 万家组织正在使用这一框架。ISO 9001 不仅是质量管理体系,也为总体管理体系设立了标准。它帮助各类组织通过客户满意度的改进、员工积极性的提升及持续改进来获得成功。

procedures，SOPs）文档；修改流程并提出建议等；最终协助企业获得一种食品安全证书（SAC-accredited HACCP Document No.2 Certificate，SAC DOC 2 HACCP）。③中小企业能力改进。用 SMART（SME management action for results）工具（面向结果的中小企业管理行为）评估企业管理能力；分析卓越企业框架下的优劣势及需要改进的地方；优先解决发现的问题；制定路线图提高企业生产效率。④服务诊断。评估企业服务管理能力；找出企业的优劣势；确定需优先解决的问题；制定路线图提高企业服务管理能力。⑤暗访调查。制定暗访内容；进行两轮暗访调查，每轮至少调查4次；分别提供调查结果；根据结果分别找出企业要改进的地方，提高服务质量。⑥服务改进。找出影响服务质量的最大问题，如人员不够、专业知识缺乏、排队时间长等；对发现的问题进行现场观察、暗访或其他相关调查；找出解决问题的突破口；明确可改进的地方和预期效果；制定并执行行动方案；进行第二轮调查；总结结果并制定下一步目标。⑦生产率诊断和监测。用生产活动的综合管理框架（Integrated Management of Productivity Activities，IMPACT）分析公司层面的生产率指标和生产率贡献领域；找出企业在该方面的优劣势及确定需优先解决的问题；根据关键指标跟踪和监测生产率；制定生产率提高路线图；为企业开发生产率测度系统。⑧生产率提高项目。检查现有工艺流程；评估当前的生产率绩效；推荐提高生产率的具体措施；制定详细的执行路线图；通过供应链和存货管理、工艺改进、设施布局等降低成本与损耗，提高设备、空间使用及劳动生产率等。⑨标杆管理。为企业建立基准测试小组；明确标杆管理的重要流程和企业关键生产率指标；根据生产率指标评估当前企业生产率；明确收集的信息及收集方法；确定标杆公司；为企业制定路线图。⑩能源效率检测。最少进行5~30天的能源效率检测，将绩效指标与标杆公司对比，根据调查结果提出提高能源利用率的建议，建议应包括设备改进、操作与管理和能源效率等方面。

（三）人力资源领域

新加坡多数中小企业没有专门的人力资源体系，针对这种特殊情况，创新券增加了人力资源领域的咨询服务。具体有6个项目：①人力规划。根据当前企业用工情况，做出合理的人力规划。②人才招聘与评选。根据当前员工能力、数量和工作流程评估员工需求，并通过多种招聘方法和最佳人才选择工具评选出最佳员工。③员工薪酬福利。提供详细的薪酬激励和员工管理咨询服务。④企业绩效管理。检查完善企业的考评体系和关键业绩指标（如定标器评级系统），建立绩效与奖金、晋升、转换和职业发展之间的关系。⑤员工培训与发展。⑥员工职业生涯管理。

（四）财务管理领域

中小企业的财务管理咨询也是新加坡创新券的扩展领域。创新券可以购买以下4项财务服务：①计划与预算。帮助中小企业做好计划与预算，提高总体业务和财务管理水平。②资金流动与营运资金管理。诊断出中小企业流动资金和运营资金及内部控制上的问题，并制定相应对策。③财务控制。帮助企业找到财务缺口，实施控制措施，提高资金周转率。④财务评估和发展规划。针对企业扩张计划，评估财务需求。

三、项目流程

（一）项目形成

项目形成由企业提交申请开始。在新加坡注册并实体存在、拥有30%以上本地股权、年销售额不超过1亿美元或全体雇员不超过200名的中小企业，均可向SPRING申请。

SPRING在网站上公布提供服务的知识机构名录，中小企业就项目提前与知识服务提供者①进行沟通，双方达成协议后，知识服务机构协助中小企业通过创新券门户网站②在线提交申请，2个工作日通知结果。

自2011年10月3日起，企业可随时提交申请。一次只能申请1张，结项后，申请下一张。同一个领域，1年内最多只能申请2张。

未按规定要求日期结项的企业，1年内禁止申请创新券。

项目申请被批准后，内容允许更改1次，但仅限1条。可更改内容包括结项日期、知识服务机构、预期结项成果等。结项日期更改，企业需在截止日期5日前，提交延期申请，被通过者结项日期会顺延6个月。

（二）项目实施和完成

企业获批后获得资助，按照合同要求进行相关的创新活动。在项目完成后，由企业和知识服务机构共同向SPRING提交结项材料。每个领域的结项材料都有明确要求，大致分为结项报告、咨询时间证明和PPT，结项报告需双方签字生效。

技术创新领域。技术创新领域的6项服务可根据服务内容和结项材料分为技术开发（技术可行性研究、技术支持、技术知识开发）、知识产权诊断（知识产权业务诊断、法律诊断）和客户心理洞察3类。每类结项材料的要求如表13-1所示。

---

① 知识提供者是指知识机构里提供具体服务的人，其姓名和联系方式均在联系人名录上公开。
② 网址为：https://apps2.spring.gov.sg/ICV/icvmainpage.aspx。

表 13-1　技术创新领域服务项目结项材料的要求

项目	咨询时间证明	项目报告	PPT
技术开发类		企业与知识机构共同提供的解决方案	—
知识产权诊断类	时间、地点、参加人员、讨论内容、双方签字	战略战术选择、建议或路线图等	业务价值链分析、IP 优先顺序、IPM 评估、SWOT 分析、战术选择、建议
客户心理洞察类		项目目标、分析结果、顾客路线图、项目建议、结果反馈及后续计划等	—

生产率领域。生产率领域有 10 项服务，根据服务内容和结项材料的特点，可将其分为证书认证（ISO 9001、SAC DOC 2 HACCP）、卓越服务（服务诊断、暗访调查、服务改进）、生产率管理（SMART、生产率诊断和测量、生产率提高项目、标杆管理、能源效率检计）3 类。每类结项材料的要求如表 13-2 所示。

表 13-2　生产率领域服务项目结项材料的要求

项目	咨询时间证明	项目报告	PPT
证书认证类	时间、地点、参加人员、讨论内容、双方签字（大于 40 小时）	公司文件①、服务目的、企业诊断报告与建议、执行计划、认证证书等	PPT 由 SPRING 选择的公司或知识服务机构提供，内容为项目报告
卓越服务类		公司文件、服务目的、公司诊断结果与建议、审查结果、执行进度、甘特图等	
生产率管理类		当前生产率评估、主要贡献指标、生产率提高路线图、标杆公司、甘特图等	

人力资源领域。人力资源领域有 6 项服务，根据服务内容和结项材料特点，分为人才选拔（人力规划、人才招聘与选拔）、薪酬福利（员工薪酬福利、绩效管理）与员工管理（员工培训与发展、员工职业生涯管理）3 类。每类结项材料的要求如表 13-3 所示。

---

① 公司文件是指申请创新券的公司名称、创新券编号、创新券服务项目、起止日期等。

表 13-3　人力资源领域服务项目结项材料的要求

项目	咨询时间证明	诊断报告	项目报告	跟踪咨询
人才选拔类	时间、地点、参加人员、讨论内容、双方签字（大于 25 小时）	项目正式开始前，诊断出公司在具体模块的优劣势及需改进的地方	诊断结果、评估公司当前和未来的人力需求（具体的技能与人数）、招聘计划、职位描述、申请方法、劳动合同、一个全面的人力资源规划政策等	项目结束 3 个月内 5 小时以上的跟踪咨询服务证明
激励保障类			诊断结果，合理的工资结构，完善的员工福利（医疗、离职等），多样化的奖金计划，完善的评价体系和关键业绩指标，绩效与奖金、晋升或轮岗之间的密切关系，一个全面的薪酬福利政策等	
员工管理类			诊断结果、员工培训方案、关键岗位的职业规划、员工手册的复印件、劳动合同或协议、一个全面的职业管理政策等	

财务管理领域。财务管理领域结项内容为咨询时间证明和项目报告，结项材料的要求如表 13-4 所示。

表 13-4　财务管理领域服务项目结项材料的要求

项目	咨询时间证明	项目报告
计划与预算	时间、地点、参加人员、讨论内容、双方签字（大于 25 小时）	公司文件、项目目标、公司需求诊断、建议、详细执行计划及操作流程等
资金流动与运营资金管理		
财务控制		
财务评估		

结项后，一些知识服务机构仍需提供跟踪服务。例如，在人力资源领域，按结项要求，项目完成后，企业在 3 个月内可获得 5 小时以上的跟踪咨询服务。又如，创新领域的客户洞察服务，结项报告中明确要求服务提供者要为企业制定跟踪服务计划。

四、资金配置

创新券面值为 5000 美元，有效期为 6 个月，可用来购买名录里任一项服务。项目支出超出创新券面值的，超出部分由企业自行承担。支出不足面值的，结项时实报实销。

除一次性付款方式外，还允许知识服务者有首付要求，但首付不应超过全款的 20%。

在创新券计划实行初期,面值仅为5000新元,企业申请成功后,可单独使用,也可在同一家知识机构与10家以内的非亲属企业[①]所申请的创新券联合使用。初期的这种联合使用功能,与欧洲创新券中的"联合券"[②]相似,但扩展为创新与能力券后,不可联合使用。这种调整对于新加坡的经济结构可能是合适的,对其他国家并一定适用。

五、政策评价

(一)政策效果

新加坡创新券实行时间还比较短,长期效果有待进一步的实践和评估,但短期效果已经初步显现。

一是提高了企业绩效。G-Energy Global Pte 公司用创新券向 EWT-COI(Environmental and Water Technology Centre of Innovation)公司购买了技术支持服务,开发了网上监控能源消耗、网上监控建筑和设备效能的系统,节约了 50% 的人力成本。使用这套系统的用户能够瞬间评估能源消耗模式,节约了 30% 的能源消耗,大幅提高生产效率。

二是扩大了产品市场。例如,生产传统娘惹糕[③]的 Red Lips 公司用创新券向 FIRC(Food Innovation Resource Centre)购买了技术支持服务,FIRC 为其开展了延长保质期的包装技术研究,使产品的保质期从1个月提升至6个月,迅速扩大了产品的销售范围,并走向海外市场。

三是为企业提供外部技术源。新加坡宝鲜然有机食品公司用创新券向新加坡理工学院的食品创新与资源中心购买了生产绿色食品技术可行性研究服务,开发出新产品 Otrimix,即市场上畅销的宝鲜然三益粥,是含有不饱和脂肪酸、抗氧化剂和大量纤维的即食燕麦粥,该产品在香港、文莱、马来西亚和印度尼西亚等多个国家和地区热销,年销售额已突破百万美元。

(二)政策发展

与欧洲早期创新券相比,新加坡创新券有了很大发展。

一是服务覆盖范围广。从创新券到创新与能力券,该计划的服务领域从单一的技术创新领域扩展至生产率、人力资源和财务管理3个领域。企业受益率从 50% 快速提升至 70%,这些企业遍布生物医学、化学材料、电子工业、工程服务、环境保护、食品、信息科技、物流和交通运输等行业。

---

① 非亲属企业是指企业彼此间无子母公司关系,彼此非联营公司,非现有股东所拥有的其他公司关系等。
② 郭铁城,郭丽峰.创新券:以用户为导向[J].高科技与产业化,2012(10):24-27.
③ 中国明朝商人与当地马来人通婚生下的女孩,称为"娘惹"。娘惹糕是中国与东南亚风味混合的一种糕点。

二是强化了服务资格认定。企业在创新券申请网站上查询到的知识机构，均为创新券计划注册单位。SPRING 提前认定合格服务单位，随后详细公布各单位提供的服务项目、具体联系人和联系方式，企业可通过网站信息迅速与知识服务提供者对接。截至 2013 年 9 月 28 日，经过注册的财务管理领域服务单位有 12 家，人力资源领域 23 家，技术创新领域 48 家，生产率领域 104 家。这些服务单位以公司为主，公共服务机构只有 20 余家。

三是操作更便捷规范。通过门户网站申请，2 个工作日获知结果，申请快速；企业可向知识机构支付全款的 20% 作为首付金，付款方式灵活；每个项目都有详细的结项要求，操作规范。

四是与其他项目相衔接。企业在一个领域只可申请 2 张创新券，但若在该领域仍有需求，则可申请 SPRING 的其他资助项目，如工具包项目。工具包项目包括顾客服务工具包、财务管理工具包、人力资源管理工具包、市场工具包及生产力工具包。以人力资源管理工具包为例，其服务内容有：人力规划；人才招聘与评选；员工薪酬福利；员工绩效管理；员工培训与发展；员工职业生涯管理；人才管理与继任计划；雇员关系。人力资源管理工具包与创新券的人力资源服务领域相比，更加全面。创新券项目与工具包项目的衔接，使企业可以获得比创新券项目更综合更深入的服务。

（三）政策意义

新加坡创新券的实践，对创新券政策的设计具有借鉴意义。

一是创新券项目应涵盖所有创新服务，包括研发服务、设计服务、技术转移服务、技术扩散服务、专业知识服务、科技金融服务。其中专业知识服务包括战略咨询、数据分析、图书情报、财务管理、法律事务、人力资源等服务。

二是在"单一券"项目基础上，应大力开展"联合券"项目。"单一券"面值较小，由单个企业使用，不要求企业资金配套；"联合券"[①] 面额较大，由多个相关企业（最多 10 家企业）联合使用，企业应有一定资金配套。

三是创新券项目与国家其他项目分工明确且衔接紧密。例如，一些小型项目，可由创新券完成；而一些大中型项目则应由国家计划项目完成。但对完成情况好且有进一步创新需求的企业，可向国家计划项目推荐。

---

① 郭铁城，郭丽峰. 创新券：以用户为导向 [J]. 高科技与产业化，2012（10）：24-27.

第四节　中国浙江省创新券项目：以用户需求为基础立项

一、背景定位

自党的十八大确定创新驱动发展战略以来，浙江省深入开展万众创新创业行动，全面实施科技创新券政策。截至2017年10月，累计发放创新券10.8亿元，累计使用6.5亿元。超过70%的创新券经费发放给了科技型小微企业和创业团队，对创新产生了广泛的驱动力；而且直接带动了科技体制改革，在科技创新项目管理体制、科技资源共享机制、科技宏观调控机制等方面，取得了突破性进展，有力促进了供给侧结构性改革和发展动力转换。

二、治理架构

创新券政策是支持中小企业技术创新和科技成果转化的普惠性和引导性政策，省本级出台推广应用创新券的系列文件，定标准、定规则、定程序、定办法；各市县区科技、财政等行政部门共同制定当地创新券工作实施方案，包括发放对象、主要用途、工作程序、保障条件等内容，根据当地实际情况确定创新券的支持范围，优先支持在各类创新创业大赛取得名次的企业和创业者，省级以上科技企业孵化器、高校科技园、众创空间、泛孵化器的在孵企业和创业者，引导企业开展技术创新。

省科技厅、省财政厅对创新券使用绩效进行评价，评价结果向社会公布，并作为申报科技项目、建设科技基础条件的重要依据。重点考核创新券投入资金占科技投入的百分比，创新券发放额、使用额及资源开放共享等内容。2015年，评选5家市科技局、21家县（市、区）科技局为"公众创业创新服务行动"优秀单位。市县推广应用创新券情况也纳入全省科技系统先进集体和科技工作先进个人评选中。鼓励社会对使用创新券的供给载体和企业进行监督评价。同时，对拥有科研仪器、设备的科研单位，将仪器和设备开放共享情况纳入省级创新供给载体评价考核中。对不按规定公开共享信息、开放效果差、使用效率低的省级创新载体予以通报，并采取停止新购仪器设备、在申报省级科技计划项目时不准购置仪器设备等措施予以约束。

创新券采取市县区发行兑现、省本级实施奖补调控的模式，整合市县区财政资源，推动省级财政从直投向引投转变。根据创新供给载体服务绩效，省级财政科技经费每年安排资金予以补助；对实施创新券项目效果好的市县区，省级财政每年安排资金予以奖励。

第十三章 公私合作的政府采购

省奖励资金由市县区统筹用于创新券推广应用工作。2016年，以2015年各市县区创新券的使用额为基准，适当考虑各市县区创新券发放额、财政兑现补助及创新券推广应用政策制订情况，对各市县区推广应用创新券工作给予奖励补助，并对26个欠发达市县区给予适当倾斜支持，共计奖补3066万元。对优秀的创新供给载体，省级财政每年按创新券上年度实际兑付总额最高30%的比例给予补助。

三、项目流程

浙江省《创新券服务系统操作指南》详细规定了创新券项目流程。项目流程分为创新券申请、创新券使用、创新券兑现3个阶段，每个阶段企业或创业者（创新服务需求方）、创新载体（创新服务供给方）和科技管理部门协同完成。科技管理部门依托"浙江省科技创新云服务平台"进行项目管理。图13-3为"浙江省科技创新云服务平台"网站的截图①。

图13-3 "浙江省科技创新云服务平台"网站界面

---

① 本节截图均来自"浙江省科技创新云服务平台"网站。

现将《创新券服务系统操作指南》的项目流程，介绍如下。

（一）项目形成

首先对于企业或创业者，项目形成开始于创新券申请。

（1）企业或创业者从云服务平台首页（www.zjsti.gov.cn）[①]，点击"创新券服务系统"图标进入创新券服务系统页面进行注册（图13-4）。

图13-4　创新券服务系统界面

（2）点击"申请创新券"按钮，进入创新券申请界面（首次申请需要先完善实名认证信息，实名认证根据用户类型需提供营业执照、身份证扫描件等证明材料），填写申请创新券额度后提交（图13-5）。

图13-5　申请创新券按钮

（3）经属地科技管理部门审核通过后即可获得创新券的使用权限及额度，可点击"我的创新券申请列表"菜单查看审批结果（图13-6）。

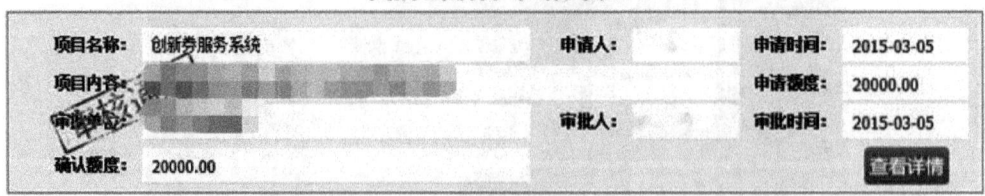

图13-6　申请创新券列表示例

---

① 该平台现已更新为"浙江科技大脑"，域名为 zjsti.kjt.zj.gov.cn。本书写作时为"浙江省科技创新云服务平台"，故仍用"浙江省科技创新云服务平台"的界面进行介绍。

第十三章 公私合作的政府采购

其次对于科技管理部门则进行项目审批。

市、县科技局使用管理账号从云服务平台首页登录系统后，点击"创新券申请管理"菜单，可看到相应的创新券申请信息，通过点击"认证信息"和"申请信息"分别查看信息详表，进行身份审核并确认创新券发放额度（图13-7和图13-8）。

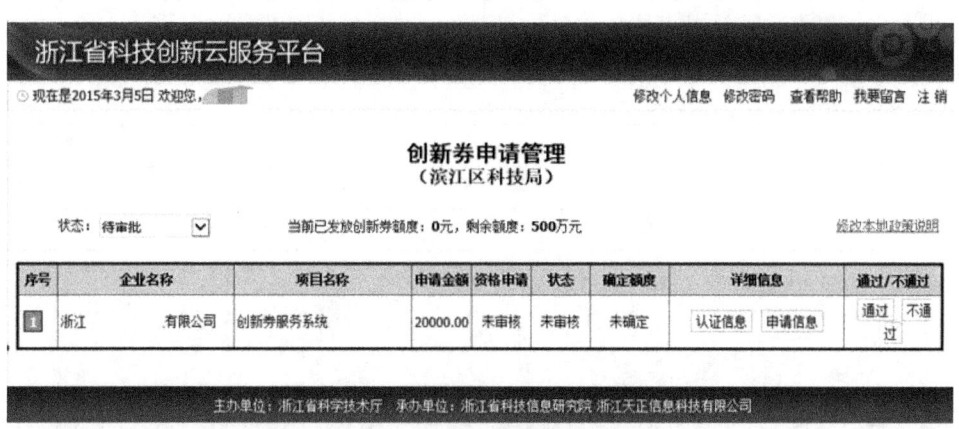

图13-7　申请创新券管理示例

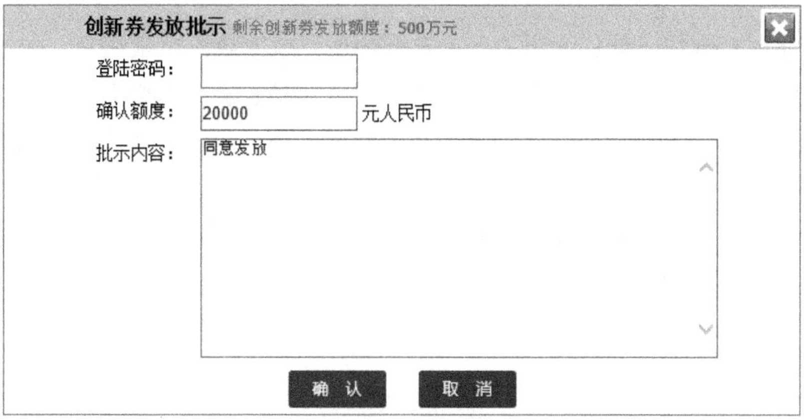

图13-8　创新券发放批示示例

（二）创新券使用

首先对于创新载体。

（1）省级创新载体使用系统分配的账号从云服务平台首页登录系统，加载对外公开的载体简介及可对外开放共享设备与服务等信息（图13-9）。

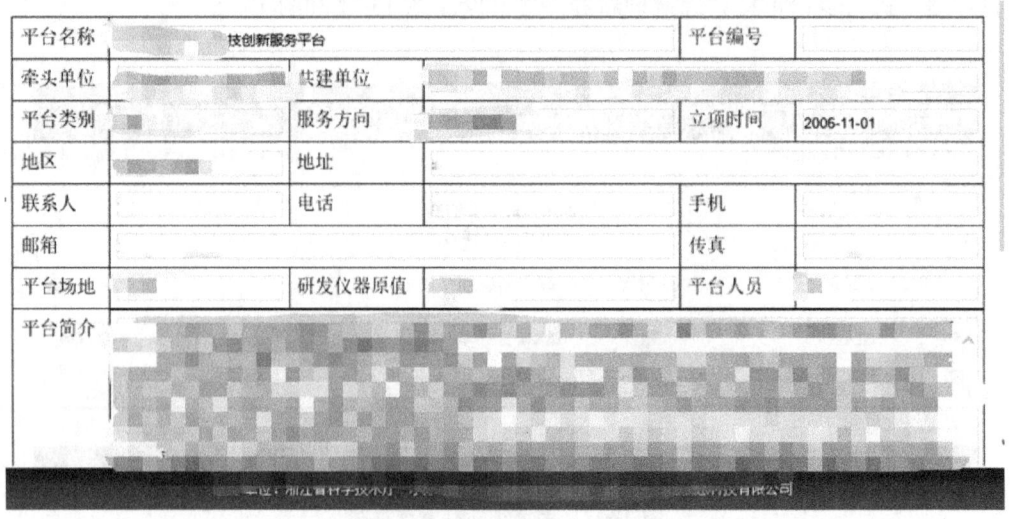

图 13-9 云服务平台信息示例

（2）非省级载体，可从云服务平台首页注册"地方载体申报用户"，进入后填写对外公开的载体简介及可对外开放共享设备及服务等信息，并提交到需要推广该服务的市、县科技局。经科技管理部门审核通过后，属地的企业或创业者才可在创新券服务系统中预约使用相应服务。

（3）企业通过创新地图提交的服务预约请求，载体可通过点击"服务预约请求"菜单进行查看并予以回复（图13-10）。

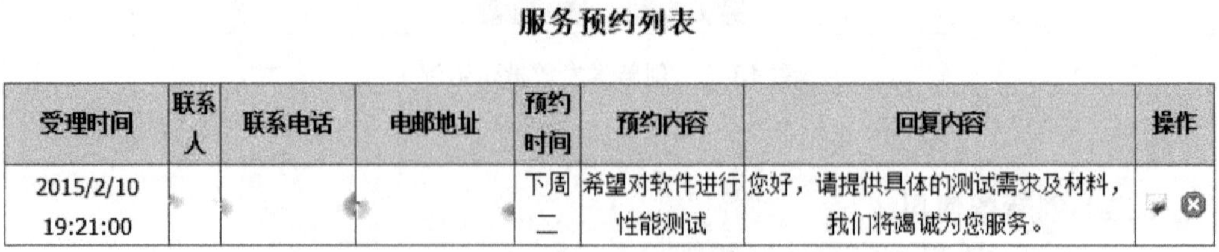

受理时间	联系人	联系电话	电邮地址	预约时间	预约内容	回复内容	操作
2015/2/10 19:21:00				下周二	希望对软件进行性能测试	您好，请提供具体的测试需求及材料，我们将竭诚为您服务。	

图 13-10 服务预约列表界面

（4）从系统中确认收到创新券并完成服务后，载体需对该次服务进行记录。作为科技管理部门的服务考核依据（图13-11）。

第十三章 公私合作的政府采购

项目名称	服务方联系人	被服务方	合同名称	合同金额	签订时间	审批状态	审批部门	审批时间	服务记录	本地审批状态	操作
创新券服务系统				1000.00	2015-02-10	通过		2015-02-12			

图 13-11　创新券服务记录示例

其次对于企业或创业者。

企业或创业者从云服务平台首页登录系统后点击"预约服务"按钮进入创新地图（或直接从云服务平台首页点击"创新地图"图标进入）。在左侧搜索框内输入所需要的设备或服务的关键字（如测试），点击搜索按钮即可查找到符合条件的载体及服务信息（图13-12）。

图 13-12　云服务平台创新地图界面

（1）点击右下角的"预约服务"按钮即可在线预约所需的服务（图 13-13）。

248 主要国家的公私合作创新

图 13-13　云服务平台预约服务界面

（2）双方达成协议后，即可登录创新券服务系统，从"我的服务预约列表"中找到对应的预约记录，下载服务合同模板并且签订合同（图 13-14）。

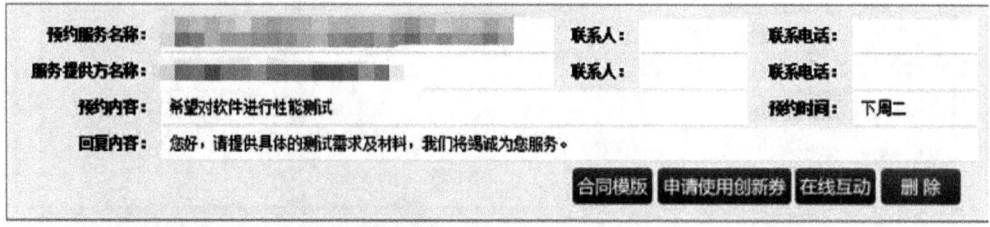

图 13-14　服务预约列表示例

（3）点击"申请使用创新券"按钮，上传服务合同，进行创新券使用的申请，经属地科技局审核后，系统即可将创新券支付给对应载体（图 13-15）。

第十三章 公私合作的政府采购

图 13-15 创新券使用申请表界面

（4）通过线下完成预约服务的用户须在申请使用创新券时，通过检索功能找到对应的载体及服务，未在系统中登记的载体及服务将不被认可。

（5）创新券实行电子化流转，同时也支持实体券流转。企业可从"我的可使用创新券"菜单打印创新券实体券，载体可通过手机二维码扫描功能验证实体创新券的真伪并接收（图13-16）。

图 13-16 创新券样式

最后是科技管理部门。

市、县科技局使用管理账号从云服务平台首页登录系统后，点击"创新券使用管理"

菜单，可看到相应的创新券使用申请信息，通过点击"申请信息"查看详表，并进行审核确认创新券可使用额度（图13-17）。

图13-17 创新券使用申请管理界面

年底由省科技厅委托第三方服务机构，协助载体完成创新券的兑现工作。第三方机构根据系统中的创新券使用记录，向对应市、县科技管理部门兑现，资金直接转账至载体账户。

四、资金配置

传统的项目资金，全部或绝大部分是财政资金，难以撬动其他社会资金投入；而浙江省的创新券项目，通过省级财政奖补投入，引导市县财政资金的协同配套，同时带动了企业和社会大量资金投入，成倍放大了公共科技投入的效能，大幅提高了公共投入效率。

截至2016年10月底，创新券资金中市级财政投入2746万元，县区财政投入2.3亿元，省级财政匹配投入9356万元，三级财政共投入3.51亿元。

从总体上看，创新券项目政府投入直接带动了5倍以上的企业和社会投入。在去年全国研发经费增长速度放缓的情况下，浙江省创新券研发经费实现了逆势增长。例如，宁波枫康生物科技有限公司申请了8万元创新券支持，企业投入了57万元，总投入金额为65万元，杠杆率超过7倍。浙江天草生物科技股份有限公司申请了20万元创新券，企业投入了80万元，实际项目金额达100万元，杠杆率达到5倍。如果没有创新券支持，这些项目实施可能受阻。

五、资源共享

传统科技项目支出主要用于购买科研硬件，用于购买科研仪器、设备共享服务的支出较少；创新券资金不用于购买仪器、设备等硬件产品，而是通过购买服务分享科技创新资源。

在浙江省科技创新云服务平台上，汇集了全省科研机构、重点实验室、创新服务平台、省级（重点）企业研究院、科技中介机构等各级创新供给载体5131家，科学仪器设备10万多台（套）。这些仪器、设备都向创新券项目开放，以财政性资金为主建设的省级创新供给载体可以按照成本补偿和非营利性原则，收取材料消耗费和水、电等运行费，还可以根据人力成本收取服务费。鼓励多种所有制企业和其他创新供给载体向社会开放。一年多来，为创新券项目提供的各类创新服务达22 908次，其中仪器、设备共享类服务达10 630次。据不完全统计，通过使用创新券，全省大型科学仪器设备整体使用率和共享率均提高了5%。

英飞特电子（杭州）股份有限公司的主要产品是LED驱动电源，产品测试涉及人工电源网络、测试天线、测试接收机、电波暗室等仪器设备，这些仪器设备基本依靠进口，购置费用在700万元以上，而且电波暗室的搭建需要提供相应的场地，企业自行配置难以负担。公司成功申请使用创新券10万元，委托浙江省物联网技术创新服务平台进行产品检测，节省了企业设备投入和测试费用。产品顺利通过UL、TUV、CB等十几项认证，行销北美、欧洲等全球50多个国家和地区。浙江正泰仪器仪表有限公司是国内领先的能源计量产品供应商，也委托浙江省物联网技术创新服务平台进行高频辐射抗扰度、无线电干扰抑制、射频电磁场抗扰度、辐射骚扰场强试验、电源端子传导骚扰电压试验等系统的新产品研发检测服务，合同额总计16.27万元，其中使用创新券8.63万元。最终推出了高附加值的"数字化电能表"，利润空间是传统产品的10倍以上。

六、政策评价

浙江省从创新券项目入手，以企业用户需求为基础进行立项，积极探索技术创新项目管理体制改革。

传统科技投入模式是先研发、后产业化，研发时没有企业用户，论文、专利等科研成果需要另外增配资金加以转化；在转化的过程中以高校和科研单位为主体，出台政策很多，但转化效率差，甚至无法转化。创新券突破了这种研发模式，把企业用户需求作为技术创新项目的来源，在研发的起点就引入最终用户。只要企业有真实的科技创新需求，都可以申请创新券项目。由企业持券到专业机构购买科技创新服务，组织开展技术创新活动。

2015年以来，12 000个创新券项目中的每一项，都来自企业的研发需求，研发、生产、经营一体化，不存在成果转化的问题。浙江超威电源有限公司急欲突破废铅资源回收关键技术，公司拿出380万元，又申请了80万元创新券，与北京化工大学合作研发，通过原子经济法回收氧化铅，将废旧的铅酸蓄电池中活性物质除杂之后，直接制成铅粉，大幅降低了铅酸蓄电池生产成本；同时降低了冶炼电解铅的巨大能耗，实现了零排放生产。2016年新增销售收入1.2亿元，利润1050万元，税收860万元，取得专利4件，其中重大发明专利1件，另获得新产品1项。浙江新控泵业有限公司急欲研发智能型水泵产品，公司申请创新券资金49.9万元，自投资金780万元，用于购买中国计量大学的研发服务和检验检测服务，开发出噪音低、流量大的复合泵新产品。与传统水泵相比，效率提升了40%。项目还申报了国家发明专利和国际发明专利，并且公司与中国计量大学的合作进一步深化，下一代智能化产品已经投入研发。

浙江省创新券项目虽然实施时间不长，也尚有完善空间，但从全球来看，仍然是创新券项目的最佳实践。特别是以创新券项目为突破口，改革技术创新项目管理体制，对中国新时代科技体制改革具有重要启示。

一是技术创新计划要以企业用户有效需求为基础，采取公私合作（PPP）创新机制，发挥政府与社会的积极性。

二是科技创新资源共享要以市场机制为基础。公共投入的科研装备，应采取政府所有、企业运营的模式，向全社会开放共享。引导民营企业的仪器、设备加入开放共享。

三是政府宏观管理要以间接调控手段为主导。主要通过战略、规划、政策等手段，确定目标、方向、标准、规划、程序、方法，培育公平竞争环境，引导创新主体提高创新能力；通过资金奖励、补助、减免等手段，调整创新活动的结构和重点；通过政府评价和社会评价，影响科技创新活动的微观取向。

第五节　中国上海市创新券项目：创新资源向全国辐射

一、背景定位

上海市是中国科技创新资源最密集的地区之一，聚集了大量高校、科研机构、科技人力资源和科研仪器设备。如何充分释放这些宝贵资源的能量，发挥上海市科技创新中心在全国的引领作用，是一个重大课题。上海市于2015年开展科技创新券政策试点，采取"互联网＋创新券"的形式，在全市甚至全国范围内释放创新资源的能量，明显改善了供给侧的要素质量，有力促进了"大众创业、万众创新"的热潮。

二、治理架构

上海市实施创新券项目是由上海研发公共服务平台实施的。上海研发公共服务平台不仅是一个公共服务平台，同时也是一个网络平台，汇聚了全市的科技创新服务资源，包括服务机构、人员、设备、仪器等。平台服务资源按"金字塔"结构整合,"塔尖"是 12 家产业技术创新服务平台,以支撑产业发展为目标,面向企业技术创新共性需求,涵盖 12 个高新技术产业方向,全程服务产业技术创新链;"塔身"是 73 家专业技术服务平台,瞄准某项或多项行业共性技术,扶持和推动高新技术产业发展,开展前沿技术的推广和各类技术服务;"塔基"是 1001 家加盟服务机构,包括 108 家国家重点实验室、176 个国家工程技术研究中心、22 家国家级技术转移示范机构、34 家国家级检测中心、35 家文献情报服务机构、46 家园区服务站、294 家研究实验基地等。平台集聚 30 万元以上大型科学仪器 7788 台(总价值约 97.08 亿元)、高层次科研人才 3 万余名、技术创新服务专家 846 名。

创新券项目运作,采取市场化的服务机制。上海研发公共服务平台把增值业务外包给第三方科技电商服务平台——牵翼网,该平台通过市场机制提供项目服务。

牵翼网一端连着服务的供给端——上海研发公共服务平台,一端连着科技服务的需求端——中小微企业用户。企业用户遍布全国各地,截至 2014 年 6 月,注册用户超过 49.5 万户。

在供给端,采取"淘宝"模式,科技创新服务机构开设网店,对科技服务项目实行标准化管理,从企业需求的角度来描述服务的具体内容,解决了过去科技资源和服务项目标准不规范、信息不对称、价格不透明等问题,使企业能够自主地选择更好的服务供应商。在供给端,除了高校、科研机构等传统资源优势单位外,创新服务型企业已经成为主力军,占创新服务机构总数的 60%。

在需求端,用户通过信息检索、咨询、下单、交易、评价等环节即可获取服务,全部流程都在网上实现。还可以在线即时咨询、讨论、传送。用户下单后,1 个工作日内订单响应率(从企业下单到机构接单)达到 54%,3 个工作日内设备共享类订单完成率(从企业下单到机构完成服务)达到 51%,与人工服务 1~2 周完成率相比,交易时间大大缩短,从而帮助企业缩短了产品研发周期。

例如,牵翼网线上服务与线下服务相结合,尝试与华东理工大学等高校建立合作关系,代理服务机构向企业提供服务推广、咨询、检测服务下单、支付、结算等业务,而高校的老师专心负责做实验、搞研发,减轻了经营性、事务性负担,大大提高了供需双方的对接效率。

又如,上海威碳新材料有限公司是一家主要从事碳纤维、玻璃纤维复合材料产品研发的高新技术企业。2016 年年初公司遇到了难题:自主研发的新型车用碳纤维复合材料需要在 1 个月内拿到第三方的强度拉伸试验报告。他们联系了多家高校、科研机构的实验室,不是达不到实验要求,就是要排队等待 1 个月以上。后来通过牵翼网很快找到了三家可行的服务机构,还节省了 50% 的检测费。

三、基本流程

基本流程分为 3 个阶段。第一阶段是申请阶段,企业在线向上海研发公共服务平台申请创新券,搜索服务单位和服务项目;第二阶段是签约阶段,供需双方在牵翼网(第三方科技电商平台)交流对接,签订服务项目合同;第三阶段是支付阶段,项目完成后,在上海研发公共服务平台兑现。上海市创新券使用基本流程如图 13-18 所示。

图 13-18　上海市创新券使用基本流程

四、资金配置

2015 年,共有 858 家中小企业使用创新券,其中 44% 是小微企业,40% 是高新技术企业;共购买平台 9447 次创新服务。实际使用创新券 2000 万元,带动企业总研发支出 1 亿元,政府资金放大 5 倍。

五、政策评价

上海市创新券项目,在中国是走在前列的。中小企业除直接获得 2000 万元创新券资金以外,间接节省自行购买大型仪器设备及由此产生的人员、耗材等费用 24 亿余元。更重要的是通过创新券建立了与高校、科研机构的长期合作关系,保障了企业创新的持续供给。上海迪诺医药科技有限公司是一家以创新药物研发为核心的高新技术企业,一年来,该公司使用创新券下单 506 次,已成功开发了多种新药并申请了专利。

创新服务由企业求之不得,转变为高校和科研机构主动为企业"送货上门"。通过创新券提供服务的机构 160 家,服务额超过百万的服务机构有 27 家,有 624 台大型仪器提供了 13 782 次服务。上海张江药谷公共服务平台有限公司是积极推进仪器共享服务的单位,已累计为 700 多家企业提供了超过 30 万项(次)的专业检测服务,据估测,仅采购仪器成本一项,公司即为用户企业节约成本超 10 亿元。

最重要的是，上海市通过创新券项目向全国提供创新服务。近年来，国内一些省（自治区、直辖市）也相继实施了创新券政策。为发挥上海市科技资源富集的优势，上海市与宁夏回族自治区石嘴山市、贵州省、浙江省长兴县、江苏省苏州市等地达成协议，支持外地创新券到上海平台购买创新服务，向全国辐射上海科技创新资源。据统计，牵翼网上外地企业买家约占 25%，覆盖中国绝大多数省份。

2015 年，上海市 75 家实验室的 281 台大型仪器已为 687 家苏州市的企业提供了 6861 次服务，涉及样品 26 483 个，服务金额 1158 万元。上海研发公共服务平台还在苏州市建立了分中心，根据苏州市战略性新兴产业的定位和企业需求，开展创新券项目之前的先导服务和之后的接续服务，组织上海市各类高校、院所、实验室、专家等对接苏州市重点产业与企业，并结合苏州所辖市、区企业需求及产业发展集聚度，与当地园区、科技服务部门协作，集中推送服务资源。

2016 年还帮助贵州省信息技术创新服务中心，建立贵州大型仪器在线服务平台，并与牵翼网共建了"贵州·牵翼检测服务中心"，实现检测资源数据信息的动态管理，探索创新券跨区域使用模式，最大限度扩散上海市的科技创新服务资源。

上海市创新券政策实施的时间还不长，所提供的服务范围还是以仪器、设备等资源的共享为主，研发设计、技术转移、技术改造、专业知识、科技金融等中高端创新服务，还需要大力开发；向全国扩散创新服务的能力还有待加强，有关政策环节也需要打通。上海市拟扩大创新券政策范围，以涵盖创新链条中更多的环节，为企业创新提供更全面的支撑；加强对服务资源的深度和广度开发，为企业提供一站式综合解决方案；围绕创新券政策推出配套政策，形成政策合力；鼓励银行、风险投资机构开发支持创新券项目的新产品，把社会资本引入创新券项目。还要研制创新服务的标准，规范创新服务流程，建立长三角地区创新券统一使用机制，做到资源互联、政策互通。

上海市创新券项目最重要的启示是，出台全国统一的创新券政策，采取"互联网＋创新券"的模式，共享科技创新中心的资源，为全国的经济社会发展赋能，以新供给创造新需求。

第十四章　不成功的公私合作案例：欧洲伽利略全球卫星导航系统计划

2019年7月11日，由欧盟架设的伽利略全球卫星导航系统（Galileo Satellite Navigation System，GNSS，简称"伽利略系统"）服务中断，除了测试中的2个卫星，其余22个卫星全数列为"无法使用"状态，令系统完全陷入瘫痪，使用伽利略系统的电子装置均无法接收时间或定位信号。这是伽利略系统2016年展开测试以来，最严重的一次故障。

这个技术问题仅仅是伽利略计划曲折进程的一个缩影。从整体来看，欧洲伽利略计划从2002年3月开始实施，截至2020年年末，出现了计划超期、预算超支、管理主体变换等问题。伽利略计划的实际进度是处于部署阶段（全部流程包括定义阶段、研发阶段、部署阶段和运营阶段），计划在2020年卫星部署完成，比最早设想的2007年时间点超期13年。欧盟投入的实际资金超过90亿欧元，接近最初预算的3倍。实际上，伽利略计划即便到了2020年年末仍然没有部署完成。伽利略计划是PPP低效率执行的一个著名案例，其中的教训值得关注。

第一节　背景定位

全球卫星导航系统已成为世界各国的重大空间和信息化基础设施，也标志着现代大国的地位和综合国力。卫星导航系统能为用户提供定位、测速和授时服务。另外，卫星导航系统也广泛在军事领域得到应用。美国GPS系统是世界最早部署完成的卫星导航系统，已经运用到了交通、农业、规划、军事等多个领域，且成效显著。

从多个方面考虑，1994年欧盟决定启动自有卫星导航系统的研发。欧盟理事会在同年11月要求欧盟委员会启动相关研究。1996年7月，欧洲议会和欧盟交通部长会议制定《建设跨欧洲交通运输网的共同纲领》。首次提出建立欧洲自主的定位和导航系统。1999年2月，欧盟委员会在其《伽利略——欧洲参与新一代卫星导航服务》的通讯中首次提出"伽利略计划"。2000年11月又提交了伽利略计划技术定义的报告。2002年3月的欧盟首脑会议就实施伽利略计划达成共识，并决定提供资金。之后，欧盟交通部长理事会通过

第十四章　不成功的公私合作案例：欧洲伽利略全球卫星导航系统计划

了开启伽利略项目研发阶段的决议，标志着伽利略计划的全面启动。

第二节　治理架构

伽利略计划从2003年确定使用PPP方式推动以来，管理主体一变再变。同时，PPP方式也在2007年出现重大调整。

伽利略计划管理主体变迁如图14-1所示。在2003年，整个伽利略计划的管理主体是"伽利略联合执行体"（Galileo Joint Undertaking，GJU）。它由欧盟委员会、欧洲太空局、欧洲投资银行、私营企业和其他参与国共同组建。其中欧盟委员会和欧洲太空局共有80%的表决权，其他成员表决权的份额与其提供的资金成正比。整个GJU的组建是按照一般PPP方式进行的，最初的目标是，GJU要同时推进卫星的研发和寻找后期部署与运营的承包商。

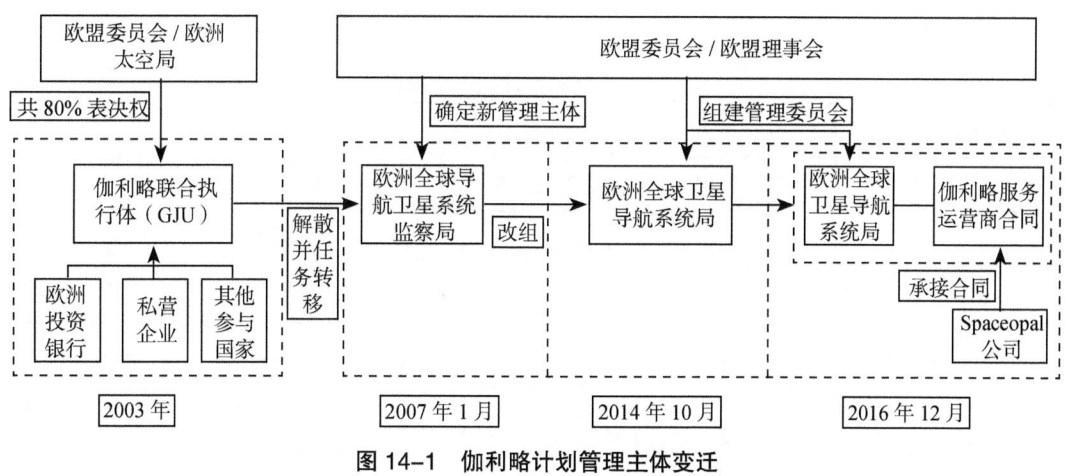

图14-1　伽利略计划管理主体变迁

但是这两项工作均出现了延期。4颗工作卫星直到2011年才开始分别发射，2013年完成轨道验证，2014年才开始大规模部署。此外，原本GJU计划在4年内与部署和运营承包商签订合同，但是直到2006年年底GJU解散前仍未与私人企业承包商达成一致。

2007年，伽利略计划在出现实质性超期之后，欧盟委员会和欧洲太空局做出重大调整，将管理主体重新确定为"欧洲全球导航卫星系统监察局"（European GNSS Supervisory Authority，GSA）。后期将其改组为"欧洲全球导航卫星系统局"（European GNSS Agency，GA）。2015年，GA发起运营合同竞标并与德国、意大利合资企业Spaceopal签订运营合同。

主要国家的公私合作创新

至此伽利略计划的 PPP 管理方式出现重大改变，欧盟主管部门在这一合作中开始占据强势地位。在原计划中，私营部门应当在管理中发挥关键性作用，在研发阶段通过和公共部门组成 GJU 开始介入管理，并在部署阶段开始主导项目管理。但是随着超期和新管理主体的变更，伽利略计划中私营部门发挥的作用明显减弱，只是在运营阶段作为项目承接方出现。

整个伽利略计划从开始到 2016 年确定运营商，出现一次管理主体变更，一次管理主体改组。至少多花费了 4 年时间去调整治理架构，这对于伽利略计划这样的多国参与的大型 PPP 计划，意味着巨大的时间和资金浪费。

第三节 资金构成与使用

按照最初的实施步骤，整个伽利略计划的预算约在 30 亿欧元，但是至今已经超支了近 60 亿欧元。这个巨大的超支与谈判超期和计划调整有着密切的关系，如表 14-1 和表 14-2 所示。

表 14-1 伽利略计划进度情况

计划实施阶段	定义阶段	研发阶段	部署阶段	运营阶段
计划实施进度	1999—2001 年	2002—2005 年	2006—2007 年	2008 年至今
计划资金投入和来源	0.8 亿欧元	11 亿欧元，主要由公共部门负责	21.5 亿欧元，公共部门和企业各出资一半	每年 2.2 亿欧元，从企业的利润中支付
计划主要任务	系统设计	2～4 颗卫星，地面设施建设	26 颗卫星，地面站	商业运营和维护
计划管理部门	欧盟委员会/欧洲太空局	伽利略联合执行体（GJU）	特许经营商	特许经营商

表 14-2 伽利略计划实际进度情况

实际实施阶段	定义阶段	研发阶段（验证阶段超期）	验证和部署阶段	部署完成（预计）
实际实施进度	1999—2002 年	2003—2007 年	2007—2013 年	2014—2020 年
实际公共部门投入	0.8 亿欧元	11 亿欧元预算+6 亿欧元追加	24 亿欧元	70 亿欧元
实际管理部门	欧盟委员会/欧洲太空局	伽利略联合执行体（GJU）	GA	GSA、特许经营商

第十四章 不成功的公私合作案例：欧洲伽利略全球卫星导航系统计划

按照最初的计划安排，伽利略计划的经费投入是由公共部门和私营部门分阶段投入的。公共部门主要负责项目定义和研发阶段，私营部门主要负责参与研发、部署阶段、运营阶段。其中公共部门的投资应在2007年左右结束。

但是实际情况则非常曲折。在研发阶段出现了技术验证阶段严重超期的情况，欧盟不得不追加了6亿欧元的预算以完成这一阶段。2007年年底，随着GJU的解散和新管理主体的确立。整个伽利略计划的资金投入方式也出现了重大调整。欧盟委员会决定伽利略计划部署费用由公共部门全部负担，将运营部分通过合同交予企业。在原有的经费投入计划中，公私双方将分别主要负责前端和后端的费用。调整后，私营部门不承担研发和部署阶段的费用，仅承接运营合同。这大大削弱了整个伽利略计划公私合作的紧密程度。

第四节 政策评价

伽利略计划是支撑未来欧洲位置信息服务的关键基础设施，具有重大的战略意义。但是在整个项目的执行中，出现了若干重大失误，导致了伽利略计划没有按照预定计划完成。随着不断的延期和追加预算，造成了巨大的战略损失和经济耗损。其中应当引以为戒的几个重要问题如下。

一是在前期研判阶段未能管控重大负面因素。伽利略计划持续延期，有前期与私营企业谈判不断受阻的原因。这与谈判受到大型企业所在政府影响，以及企业自身盈利诉求没有被满足等原因有直接关系。但从伽利略计划自身角度来看，根本性原因是未能管控重大负面因素，阻碍了欧洲各国公私双方的项目参与。

一方面因素是未能解决政治异议。虽然独立拥有一个卫星导航系统能够确保欧洲基础信息安全。但由于美国与欧洲存在盟友关系，是否另起炉灶的争议一直不断。2001年12月，美国国防部副部长保罗·沃尔福威茨（Paul Wolfozitz）在致各北约国家国防部长的信函中建议，不应发展伽利略计划，即使决定发展，也应该"出于礼貌"让美国能够安全关闭伽利略系统以免影响全球定位系统。这导致伽利略计划推进中一直没有形成高度共识。另一方面因素是未能降低经济前景的不确定性。卫星导航服务已经成为非垄断性产业。美国GPS系统已经稳定运营超过10年以上并已经成功民用化，同时中国也启动了北斗导航计划抢占全球市场，这导致了伽利略计划未来经济前景也遭到了质疑，影响私营企业参与项目的积极性，埋下了PPP谈判的不安定因素。

二是在中期执行阶段未能维持一个稳定的管理主体。整个伽利略计划出现了管理主体的一次变更和一次重组，这直接带来了近 4 年的调整期。伽利略项目先后确立了两个性质、构成完全不同的管理主体，GJU 是一个 PPP 的产物，而 GA（后改称 GSA）是欧盟原有的政府机构。这种额外的调整直接导致了原有计划安排的打乱，带来了项目执行的极大阻碍，造成了巨大的时间浪费。同时，管理主体不稳定导致计划内部的协调程度不够。伽利略计划涉及欧洲 8 家大型航空航天企业（国际移动卫星公司英国分部、欧洲 EADS 集团、法国的泰雷斯和阿尔卡特公司、西班牙的 Hispasat 和 Aena 公司、意大利的 Finmeccanica 公司和德国的 TeleOp 公司），没有一个持续的协调过程，无法回应多方的、复杂且交织的利益诉求，很难实现伽利略计划的顺利推进。

伽利略计划作为一个超大型 PPP 项目，涉及欧盟多个国家的组织和协调，需要管理几十亿欧元的经费和组织成千上万的项目人员连续工作 10 年左右，客观上极大增加了整体项目的运营难度。反思项目进行中的问题和不足将能够为中国大型 PPP 项目提供有益启示。

一是在项目前期研判阶段，管控负面因素十分必要。科技创新项目本身具有较大的风险性，是否能够对公私合作中的政治性、经济性和社会性等多重负面因素予以及时、有效的管控，特别是关于项目本身的合法合规、经济效率、技术可行性问题等，将直接影响各方能否达成合作共识，顺利推进高效的集体行动。

二是在项目执行阶段，组建一个稳定的管理主体十分必要。大型 PPP 项目涉及公私合作中的多方利益诉求，同时要管理和组织较多的经费和人员，特别是 PPP 执行一般有着明确的时间节点。如果没有一个稳定运作的责任主体，将很难推动项目执行。

附录A 治理架构图集

图 4-1 创新药物专项计划联盟治理架构 …………………………… 41
图 4-2 嵌入式计算系统专项计划联盟治理架构 …………………… 42
图 4-4 VLSI 项目治理架构 ………………………………………… 47
图 4-5 VLSI 协会治理架构 ………………………………………… 48
图 5-2 欧洲未来工厂研究协会治理架构 …………………………… 64
图 5-3 COI STREAM 治理架构 …………………………………… 70
图 5-6 NMITLI 治理架构 …………………………………………… 75
图 6-3 ATP 计划治理架构 ………………………………………… 102
图 7-1 CECR 治理架构 …………………………………………… 116
图 8-3 YOZMA 治理架构 ………………………………………… 149
图 9-2 TIP 计划治理架构 ………………………………………… 159
图 10-1 日本产业集群计划治理架构 ……………………………… 165
图 10-2 创新集群计划治理架构 …………………………………… 168
图 10-3 RRC 治理架构 …………………………………………… 171
图 10-10 奥卢创新联盟治理架构 ………………………………… 179
图 11-2 美国国家制造业创新研究所治理架构 …………………… 185
图 11-8 卡诺研究所网络治理架构 ………………………………… 198
图 11-10 爱尔兰科学基金会研究中心治理架构 ………………… 205
图 11-11 欧洲未来互联网计划治理架构 ………………………… 209

附录B　案例国别索引

澳大利亚

　　澳大利亚合作中心：促进高校与产业界紧密合作 …………………………… 130

巴西

　　巴西工业创新研究院："小中心、大外围"的组织方式 ……………………… 112

法国

　　法国科技研究与创新网络计划：探索关键领域的研发网络构建 …………… 89

韩国

　　韩国CDMA技术开发项目：主导研发新一代通信技术 ……………………… 51
　　韩国地区合作研究中心：构建以高校为中心的区域研发网络 ……………… 170

加拿大

　　加拿大伙伴关系与创新战略项目：加强人才培育推动企业创新 …………… 213
　　加拿大商业导向卓越中心网络计划：构建大规模协同创新网络 …………… 119
　　加拿大商业化和研究卓越中心计划：推进科研与产业力量有效匹配 ……… 115

美国

　　美国国家制造业创新研究所：跨越技术商业化的"死亡之谷" ……………… 183
　　美国技术创新计划：更加关注中小企业参与创新 …………………………… 157
　　美国先进技术计划：加速通用性竞争前技术的研发应用 …………………… 100
　　美国"信息高速公路"计划：国家信息基础设施建设 ………………………… 57
　　以色列－美国双边产业研发基金：以国际合作助力产业创新发展 ………… 135

南非

南非产业技术与人力资源开发计划：助力弱势群体获得机会 …………………… 216

欧洲

爱尔兰颠覆性技术创新基金：加速颠覆性技术研发和转化 …………………… 80
爱尔兰科学基金会研究中心计划：确保未来研发方向的精准性 ……………… 204
不成功的公私合作案例：欧洲伽利略全球卫星导航系统计划 ………………… 256
俄罗斯国家技术计划：未来公私合作领域的长期计划 ………………………… 96
法国卡诺研究所网络：以品牌认证构建创新网络 ……………………………… 197
芬兰奥卢创新联盟：打造包含用户在内的全新创新范式 ……………………… 176
欧盟联合技术计划：保持欧盟创新的世界领先地位 …………………………… 39
欧盟契约型公私合作专项：支持关键领域竞争前技术研发创新 ……………… 61
欧洲未来互联网计划：建设共享平台推动未来社会网络化 …………………… 208

日本

日本产业集群计划：区域内运用公私合作吸引大批企业投资 ………………… 164
日本超大规模集成电路项目：全国范围推进半导体制造产业发展 …………… 46
日本基础创新和创业计划：应对未来社会挑战重大任务 ……………………… 69
日本研究成果最佳支援计划：分阶段精准扶植技术转移 ……………………… 122

新加坡

新加坡创新券项目：为中小企业采购创新服务 ………………………………… 234

以色列

以色列 YOZMA 计划：重点为创业初期企业提供支持 ………………………… 148
以色列技术孵化器计划：支持高风险科技项目创业 …………………………… 142
以色列科技创新计划：面向中小企业的共性技术研发 ………………………… 153
以色列－美国双边产业研发基金：以国际合作助力产业创新发展 …………… 135
以色列研究与开发支持基金：普惠型科技创新基金 …………………………… 108

印度

新千年印度技术领先计划：高风险高收益的技术研发 ········· 74

印度创新集群计划：构建区域创新生态系统 ············· 167

英国

英国弹射中心：为研发到商业化加速 ················· 190

英国远期约定采购：从研发开始采购创新产品 ············ 227

中国

中国上海市创新券项目：创新资源向全国辐射 ············ 252

中国浙江省创新券项目：以用户需求为基础立项 ··········· 242

附录C 美国先进制造业国家计划办公室对国家制造业创新网络的知识产权指导意见[①]

C.1 前言

美国先进制造业国家计划办公室（AMNPO）由美国国家标准与技术研究所（NIST）主持。先进制造业国家计划办公室的创建源于总统科学技术顾问委员会的建议，该委员会在其于2011年6月向总统提交的关于确保美国在先进制造业的领导地位的报告中建议联邦政府启动一项协调一致的、全政府参与的先进制造业计划。因此，这个跨部门办公室主要负责：召集并促成以制造业创新为重点的、由行业主导的公私合作伙伴关系，并推动美国教育机构参与进来；设计并实施一项经整合的全政府先进制造计划，以促进联邦机构之间的协作和信息共享。

先进制造业国家计划办公室通过协调联邦资源和项目，寻求加强美国制造业的技术转让，帮助企业克服扩大新技术生产的技术障碍。

国家制造业创新网络（NNMI）计划的目标是促进美国国内制造业的发展。该计划将寻求通过建立一个以制造业创新研究所网络为依托的强大的国家创新生态系统来实现这一目标。国家制造业创新网络将填补创新基础设施的空白，使新的制造工艺和技术更顺利地从基础研究转化为制造业应用。国家制造业创新网络项目的规模和重点都将是独一无二的，它建立在一个强有力的公私合作伙伴关系的概念之上。

C.2 摘要

2012年4月，先进制造业国家计划办公室采用公众广泛参与的战略，开始征求对国家制造业创新网络项目设计的意见。国家标准与技术研究所在《联邦公报》上发布"信息请求"，发起向公众收集信息，随后先进制造业国家计划办公室和合作机构赞助了一系列区域研讨会，聚焦于信息请求中所提出的问题。相关报告总结了对信息请求的答复

[①] Advanced Manufacturing National Program Office.Guidance on intellectual property rights for the national network for manufacturing innovation[EB/OL]. [2020-10-21]. http://www.manufacturing.gov/docs/nnmi_ip.pdf.

和在每次研讨会上收到的评论。2013年1月，在所收到的公众反馈意见的基础上，发布了《国家制造业创新网络：一份初步设计》报告。

随后，先进制造业国家计划办公室成立了一个知识产权（IP）任务小组，为国家制造业创新网络制定和建议知识产权政策。2013年11月13日，作为信息征求的一部分，发布了建议知识产权原则草案，为国家制造业创新网络提供指导，其中公众意见征求截至2013年12月13日。总统科学技术顾问委员会工作组"先进制造业合作伙伴关系2.0"（AMP 2.0）及从第一个试点美国制造创新研究所（America Makes）吸取的经验教训，也为国家制造业创新网络提供了关于知识产权原则的信息。此外，还努力学习之前先进制造业公私合作伙伴关系（包括半导体制造技术联盟）的经验。上述这些信息共同构成了下文所推荐的知识产权原则的基础。

C.3 背景

成立了先进制造业国家计划办公室知识产权任务小组，调查与拟议了国家制造业创新网络计划有关的知识产权问题。国家制造业创新网络计划的目的是建立一个区域共用研究所网络，以通过公私合作加强国家创新基础设施，促进美国国内制造业技术的进步。该愿景涉及美国企业和教育机构，在政府支持下，联合和利用所有可用的资源，发展世界领先的制造技术和能力，以影响美国和全球。国家制造业创新网络的一些全国性目标包括：鼓励在美国境内发展制造业，特别是新兴的供应链；推动新的制造工艺和技术更顺利地从基础研究转化为美国国内制造业的应用；为美国通过产学研合作解决行业相关问题，建立有效的制造业研究基础设施；为当地初创企业和小型制造商提供共享设施，帮助他们扩大新技术规模，加快技术向市场的转移，并促进整个供应链采用创新成果；根据不同层面的产业需求，培养员工技能。

知识产权任务小组的目标是发展支持这些目标的知识产权原则，以促进相关研究所和国家制造业创新网络的规划。众所周知，国家制造业创新网络的知识产权政策将影响先进制造技术向市场过渡的效率。为此，总统科学技术顾问委员会过去曾建议，国家制造业创新网络研究所的研发项目应在"一个强有力的、有利于制造商的知识产权协议"下进行。此外，国家制造业创新网络的知识产权政策也会影响谁将参与国家制造业创新网络。中小型制造商可能缺乏法律资源，无法在令其不堪重负的知识产权政策下运作。中小型制造商一直是那些能够从国家制造业创新网络提供的共享功能和设施中获益最多的利益相关者的目标。

2013年11月13日，建议国家制造业创新网络采用的知识产权原则草案在《联邦公报》上发布，并征求公众意见。截至2013年12月13日，共收到29份个人意见，分别

附录 C 美国先进制造业国家计划办公室对国家制造业创新网络的知识产权指导意见

由来自行业、学术界、非营利组织和政府的 7 个组织提交。还通过总统科学技术顾问委员会工作组"先进制造业合作伙伴关系 2.0"收到了对建议国家制造业创新网络采用的知识产权原则的更多看法。还努力汲取美国在制定知识产权协议方面的经验教训。此外,还努力学习包括半导体制造技术联盟在内的以往先进制造业公私合作伙伴关系的经验。

C.4　原理

下面讨论的建议原则的基本原理是建立在对所收到的各种意见的总结和提炼之上的。一个常见的观点是需要考虑鼓励中小型制造商参与的知识产权政策。中小型制造商可能缺乏充分审查大量法律协议的法律资源。研究所可以通过采用标准协议和政策,帮助中小型制造商积极参与,特别是那些关于背景知识产权、事先存在的数据和生成数据的保密处理的标准协议和政策。

另一个常见的观点是,研究所不应将知识产权视为财政可持续性的收入来源。这被认为是让大型制造商和中小型制造商都参与进来的必要的、最佳的实践。知识产权应被视为让会员费物有所值的必要手段。知识产权政策,与国家制造业创新网络加速技术进入市场的目标相一致,需要推动尽量减少谈判,并减少发明后与知识产权相关的交易成本,从而减轻研究所知识产权管理的负担。实现这一目标的一个好办法是在研究所层面上提供广泛的知识产权指导方针,同时鼓励会员在项目开始之前在项目层面上预先谈判更具体的知识产权条款。

此外,国家制造业创新网络的知识产权政策必须符合政府对知识产权的要求。《拜杜法案》的知识产权条款是促进联邦所资助研究的商业化和公共可用性的现有框架。此外,研究所必须考虑诸如政府权利、发布和对知识产权传播的出口控制等问题的影响。

C.5　建议

本建议在很大程度上依赖于标准的行业实践及现有的法规、行政实践和联邦政策。对于这些建议,应适用下列定义:

研究所开发的知识产权是指研究所所资助项目开发的知识产权。研究所的资金包括由研究所支付给其所资助项目的任何资金,无论资金来源如何。

非研究所开发的知识产权是指使用研究所基础设施但未由研究所资金资助的项目所开发的知识产权,如对外承包研究、有偿服务活动、行业众筹项目和公司孵化等。

具体建议如表 C-1 所示。

表 C-1　具体建议

类别	序号	建议研究所采用的知识产权原则
研究所层面的知识产权管理	1	各研究所应制定知识产权管理计划，作为其治理和会员协议的一部分，知识产权管理计划应至少涉及以下部分：知识产权所有权、研究所开发的知识产权和非研究所开发的知识产权的定义和传播、技术许可、对机密数据（如商业秘密）和背景知识产权的处理、发布权、协会内部知识产权纠纷的处理，以及协会解散前知识产权转让给会员的事宜
项目层面的知识产权管理	2	研究所应鼓励应用研究项目团队的合作伙伴在联合项目开始前就知识产权条款进行预谈判。预谈判的条款至少应该包括知识产权的所有权、许可、维护、纠纷处理及对共同拥有的知识产权发布的限制
知识产权所有权	3	除非事先另有约定，否则在研究所内产生的所有知识产权应归聘用发明人的研究所会员所有。共同发明人的知识产权应由其雇主共同拥有
研究所开发的知识产权	4	创建研究所开发知识产权的会员应在创建研究所开发知识产权时向研究所和信誉良好的会员（根据其会员协议）授予有限的、非排他性的许可，允许其将研究所开发知识产权用于会员的内部研究或开发目的，但不得制造、使用或销售来自该研究所开发知识产权的产品或工艺。商业使用的许可条款（包括版税）应在会员协议之外另行协商。会员对该研究所开发知识产权享有的权利仅限于在其拥有良好信誉期间内开发的知识产权
非研究所开发的知识产权	5	在研究所设施或网络组织内开发的知识产权，如果未使用联邦或研究所的资金，则不需要与其他会员共享，也不被视为研究所开发知识产权。根据联邦合同规定，所有会员为这些目的使用的设施和设备必须按全额成本回收率收费。非研究所开发的知识产权的专利所有权和共同所有权应由项目协议确定
	6	在研究所进行研究时，仅使用政府资助的研究所的设备与设施（按全额成本回收率收费），以及行业基金，由此产生的非研究所开发知识产权不应产生政府使用权或"介入权"
背景知识产权	7	背景知识产权为知识产权的提供者所有，将该知识产权带入研究所项目不会丧失任何权利
	8	任何背景知识产权的所有者应允许合作伙伴将该知识产权用于具体项目，但仅限于该项目期间，并且仅用于该项目。如果双方认为上述知识产权可能助力项目合作伙伴的技术、流程或产品的开发，合作伙伴可以签订许可协议，以便在该项目结束后，如认为有必要并经该 IP 所有者在初始项目协议中同意，继续使用该知识产权
数据权限与管理	9	作为研究所的知识产权管理计划的一部分，研究所应制定符合出口管制法律的数据计划，定义并区分研究所内的数据类型（有限权利、受保护的研究所、受保护的项目、无限权利等），并规定维护机密性和网络安全所需的数据访问权限。该计划应该是利用网络安全的最佳实践经验。一个例子是美国证券交易委员会合规与审查办公室（Office of Compliance Inspections and Examinations，OCIE）为注册机构制定的网络安全倡议指南。使用这些网络安全最佳实践经验有助于标准化知识产权保护，识别异常活动或者窃取知识产权的企图
	10	事先存在的数据仍然是原始所有者的财产。标记为专有数据的数据，除非由所有者公开，否则属于保密信息

附录 C　美国先进制造业国家计划办公室对国家制造业创新网络的知识产权指导意见

续表

类别	序号	建议研究所采用的知识产权原则
数据权限与管理	11	生成的数据由生成数据的会员拥有。生成的数据在商定的时间内保密。在研究所资助的项目下,由各方产生的数据将由产生数据的会员和研究所共同拥有,除非研究所和其他有关各方达成协议,另有规定。联邦政府根据政府资助机构的职权及已发布的适用的管理和预算办公室指南中,均保留了对研究所生成数据和知识产权的权利
	12	所有会员都可以自由使用事先存在的数据和生成的数据,但被所有者标记为专有的那些除外。对专有数据的保护要求所有专有数据必须正确地标记为专有数据。通常的例外情况包括已经拥有的数据、独立开发的数据、在不违反协议的情况下公开获取的数据及不受限制地从第三方接收的数据
发布权	13	国家制造业创新网络的各个研究所应制定政策,允许向公众公开发布联邦资助研究的成果。然而,有些数据可能具有重大的专有价值,对这些数据,允许将其发布时间推迟一段时间,以便参与者可以评估项目成果的专有价值及其是否可以申请专利
政府的权利	14	在法律允许的范围内,所有会员,无论其类型,都拥有相同的权利,可以要求保留对在涉及联邦资助的研究所项目下产生的知识产权的所有权

详细讨论的一个潜在原则是使用背景知识产权来代替会员费。小组决定不将这一概念作为一项原则,而是允许各研究所根据会员的意见对此事做出自己的决定。令人关切的问题包括评价所提供的背景知识产权的主观性质,这可能需要大量资源来进行分析。这种资源要求可能使会员对会费公平产生担忧,进而影响研究所会员的凝聚力。

C.6　结论

大型联盟的知识产权战略很难在各方参与之前制定。本指导意见推荐的国家制造业创新网络研究所知识产权原则旨在解决研究所可能面临的主要知识产权问题。在这些方针的指导下,这些机构将制定适合其会员的具体知识产权战略和计划。本指导意见的目的是为各机构在明确关键知识产权的同时设计其知识产权战略提供一个灵活的框架。

特别是,需要有具体的战略来适当地激励可能是国家制造业创新网络共享基础设施主要用户的区域中小型制造商的参与。中小型制造商缺乏扩大规模和分销的基础设施,难以迅速将技术推向市场。因此,需要在项目层面的协议和商业许可协议中采取激励措施,为中小型制造商提供参与项目的收益。这些和其他类型协议的制定对于充分调动国家制造业创新网络内的各类制造业至关重要。

附录D 法国卡诺研究所网络知识产权相关政策①

卡诺研究所知识产权和知识及技术转化最佳实践原则：

在我们当前的知识经济中，经济竞争力主要是建立在创新的基础上。创新涉及有组织地推广在合作基础上获得的公共研究成果，从而确保这些研究成果能够得到最佳应用。

最佳实践原则主要涉及知识产权（intellectual property，IP）②和知识及技术转化（knowledge & technology transfers，KTT）的战略管理，最佳实践原则的目的是明确卡诺研究所与社会经济行为者之间建立长期合作关系的条件。

D.1 前言

产业界和卡诺研究所开展项目合作研究是为了保证法国乃至欧洲的社会经济利益，以促进就业和提高经济竞争力。卡诺研究所要考量每个行为者（生产商、其他社会经济实体及卡诺研究所）的宗旨、利益和投资及不同合作者之间的共同利益。因此，在履行自己使命的时候，卡诺研究所将尽力与寻求长期合作的专业机构建立合作关系（包括联合研究实验室、短期或长期的双边研究项目、共同对招标做出响应等），推广研究成果并且提供接入研究成果的机会，充分利用各种形式的KTT进行研究成果转化（许可、转让研究成果、成立衍生机构、成立企业、参与标准化机构等）。

D.2 知识产权政策（简称"IP政策"）

卡诺研究所考虑：

将一项知识产权政策确定为卡诺研究所长期战略的一部分，对内对外公布该项知识产权政策的要素，同时提供该项知识产权政策及KTT问题关键负责人的详细联系方式。

依据该项战略的规定，对于任何能够带来产业、经济和社会利益的知识产权要素，

---

① Association Instituts Carnot.The Carnot Institutes' code of best practices for intellectual property and knowledge & technology transfers [EB/OL]. [2021-01-07]. http://www.laas.fr/files/CARNOT/carnotcodeIPKTT-1.pdf.

② 知识产权：指发明、软件、数据库等智力创造，无论是否受相关的IP权利的保护。绝大多数的研究成果均可视为知识产权的组成要素。

要对其进行确认、保护、管理及转化，并且采取必要的措施对研究成果进行追踪。

为此，需培养各层级员工及学生（必要的时候）树立 IP 和 KTT 意识。

监督包括研究部门、研究支持部门及管理部门在内的各层级职能部门对该政策的实施情况。为此，卡诺研究所不仅针对合作研究开发及研究成果的保护、推广和转化实施激励机制，而且还尽力将合作研究及研究成果转化中的贡献与员工评价联系起来。

将明确的规则告知在研究中负责发布和披露潜在能够带来产业利益和（或）商业利益新思想的员工，以及负责处理研究成果产权、推广组织 IP 财产、保管记录、解决和管理利益冲突和处理第三方承诺的员工。

创设和管理与 IP 权力①一致的组合，例如，开发必要的转化合作伙伴（包括第三方当事人）来建立研究成果集群（专利组、技术集群），这有利于建立一个重要研发成果集群，以方便这些研究成果的使用。

在明确的战略制定背景下，选择能够按照要求采取必要的 IP 保护措施的机构。

D.3 知识及技术转化政策（简称"KTT 政策"）

卡诺研究所考虑：

保证在最大范围内对研究成果加以推广，从而使这些研究成果的社会和经济影响最优化。

采用所有可能的 KTT 机制，使相关的个人和社会经济行为者能够直接或者间接利用研究成果②而不受下述限制：

可能的使用方法。

可能接收研究成果转化的社会经济合伙人，包括社会团体和地方当局、其他公共科研机构，特别是卡诺研究所、大公司及中小企业、衍生机构、在创新领域表现活跃的代理机构或中介等。

能够获得支持 KTT 的专业技术，如法律支持、IP 支持、财务支持及销售支持。

制定明确的许可政策，从而协调每个卡诺研究所的内部惯例，尤其是通过双边合作研究或者共同体研究而获得的研究成果及受个人资源或者公共资源的资助（受国际、国家或者地区科研机构资助的研究项目）而获得的研究成果授予独家许可或者非独家许可的条件：涉及的领域、有效期等。

按照当前生效的规定，鼓励并且界定每个卡诺研究所内部的衍生机构政策，并且对

---

① IP 权利：指用来保护知识产权的法律工具，如专利及有些国家的实用新型、版权保护软件、数据库权利、工业设计、集成电路设计（半导体剖析图版权）、商标、受保密协议保护业务的商业秘密及专门技能。
② 通过各种形式的合作研究协议或者具体的转化协议，无论是否存在补充资料。

卡诺研究所与其衍生机构在下述两个方面的合作条件进行说明：①研究主办方和后续事宜（孵化）；②科技合作。

对 KTT 产生的经济收益在卡诺研究所、投资者及其他相关当事人之间的分配，制定明确的规则。

在对特定操作保密的前提下，就卡诺研究所的知识产权权利保护和 KTT 活动开展交流。在同样规定的约束下，卡诺研究所还将尽力确保第三方尽快了解自己开发的技术，并采用合适的市场营销活动和方式来通知潜在用户。

D.4　合作规则和研究协议

认识到各自所承担的创新使命，卡诺研究所非常赞成与各社会经济行为者建立可靠的研究合作关系，并开展多种形式的合作，尤其是采用下述方式：签订研究协议，包括与社会经济合伙人明确其需求和技术规格，以及合伙人所资助的研发活动；合作性研究伙伴关系，包括合伙人之间分担研发任务，共同筹集研发资金。

在实践中，这种合作关系可以在短期或者长期双边关系（研发、框架协议、战略合作协议）框架内开展，或者在受国际、国家或者地区科研机构资助的多边研究项目框架内开展，如法国的"校企联合培养博士生项目"（Conventions Industrielles de Formation par la Recherche，CIFRE）、欧盟委员会项目等。

在这些合作关系框架内，卡诺研究所坚持下述原则：

全额公布研究项目发生的费用。

除了具体协商的协议另有规定之外，每个当事人在合作过程中自己单独开发的研发成果（foreground）归该当事人所有。

相关当事人共同拥有合作开发而获得研究成果的所有权。当事人需要协商签订详细的条款来规定当事人对研究成果行使权利所应该具备的条件，如权利与各自的发明贡献和资助成正比。

为了促进创新，授权相关的卡诺研究所可以免费使用通过合作研究而获得的研究成果，但只能将这些研究成果用于开展后续研究。

如果一个卡诺研究所要转让自己所持有的研究成果，则必须逐项进行考虑，且该卡诺研究所必须获得适当的报酬。

每个研究方是其背景知识与理论（前期知识成果，prior knowledge）的所有人。除非专门约定，背景知识与理论的所有权（或者使用权）不会因为合作研究而发生变更。在展开合作前，必须进行相关的背景知识与理论所属权确认，指明它的共同享有或私有的性质，且必须在每个合同里都尽可能清楚地加以说明。

研究项目的合作方只能因为研究的唯一目的而免费使用其他合作方的背景知识与理论。如果合作方要将其他合作方的背景知识与理论应用到其他用途,则必须签订详细的协议。

应该尽快规定接入背景知识与理论和前景以做直接或者间接用途的条件,如收入共享、对研究成果进行二次许可的可能性等。为了确保当事人的共同利益,如果没有签订详细的协议,研究方将把排他性许可或者非排他性许可授予给最合适的社会经济合作者,以确保对研究成果进行开发。在签订许可协议的时候,不仅要考虑产业和经济限制,还要考虑卡诺研究所的利益和使命。

作为一项准则,如果要针对背景知识与理论和前景授予直接或者间接使用许可,则必须经过协商,许可方有权获得合适的报酬补偿。而且,许可权在明确的时间期限、应用领域和应用范围等有效。

研究合作方同意他们的合作研究能够提供符合公众利益的附加值,更加通俗地讲,就是研究合作方同意他们的合作对创新和社会做出的贡献。因此,基于这种精神,按照所承担创造创新和价值的使命,他们真诚地达成了合作关系,签订了相关协议。

附录E 创新四/五螺旋模式及智能专业化策略[①]

E.1 摘要

明智的可持续普惠式增长是欧盟各地区、国家等的种种举措、策略和计划的关键目标,而且在短期、中期和长期内都是如此。

在这篇文章中,我们尝试在地区创新智能专业化策略的基础上,从创新四螺旋模式和五螺旋模式这种"多焦点镜头"的视角来探究、阐释并演绎关于这种增长的理论、政策和实践方法之间在概念上和实际上的关联。

E.2 制订政策概念

2008年9月5日,随着雷曼兄弟控股公司(Lehman Brothers)倒闭,金融危机的到来,成了对整个世界尤其是对欧洲及其核心制度与原则的社会、政治和经济的挑战,暴露出许多欧洲国家的根本问题及不可持续的发展状况,同时也清楚地说明,欧盟经济体之间息息相关、一损俱损。提高整个欧盟内经济政策的协调程度会有助于成员国今后解决这些问题并刺激增长和就业岗位创造。"欧洲2020战略"(Europe 2020 Strategy)是一套全面的经济政策目标,它的重点放在3种优先事项上,也就是实现明智、可持续、普惠式的增长。欧洲的这套新方略旨在实现符合以下条件的增长:①明智,也就是要开展教育、研究和创新方面的有效投资;②可持续,这一点能够受益于走向低碳经济的决定性转变;③普惠式,也就是要大力重视就业岗位创造和减贫扶困工作。按照这3种彼此支持的优先事项,欧盟鼓励成员国(和地区)去挖掘自身的长处和研发与创新实力,以便集中力量去解决少数几项合理确定的优先问题。既然把重点放在这3个方面,欧盟便打算采取决定性的举措来走出危机的困境,为建设更具竞争力的经济而创造条件。这样的方式着眼于帮助成员国及其地区达到高水平的就业率、生产率和社会凝聚程度,并且要具备全球竞争能力,从而实现环境、财政和社会方面的可持续性。

目前,"欧盟凝聚政策"为改善欧盟内部的经济、社会和环境条件发挥了作用,这从欧盟委员会执行的大量评估结果中就能看出。不过这些事后评估同样认为,集中力量

[①] European Commission. Open innovation yearbook 2014 [EB/OL]. [2020-10-21]. https://ec.europa.eu/information_society/newsroom/cf/dae/document.cfm?doc_id=6853.

处理少数关键的优先事项（在发达程度更高的地区尤其如此）做法会更有效。集中资源能够让成员国和各地区积累临界量并产生切实的影响。欧盟委员会撰写的《关于经济、社会和区域凝聚力的第五次报告》就建议欧盟各地区和成员国从指定了少数几种政策优先事项的计划开始做起（要集中力量）。

在拟订这样的优先事项时，还应该明确认清要如何才能完成这些事项，以及完成之后能为欧盟各地区和成员国的经济、社会和区域发展起到什么样的作用。依照这样的认识及欧盟到2020年的总体方略，欧盟委员会便强调了智能专业化策略这项原则的重要性。智能专业化策略要求各地区积累自己的优势，并在国家和地区创新策略的大格局中掌控优先事项的设定过程。

这项原则最初是"知识助增长"专家组在2008年提出的，而起点则是应用于地区创新系统（regional innovation system，RIS）层级上的创新系统研究。智能专业化研究与创新策略依循早期地区创新系统的传统，要求设计并实施研究与创新策略，而且已经作为各地区实现"欧洲2020战略"目标的主要推动力量而被置于新出台的欧洲凝聚政策的核心。为了促进欧洲小国的参与，RIS这个缩写的含义便进一步延伸，将国家和地区的创新系统都包括在内。此外，在智能专业化研究与创新策略的大格局内，我们完全可以把地区和部门的创新系统都视作地区创新生态系统的构件。

如今欧盟政策制定者已经把智能专业化策略视作达到欧盟在研究与创新领域中设立的2020年欧洲目标理所当然的重要步骤。此外，欧盟委员会还将智能专业化规定为在新的资金供给期内（2014—2020年）欧洲地区使用发展基金的先决条件之一。这样一来，整个欧盟的国家和地区权力机构都得要制订针对智能专业化的研究与创新策略，而结构基金就能着眼于提高欧盟、国家和地区政策及公私部门投资之间的协同性，并因之而得到更加有效的利用。

虽然某些地区在制订智能专业化研究与创新策略方面进展迅速，但另一些地区在集中力量解决明确的优先事项方面却更感困难，要不然就是对其他地区的策略依样画瓢，而不考虑照搬的策略是否适合本地区的条件。2011年6月，欧盟委员会推出了"智能专业化平台"来为欧盟各地区和成员国提供支持，为的就是帮助欧洲地区及成员国依据智能专业化原则来制订自己的研究与创新策略。

智能专业化概念要求各成员国和地区将工作力量和资源集中到少数目标宏远，但却切实可行且能够出类拔萃的优先事项上（也就是专擅领域），从而以（财政、环境和社会3个方面）可持续的方式在全球经济中展开竞争，实现明智的可持续普惠式增长。智能专业化原则还要求围绕以卓越性来推动的未来远景目标将国家和地区的利益主体联合起来。这些至关重要的变革措施有望让各地区和成员国强化自己的创新体系，尽量扩大知识流及对知识的吸收与利用，并通过市场、网络及本地和地区的知识溢出效应而让创新的益处遍及整个国家/地区经济。

E.3 多螺旋体系概念

在探讨超越三螺旋模式的创新四螺旋模式之前，我们先来回顾一下三螺旋模式的一些主要的运作原理，也就是它的组成部分及关系和功能（属性）。

组成部分。工业社会以产业界和政府为主的二元机构部门经过扩展后形成以高校、产业界和政府组成的机构部门，以适应知识型社会和经济。这里务必要对三元机构领域所包含的各种行为主体做出区分：高校（学术研究群体）、产业界和政府（企业及公共研究组织中的研发单位或部门）中的研发执行机构，以及执行等同于研发活动职能的艺术界机构，后者开展与科学研发相类似的文化艺术活动，只不过在发现、验证和传播方面有着自己独特的过程。高校中就有这类研发执行者，因为高校是创造和传播知识的万能式机构，将艺术和科学领域都涵盖在内，有时候还在跨学科的单位中将这些看似不相干的形式融合起来，对它们起到交叉促进的作用。例如，麻省理工学院媒体实验室或纽卡斯尔文化实验室（Newcastle Culture Lab）、安迪·沃霍尔（Andy Warhol，已故）在纽约市的"工厂与厨房表演空间"（Factory and the Kitchen Performance Space）、国际商用机器公司沃特森研究中心（Watson Research Centre）、斯坦福大学一体化系统中心（Centre for Integrated Systems）及类似的研发组织都属于这类跨学科单位。政府部门中也有研发执行机构，如政府出资的研发组织等。

非研发行为主体，例如，在设计、生产、营销、销售、技术采纳、渐进式变革方面实施干预的组织，以新的方式来融合原有知识、与用户互动、购买专利和使用授权许可证的组织等。

混合机构，它们将学术界、产业界和政府的机构设计和/或支持综合在一起，既可以是研发执行者，也可以是非研发行为主体，例如：跨学科研究中心、产业界和高校的研究联合体、转化科研机构、高校的技术转移部门、企业和政府的研究实验室；商务支持机构（科学园区、商务/技术孵化器）；针对新成立的技术型企业而开设的金融支持机构（公私部门的创投公司、天使投资人网络、种子资本基金等）。

关系。这里我们划分了以下两种作为社会演进机制而在三螺旋体系中引发变革的主要关系。

合作与冲突调和关系（包括提供研发和咨询服务、建设能力、开辟新市场或整合原有市场、成立及变更组织和/或机构、联网、转移技术或是通过市场或非市场互动来采办商品与服务、开展孵化活动、融资、谈判等）。在三元关系的形态属性中，构建同盟和调和冲突的可能性得到增强，这是这种关系固有的益处，而在二元关系中往往就没有这样的优点。二元关系更容易解体，形成对立状态（Simmel，1922，1955）。

替补关系。如果各个机构部门除了履行常规职能外还"担当起另外的角色"（Etzkowitz，2008），去填补当另一个部门比较薄弱或是没有能力或意愿来履行自身常规职能时出现的缺口，这就形成了替补关系。例如，某个衰退的行业无法为自己灌注新技术来寻求复兴之途，从而由其他方代劳，或是政府机关在常规的调控职能（如规定合同格式、将其作为市场运作的基础，或是在地方和国家层级上为公众提供安全保卫）以外供给公共部门创投资本（创业投资历来都是产业界的任务）。与此类似，高校在开展教学研究活动之余日益更多地参与技术转移和企业创办活动，提供支持甚或供给资金来鼓励创办实业，这样就代行了历来属于产业界的某些职能。产业界则通过举办培训和研究活动而代行了高校的职能，而且水平往往不亚于高校。此外，我们还能观察到各部门内部替补的趋势（Ranga et al.，2008）。举例而言，如果本地高校极少参与创业活动，而且与产业界尤其是小企业之间联系也很少，那么职业培训机构就会在这类交互活动中占尽春风，因为它们提供更加务实而且实际动手的短期入职教育，因而比起本地高校的课程来就能更好地满足非研发型小企业的知识需求。与此类似，如果缺少三螺旋伙伴关系中通常可见的研发型和技术密集型企业，代表本地工商界利益的职业协会或商会就会在促进与学术界和政府之间的伙伴关系方面担当牵头引线的任务。这种机构承担非常规职能的替补关系有可能成为"在创新中创新"的主要源泉（Etzkowitz，2003），反映出创新已经从企业内部和企业之间向外扩展，成为三螺旋模式的其他机构部门内部和部门之间的常见活动。

E.4　从三螺旋模式到四螺旋模式

事实证明，弗朗西斯·福山（Francis Fukuyama）的"历史终结论"既是正确的也是错误的，因为我们见证了1989—1991年这一阶段既是静态的甚或僵化的地缘性政治、经济、战略和技术格局与同盟（共产主义与资本主义对垒）时代的终结，同时也是互联网及更加开放的社会和经济时代（资本主义多样性）的开端。

不过在过去20年间，全球化已经演变成为"全球本地化"，其中学习和创新的性质、动态、规模与范围都已经显著地本地化，与影响深远的全球化程度不相上下，与此同时，人们还在认真探讨一种初兴的二元论——不再是共产主义与资本主义的对垒，而是国家资本主义与民主资本主义的分野。

这种新出现的分野既带来了挑战，也开启了机遇之门。尽管这两种模式彼此大不相同，但却都提供了在各种制度和社会经济环境中更好地认识知识经济及社会学习原则的独特机会，而且还使得我们能够实施更加有效的创新政策和做法，改善公众参与和审议的机制。鉴于在大多数（社会、经济、政治和技术）环境中变革的流动性及速度，认识这些原则便是在宏观、中观和微观层级上建设更高层级的学习能力的关键条件，以使我们能够将这样的学习活动嵌入融合并调动经济与社会中所有部门、可运作的技术进步和经济进步框架以内。这样的模式将是未来可持续增长和繁荣的关键所在。

像智能专业化这样的政策措施使地区和国家的政策制定者能够把精力集中到知识型经济和社会中少数核心进程上，并提供实据来深入促进大批跨学科领域中的创新活动。智能专业化研究与创新策略所注重的主要是恢复地区政策活力的需求，从而促进地区创新体系的构建，而在制订这类体系的概念并将它们付诸实施时还要采取自上而下的观点[按照后面从雷德斯多夫（Leydesdorff）2012年的论著中引用的文字，那就是政府、高校、产业界部门及区位之间的融合与分化]，并辅之以民间社会自下而上的意见，这一点前文已经讲过。这实际上就是在智能专业化研究与创新策略的情境中对创新四螺旋模式概念的实践。

调动广大行为主体的参与早就是落实凝聚政策的根本条件，因为这些不同的行为主体掌握着有可能同时为规划和实施工作提供支持的技能与知识（欧盟委员会，2010）。欧盟委员会撰写的《关于经济、社会和区域凝聚力的第五次报告》（2010年）还进一步强调了在政策对话及政策实施过程中全面调动地方和地区的相关利益主体、社会合作伙伴及民间社会的重要性。正因为考虑到这一点，欧盟委员会便呼吁全欧盟的政策制定者在公私实体（包括社会经济合作伙伴和非政府组织）及其他有关行为主体之间保持对话。

这样的伙伴关系让合作伙伴得以形成一种战略性的"地区观点"，从而能够提高政策计划的普惠性。2000—2006年的事后评估发现，人们普遍认为，对伙伴关系原则的运用是凝聚政策附带的益处，在地方发展措施方面尤其如此。这次评估的结果还表明，2000—2006年欧盟15国日益更多地利用合作伙伴关系，其中地方和地区的实体、企业、社会合作伙伴及其他组织的参与都有显著改善（欧盟委员会，2010）。评估报告还举出了一些西班牙和法国的一些实例，这些地方推出了一套地区和国家政府之间的共同责任系统，使得各地区在策略的制订、观察、报告及管理方面承担了更多的责任，并因此而提高了它们在这些方面的技能与能力（欧盟委员会，2010）。立法机构在为2014—2020年远期欧盟凝聚政策撰写提案期间已经详细地考察了这些经验。

与这些提案一致的是，欧盟委员会也大力宣扬了智能专业化研究与创新策略的作用。后者是多年期的研究与创新策略，其中要规定一套政策组合和预算框架，研究人员和从业人员普遍认同制订以地方性和地区性实体、企业、社会合作伙伴及其他组织共同参与为基础的研究与创新策略的重要性。

附录 E　创新四/五螺旋模式及智能专业化策略

三螺旋模式衡量标准用作地区发展及推动知识型经济的运作策略。确立起来的三螺旋模式是由国家或地区主管机构、广大工商界（产业界）和学术界（包括其他以研究为主的机构）之间的平行关系构成的强大环境。这种方式更加重视其中每一类行为主体在创新过程中的作用，它使得各级主管机构调动高校更多地介入政策制订工作，工商企业更多地参与产品的研制与营销，而学术界也更多地从事新技术开发。三螺旋模式是一种动态模式，而且还在一系列双边和三边协调领域中交替，如图 E-1 所示。

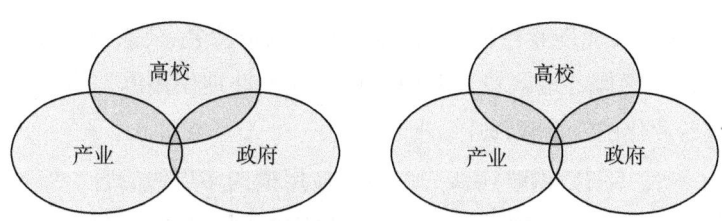

图 E-1　三套子系统之间正反交叠的三螺旋模式格局
（来源：改编自雷德斯多夫 2012 年的论著）

近年来政策制定者开始尝试在原先的三螺旋模式中新增更多类别的行为主体。创新四螺旋模式就是由此而产生的新模式之一。阿恩基尔（Arnkil）等 2010 年的著述在分析了四螺旋模式之后得出结论说，这种概念远未在创新研究和政策中牢固确立起来。此外这些作者还发现，现有的某些四螺旋模式只是对典型的三螺旋模式稍加修改而成。但至于新增的第四个群体究竟由哪些行为主体组成，大家的观点还颇有分歧；换句话说，它的成员上至中间层级的创新使能者，下至各类创新成果使用者，不一而足。

四螺旋模式更加重视创新中的合作，尤其是地区和部门创新生态系统内动态交错的合竞、共同演进和共同专门化进程，这些进程能够成为各式各样的智能专门化策略的基础，并由此而引发向以用户为中心的系统化创新结构的进步。最近欧盟委员会在它的《智能专业化研究与创新策略指南》（简称《智能专业化指南》）中就认可了这样的一种四螺旋模式。这份指南就地区层级上应当如何制订智能专业化策略提出了一组总体原则（欧盟委员会，2012）。它提出在典型的三螺旋模式中增加第四群体（作为创新成果使用者的民间社会），从而承认了四螺旋模式的重要性和必要性。

这种四螺旋模式将创新成果使用者置于它的核心地位，并鼓励开展能够切合使用者（民间社会）需求的创新活动。这种模式中的使用者或公民是创新进程的主导者和推动者。阿恩基尔与同事在 2010 年的著述中认为，用户参与程度可以被定义为"用户设计"的普纳性。按照这样的观点，使用者作为领先用户、共同开发者和共同创造者而参加创新型产品、服务和解决方案的整个开发过程。

公民们不仅要参与实际的开发工作，而且还有足够的势力来提出开展新的创新活动的建议，这样使用者就与整个产业界、学术界或政府中的利益主体连接起来。反过来，另外三条螺旋线中行为主体的职能也会在这类创新活动中为公民提供支持（如为使用者参与创新活动提供必要的工具和信息、开办论坛、培养技能）。此外，产业界行为主体和公共部门利益主体随之还能利用公民所开发的创新成果。

这种以用户为中心的方式需要进一步开展对智能专业化研究与创新策略过程的集体管理与实施，将这件工作作为成功管理地区性创新策略的关键条件。这些策略不应仅仅着重于科技创新，而还要促进非科技领域的创新（也就是社会、公共部门和服务业的创新）。此外，这类策略还要确保各地区更加有效、更具互补性地使用欧盟资金，并将私营资本引导到地区智能专业化的专擅领域中。

智能专业化研究与创新策略还认为，通过应用横向多层级管理，智能专业化就有助于帮助各地区依据一系列的原则来改善它们的研究与创新策略，包括实施多层级管理和四螺旋模式。《智能专业化指南》的作者们提出，通过应用四螺旋模式（在智能专业化研究与创新策略的情境中），地区政策制定者就更容易促成以地方为基础的创业型发现过程，而后者随之又能产生大量的实验活动和发现成果。让使用者直接加入创新过程是一种必要的组织方法，它的作用等同于以用户为中心的开放创新政策，因为它让创新过程更加重视对根本的消费者需求的了解。

E.5 四螺旋模式是支持智能专业化研究与创新策略的架构创新蓝图

注重智能专业化研究与创新策略的政策制订工作有助于建设能够支持并利用以用户为中心的创新活动的地区环境，着眼点则是在全欧各地创造更好的条件来实现研发成果的商业化。这样的创新四螺旋模式能够拓宽创新活动，使之超越科学技术的范畴。此外，以用户为中心的四螺旋模式需要大量的灵活性，能够变通适应的过程，也需要学习和传授新的技能，或许还需要不同行为主体之间的势力转换。

智能专业化平台所宣扬的四螺旋模式融汇了4个部门的视角，而焦点则在于机构性、地区性和运作性的功能，以及这些部门在知识经济时代的互补性。智能专业化研究与创新策略在总体上提供了合适的可操作框架来将这种概念植入政策与实践中。

由此可见，四螺旋模式可以被用作架构创新蓝图，它能够以动态平衡的自上而下和自下而上方式来同时调动4个部门的视角（政府、高校和产业界自上而下的视角，民间社会自下而上的视角）。嵌入这种四螺旋模式架构蓝图中的部门间、部门内及地区间和地区内知识与学习界面决定了它的有效性和可持续性。将这4种视角结合起来的目标是对地区层级上以增长为推动力量的创业及创新生态系统及集群、网络和其他群集进行概念化、情境化、设计和实施，并使之不断演进。

作为四螺旋模式架构蓝图中第四支柱的民间社会代表了自下而上的行动及民间社会的观点。不过从这根支柱中受益，政策制定者还得要确保在地区性智能专业化研究与创新策略所包含的工具和计划活动中纳入诸如众包和众筹这类能力机制。植入这些要素或许就能让学习、学会学习的动态过程更加快速、普遍，同时也让这些学习过程降低成本、提高韧性。此外，通过第四支柱而达到的社交网络容量还会提高知识意外获利和知识套利事件（"意外之喜"）的可能性与影响力。这些意外之喜随之又会成为探索拓展活动的契机、催化剂和加速器，从而显著加强任何四螺旋模式智能专业化研究与创新策略的效果。此外，这种方式将重点放在所有四大支柱（政府、高校、产业界和民间社会）及部门和地区之间积极主动、目标明确的最大化学习界面及知识交流，这样就能让增长更具韧性，也就是说，更加明智、更具可持续性和普惠性。此外，这种方式还会为支撑它的政策、实践方法和计划活动赋予能力，从而在面对已知未知事件和未知事件及将来的颠覆性事件时能够更快适应，甚或能够自我调整和优化。

由此可见，四螺旋模式的目标应该是进一步壮大并连接生态系统中的价值创造者，后者既是创新成果的使用者，也可能成为创新成果的共同创造者，比如实业家、发明家、艺术家及其他价值创造者，而通过这种方式，这些人或许就更能揭示出潜在和初露的需求、挑战及机遇。这并不是说只有在民间社会中才能找到实业家或其他价值创造者和创新人才，但民间社会的这类创造者却能与政府、高校和产业界中的志同道合者（也就是整个四螺旋模式范畴内的创业同契）取长补短、相互砥砺。

E.6 多层级管理

如果不建好有效运转的多层级管理结构，那就不可能有效地制订并实施成功的研究与创新策略。

此外，公共权力机构有多种可行的方式来支持并帮助四螺旋模式行为主体解决这种创新模式实践行动中固有的挑战。公共权力机构在这方面的相关职能包括：

创造条件。例如，出资修建并提供基础设施。

决策。例如，制订地区/地方的四螺旋模式创新政策（如支持侧重于用户的创新活动的指导方针、财政激励措施及研发与创新计划活动）。

提供支持。例如，支持发展四螺旋模式合作伙伴（如企业、高校、用户），系统性地收集并利用用户信息，以及开展与四螺旋模式相关的知识积累和能力建设活动，以促进壮大公民力量的工作，并为公民开展创新活动提供帮助。

利用。例如，利用四螺旋模式创新环境提供的侧重于用户的开发服务（作为公共服务开发工作的一部分）。

开发。例如，在公共部门内部的开发工作使用侧重用户的开发方法。

推销。例如，加强公民、企业和公共部门对侧重用户的创新模式及实践活动的意识。

控制质量。例如，支持针对四螺旋模式创新活动及其他合作环境而设立"质量检验"活动或订立标准，并依照这些标准来评定四螺旋模式创新活动的质量。

在理解地区发展进程中知识与创新体系如何与政治和经济体系交互方面，系统理论就能派上用场。卡拉扬尼斯和坎贝尔对这些体系的自我求证做了如下描述：

（1）政治体系的自我求证：政治体系应当为社会的表现承担责任。制订政策、立法、指引方向、协调及沟通都是对社会和经济的动态施加影响的工具。政治体系的着眼点在于刺激并协调其他社会体系的表现。

（2）经济体系的自我求证：经济体系着眼于积累财富，而在这方面它可以评估如何避免社会不平等，或是避免不利的环境影响。

（3）知识体系的自我求证：知识体系创造并传播知识。它有可能通过支持和增强其他社会体系的表现来对后者施加影响，因为所有社会体系都日益更多地依赖于知识。

政治和知识体系有相似之处，因为它们所着眼的都是提高社会的绩效。政治体系通过管理社会，而知识体系则通过生产知识来达到这个目标。创新体系可以被视作"知识体系总和的次级体系"。政治体系能够通过经济政策来直接影响经济体系，但在许多情况下，政治体系通过创新政策来对经济体系施加的影响会更加有效。由此可见，创新体系构成一道重要的界面，政治、经济和知识体系在这里交汇并互动。

按照下文介绍的第三代模式（Mode 3）和四螺旋模式，在纳入不同行为主体（也就是知识技术的创造者、使用者和应用者）后，理想的结果就是开启有理有据的创造性知识生产进程，与此同时，政治体系则形成了类似的普纳特点，其中的管理网络和公民审查使得当政者能够做出知情程度更高的决策。于是这两套体系都凭借地区环境中的经验而做出贡献。由于政治和知识体系都日益更多地以普纳的方式来运作，因而创新体系就成了一个统一点、一个为前述知情辩论和创造性活动而提供的平台（图E-2）。

由此可见，创新的重要性不仅体现在地区经济绩效方面，而且还体现在地区的全面发展上。对凯特公司（KETEK）技术中心的实例调研表明，它在没有开办高校的边远地区相当活跃，因而可以被视作是居于该地区创新体系的中心，随之也就是地区发展中关键的行为主体。如果考虑到智能专门化及这座平台所提供的同行评审的影响力，那么这些体系之间的运作模式和交互就十分引人关注了。下面将从理论上来说明知识/创新体系及政治体系，随后举出一件实例来分析这些系统的运作情况。前文已经讲过，经济体系（也就是工商企业）的行为动机是盈利，因而这里对于这套体系不再赘述。

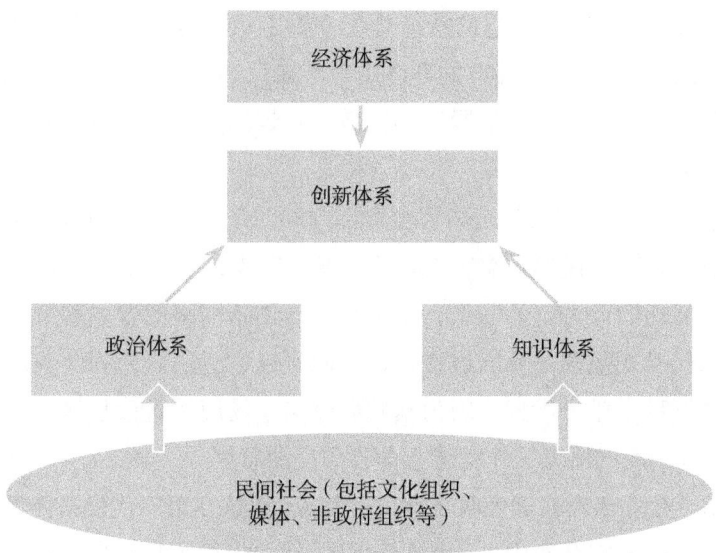

图 E-2　为实现地区发展而通过创新体系来进行的社会互动体系

E.7　第三代模式和四螺旋模式

第三代模式知识生产体系和创新四螺旋模式的概念最早是由卡拉扬尼斯和坎贝尔（2006，2009，2012）提出的，我们可以将其视作是第一代模式（Mode 1）、第二代模式（Mode 2）和三螺旋模式的演进结果。

科学知识生产的第一代模式和第二代模式理论由吉本斯（Gibbons）等提出（1994），目的是区分出自 20 世纪中叶开始出现的一种新型的科学知识生产活动。传统的第一代模式知识生产系指在高校内开展的知识生产，也就是由学者和研究人员发起、按学科来进行的知识生产活动。这是一种线性模式，因为知识转移是从高校执行基础研究到企业在实验开发活动中应用知识这样来按部就班进行的（图 E-3）。

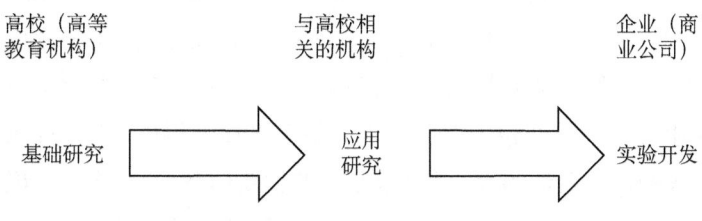

图 E-3　创新活动的线性第一代模式
（来源：卡拉杨尼斯和坎贝尔，2012）

第二代模式则是非线性的，它的特征是在"应用""跨学科""异质性和组织多样性""社会问责性和灵活性""质量控制"的环境中生产知识。按照这样的概念，高校与产业界、科学与技术之间就务必要建立更加紧密的纽带。知识的生产者与使用者在整个知识创造过程中都彼此连接在一起。

在第三代模式中，高校也就是高等教育部门同时依照第一代模式和第二代模式的原则来运作。简言之，第三代模式意味着建立一套全球本地化知识生产体系，包括地区或地方层级上更加密切的行为主体联系，以及与全球创新网络的普遍联系。与在第二代模式中一样，第三代模式强调并行的过程，让基础研究、应用研究和实验研究并列开展。人们认为这样能够带来竞争优势，因为基础研究与市场应用直接挂接在一起，研发周期也得以缩短，而且当期的研究工作就能立即收到反馈意见。"学院公司"和"实业高校"这种称法就说明了企业与高校都吸收了彼此的特点，而这在第三代模式体系中相当重要。在高校与企业之间的研究合作中，主要的障碍就是文化差异和缺少信任，而这类一体化的组织应该能够更容易地克服这些问题，从而也就能更加坦诚地开展合作。从企业的角度来看，辨识、吸收和利用知识的能力往往是长期存续的关键。加强这方面能力的办法之一就是招募高校教员，或是鼓励企业与高校之间的人才流动。第三代模式还使得不同的知识范式能够共同演进。按照库恩（Kuhn）1962年的说法，单一范式对具体现象的解释能力受到了局限，而多种知识范式的共存和共同演进则让范式和理论能够彼此交互、相互学习。

第三代模式兼容"政府、高校和产业界自上而下的政策制度及民间社会和草根组织自下而上的行动"，就会让"梦想与现实更加紧密，也更加牢固地结合起来"。这种概念的远大目标是要推动"可持续发展的观点，从而让创新、创业与民主融为一体"。换句话说，第三代模式将通过普纳式的安排来鼓励创新的民主化。"人、文化和技术汇合在一起，彼此交互，从而在所有科学技术门类中激发创造性，开启发明并加速创新"。让三螺旋模式演进为四螺旋模式的需求便由此而产生。在四螺旋模式中，创新体系内除了高校、产业界和政府外，还增加了民间社会及"依靠媒体、按照文化而集结起来的大众"。民间社会和大众是知识的使用者和应用者，因而理应凭借地区特定的背景和经验而做出贡献。相应地，四螺旋模式便意味着对知识生产更加广义的理解，将文化、艺术、传媒、价值观和生活方式一并包括在内。这些要素再加上媒体打造公共现实的方式，就能够影响特定地区的创造活动环境，随之也会影响创新体系。"创造性知识环境"（Hemlin et al.，2004）和"创造性阶层"（Florida，2004）都是这种情境中的重要概念。在卡拉扬尼斯和坎贝尔看来，第四螺旋凸显出创新政策需要通过媒体来向公众作"自我介绍"，这样才能求得正当性和合理性。这一点相当重要，因为"在全球本地化知识型经济和社会中，要持久地支持并巩固知识与创新，就要大力支持创新文化的建设与进步"。

E.8 实施并评估四螺旋模式：北欧国家的优秀范例

下面将介绍几个创新地区及其良好做法，之后举出博滕区一件贴切的实例。

许多成功的地区经济体都有一个重要的共同点，那就是它们都将创新置于本地区经济可持续发展与增长的核心。为了抵挡当前经济危机的冲击，地区政策制定者就得确保让政策从一开始就能促进创新及其传播。下面是《经济学人》（Economist）2013年一篇报道的节选，其中讲到了芬兰及广大北欧地区的情况：

2010年，赫尔辛基市郊阿尔托大学的一群学生着手开展了学运史上最具建设性的活动。在访问麻省理工学院期间，他们完全拜倒在创业的威力之下，归国后便组织了"创业之夏"活动，以告诉世人，芬兰的未来维系在新企业而不是老巨头中。"创业之夏"开启了整整一季的创新活动。

"创业桑拿吧"——这是一座企业加速器，坐落在这所高校旁边一栋年久失修的库房中，如今执掌它的仍然是热衷于此的年轻人，但资金却由政府、企业和高校共同提供。它的服务范围相当宽广：指导初出茅庐的创业者、到硅谷开展访问调研，以及提供工作空间和大量的结交机会（包括在这座桑拿吧中的许多桑拿聚会中）。

"桑拿大师们"了解他们入道之前的创业活动。他们明白，创新的要旨并不仅在于高技术：这座桑拿吧还设计了工厂，并且将它们连接成网。他们懂得跨接工程与设计之间的缺口的重要性，而且也认识到，促进创业的关键不仅在于提供资金，而且还在于变革文化。他们学习的榜样是俄罗斯和波罗的海诸国，以及波士顿和旧金山。

E.8.1 别再说诺基亚

这次学生革命是一场范围更广的"文艺复兴"的一部分，后者是要在政府与企业之间建立合适的关系。这场运动在2008年就已开始，那时芬兰政府对大学进行了整顿（并创办了阿尔托大学），以期刺激创新。但让它加快速度的却是诺基亚的问题。芬兰对这家公司的依赖性已经到了危险的地步：2000年诺基亚在该国国内生产总值中占了4%。政府想要尽可能减少这家手机巨头的衰落带来的苦痛，并确保芬兰再也不会如此依赖于单独一家企业。

芬兰人成立了创新与技术机关芬兰国家技术局（Tekes），年预算为6亿欧元，员工360人。芬兰还设立了创投资本基金芬兰担保委员会（Finnvera），通过它来为处在创业早期阶段的公司提供资金并帮助它们扎稳根基。这套创新体系的核心是一批企业加速器，它们由政府和私营企业分别提供一部分资金，经营范围遍布每一个重要的商务领域，通过经验丰富的商务人士和天使投资人来为具有高增长潜力的公司提供咨询意见和支持。

于是芬兰的环境就变得更加有利于市场和创业。这里涌现出的初创公司数量相当可观，其中有 300 家是原诺基亚公司员工创办的。微任务公司（Microtask）从事办公室工作的外包。泽恩机器人公司（ZenRobotics）专擅机器人回收系统。沃基公司（Valkee）制造了一种装置，后者通过向耳道中发射光线来让人们摆脱冬季灰暗的心境。这个国家还获得了技术集群的一些配套条件，比如某家大名鼎鼎的博客（ArcticStartup），以及某个跟"谷"字搭上边的名称 ["北极谷"（Arctic Valley）]。如今流行的论调是诺基亚的衰落成了"这个国家有史以来的第一幸事"。

面貌一新的芬兰特别引以为傲的是它兴盛的视频游戏行业，制作《愤怒的小鸟》的创业桑拿吧大赞助商罗维奥娱乐公司（Rovio Entertainment）及制作《部落战争》的超赛公司（Supercell）都是其中成功的典范。超赛公司的员工正是人们所想象的那样，都是些留着胡子、扎个马尾的男人，除了两眼盯着屏幕外，最喜欢的就是显摆自己收藏的动作玩偶。

超赛公司首席执行官埃卡·潘纳宁指出，芬兰积累了多年的准备工作才取得了今日的成功。20 世纪 90 年代初，赫尔辛基就开始为游戏玩家开办了一种节日。如今这个节日人气火爆，组织者只好租下该市最大的冰球体育馆，但这里尽管能够容纳 1.3 万宾客，还是有许多人得被打发走。卡亚尼理工大学还开设了视频游戏课程。在构成精彩游戏的 4 种要素方面，芬兰人都占据了竞争优势——血流成河的故事情节（它有那么多这类英雄叙事诗）、大胆的设计、顶尖的计算机编程，以及用礼貌的话来说叫作"自闭式创造力"的特质。

iPad 及其应用程序的问世让芬兰的这一行业破茧而出。潘纳宁说他如今有了财力来营建自己的"梦想公司"。墙上的屏幕展现了超赛公司如何实时地与对手交锋。游戏大师们谈论起首次公开募股及"大规模增长曲线"。最近这家公司搬进了新总部，那儿恰好是过去诺基亚的研发中心，不免让人产生今昔之感。

"创业之夏"所反映出的氛围在这一地区随处可见：各地的投资人都在寻觅新的机会，一些年轻人则在改造的库房中掌管公司。瑞典杰出的创业家之一亚尔马·温布拉德（Hjalmar Winbladh）说，从 20 世纪 90 年代他开始创办企业以来已经是换了人间。那时候像他那样的人简直是异类。今日紧跟潮流的年轻人崇拜成功的技术创业家，例如，讯佳普（Skype）的联合创始人之一尼克拉斯·曾斯特罗姆（Niklas Zennström），以及播飞音乐网站（Spotify）的联合创始人丹尼尔·埃克（Daniel Ek）和马丁·罗伦特森（Martin Lorentzon）。温布拉德说，他最大的困难是吸引其他初创公司的年轻人才。只要一提到在庞大的组织中度过一生，这些人全都会打冷噤。

北欧各国政府认识到，要想为人民提供高品质的就业岗位，那就得鼓励更多的创业家，而且不能再依靠大企业来自己创建商务生态系统。它们都在成立政府机关来促进创办公司。它们还鼓励高校对自己的创想进行商业化并创办公司,让这些学校大力弘扬创业精神。

该地区许多最引人关注的创业者都处在技术领域的低端,他们的目的往往是帮助父母解决既要担负全职工作又得照顾家庭的实际困难。林纳杂货公司(Linas Matkasse)联合创始人之一尼克拉斯·阿朗森(Niklas Aronsson)把宜家商城的自助模式应用于制作家庭晚餐。公司将做一顿饭所需的全部食材配料都切好,打包后送货上门,顾客拿到就能直接烹制。对时间紧张而又不想让孩子们靠吃外卖比萨长大的人来说,这真是太好不过了。

亨福德家政公司(Hemfrid)创始人莫妮卡·林德施泰特(Monica Lindstedt)所从事的也是出售时间的生意。她让自己的公司成为家政服务巨头,以职业管理方法来开展家庭保洁服务,而且还让后者成为一种就业福利。亨福德家政公司说服政府把家庭保洁纳入在计税时可以扣除的福利范围,就好比公司的汽车一样。它还让各大企业相信,这是奖励员工的妙法,让他们免于家庭琐事的纠缠。如今亨福德家政公司的老顾客已经上万,员工1326人,其中70%都是在外国出生的人。

北欧的创业者们还在为婴儿潮一代改造养老院所。赫尔辛基房地产公司(Asunto Oy Helsingin Loppukiri)是芬兰的私营房地产企业,它在赫尔辛基郊外建起了一片住宅区,致力于实践帮人们自助养老的理念。这里的居民积极参加小区公共区域(包括桑拿房和健身房)及自己套房的设计工作,其中大多数人都持有这家公司的股份。公司尝试提供独立生活与社群交往之间的平衡点。社群成员每周聚餐一次,兴趣来了还可以去打理公共园地。

E.8.2 别离开

尽管创业热情如此高涨,但北欧地区仍然发现很难让初创公司就地树立百年之业。创业者功成之后便拔寨起营、去往他乡的例子实在太多,其中不仅有战后一代创业家,例如,商业巨头宜家的创始人英格瓦·坎普拉德(Ingvar Kamprad,现居瑞士)、庞大的包装公司利乐(Tetra Pak)的创始人汉斯·劳辛(Hans Rausing,现居英国),而且还包括崭露头角的一代,例如,曾斯特罗姆就与他那一代中许多头脑一流的瑞典投资人和创业家一样,都居住在伦敦。太多成功的新创企业仍然选择让外国(主要是美国)的跨国企业来收购自己,而不愿意成为本土企业。

尽管如此,我们仍然有理由希望,从创业热潮中会诞生新一代的全球佼佼者。该地区以创业为生活方式的人才仍然有机会成为全球大亨,因为他们和坎普拉德一样,都在人口变化中因利乘便。而这一地区的高技术创业者也有机会建立源远流长的企业,因为他们在创办公司的同时也在掌握技术。

罗维奥娱乐公司就是一例，它凭借《愤怒的小鸟》（把躁怒的小鸟射向邪恶猪精心修建的城堡的一款游戏）而掘金致富。2011年这款游戏被下载了6亿多次。大多数游戏公司在一炮走红后都会开始物色下一款产品，但罗维奥娱乐公司却着手将《愤怒的小鸟》转化成一种品牌，并拓展了它的研究工作。它与大批公司签订了许可授权协议，让这些公司生产打着"愤怒的小鸟"品牌的种种产品，小至玩具和巧克力、大至主题公园。它向外部投资者筹措资金，例如，微软就投入了4200万美元。如今罗维奥娱乐公司在芬兰有500名员工，2011年的营收为1亿美元。公司首席执行官迈克尔·海德（Michael Hed）有一间中规中矩的豪华转角办公室，但里面满是填绒的小鸟和小猪。

研究人员和政策制定者开展了大量工作来评估地区创新体系中三螺旋模式的各个方面，这些工作的范围其实可以扩大，将四螺旋模式也纳入进来。有些文献作者着重于不同行为主体之间的连接性。博滕区理事会（Regional Council of Ostrobothnia）最近就开展了这样的工作，它发起了一个项目，其中拟订了衡量四螺旋模式连接性和缺口的方法。衡量的结果随后将被用作改善地区创新体系多层级管理工作的事实依据。

《智能专业化指南》也着重于四螺旋模式内的连接性，并把这种概念性的观点作为地区善治的指导方针，要求各地区采取统一连贯的方式。在这方面，智能专门化便显示出它的优势，不仅能够让我们完成的工作在地区创新体系的总体格局中得到延续，而且也让我们能够质疑地区创新体系当前的实践方法，并取消不能正常发挥作用从而阻碍增长和发展的政策安排。

正因如此，《智能专业化指南》的目标之一就是制定一种自我评价工具，让地区政策制定者利用它来衡量本地区在智能专业化研究与创新策略中采纳、适应和部署四螺旋模式方面的进展。

《关于经济、社会和区域凝聚力的第五次报告》还提出改善欧盟各地的观察系统和评价系统，以跟踪表现，并帮助在必要时进行微调，以确保以最有效的方式来完成既定目标。这就需要以明确的战略眼光来看待这项计划活动的目标及认识和衡量成功程度的方法（也就是要合理设定目标）。此外，这份报告还要求增加资源来制订严谨的纵向和横向评估方法（也就是跨部门、多层级、跨越时间和空间），以便评估并持续改善智能专业化研究与创新策略中四螺旋模式和体系的构建与实施情况。

E.9　结论：促进明智的可持续普惠式增长的四螺旋扩展模式

总体来说，在按照四螺旋模式来制订智能专业化研究与创新策略工具（也就是我们所说的四螺旋扩展）时，环境是需要纳入考虑的主要甚或关键（知识在中期到长期来说是这样）的外部性需求。这样就能确保将政策和实践的焦点放在"三重底"（经济、社会和环境)基准上,而相关举措、生态系统、集群和网络的设计与实施就要以这些基准为本。

在四螺旋模式中,还可以进一步将足可指引地区明智的可持续普惠式增长策略的制订与实施工作的一系列事项或问题纳入考虑。具体而言,以下与智能专业化相关的课题就值得我们进一步重视:

在选择优先事项时,哪些工具及定性和定量的分析能够提供必要的依据?

在各个地区和国家中,截至目前优先事项选择程序的效果如何?在这方面,智能专业化研究与创新策略方式主要的新颖性体现在什么地方?

哪些机制能让利益主体广泛而有效地参与对优先事项的选择?

智能专业化或是类似、有关或关联的方式如何让地区合作各方将三螺旋模式/四螺旋模式纳入第三代模式中?地区创新体系具有"锁定"特点。要让四螺旋模式演进为第三代模式,需要采取深谋远虑的举措来开辟道路。

在这方面,《智能专业化指南》建议采用佛雷(Foray)提出的"创业发现过程"理论。其他合适的智能专业化工具包括"同行评审"和"关键友谊"。在使用这些工具方面有哪些经验?这些工具是否成熟,还需不需要进一步完善?

智能专业化策略在多大程度上能够将地区创新体系(包括国家体系)宽广的社会背景纳入考虑并开放地接受将三螺旋模式扩展为四螺旋模式的举动?它们又能在多大程度上以新的视角来看待地区自然环境和自然资源的局限性与可能性并进一步拓展到五螺旋模式?

至于"创业发现",智能专业化策略能够在多大程度上为依据本地区知识资产的重新组合来制订具有地区特色的新方略创造条件?

智能专业化策略可望开启地区层级上合作关系和机构设立的新动态,以促进地区创新体系的建设。按照卡拉扬尼斯和坎贝尔的说法(2012),开放创新外交的概念就包含了跨接距离和其他差异(文化、社会经济、技术等方面的差异)的概念与实践,并要采取集中力量有的放矢的举措来将创想和解决方案与能够赏识它们、愿意为它们丰满羽翼创造条件的市场和投资人衔接起来。从这方面来说,开放创新外交能够成为四螺旋模式和五螺旋模式中制订策略和政策及开展管理的新方式。在四螺旋模式中,开放创新外交的一项具体特点就是知识与创新的不同范式之间的共存、共同研究、共同专门化及相互吸纳。在这方面或许会产生以下问题:

智能专业化或是其他有关、关联或类似的方式能够在多大程度为地区行为主体开展开放创新外交创造条件?

高校按照科技创新模式来积累科学知识,产业界则往往按照实干实用并交互的创新模式来运用实际知识,而智能专业化或其他有关、关联或类似的方式在发现这两种模式之间及与从事艺术和设计的创意行业的创新与知识模式之间的共同演进和共同专门化的新途径方面能够起到什么样的作用?

现在我们来更加详细地考虑知识资源的生产问题。知识(如绿色技术的进步)可能成为可持续发展成功的关键。从根本上说,今日我们应该认识到,着重于实现社会进步、提高经济竞争能力或改善民生水平和可持续质量的邦国都得运用知识资源。在气候变化的条件下向知识型社会、知识型经济或知识型民主转变的道路上,有用的新知有可能随着可持续发展的实现而产生。这样知识资源就成为具备"知识金块"品质的"最根本的资源"。作为一种资源,知识在所谓的知识模式或创新模式中通过创造性的处理、组合和生产活动而被创造出来并提供给社会,"我们也可以称之为知识创造的创造力"。这里我们想特别介绍6种现存的知识创造与创新模式(图E-4)。

第一代模式:第一代模式注重的是在陈旧的"线性创新思维"中高校研究工作的常规角色,它的成功"被定义为地位有高低之别的同行所认同的品质或卓越性"。

第二代模式:此模式特点可以被归纳为以下5种原则:①在应用的环境中生产知识;②跨学科;③异质性和组织多样性;④社会问责性与灵活性;⑤质量控制。

三螺旋模式:三螺旋模式的交叠在社会结构层级上产生出一种模式,它能够对作为科学知识生产有史以来的初生结构的第二代模式及其与第一代模式的关系做出解释,而且三螺旋模式也是高校—产业界—政府的三边网络和混合组织模式(图E-4)。

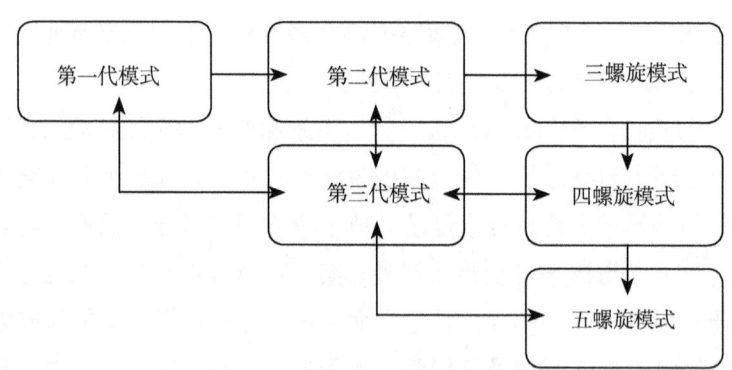

图E-4 3种知识创造模式的演进
(来源:卡拉杨尼斯和坎贝尔,2009)

第三代模式:第三代模式的概念更倾向于强调不同知识与创新模式的共存和共同演进。第三代模式甚至强调知识与创新模式的多元性和多样性,认为它们是社会与经济进步的必要条件。这种多元性支持不同知识模式交叉学习的过程。在第一代模式与第二代模式之间有可能做出多种多样的创造性安排和布置，从而将基础研究和问题解决活动挂接在一起。第三代模式鼓励跨学科思维及对跨学科知识的跨学科应用，而且允许并看重不同知识与创新范式的共存和共同演进。

四螺旋模式：四螺旋模式建立在三螺旋模式的基础上，它将"公众"（具体而言，也就是"围绕媒体和文化来聚集的公众"）及民间社会作为第四螺旋增加到三螺旋模式中。"第四螺旋与'媒体''创意行业''文化''价值观''生活方式''艺术'相关联，或许还与'创造性阶层'这一概念相关"。

五螺旋模式：五螺旋模式建立在三螺旋模式和四螺旋模式的基础上，它所增加的第五螺旋是"环境或自然环境"，"五螺旋可以用作可持续发展和社会生态学的跨学科分析框架"。

从上文简单介绍的6种模式中，我们可以看出，当前在知识型社会（和知识型民主）中，在国家层级上正在进行网络式的知识挂接，而上述每一种模式都为"知识的创造、传播和运用"做出了特定的贡献。对于在全球变暖的条件下实现可持续发展，那就还要补充一点：一国将来是否能够在世界政治和经济中占据领导地位，这也要取决于它的社会是否有能力让新的知识、实务诀窍和创新成果与自然彼此平衡。三螺旋模式这种基础的创新活动"核心模式"所注重的是知识型经济。四螺旋模式则已经加入了知识型社会及知识型民主的视角。从四螺旋模式的视角来看，知识型经济与知识型社会显然应该共同演进。五螺旋模式则强调从社会—生态的视角来看待社会自然环境。社会生态学注重社会与自然之间的交互、共同发展和共同演进。

参考文献

[1] Association des Instituts Carnot. Rapport d'activité AI Carnot 2018 [EB/OL]. [2020-09-30]. https://www.instituts-carnot.eu/fr/association-des-instituts-carnot.

[2] Australian Government. CRCs [EB/OL]. [2020-10-29]. http://www.business.gov.au/grants-and-assistance/Collaboration/ CRC/crcs/Pagres/ default.aspx.

[3] BENNEWORTH P, CHARLES D. Bridging cluster theory and practice: learning from the cluster policy cycle [M]// Innovative clusters: drivers of national innovation systems. Paris: OECD, 2001.

[4] BIANCHI P, BELLINI N. Public policies for local networks of innovators [J]. Research policy, 1991, 20（5）: 487-497.

[5] BIRD Foundation. Annual report 2018 [R/OL]. [2020-11-03]. https://www.birdf.com/wp-content/uploads/2016/11/Annual-Report-2018_F.pdf.

[6] BIRD. BIRD foundation [EB/OL]. [2020-06-30]. http://www.birdf.com.

[7] BOEKHOLT P, THURIAUX B. Public policies to facilitate clusters: background, rationale and policy practices in international perspective [C]// OECD Proceedings on Innovative Clusters-Drivers of National Innovation Systems. Paris: OECD, 1999.

[8] CAMAGNI R. Innovation networks: spatial perspectives[M]. London: Belhaven Press, 1991.

[9] WESSNER C. Advanced technology program: challenges and opportunities [EB/OL]. [2020-10-16]. https://www.nap.edu/read/9699/chapter/1.

[10] COOKE P. Knowledge economies: clusters, learning and cooperative advantage [M]. London: Routledge, 2002.

[11] CUSUMANO M. The Japanese automobile industry: technology & management at Nissan & Toyota, indirectly refered from Kurokawa[M]. Cambridge: Harvard University Press, 1991.

[12] European Commission. Contractual public-private partnerships in Horizon 2020 for research and innovation in the manufacturing, construction, process industry and

automotive sectors [EB/OL]. [2020-09-30]. https://ec.europa.eu/research/industrial_technologies/pdf/contractual-ppps-in-horizon2020_en.pdf.

[13] European Commission. Public-private partnerships in Horizon 2020: a powerful tool to deliver on innovation and growth in Europe [EB/OL]. [2020-09-30]. http://ec.europa.eu/transparency/redoc/rep/1/2013/EN/1-2013-494-EN-F1-1.Pdf.

[14] European Factories of the Future Research Association（EFFRA）. Factories of the future [EB/OL]. [2020-09-30]. https://www.effra.eu/sites/default/files/factories_of_the_future_2020_roadmap.pdf.

[15] AVNIMELECH G, TEUBAL M. Creating venture capital industries that co-evolve with high tech: insights from an extended industry life cycle perspective of the Israeli experience[J]. Research policy, 2006（35）: 1477-1498.

[16] Howard Partners Pty Ltd. Report of the CRC program evaluation [R/OL]. [2020-12-05]. http://www.crc.gov.au/About-the-program/Documents/Report_CRC_Prog_Eval_July2003.pdf.

[17] Insight Economics Pty Ltd. Economic impact study of the CRC program [R/OL]. [2020-11-24]. http://www.crc.gov.au/About-the-program/Documents/CRC_Ecomomic_Impact_Study_Final_121006.pdf.

[18] VALLÉS J. Implementation of the four cross-cutting contractual PPPs under Horizon 2020 [EB/OL]. [2020-12-31]. https://ec.europa.eu/research/industrial_technologies/pdf/h2020-day/6-valles-implementation-of-thecppps_en.pdf.

[19] LEE K. Promoting innovative clusters through the Regional Research Centre（RRC）policy programme in Korea[J]. European planning studies, 2003, 11（1）: 25-39.

[20] O'KANE M. Collaborating to a purpose [R/OL]. [2020-12-31]. http://www.crc.gov.au/About-theprogram/Documents/CRCReviewReport.pdf.

[21] OECD. OECD economic surveys: portugal 2014 [EB/OL]. [2020-10-26]. https://www.oecd-ilibrary.org/economics/oecd-economic-surveys-portugal-2014_eco_surveys-prt-2014-en.

[22] OECD.OECD science, technology and industry outlook 2014 [EB/OL]. [2020-10-11]. http://www.oecd.org/sti/oecd-science-technology-and-industry-outlook-19991428.htm.

[23] OLIVIER C, MAILLAT D. Milieu, industrial organization and territorial production system: towards a new theory of spatial development [M]. London: Belhaven Press, 1991.

[24] RYU J I. A study on the success factors of a national large-scale R&D project in Korea: the CDMA R&D project [D]. Manchester: The University of Manchester, 2002.

[25] SINNEWE E, CHARLES M B, KEAST R. Australia's cooperative research centre program: a transaction cost theory perspective[J]. Research Policy, 2016, 45（1）: 195-204.

[26] Catapult. Impact at the heart of the UK's industrial strategy[EB/OL]. [2020-07-26]. https://catapult.org.uk/impact.

[27] The Allen Consulting Group. The economic, social and environmental impacts of the cooperative research centers program [R/OL]. [2020-12-31]. http://www.crc.gov.au/About-the-program/Documents/CRC%20Program%20impact%20study_FINAL.pdf.

[28] TURPIN T, GARRETT-JONES S, WOOLLEY R. Cross-sector research collaboration in Australia: the cooperative research centres program at the crossroads[J]. Science and public policy, 2011, 38（2）: 87-98.

[29] WANG J, KIM S. Time to get in: the contrasting stories about government interventions in information technology standards（the case of CDMA and IMT-2000 in Korea）[J]. Government information quarterly, 2007, 24（1）: 115-134.

[30] SCHACHT W. Congressional research service report for congress: the technology innovation program [R/OL]. [2020-12-25]. https://fas.org/sgp/crs/misc/RS22815.pdf.

[31] YOON S H. A study on the policy network in the information and telecommunications field[D]. Daejeon: Choongnam University, 1996.

[32] COI STREAM. センター・オブ・イノベーション（COI）プログラム事務処理要領[EB/OL].（2017-04-01）[2020-08-26]. https://www.jst.go.jp/coi/download/file/jimu/170401_jimusyori_set_coi.pdf.

[33] Japan Science and Technology Agency. Center of Innovation（COI）program[EB/OL]. [2020-09-17]. https://www.jst.go.jp/tt/EN/platform/coi.html.

[34] THRIP. THRIP guidelines[EB/OL]. [2020-08-31]. https://www.nrf.ac.za/sites/default/files/documents/THRIP%20Guide%20-%20July%202013.pdf.

[35] THRIP. THRIP process[EB/OL]. [2020-10-18]. http://www.rci.uct.ac.za/sites/default/files/image_tool/images/100/Innovation_Support/THRIP_Process.pdf.

[36] 蔡乾和, 陈磊. 美国中小企业技术创新计划管理实践及启示（以 TIP 为例）[J]. 创新, 2016（5）: 49-56.

[37] 常静. 美国技术创新计划（TIP）投入及预算管理研究 [J]. 华东科技, 2012（2）:

40-42.

[38] 畅波,刘剑波,刘崇兴.以色列的技术孵化器计划[J].科技情报开发与经济,1999(5):26-27.

[39] 陈峻锐,苏竣,林森.美国先进技术计划（ATP）管理模式分析[J].中国软科学,2002（6）:82-86.

[40] 陈松,周阳.BIRD基金运作模式及其借鉴意义[J].科技管理研究,2013（24）:34-39.

[41] 陈晓鸥,姚为克.让概念与产品零距离：美国设立制造业创新中心,推动政产学研协同创新[J].全球科技经济瞭望,2015,30（7）:62-67.

[42] 范惠明,吴伟.澳大利亚合作研究中心计划经验及其对实施"2011计划"的启示[J].高等工程教育研究,2017（6）:125-129.

[43] 范文仲,周特立.以色列科技创新支持政策[J].中国金融,2015（16）:68-70.

[44] 方厚政.日本超大规模集成电路项目的启示[J].日本学刊,2006（3）:111-117.

[45] 方晓霞.以色列的科技创新优势、经验及对中国的启示[J].中国经贸导刊（中）,2019,924（5）:27-28.

[46] 耿燕.以色列促进产业研发政策研究[J].产业与科技论坛,2016,15（21）:100-102.

[47] 郭铁成,骆庆生.新加坡的创新券实践[J].高科技与产业化,2014（2）:30-34.

[48] 郭铁城,郭丽峰.创新券：以用户为导向[J].高科技与产业化,2012（10）:24-27.

[49] 郭铁城.创新券政策理念探讨[J].中国科技资源导刊,2018（5）:1-6.

[50] 胡峰,曹鹏飞.基于自由基聚合理论的英国科技创新智库建设机理分析：以英国弹射中心为例[J].情报杂志,2018（12）:86-92.

[51] 黄进.技术孵化器：以色列高技术产业的摇篮[J].科技经济市场,2001（8）:32-34.

[52] 贾笑捷.以色列政府对产业研发的支持[J].全球科技经济瞭望,2001（7）:33-34.

[53] 江永清.创新券：发达国家购买服务支持创新创业的重要举措[J].中国行政管理,2017（12）:129-134.

[54] 李纪珍,吴凡.BIRD基金:中小企业的国际技术创新合作模式[J].国际技术经济研究,2006,9（2）:27-31.

[55] 李建军.美国先进技术计划（ATP）的设计理念和运行机制创新[J].自然辩证法通讯,2007（29）:60-65.

[56] 林虎.以色列孵化器的发展对中国孵化器建设的启示[J].科技创业月刊,2004（5）:

32-34.

[57] 刘兴宇. 以色列的技术转移体系 [J]. 全球科技经济瞭望，2005（1）：57-59.

[58] 刘艳. 澳大利亚以合作研究中心计划为抓手建设国家创新体系 [J]. 全球科技经济瞭望，2013（12）：1-7.

[59] 路俊智. 韩国发展 CDMA 产业的启示 [EB/OL]. [2020-09-17]. https://news.sohu.com/52/98/news144349852.shtml. 2001.

[60] 牟伟明，安静. 以色列科研创新机制研究及其对中国的启示 [J]. 商业会计，2016（17）：22-24.

[61] 潘光，汪舒明. 以色列：一个国家的创新成功之路 [M]. 上海：上海交通大学出版社，2018.

[62] 潘铁，柳卸林. 日本超大规模集成电路项目合作开发的启示 [J]. 科学学研究，2007（25）：337-344.

[63] 普喜彬. 以色列的高技术孵化器 [J]. 全球科技经济瞭望，1996（12）：17-19.

[64] 任海峰. 借鉴英国"弹射中心"，推进中国制造业创新体系建设 [J]. 产业创新研究，2017（12）：41-45.

[65] 申畯，江诗琪. 法国卡诺研究所联盟合作研究及对我国的启示 [J]. 中国科技资源导刊，2015，47（2）：28-34.

[66] 史玉梅. 看韩国如何发展 CDMA [EB/OL].（2004-07-12）[2020-06-15]. http://news.66wz.com/system/2004/07/12/056159523.shtml. 2004.

[67] 苏瑞波. 以色列 YOZMA 计划及其对湖北省科技金融发展的启示 [J]. 科技创业月刊，2017，30（13）：11-13.

[68] 孙娟娟，王永. GNSS 卫星导航系统概述 [J]. 科技资讯，2018，16（31）：1-3，9.

[69] 孙志燕. 以色列以创新驱动经济发展的政策措施及借鉴 [N]. 中国经济时报，2013-03-01（5）.

[70] 王科. 如何引导早期创业投资：以色列模式带给中国的启示 [J]. 经济视角，2011（31）：56-57.

[71] 吴寿仁. 以色列的科技孵化器 [J]. 科技创业，2002（10）：92-94.

[72] 吴晓隽，罗楚. 从 ATP 计划到 TIP 计划看美国产业技术研发政策的变化及启示 [J]. 科技管理研究，2011（13）：18-22.

[73] 夏维. 澳大利亚合作研究中心计划综述 [J]. 全球科技经济瞭望，1996（6）：17-19.

[74] 萧端，熊婧. 政府创业引导基金运作模式借鉴：以以色列 YOZMA 基金为例 [J]. 南方经济，2014（7）：106-115.

[75] 杨波. 以色列科技创新发展的经验与启示 [J]. 上海经济, 2015（增刊1）: 51-55.

[76] 杨雅南. 高端创新: 来自英国弹射创新中心的实践与启示 [J]. 全球科技经济瞭望, 2017, 32（6）: 25-37, 51.

[77] 袁永. 国内外创新券政策实践研究 [J]. 特区经济, 2016（6）: 92-94.

[78] 张贵红, 朱悦, 朱金鑫. 发达国家或地区创新券制度分析 [J]. 科技进步与对策, 2014, 31（12）: 119-123.

[79] 张明龙, 张琼妮. 以色列高效创新运行机制揭密 [J]. 科技管理研究, 2010, 30（23）: 22-25, 42.

[80] 张琼妮, 张明龙. 以色列高效创新机制对中国的启示 [J]. 经济理论与经济管理, 2011（2）: 87-92.

[81] 赵刚, 程建润. 以－美产业研发基金可资借鉴 [J]. 高科技与产业化, 2011（12）: 20-22.

[82] 赵兰香, 刘琢琬. 政府支持企业技术创新所面临的风险研究: 以 ATP 计划的废除为例 [J]. 科技进步与对策, 2010, 27（8）: 40-45.

[83] 赵煜. 如何在重大科技专项中开展公私合作: 伽利略公私合营计划搁浅的原因及启示 [J]. 科技中国, 2011（11）: 62-66.

[84] 郑华, 张成新. 欧盟科技合作困境: 利益分歧与机制缺陷——以"伽利略计划"为例 [J]. 欧洲研究, 2017, 35（3）: 93-106.

[85] 中国电子信息产业发展研究院. 美国制造创新研究院解读 [M]. 北京: 电子工业出版社, 2018.

[86] 钟华. 以色列: 创新成就"小而美" [J]. 支点, 2016（5）: 84-89.

[87] 周程. 日本官产学合作的技术创新联盟案例研究 [J]. 中国软科学, 2008（2）: 48-57.

[88] 祝侣. 比较分析: 法国卡诺研究所网络 vs. 德国弗朗霍夫协会 [EB/OL]. [2020-11-19]. http://www.360doc.com/content/17/1103/11/43529692_700524373.shtml.

[89] 武学超. 加拿大 NCE 协同创新计划的实施经验与启示 [J]. 高教探索, 2015（4）: 53-58.

[90] 余峰, 吕玉梅, 何小锋, 等. 国家集成电路产业投资基金的三轴风控体系研究 [J]. 开发性金融研究, 2018（5）: 38-47.

[91] 王龙兴. 中国国家与地方集成电路产业投资基金状况分析 [J]. 集成电路应用, 2018, 35（5）: 1-4.

[92] 张玉强, 胡思琪. 国内典型地区科技创新券政策实施的比较及启示 [J]. 佛山科学技

术学院学报（社会科学版），2019，37（2）：38-44，52.

[93] 财政部 PPP 中心. 中国 PPP 实践获得世行好评 [J]. 中国经济周刊，2018（32）：57-59.

[94] 胡红亮，封颖，徐峰. 巴西科技创新的政策重点与管理趋势述评 [J]. 全球科技经济瞭望，2014，29（12）：24-31.

[95] 王中阳. 南非科技人才发展概述及其对中国的启示 [J]. 全球科技经济瞭望，2017，32（1）：40-45.

[96] 常江. 南非工业技术与人类资源计划 [J]. 全球科技经济瞭望，1999（9）：40-41.

[97] 郭铁成，许鸿. 让科技之光照亮"第二经济"：南非科技计划支持弱势企业创新的启示 [J]. 创新科技，2008（3）：20-21.

[98] 赵清华，李玉洁，刘倩，等. 南非：着力成为非洲生物技术中心 [J]. 中国生物工程杂志，2008（7）：17-20.

[99] BRAMWELL A, HEPBURN N, WOLFE D A. Growing innovation ecosystems: university-industry knowledge transfer and regional economic development in Canada [EB/OL]. [2020-04-04]. https://tspace.library.utoronto.ca/bitstream/1807/80099/2/Bramwell%20et%20al_2012_Growing%20Innovation%20Ecosystems.pdf.

[100] Government of Canada-Networks of Centres of Excellence. Centres of Excellence for Commercialization and Research（CECR）program guide [R/OL]. [2020-11-16]. https://www.nce-rce.gc.ca/ReportsPublications-RapportsPublications/CECR/Program-Guide-Programme_eng.asp.

[101] 黄健. 美国制造业创新研究所启示 [J]. 高技术与产业化，2015（3）：56-59.

[102] 陈小鸥，姚为克. 让概念与产品零距离：美国设立制造业创新中心，推动政产学研协同创新 [J]. 全球科技经济瞭望，2015（30）：62-67.

[103] 国务院发展研究中心"激发创新主体的活力"课题组. 美国制造业创新中心的运作模式与启示 [J]. 发展研究，2017（2）：4-7.

[104] 吴峰. 英国建立技术与创新中心的背景、理念和机制 [J]. 全球科技经济瞭望，2011（26）：5-10.

[105] Catapult network report: fostering innovation to drive economic growth（2017）[R/OL]. [2020-11-21]. https://s3-eu-west-1.amazonaws.com/media.www.catapult/wp-content/uploads/2017/08/22143240/cross-catapult-network-report-20171.pdf.

[106] OCS-Office of the Chief Scientist（Ministry of Economy）. R&D incentive programs: entrepreneurship innovation R&D cooperation thchnology[EB/OL]. [2020-10-19].

http://www.economy.gov.il/madan.

[107] 辛德树，迟凤玲，李敬锁. 中国科技研发领域 PPP 政策的演变历程、原因及其优化对策 [J]. 科学管理研究，2019，37（1）：30-33.

[108] RAO. New millennium Indian technology leadership technology leadership initiative [EB/OL]. [2020-12-19]. http://www.who.int/intellectualproperty/events/en/Rao.pdf.

[109] CECRI. Council of Scientifc & Industrail Research new millennium Indian technology leadership initiative [EB/OL]. [2020-11-19]. https://www.cecri.res.in/Portals/0/Current_Focus/NMITLI.pdf.

[110] CSIR. New millennium Indian technology leadership initiative（NMITLI）[EB/OL]. [2020-10-19]. https://www.csir.res.in/sites/default/files/NMITLI%20Brochure%20and%20selected%20achievements.pdf.

[111] National Innovation Council. Innovation clusters program guide [EB/OL]. [2020-12-10]. http://initiatives.sampitroda.com/innovationclusters/resources/Innovation_Clusters_program_guide.pdf.

[112] 汪洪. 基于博弈论的 PPP 项目利益相关者收益分配研究 [D]. 天津：天津大学，2011.

[113] Official Journal of the European Union. Regulation（EU）No 1290/2013 of the European Parliament and of the Council of 11 December 2013 laying down the rules for participation and dissemination in "Horizon 2020—the Framework Programme for Research and Innovation（2014−2020）" and repealing Regulation（EC）No 1906/2006（Text with EEA relevance）[EB/OL]. [2020-12-01]. https://ec.europa.eu/research/participants/data/ref/h2020/legal_basis/rules_participation/h2020-rules-participation_cn.pdf.

[114] Le Réseau des Carnot. The Carnot Institutes：code of best practices for intellectual property and knowledge & technology transfers [EB/OL]. （2009-05-01）[2014-11-15]. http://www.instituts-carnot.eu/sites/default/files/images/ChartePI_UK.pdf.

[115] OCS-Office of Chief Scientist. R&D incentive programs [EB/OL].（2015-11-15）[2020-05-13]. http://www.economy.gov.il/madan.

[116] 吴著，邓婉君. 建立大范围公私合作的机制：欧盟联合技术促进计划的启示 [J]. 中国科技论坛，2012（7）：148-153.

[117] 刘润生. 欧盟产业重大专项的组织实施 [J]. 全球科技经济瞭望，2015（9）：16-19.

[118] 郭铁成. 公私合作创新是科技计划体制改革的重要方向 [J]. 中国科技论坛，2015

（6）：5-9.

[119] 陈辉. PPP 模式手册 [M]. 北京：知识产权出版社，2015.

[120] 王守清. 欧亚基础设施建设公私合作（PPP）[M]. 沈阳：辽宁科学技术出版社，2010.

[121] 萨瓦斯 E S. 民营化与 PPP 模式：推动政府和社会资本合作 [M]. 周志忍，等译. 北京：中国人民大学出版社，2015.

[122] European Commission. First interim evaluation of the ARTEMIS and ENIAC joint technology initiatives[R/OL]. （2010-07-30）[2019-12-01]. http://ec.europa.eu/research/jti/pdf/artemis_and_eniac_evaluation_report_final.pdf.

[123] Commission of the European Communities. Commission staff working paper [EB/OL]. （2011-09-21）[2019-12-21]. https://ec.europa.eu/energy/sites/ener/files/documents/sec_2009-642.pdf.

[124] 科技部. 国际科学技术发展报告 2013 [M]. 北京：科学技术文献出版社，2013.

[125] 科技部. 国际科学技术发展报告 2015 [M]. 北京：科学技术文献出版社，2015.

[126] European Commission. Open innovation yearbook 2014 [EB/OL]. [2020-10-21]. https://ec.europa.eu/information_society/newsroom/cf/dae/document.cfm?doc_id=6853.

[127] Department of Business，Enterprise and Innovation. Disruptive technologies innovation fund [EB/OL]. （2018-07-27）[2020-05-01]. https://dbei.gov.ie/en/What-We-Do/Innovation-Research-Development/Disruptive-Technologies-Innovation-Fund/Presentation-on-DTIF.pdf.

[128] Department of Business，Enterprise and Innovation. Disruptive Technologies Innovation Fund reference document for applicants [EB/OL]. [2020-05-01]. https://dbei.gov.ie/en/What-We-Do/Innovation-Research-Development/Disruptive-Technologies-Innovation-Fund/DTIF-Reference-Document-for-Applicants.pdf.

[129] Department of Business，Enterprise and Innovation. Research priority areas 2018 to 2023 [EB/OL]. （2018-03-14）[2020-05-02]. https://dbei.gov.ie/en/Publications/Publication-files/Research-Priority-Areas-2018-to-2023.pdf.

[130] Department of Business，Enterprise and Innovation. Disruptive technologies innovation fund：call 2-documentation [EB/OL]. [2020-05-04]. https://dbei.gov.ie/en/Publications/Publication-files/DTIF-Call-2-Guide-for-Applicants.pdf.

[131] 荆象新，锁兴文，耿义峰. 颠覆性技术发展综述及若干启示 [J]. 国防科技，2015，36（3）：11-13.

[132] ficonTEC Photonics Assembly & Testing. National photonics manufacturing pilot line. [EB/OL]. [2020-05-07]. https://www.ficontec.com/national-photonics-manufacturing-pilot-line/

[133] Community Power Electricity Supplier. Co-operative energy trading system on the way for Ireland [EB/OL]. [2020-05-07]. https://communitypower.ie/co-operative-energy-trading-sysyems-on-the-way-for-ireland/.

[134] 澳大利亚：合作研究中心征集优先研究项目 [EB/OL]. [2020-10-10]. https://mp.weixin.qq.com/s/HVJRKX1F9mUQZ2osHpVQDg.

[135] 黄浩. 从韩国 3G 制式的选择看 CDMA 的发展 [J]. 通信世界，2001（31）：26.

[136] 陶蕊，翟启江. 美国先进技术计划评估实践的特点与启示 [J]. 世界科技研究与发展，2018（6）：549-558.

[137] 蔺楠，李世超，于岩岩. 美国技术创新资助政策的调整及启示 [J]. 中国科技论坛，2010（11）：149-154.

[138] GEORGHIOU L. Breaking the mould：a new model for EU innovation programmes—final evaluation of the future internet public-private partnership [R/OL]. [2020-11-10]. https://www.kowi.de/Portaldata/2/Resources/horizon2020/FI-PPP-final-report.pdf.

[139] 高山. 美国先进技术计划面临改革的压力 [J]. 全球科技经济瞭望，2002（11）：6-7.

[140] Research Office Legislative Council Secretariat. Innovation and technology development in Israel [EB/OL].（2017-03-20）[2020-10-03]. https://www.legco.gov.hk/research-publications/english/1617fs05-innovation-and-technology-development-in-israel-20170320-e.pdf.

[141] Government of Canada Networks of Centres of Excellence Secretariat. Business-led networks of centres of excellence（BL-NCE）program guide [R/OL]. [2020-10-02]. https://www.nce-rce.gc.ca/_docs/reports/BLNCEProgramGuide-GuideProgrammeRCEE_eng.pdf.

[142] 国立研究開発法人科学技術振興機構. センター・オブ・イノベーション（COI）プログラム第二回中間評価報告書 [EB/OL]. [2020-10-09]. https://www.jst.go.jp/coi/hyoka/data/chukanhyoka_h3103.pdf.

[143] 郑开昭. 美国信息高速公路的潜力、特征和功能 [J]. 高科技与产业化，1995（2）：15-20.

[144] 曹津生. 美国"国家信息基础结构（NII）：行动计划"解析 [J]. 信息系统工程，1995（4）：58-62.

[145] 齐晚斋. 考察美国信息高速公路后的几点启示 [J]. 上海管理科学，1996（2）：45-46.

[146] 金建. 论美国信息高速公路战略与中国信息产业发展对策（一）[J]. 图书情报工作，1994（6）：1-9.

[147] 张赤东. 以企业为实施主体的美国 NII 计划组织实施方法及其对中国重大专项组织实施的启示 [J]. 科技进步与对策，2010（4）：94-98.

[148] GORE. GORE'S remarks on the NII Washington：the White House Office of the vice president [EB/OL].（1993-12-21）[2020-09-27]. http://www.ibiblio.org/nii/gorem arks.hUnl.

[149] National Research Council. The unpredictable certainty：white papers[M/OL]. Washington，DC：The National Academies Press，1997 [2020-10-03]. https://www.nap.edu/catalog/6062/the-unpredictable-certainty-white-papers.

[150] The national information infrastructure agenda for action [EB/OL].（1993-09-15）[2020-10-07]. https://clintonwhitehouse6.archives.gov/1993/09/1993-09-15-the-national-information-infrastructure-agenda-for-action.html.

[151] WOLFE R M. Division of science resources statistics，research and development in industry：2002 [R]. Arlington：NSF 06-322，2006：12-13.

[152] Oulu Innovation Alliance. Company networks [EB/OL]. [2020-10-21]. https://www.businessoulu.com/en/frontpage-old/en/company-networks-2/oulu-innovation-alliance.html.

[153] 付静. 五年 12 家 AI 和量子研究所，为领先全球美国政府联合科技公司砸了 10 亿美元 [EB/OL]. [2020-10-20]. https://www.leiphone.com/category/industrynews/HdqEJv3qMEi26qCd.html.

[154] 王一苇. 美国宣布投资 10 亿美元成立 12 家 AI 和量子研究所 [EB/OL]. [2020-10-20]. http://www.zhishifenzi.com/news/multiple/9922.html.

[155] 美国宣布将成立 12 家 AI 和量子研究所，意图领先全球 [EB/OL]. [2020-10-20]. https://new.qq.com/omn/20200827/20200827A0FWZK00.html.

[156] 郭铁成，郭丽峰，程如烟. 全球化对中国自主创新政策的影响 [M]. 北京：九州出版社，2014.

[157] BIRD Foundation. BIRD foundation procedures handbook [EB/OL]. [2020-10-26]. https://www.birdf.com/wp-content/uploads/2020/09/BIRDHandbook_0920.pdf.

[158] Department for Business Innovation & Skills. Forward commitment procurement–

practical pathways to buying innovative solutions [EB/OL]. [2020-12-31]. https://assets.publishing.service.gov.uk/government/uploads/system/uploads/attachment_data/file/32446/11-1054-forward-commitment-procurement-buying-innovative-solutions.pdf.

[159] 王文涛，郭铁成，邱晓燕. 英国"远期约定采购"政策探索 [N]. 中国科学报，2013-06-10（8）.

[160] 邱晓燕，郭铁成. 英国企业创新政策的特点和启示 [J]. 科技与法律，2012（1）: 1-6.

[161] 郭铁成. OECD 国家政府的创新采购实践及启示 [J]. 全球科技经济瞭望，2017，32（9）: 1-5, 11.

[162] 彭春燕，郭铁成，曹爱红. 创新券在中国首次实践的经验和启示 [N]. 中国科学报，2013-10-28（8）.

[163] 郭铁成. "互联网＋创新券"带动上海创新资源辐射 [J]. 科技中国，2017（8）: 37-39.

[164] 王延斌. 创新券政策是一项重要的改革试验：访中国科学技术信息研究所研究员郭铁成 [J]. 河南科技，2016（15）: 15-17.

[165] 王春. 免费的科技创新券你用了吗？莫让好政策成了橱窗里的"风景"[EB/OL].（2016-08-06）[2020-11-21]. https://mp.weixin.qq.com/s/tpr_gXPnBbFNQ5Bz2Mc7OQ.

[166] 付学博，郭铁成，张志娟. 日本科技创新领域公私合作的模式分析 [J]. 全球科技经济瞭望，2016，31（2）: 31-37.

[167] 付学博，郭铁成，张志娟. 日本技术转移中的公私合作模式研究：以 A-STEP 计划为例 [J]. 全球科技经济瞭望，2016，31（8）: 33-39.

[168] 丹·塞诺，索尔·辛格. 创业的国度：以色列经济奇迹的启示 [M]. 王跃红，韩君宜，译. 北京：中信出版社，2010.

[169] Catapult Network. Catapult Network report 2017 [R/OL]. [2019-12-26]. https://catapult.org.uk/wp-content/uploads/2020/12/Cross-Catapult-Network-Executive-Summary-2017.pdf.

[170] Department of Enterprise, Trade and Employment. Reference document for applicants [EB/OL]. [2018-06-18]. https://enterprise.gov.ie/en/What-We-Do/Innovation-Research-Development/Disruptive-Technologies-Innovation-Fund/DTIF-Reference-Document-for-Applicants.pdf.

[171] Department of Enterprise, Trade and Employment. Disruptive Technologies Innovation Fund [EB/OL]. [2018-07-12]. https://www.gov.ie/en/campaigns/disruptive-technologies-

innovation-fund/.

[172] Department of Business, Enterprise and Innovation. Disruptive technologies innovation fund: guide for applicants [EB/OL]. [2019-06-18]. https://enterprise.gov.ie/en/Publications/Publication-files/DTIF-Call-2-Guide-for-Applicants.pdf.

[173] OECD. Les partenariats public-privépour la recher-che et l'innovation: une évaluation de l'expérience Franç-aise [EB/OL]. [2020-12-01]. http://www.oecd.org/fr/france/25718043.pdf.

[174] SFI. SFI Research Centres management and governance requirements [EB/OL]. [2020-10-27]. https://www.sfi.ie/resources/Research-Centres-Management-and-Governance.pdf.

[175] BIS. Forward commitment procurement (FCP) [EB/OL]. [2011-10-15]. http://www.bis.gov.uk/policies/innovation/procurement/forward-commitment.

[176] EFFIE A. Designing together the "ideal house" for public-private partnerships in European research JTI Sherpas' Group [R/OL]. [2020-11-16]. http://ec.europa.eu/research/jti/pdf/jti-sherpas-report-2010_en.pdf.

[177] DTI (Department of Trade and Industry), DEFRA (Department for Environment, Food and Rural Affairs), Environmental Innovation. Bridging the gap between environmental necessity and economic opportunity: first report of the Environmental Innovations Advisory Group [R]. London: DTI, DEFRA, 2006.

[178] Why the EU supports industrial research and innovation [EB/OL]. (2019-10-13) [2020-10-21]. http://ec.europa.eu/research/industrial_technologies/ppp-in-research_en.html.

[179] Advanced Manufacturing National Program Office. Guidance on intellectual property rights for the national network for manufacturing innovation [EB/OL]. [2020-10-21]. http://www.manufacturing.gov/docs/nnmi_ip.pdf.

[180] Association Instituts Carnot. The Carnot Institutes' code of best practices for intellectual property and knowledge & technology transfers [EB/OL]. [2021-01-07]. http://www.laas.fr/files/CARNOT/carnotcodeIPKTT-1.pdf.